Die Blauen Führer Regional

Reise · Kunst · Kultur

Bayern

„Mit Wissen reisen"

DIE BLAUEN FÜHRER

Länder

Ägypten
Frankreich Nord
Frankreich Süd
Griechenland
Israel
Mexiko und Guatemala
Nord- und Mittelitalien
Österreich 1
Österreich 2
Paris
Rom und Süditalien
Spanien
Türkei*

(wird fortgesetzt)

Regionen

Adriaküste (ital.)*
Ägäische Inseln
Andalusien
Athen
Bayern
Bretagne
Burgund, Franche-Comté
Elsaß-Lothringen
Istanbul
Katalonien und Balearen
Kreta, Rhodos, Dodekanes
Loire
Madrid, Neukastilien, Estremadura
Neapel, Kampanien, Kalabrien*
Nord- und Mittelgriechenland, Ionische Inseln
Oberitalien und Riviera*
Peloponnes und vorgelagerte Inseln
Provence, Côte d'Azur
Rom und Umgebung
Sizilien, Sardinien
Südtirol
Toskana
Venetien

(wird fortgesetzt)

* in Vorbereitung

Bayern

MIT 16 ROUTEN
SOWIE 16 KARTEN UND 9 STADTPLÄNEN
UND 16 FARBSEITEN

VERLAG DIE BLAUEN FÜHRER, MÜNCHEN

Die Blauen Führer Regional, Band 20: Bayern

Verfasser: Hans-Georg Ungefug
Mitarbeit: Cornelia Ungefug, Michaela Borgwardt-Lange,
Christine E. Krois

Das Umschlagbild zeigt die Kirche Maria Gern im Berchtesgadener Land, im Hintergrund der Untersberg (Foto: Breig, Anthony Verlag)

Bildnachweis:
Anthony Verlag, Starnberg: Bild-Nr. 3, 10, 11, 18, 19, 20, 27
Bildagentur Prenzel, Gröbenzell: Bild-Nr. 5, 12, 15, 17, 21, 22, 24, 25, 26
Klaus Thiele, Warburg: Bild-Nr. 1, 2, 4, 6, 7, 8, 13, 14, 16, 23
Volker Pfeifle, München: Bild-Nr. 9

Zeichnungen: Hannes Fleischer, München

1. Auflage
Alle Rechte der vorliegenden Ausgabe:
© Verlag DIE BLAUEN FÜHRER GmbH, München 1984
Hersteller: Volker Pfeifle
Gesamtherstellung: ovb Druck- und Verlagsgesellschaft mbH, Rosenheim
ISBN 3-88919-132-0

Vorwort

Bayern ist wohl die an Sehenswertem reichste und deshalb mit weitem Abstand von Touristen meistbesuchte Region der Bundesrepublik Deutschland. Vor allem die zahlreichen alten Städte, die oft weltberühmten Baudenkmäler und Kunstwerke, die Erholungslandschaft der Voralpen und die vielen Seengebiete ziehen Reisende aus aller Welt an.
Dabei muß aber innerhalb Bayerns sowohl topographisch wie auch volkskundlich unterschieden werden. Im Nordwesten des Bundeslandes liegt Franken, im Südwesten Schwaben, im Nordosten Niederbayern und im Südosten schließlich das bayerische „Kernland" Oberbayern. Diese vier Großgebiete heben sich voneinander in vielerlei Hinsicht ab, ihre Bewohner kommen aus ganz verschiedenen deutschen Volksstämmen.
Dieser Reiseführer stellt Bayern mit 16 Routen vor, es werden große und kleine Orte aneinandergereiht und weltberühmte oder auch nur Insidern bekannte Sehenswürdigkeiten beschrieben.
Zugunsten einer möglichst detaillierten und umfassenden, aber gleichwohl übersichtlichen Information über die sehenswerten Orte Bayerns, haben wir für diesen Reiseführer — abweichend vom bisherigen Aufbau der „Blauen Führer" — ein anderes System wählen müssen: Der Routenteil enthält unsere Reiseempfehlungen mit den wichtigsten Informationen für Ihre Reisevorbereitungen und die Beschreibung der Fahrstrecke. Die Einzelheiten des Sehens- und Wissenswerten sind im alphabetischen Ortsteil zusammengefaßt.
Damit ist der „Blaue Führer Regional-Bayern" nicht nur ein echter Reiseführer, der Ihnen den besten Weg zu den Sehenswürdigkeiten dieser Region weist, sondern er bleibt bei einem Maximum touristischer Information überschaubar und leicht zu handhaben.

Redaktion
Hans-Georg Ungefug
Verlag „Die Blauen Führer"

Schlüssel zur Benutzung des Reiseführers

Dieser Reiseführer ist in drei Teile gegliedert, um die Handhabung des „Blauen Führers" zu erleichtern:
A) Den **kunstgeschichtlichen Teil** mit entsprechenden Grundinformationen über Deutschland.
B) Den **Bayern-Teil** mit praktischen Reisetips über Land und Leute, mit kurzen historischen Bezügen des Landes, mit Routenvorschlägen und detaillierten Ortsbeschreibungen.
C) Den **Registerteil** mit den Anschriften und Telefonnummern wichtiger örtlicher Informationsstellen und dem Ortsverzeichnis.
Auf ein **Hotel**- und **Gaststätten**-Verzeichnis wurde mit Absicht verzichtet. Es gibt überall in der Bundesrepublik Deutschland ein so dichtes Netz von Beherbergungsbetrieben und Restaurants aller Preis- und Qualitätskategorien, daß eine Auflistung den Rahmen dieses Führers sprengen würde. Der Reisende sollte an Ort und Stelle mit Hilfe der Örtlichen Informationsstellen seine ganz individuelle Auswahl treffen können. Diese sind im Teil C aufgelistet.
Wie planen Sie nun am besten Ihre Reise durch Bayern? Ganz einfach. Sie suchen sich im **Routenteil** eine oder mehrere für Sie interessante Strecke heraus, die geographisch günstig für Sie liegen oder aus inhaltlichen Gründen für Sie wichtig sind. Mit der Routen-Kurz-Information wählen Sie die entsprechende Straßenführung und die Orte aus. Sobald Sie den Ort erreicht haben, den Sie besichtigen wollen, schlagen Sie in der **Ortsbeschreibung** die entsprechende Detailinformation nach. Weitere Angaben finden Sie bei den im Teil C genannten Örtlichen Informationsstellen, diese vermitteln Ihnen meist auch Unterkünfte und geben Restauranttips oder informieren Sie über lokale Sport- und Freizeitmöglichkeiten, Theater und Konzerte sowie über Öffnungszeiten von Museen, Kirchen und Ausstellungen. In der Regel folgt die **Routenführung** den großen und verkehrsgünstig zu befahrenden Bundesstraßen und Autobahnen. Abstecher von diesen Hauptverkehrsadern sind mit den entsprechenden Entfernungsangaben durch Pfeile gekennzeichnet.
Die detaillierten **Ortsbeschreibungen** im Teil B sind sprachlich so knapp wie möglich gehalten. In Orten mit einer großen Zahl an Sehenswürdigkeiten (wie z.B. München), wurden diese nach Sachgruppen zusammengefaßt, so daß sich beispielsweise Kirchen, Museen oder Profanbauten, je nach Interesse des einzelnen Reisenden, schnell auffinden lassen. Auf Rundgangvorschläge wurde dabei meistens verzichtet, um dem Besucher größtmögliche Freiheit zum eigenen Entdecken zu lassen. Größere Städte und deren Sehenswürdigkeiten lassen sich mit Hilfe der Ortspläne gut überschauen. Findet sich im Einzelfall in diesem Reiseführer kein Ortsplan, so gibt es den meist bei den Örtlichen Informationsstellen. In kleinen Orten mit nur wenigen Sehenswürdigkeiten ist das ohnehin kein Problem.
Im übrigen ist dieser Reiseführer vorwiegend kunsthistorisch orientiert. Sehenswerte Baudenkmäler und Kunstwerke sind nahezu vollständig aufgeführt, auf die Beschreibung anderer Freizeitangebote der Orte haben wir aus Gründen der Übersichtlichkeit verzichtet. Wer ein Schwimmbad besuchen möchte oder Interesse an einem der zahlreichen Heimatmuseen hat, der kann sich bei den Örtlichen Informationsstellen gezielt erkundigen.
Dem kunsthistorisch interessierten Reisenden empfehlen wir das Kapitel **„Kunstgeschichte"** als Lektüre vor Reiseantritt. Erst dann kann er die einzelnen Sehenswürdigkeiten stilistisch richtig beurteilen und im Zusammenhang mit historischen Entwicklungen einordnen.

Abkürzungen und Zeichen

B 10	Bundesstraße 10
Ew.	Einwohner
Hl.	Heilige/r
Jh.	Jahrhundert
km	Kilometer
m	Meter
n.Chr.	nach Christi Geburt
v.Chr.	vor Christi Geburt

Sehenswürdigkeiten
(Klassifizierung durch *Sterne, Hervorhebung durch **halbfetten Druck**)
ohne Stern = interessant
* = bemerkenswert
** = sehr interessant
*** = außergewöhnlich

Symbole für Routenführung
⇆ 35 km = Abstecher von der Hauptroute mit Entfernung in km und Richtungsangabe

Künstler
Hervorhebung durch *Kursivdruck*

Inhalt

Vorwort	5
Schlüssel zur Benutzung des Reiseführers	6
Abkürzungen und Zeichen	7
KUNSTGESCHICHTE	**11**
1) Vorgeschichte	11
2) Frühmittelalter	11
3) Romanik	12
4) Gotik	13
5) Renaissance	14
6) Barock und Rokoko	16
7) Das 19. Jahrhundert	18
8) Das 20. Jahrhundert	22
IHRE REISE	**30**
Wann reisen?	30
Wissenswertes vor Reiseantritt	30
Anreise	33
Reisen in Bayern	34
Praktische Tips von A bis Z	34
LAND UND LEUTE	**37**
GESCHICHTE IM ZEITRAFFER	**40**

ROUTEN

1) Neu-Ulm — Oberndorf/Lech — 44
2) Augsburg — Hohenpeißenberg — 46
3) Altenstadt — Lindau — 48
4) Ottobeuren — Ziemetshausen — 50
5) Neuburg/Donau — Wolframs-Eschenbach — 52
6) Rothenburg o. d. T. — Volkach — 54
7) Münnerstadt — Amorbach — 56
8) Nürnberg — Haßfurt — 58
9) Coburg — Kastl — 60
10) Neumarkt/Opf. — Neuhaus/Inn — 62
11) Fürstenzell — Riedenburg — 64
12) München — Burghausen — 66
13) Tittmoning — St. Wolfgang — 68
14) Rott am Inn — Erding — 70
15) Weyarn — Garmisch-Partenkirchen — 72
16) Oberammergau — München — 74

ALPHABETISCHE ORTSBESCHREIBUNGEN — 77
Örtliche Informationsstellen — 119
Ortsregister — 000

Verzeichnis der Stadtpläne

Augsburg	87
Bamberg	93
Bayreuth	97
Ingolstadt	129
München	150/151
Nürnberg	175
Passau	183
Regensburg	189
Würzburg	215

Kunstgeschichte

1) Vorgeschichte

Seit Urzeiten unterliegt der Mensch dem Drang, sich und seinen Lebensraum gestalterisch zu interpretieren. Zusammen mit den ersten Werkzeugen entstehen Malereien und Skulpturen, die ältesten in der jüngeren Altsteinzeit (Jungpaläolithikum). Vollendete Darstellungen von Tiermotiven wie der **Verwundete Bison** in **Altamira** (Spanien, etwa 20 000 v.Chr.) führen die Beziehung zwischen Kunst und Jagdmagie vor Augen. Als Beispiel für einen Fruchtbarkeitskult gelten kleine Skulpturen, wie die sogenannte **Venus von Willendorf (Wien, Kunsthistorisches Museum)** aus etwa der gleichen Zeit.
Mit dem Übergang von Nomaden- und Jägerdasein zu Seßhaftigkeit und Ackerbau wandeln sich Bedürfnisse, das Arbeitsmaterial und die Gerätschaften. Handgeformte, einfache Keramik entsteht, die in der Neusteinzeit auch dem Totenkult dient. Man gibt den Verstorbenen Speise und Trank mit ins Grab und daher haben wir Erkenntnisse über Leben und Kultur dieser Zeit. Einen großen Formenreichtum und Farbigkeit zeigt uns die Keramik der späten Hallstattzeit, erkennbar am Beispiel der bemalten **Tonschale aus Sternberg (Württembergisches Landesmuseum, Stuttgart).**
Seit Beginn der Bronzeverarbeitung entstehen außer Gerätschaften auch Schmuckstücke — eine Kunst, die bei den keltischen Völkern Mitteleuropas ihre Blüte erreicht (Latène-Kultur). Die bronzene **Maskenfibel aus Parsberg (Nürnberg, Germanisches Nationalmuseum)** war wohl außer einem Gebrauchsgegenstand auch ein Schmuckstück mit magischen Kräften, die auch nach dem Tod durch die Grabbeigabe weiterwirken sollten.
Der Totenkult gibt auch ein Bild von den Ursprüngen der Architektur. Aus mächtigen Steinblöcken errichtete Hünen- und Ganggräber sind Anfänge einer Baukunst, die über den rein praktischen Nutzen hinausgehen.

2) Frühmittelalter

(Karolingische und ottonische Kunst, 8.—11. Jahrhundert) — Die Jahrhunderte zwischen dem Verfall des römischen Reiches (5. Jh.) und dem Entstehen einer neuen abendländischen Kultur sind geprägt vom Ringen der Völker um eine neue europäische Ordnung. Kulturkreise und Völkergruppen beginnen sich allmählich zu verflechten — die Ursachen sind Kriegszüge, beginnender Handel und Völkerwanderungen. Erst unter der dominierenden Herrschaft Karls des Großen (768—814) entsteht eine abendländische Kultur.

Hauptträger dieser Kultur sind die Klöster. Dort werden Goldschmiedearbeiten, Elfenbeinschnitzereien, Bronzegüsse und Malereien geschaffen. Ein beeindruckendes Kunstwerk entsteht zwischen 983 und 991 mit dem Einbanddeckel des **Echternacher Evangeliars** aus Gold, Emaille, Elfenbein, Perlen, Edel- und Halbedelsteinen (**Nürnberg, Germanisches Nationalmuseum**). Den größten Anteil der heute noch erhaltenen Kunstwerke der karolingischen Renaissance hat die Buchmalerei (Darstellung des **Lukas** im **Ada-Evangeliar**, um 800, **Stadtbibliothek Trier**) — im Gegensatz zu Wandmalereien und Mosaiken, für die es heute nur noch wenige Beispiele gibt.

Im Bereich der Architektur entsteht mit dem Bau der **Pfalzkapelle in Aachen** (Baubeginn 792, Fertigstellung cirka 800, geweiht 805 von Papst Leo III.) ein symbolisches Bauwerk für den Herrschaftsanspruch Karls des Großen. Wichtigste Neuerung ist das **Westwerk**, ein dem weltlichen Herrscher gehörender Kirchenanbau mit hochgelegenem Kaisersitz.

Nach Ende des karolingischen Reiches (911) findet die Bautätigkeit unter Otto I. (936—973) in Sachsen, Hildesheim und Magdeburg neue Schwerpunkte. Karolingische Stilelemente (Steinbau, große Bildfolgen, Zentralbauwerke, Fassadendekoration) werden weiterentwickelt, die Gliederungen werden klarer und der Längsbau wird vielfach variiert. Der älteste Bau der ottonischen Periode ist der **Dom von Gernrode** (DDR), 961 von Markgraf Gero als Nonnenkloster gestiftet. Vielleicht die vollendetste Entwicklung aus karolingischen Elementen ist die Anlage von **St. Michael** in **Hildesheim** mit doppelter Apsis und einem großartigen Westwerk (um 1000 unter Bischof Bernward von Hildesheim begonnen, Weihe 1033).

3) Romanik

„Deutsche Romanik" ist ein Begriff aus dem 19. Jahrhundert, geprägt für eine Epoche, die an die ottonische oder frühromanische Kunst weiterführend anschließt. Hatten ottonische Kirchenbauten eher einen Festungscharakter, so wandelt sich der Baustil unter den Repräsentationsansprüchen der salischen Kaiser. Der von Konrad II. als Grabstätte geplante **Dom zu Speyer** (Baubeginn um 1030) wird wegen seiner monumentalen Proportionen und seiner technischen Kühnheit (**Kreuzgratgewölbe** über dem Mittelschiff, um 1080—1106) zu einem Höhepunkt der deutschen romanischen Baukunst. Schon während des ersten Baus, unter Konrad II. um 1030 begonnen, werden die Seitenschiffe mit Kreuzgratgewölben versehen. Durch die entsprechenden Pfeilervorlagen entsteht eine neuartige Gliederung der Wände, die keinen Eindruck von Schwere mehr entstehen läßt. Selbst die Außenwände werden durch die Gestaltung mit **Lisenen** (flache senkrechte Mauerstreifen) und aus Italien stammenden **Zwerggalerien** aufgelockert. Diese Wandaufspaltung entstammt der Absicht, die mächtigen Steinmassen durch Gliederung zu erleichtern und die altertümliche Schwere zu überwinden. An den Geist von Rom, Ravenna und Aachen erin-

nert **St. Maria im Kapitol** in **Köln** durch die Verbindung eines basilikalen Langhauses mit einem Zentralbaumotiv im Osten Diese Sonderform beeinflußt die Bauten der Romanik in der Rheinebene, man spricht auch von der **rheinischen Romanik (Worms, Mainz, Trier, Köln)**.
Die **Hirsauer Bauschule** vertritt die der kaiserlichen Pracht entgegengesetzte **cluniazensische** Auffassung der Einfachheit und Klarheit. Die Bauten werden flach gedeckt, die Wände bleiben geschlossene Flächen, man schafft strenge, klare Formen, die einen harmonischen Eindruck hervorrufen (Hirsau, Alpirsbach, Paulinzella).

Der Begriff der **Romanik** bezieht sich hauptsächlich auf die Baukunst. Alle anderen Künste wie Bildhauerei, Elfenbeinschnitzerei, Glasmalerei, Wand- und Deckenmalerei, Buchmalerei und Goldschmiedekunst (in der Form von Vortragekreuzen — vergoldetes **Bronzekreuz aus Westfalen, Staatliche Museen Berlin-Dahlem** —, Einbänden von Evangeliaren, Reliquienschreinen) sind an die Architektur gebundene Ausstattungskünste.

4) Gotik

Während des Überganges von der deutschen Romanik zur Gotik werden bereits bekannte französische Stilelemente (die französische Gotik begann bereits Mitte des 12. Jhs.) wie Kreuzrippengewölbe, Spitzbogen und Knospenkapitelle mit einbezogen. Bereits vollständig von der französischen Frühgotik geprägt sind die Innenräume des **Domes in Limburg an der Lahn**. Die Außenseite des Doms zeigt dagegen noch eine Fülle dekorativer romanischer Stilelemente, die bei Bauten aus der gleichen Zeit **(Marienkirche Gelnhausen, Dome zu Bamberg und Naumburg)** kaum mehr verwendet werden.
Schauen wir uns heute gotische Bauwerke mit Bewunderung und Ehrfurcht an, so galt die Gotik noch im Klassizismus als Inbegriff des Widersprüchlichen, Unzivilisierten und Geschmacklosen. Verachtet wurde diese Stilepoche schon seit der Mitte des 16. Jhs., als der italienische Baumeister und Kunstgeschichtsschreiber Giorgio Vasari die Gotik (von den Goten abgeleitet) als „barbarisch" brandmarkte.
Die Grundlage für den sich über ganz Europa ausbreitenden Stil, später von Land zu Land eigenständig interpretiert, bildet sich mit dem Bau der **Abteikirche St. Denis (Île de France)**. Kreuzrippengewölbe, Dienst, Spitzbogen, Strebewerk und Doppelturmfassade sind hier in Zusammenhang gebracht und ermöglichen eine Durchlichtung und Höhensteigerung der Räume. Diese mehr und mehr in die Höhe strebende Bauweise reduziert die Gesamtkonstruktion auf eine Art „Gerüst", das außen einen enormen Aufwand an Strebepfeilern und mehrgeschossigen Strebebögen notwendig macht. Damit entsteht eine zerrissene, unruhige Außenansicht, die nichts mehr mit der ruhigen Komposition einer romanischen Kirchenfassade gemein hat. Im Inneren jedoch wird durch die farbigen Fensterverglasungen und die „unermeßlichen" Raumhöhen ein mystischer Eindruck hervorgerufen, der den Gläubigen schon als ein Teil des Himmelreiches erscheinen mußte.
Der erste deutsche Bau, der sich ganz dieser Stilentwicklung anschließt, ist der **Dom zu Köln**, nach französischem Vorbild 1248 von *Meister Gerardus* begonnen. Eine

Neuheit stellt dabei das verglaste Triforium dar, das durch Maßwerkstreben mit den Hochfenstern verbunden, fast eine einzige verglaste Fläche bildet. Wie bei den französischen **Vorbildern** des Kölner Doms **(Chartres, Reims, Amiens)** entsteht der Eindruck eines Glashauses oder Lichtschreines.

Je weiter man sich aber von dem Ursprungsland der Gotik (Frankreich) entfernt, um so abweichender wird die Bauweise. Besonders im Norden erreicht man, gebunden an das heimische Material, eine charakteristische Bauform. Aus Mangel an Sand- oder Kalkstein muß man auf den Ziegelstein zurückgreifen **(Backsteingotik)**, wodurch auch andere Konstruktionen erforderlich werden. Der Backstein ist für Strebepfeilerbau nicht geeignet. Die spezifischen Möglichkeiten des Materials nutzend, werden geschlossene Wände gestaltet und durch farbig glasierte Ziegel aufgelockert. Die typische Geschlossenheit des Baukörpers in der nordischen Backsteingotik **(Marienkirche Lübeck, Klosterkirche Chorin, Abteikirche Bad Doberan)** steht im schönen Gegensatz zum französischen Vorbild.

Auch die profane Architektur wird von der Gotik beeinflußt. Ein gutes Beispiel ist die von Deutschordensrittern gegründete **Marienburg** (erbaut 1272) an der Nogat (früheres Westpreußen, heute polnisch „Malbork") mit ihrem herrlichen Empfangs- und Festsaal, dem Großen Remter. **Rathäuser (Münster, Lübeck), Magazine (Mainz), Krankenhäuser (Lübeck)** und selbst **Bürgerhäuser (Köln)** werden im gotischen Stil erbaut.

Aus Bauhüttengemeinschaften, in denen Künstler und Werkleute eine Einheit bildeten, entwickeln sich allmählich einzelne Künstlerpersönlichkeiten *(Familie der Parler,* 14. Jh.). Von manchen ist uns heute noch deren Porträt erhalten, das sie wie eine Art Signatur in ihren Bauwerken hinterlassen haben. Die Entwicklung der Skulptur ist eng mit der Entwicklung der Architektur verbunden; Bildhauerkunst und Baumeisterkunst gehen beim Sakralbau Hand in Hand. Die deutsche gotische Skulptur findet durch die Auseinandersetzung mit dem französischen Einfluß und der eigenen Tradition, in der die Motive der Buchmalerei noch lebendig sind, ihren eigenen Ausdruck.

Erstmals abgewendet von Heiligen- und Prophetendarstellungen schafft der *Naumburger Meister* (13. Jh.) mit den **Stifterfiguren Ekkehard und Uta** die eindrucksvollsten Skulpturen seiner Zeit. Bemerkenswert sind neben der Darstellung der Elisabeth **(Heimsuchungsgruppe)** aus dem **Bamberger Dom** auch das früheste Reiterstandbild seit der Antike, der **Bamberger Reiter**. Beide stammen vom gleichen Meister. Zwischen französischen Statuen würden sie fremd und eigenartig wirken.

Mit den spätgotischen Schnitzaltären (z.B. **Creglinger Marienaltar** von *Tilman Riemenschneider*) in Süddeutschland erlangt die gotische Plastik (Anfang des 16. Jhs.) einen letzten Höhepunkt.

5) Renaissance

Das Wort „Renaissance" (frz. = Wiedergeburt) wird vom gleichen Kunstgeschichtsschreiber eingeführt, der bereits die Bezeichnung „Gotik" prägte. Giorgio Vasari bezeichnet damit noch keinen Stilbegriff, sondern eine Entwicklung. Erst im 19. Jh.

Renaissance

wird diese Epoche, die nach dem Mittelalter den geistigen Durchbruch zur Neuzeit kennzeichnet, allgemein „Renaissance" genannt. In diese Zeit der Veränderung fallen u.a. die Erfindung der Buchdruckerkunst, die Entdeckung Amerikas, die Arbeiten Galileis, der Humanismus, die Reformation.

Der Mensch wird wieder zum Maß aller Dinge. In der Baukunst beruhen die Maßverhältnisse auf den Proportionsgesetzen der antiken Architektur (Goldener Schnitt). In Deutschland wird der Stil der Renaissance erst nach der italienischen Früh- und Hochrenaissance aufgenommen, da die Lösung von der mittelalterlichen Welt in geistigen und technischen Bereichen schwerer fällt. Vielfach werden nur oberflächlich Ornamente übernommen und privaten wie öffentlichen Bauten als reine Fassade hinzugefügt. Von Anfang an tendiert die Baukunst zum Profanen, sie konzentriert sich nicht mehr allein auf das Sakrale. Große **Schloßanlagen (Aschaffenburg, Heidelberg, Stuttgart), Bürgerhäuser (Handelsbauten der Fugger)** und **Rathäuser (Paderborn, Bremen, Heilbronn, Rothenburg o.d.T.)** zeigen sich in der Formensprache der deutschen Renaissance. Im Wesergebiet entsteht eine Baukunst, die, in der Frühzeit spätgotische Formen mit italienischen Renaissanceelementen verbindend, später stark vom niederländischen Manierismus beeinflußt, ausgeprägte Beispiele einer reichen Bürgerzeit darstellte (**„Weserrenaissance", z.B. Hämelschenburg, Rattenfängerhaus Hameln**).

Die Kunst der Renaissance entwickelt sich weniger aus dem Handwerk, als aus dem Intellekt. Das Ideal der Zeit ist der allseitig — körperlich und geistig — gebildete Mensch. Diesem Ideal entspricht das Universalgenie *Leonardo da Vinci* als Architekt, Bildhauer, Maler, Forscher und Erfinder. In Deutschland wird auf keinem Kunstgebiet soviel Bedeutendes im Geiste der Renaissance geschaffen, wie auf dem Gebiet der Malerei und ihren Nebenbereichen. Ein großer Geist der Zeit ist der Goldschmied, Maler, Zeichner, Graphiker und Kunstschriftsteller *Albrecht Dürer* (1471–1528) aus **Nürnberg**, der durch seine Wanderjahre mit niederländischer und italienischer Renaissancekunst in Berührung kommt. Er beschäftigt sich mit der gerade neu erfundenen mathematischen Perspektive ebenso intensiv wie mit detailgetreuen Naturstudien. Damit hinterläßt er ein Gesamtwerk, das von bezaubernden Blumen- und Käferstudien bis zu apokalyptischen Bildern und von verspielten, fantasiereichen Randillustrationen (im **Gebetbuch des Kaisers Maximilian, Bayerische Staatsbibliothek München**) bis zu den ernst-religiösen **„Vier Aposteln" (Alte Pinakothek München)**, von bedeutenden Porträts bis zu zahlreichen Kupferstichen, Holzschnitten und Handzeichnungen reicht.

Der neben *Dürer* bedeutendste Künstler ist *Lukas Cranach d.Ä.* (Maler, Zeichner, Kupferstecher, 1472–1553). Er hinterläßt ausdrucksstarke, religiöse Frühwerke (**„Kreuzigung", 1503, Alte Pinakothek München**), Landschaften, Porträts (darunter das bekannte Luther-Bild) und Buchillustrationen in Luthers Bibelübersetzung. Am Hofe des sächsischen Kurfürsten Friedrich des Weisen in Wittenberg, an dem er eine Werkstatt gründet, entwickelt *Cranach* eine Tafelmalerei, in der er biblische und mythologische Motive weltlich-eindrucksvoll darstellt.

Zu den deutschen Malern der Renaissance, die zu den schöpferischsten Künstlern der deutschen Kunst überhaupt zählen, gehören noch weitere wichtige Namen wie *Matthias Grünewald, Hans Baldung* (genannt *Grien*), *Hans Holbein d.Ä.* und *Albrecht Altdorfer*.

6) Barock und Rokoko

Die Blütezeiten des geistigen, künstlerischen Fortschritts bis Mitte des 16. Jhs. erleben nach der Dürerzeit keine Weiterentwicklung. Deutschland wird durch die Gegenreformation, die von Italien und Spanien ausgeht und den Katholizismus erneut stärkt, mitgerissen. Gleichzeitig wird der von den spanischen Habsburgern und König Ludwig XIV. von Frankreich vorgelebte „Absolutismus" zum Vorbild vieler großer und kleiner Fürsten in Deutschland. Das Bürgertum verliert seine mühsam erworbenen Freiheiten, seine Ideale von Individualismus und Diesseitigkeit und wird zur Untertanenschicht. Nicht mehr Bürger- und Rathäuser als Symbole der Macht der Städte, sondern Schlösser und Kirchen werden nun zur Hauptbauaufgabe. Die „Restauration", das Wiedererstarken der Fürstenhäuser und der Kirche (der Mächte, die schon das Mittelalter beherrscht hatten), kennzeichnen das Zeitgeschehen und finden Ausdruck im Baustil des Barock.

Als frühbarockes Bauwerk, das durch das Einsetzen des Dreißigjährigen Krieges keine Nachfolge findet, sei das **Augsburger Rathaus** erwähnt, erbaut von *Elias Holl*. Auf einer Italienreise lernt er die Bauten *Palladios* kennen und schafft unter diesen Eindrücken das Rathaus mit ganz neuen Vorstellungen von Proportionen und Gestaltung. Dieser geschlossene, harmonische Baukörper hat nichts mehr mit den kleinteiligen deutschen Renaissance-Elementen gemein.

Die kontinuierliche Entwicklung des Stils wird jedoch in Deutschland durch die Schrecken des Dreißigjährigen Krieges unterbrochen. Die Bevölkerung verarmt und Bauen wird zweitrangig. Erst als im übrigen Europa bereits der Spätbarock beginnt, setzt sich in Deutschland der Entwicklungsprozeß fort (ca. 1680). Die gewaltige Bauleidenschaft, die bei Fürsten, Adel und Kirche in Deutschland um 1700 einsetzt, mutet fast wie ein Nachholbedürfnis an. Während sich jedoch die Fürstenhöfe nach dem großen Versailles richten, kann man in der sakralen Architektur eine römisch orientierte, aber eigene Entwicklung der deutschen Barockform beobachten. In den süddeutschen Ländern ist das Barock zudem noch eng mit der Volkskunst verbunden. Unzählige, liebevoll gestaltete barocke Dorfkirchen belegen ein tiefes Verhältnis des Volkes zu diesem Stil. In ganz Süddeutschland, ja bis in die Schweiz, nach Schlesien und Böhmen, wirken die bayerischen *Gebrüder Cosmas Damian* und *Egid Quirin Asam* als Baumeister, Bildhauer, Maler und Stukkateure. Zu ihren bedeutendsten Werken zählen die **Benediktinerabtei-Kirche von Weltenburg** (Niederbayern, bei Kelheim), die **Klosterkirche Mariä Himmelfahrt in Rohr** (Niederbayern) und die **Johann-Nepomuk-Kirche (Asamkirche) in München**. Die Zusammenarbeit der Gebrüder Asam gibt ein aufschlußreiches Beispiel für den im Barock so typischen Einklang von Architektur, Plastik und Malerei.

Eine Verbindung von Sakral- und Profan-Architektur dokumentieren die zu dieser Zeit entstandenen mächtigen Klosteranlagen. Eine der schönsten ist das **Benediktinerstift in Melk** an der Donau (Niederösterreich), erbaut von *Jakob Prandtauer*. Der in Deutschland am besten erhaltene und zugleich größte sakrale Komplex aus dem 18. Jh. ist die **Benediktinerabtei Ottobeuren** (Schwaben). 1748 übernimmt *Johann Michael Fischer* den bereits 1737 begonnenen Bau dieser Kirche. Ungefähr neun Jahre zuvor hatte er den Auftrag zum Neubau der **Abteikirche in Zwiefalten** (Württemberg) erhalten. Zusammen mit dem Stukkateur *Johann Michael Feichtmayr* und dem Bildhauer *Johann Joseph Christian* schafft er in beiden Kirchen eine festliche Atmosphäre von ungeheurem Farben- und Formenzauber.

Ein Werk gleichrangiger Künstler *(J.M. Fischer* als Baumeister, *Franz Xaver Feichtmayr* und *Jakob Rausch* als Stukkateure, *Matthäus Günther* als Freskenmaler) ist die spätbarocke, ehemalige **Klosterkirche von Rott am Inn**. Ihr Äußeres zeigt schon Andeutungen klassizistischer Ruhe. Die Altarentwürfe gehören zu den Meisterwerken *Ignaz Günthers*, der eigenhändig viele der Figuren schafft.

Die Bauwut der Kirchenherren, die sich im Glanz einer steigenden Macht sonnen, können sich natürlich nicht nur auf den reinen Sakralbau beschränken. Die „Kirchenfürsten" sind bemüht, im Ausmaß der Selbstdarstellung noch im Prunk der Repräsentation, den weltlichen Herrschern nachzustehen. Der prächtigste Privatbau ist die für die Bischöfe von Schönborn gebaute **Würzburger Residenz**. Hier baut der große Barockbaumeister *Balthasar Neumann* das prachtvolle zweiläufige Treppenhaus (mit Deckenfresko von *Giovanni Battista Tiepolo*), das zum festlichen Aufzug der höfischen Gesellschaft dient.

Wohl eines der eindrucksvollsten Beispiele des deutschen Barock ist das ebenfalls von *Balthasar Neumann* gebaute Treppenhaus im **Schloß Augustusburg in Brühl am Rhein** (für Kurfürst Clemens August, Erzbischof von Köln). Eine für das Barock typische Schloßanlage ist das nordwestlich von München im Dachauer Moos gelegene **Schloß Schleißheim (Oberschleißheim)**. Es besteht aus dem Alten Schloß, dem Neuen Schloß und dem Gartenschlößchen **Lustheim**. Das Alte Schloß wird als Ruhesitz Herzog Wilhelms V. von Bayern 1616 fertiggestellt. Die Pläne des Neuen Schlosses, an dem ab 1701 gebaut wird, sind weitgehend an das Vorbild französischer Schloßanlagen angelehnt. Beabsichtigt war eine Drei- bzw. Vierflügelanlage unter Einbeziehung des Alten Schlosses. Nach dem Einsturz des gerade fertiggestellten Vestibüls 1702 wird der Bau von *Josef Effner* fortgesetzt, nachdem durch den spanischen Erbfolgekrieg und den dadurch entstandenen Geldmangel eine längere Pause der Bautätigkeit eingetreten war. *Effner* ist gezwungen, das Ausmaß der Gesamtanlage, die als eine der größten europäischen Schloßanlagen geplant war, einzuschränken und er konzentriert sich nun auf eine reiche Innenausstattung. Ein großer Stab der besten Künstler wird verpflichtet: U.a. *C.D. Asam* für das großartige Gewölbefresko des Treppenhauses, *Johann Baptist Zimmermann* für die Stuckarbeiten (Trophäenschmuck im Festsaal); von *F.J. Beich* kommt das große Schlachtengemälde im Hauptsaal; *Ignaz Günther* fertigt später die holzgeschnitzten Türflügel der Hauptportale. Die Parkanlage, entworfen von dem französischen Gartenarchitekten *C. Carbonet* (mit geplanten Kanälen und Wasserspielen) kommt nie zur Vollendung.

Früher noch als das Neue Schloß, entsteht das von *E. Zuccalli* entworfene Gartenschlößchen **Lustheim** nach dem Vorbild italienischer Barockschlösser. Sehenswert ist ein freskengeschmücktes Spiegelgewölbe im Großen Saal.

Schloß Schleißheim (Neues Schloß) ist das ehrgeizige Projekt Kurfürst Max Emanuels (1679—1726) von Bayern. Max Emanuel hatte auch die einstige Sommerresidenz seiner Mutter, Henriette Adelaide, **Schloß Nymphenburg**, durch eine umfangreiche Bautätigkeit erweitert. In dem ebenfalls neu gestalteten **Park** baut *Effner* die **Pagodenburg** und die **Badenburg**, kleine, reizvolle Gartenschlößchen, in die man sich vom höfischen Treiben zurückziehen kann. Im Nymphenburger Park befindet

sich ferner das von *François de Cuvilliés d.Ä.* erbaute Meisterwerk, das Jagdschlößchen **Amalienburg.** Es gehört zu den schönsten Beispielen des europäischen Rokoko.
Durch die Vielzahl der Schloßbauten können natürlich nur einige Beispiele stellvertretend zitiert werden. Allen Bauten gemeinsam ist jedoch das Zentrum: prunkvolle Festräume, Kulisse für Repräsentation und Selbstdarstellung. Die Welt, das Leben gelten als Bühne, der Tod, das Jenseits werden dagegen als Wirklichkeit betrachtet. Während der kurzen Rolle auf diesem Schauplatz des Lebens will der Mensch bedeutend erscheinen. Allongeperücken, Reifröcke und hohe Absätze tragen zu dieser Illusion bei. Neben dem Prunk und der Lebenslust aber bleibt das Jenseits stets gegenwärtig. Selbst in der Baukunst stellen Deckengemälde eine Öffnung zum Himmel dar. Diesem Widerspruch zwischen Weltflucht und Weltlust entspricht die spannungsvolle Barockgesinnung.
Die monumentalen, pathetischen Formen des Barock wenden sich im Rokoko zur graziösen, verspielten Dekoration. Die Übergänge sind fließend. Die Bezeichnung „Rokoko" ist abgeleitet von dem Grundmotiv der Ausstattungskünste, dem Muschelwerk (französisch = rocaille). Während dieser Spätform des Barock gewinnt die Innenraumgestaltung, das schmückende Ornament, immer mehr an Bedeutung. Durch die steigende Konzentration auf den Innenraum wird nun mehr Wert auf eine verfeinerte Wohnkultur gelegt. Die Kleinkunst, deren neueste Gattung, die Pozellanplastik, sich ungeheurer Beliebtheit erfreut (*J.J. Kändler*, Meißen; *F.A. Bustelli*, Nymphenburger Porzellanmanufaktur) und das Kunstgewerbe allgemein blühen auf.
Dem intimen Charakter dieser Epoche entspricht die Pflege der Kunst des Briefeschreibens, der Konversation, der Umgangsformen, der Kammermusik und des Tanzes. Pastell- und Porträtmalerei kommen in Mode, der Mensch wird individueller und ungezwungener dargestellt. Im Bereich der Bildhauerei haben Plastiken für Park- und Gartenanlagen große Bedeutung. Während das Rokokoornament in Frankreich einer aristokratischen Profanarchitektur vorbehalten bleibt, diente es in Süddeutschland der Vollendung der Kirchenbaukunst. Als Paradebeispiele sind die **Wallfahrtskirche in Birnau** (bei Meersburg am Bodensee) von *Anton Feichtmayr* und die **Wieskirche bei Steingaden** (Oberbayern) von *Dominikus Zimmermann* zu nennen. Anmutige Fresken, ideenreiche Stukkaturen und die feierliche Wirkung des lichterfüllten Raumes machen „die Wies" zu einem Hauptwerk des bayerischen Rokoko.

7) Das 19. Jahrhundert

a) Klassizismus

Als „Klassizismus" bezeichnet man die auf das verspielte Rokoko folgende Reaktion des Rückgriffs auf griechische und römische Ideale. Barocke Ornamente und Formen haben den Höhepunkt an möglicher Auflösung erreicht, so daß nur eine Wende zur Strenge und zur Schlichtheit folgen kann. Anlehnungen an die Antike gab es schon zu früheren Zeiten, wie z.B. in der Renaissance, jedoch nicht mit der Intensität des Klassizismus um die Jahrhundertwende (18.—19. Jh.). Die Höfe waren bereits vor der Französischen Revolution kein Vorbild mehr für Stil und Mode. Der Geist der Aufklärung war schon im Barock phasenweise aufgetreten und setzt nun der „frivolen Galanterie" menschliche Ideale wie Einfachheit, Vernunft und Natur entgegen. Die Forschung und Wissenschaft der Aufklärung ist überzeugt von dem Vorhandensein klar erkennbarer, ewig gültiger Gesetze. Die Griechische Antike gilt, wie zu Zeiten *A. Palladios*, als Vorbild, als objektiv wahre und klare Schönheit. Die Weiterführung der antiken, kulturellen Tradition und das Streben nach Perfektion ist ein Grundgedanke des Klassizismus.

Eine Idealform sucht schon ab ca. 1770 eine Gruppe von Architekten in Frankreich, deren Arbeiten als „Revolutions-Architektur" bezeichnet wurde. Auf der Suche nach vollendeten Formen entstehen immer utopischere Entwürfe, wie für das **Haus einer Strombehörde** in Zylinderform, durch das der Fluß strömen sollte *(C.N. Ledoux)*, oder wie der Plan für ein gigantisches **Kugelgrab für Newton** mit baumbestandenen Rampen, vor dem die Menschen wie Ameisen wirkten *(E.L. Boullée)*. Trotz der Radikalität dieser Architektur imponiert die konsequente Strenge. Diese Anregung übernimmt *F. Gilly* für den Entwurf eines monumentalen Denkmals für Friedrich den Großen in Berlin. Die Idee einer oktagonalen Anlage, in deren Mitte sich auf mächtigem Sockel ein dem Parthenon nachempfundener griechisch-dorischer Tempel erhebt, ist in Deutschland von entwicklungsgeschichtlicher Bedeutung.

Durch das ständig steigende Interesse an Wissenschaft und Forschung, insbesondere der Geschichtsforschung, entsteht das Bedürfnis eines zweckgebundenen Ausstellungsbaus. Beim Neubau eines Museums zeigt schon die Bauweise, was das Wort „Museum" bereits ausdrückt: Man baut einen „Musentempel", einen würdevollen, festlichen Rahmen für kostbare Kunstobjekte. Als einer der ersten Bauten dieser Art in Deutschland entsteht als Frühwerk *Leo von Klenzes* die **Glyptothek in München**. Alle vier Flügel des Baus sind nach außen fensterlos und nur mit Statuennischen geschmückt, die auf den Sinn des Baus hinweisen. *Klenze* plant später einheitlich gestaltete Straßenzüge und Plätze in München, wie z.B. den **Königsplatz** (an dem die Glyptothek steht), die **Ludwigstraße** oder den **Odeonsplatz**. Die Arbeit *Klenzes*, die das griechische Vorbild am meisten zur Geltung bringt, ist die **Walhalla bei Donaustauf**, ein Bauwerk, das König Ludwig I. von Bayern den „rühmlich ausgezeichneten Teutschen" widmete. Der Oberbau dieser „Ruhmeshalle" wird von 52 dorischen Säulen getragen und enthält rund 125 Büsten, zum Teil von Kronprinz Ludwig gestiftet.

Ein neues Stadium erreicht der Klassizismus mit dem Architekten *Karl Friedrich Schinkel* in Berlin, der mit dem Frühklassizismus durch seinen Lehrer *Gilly* verbunden ist, seine eigenen klaren Formen aber weiterentwickelt (*Schinkel* war zudem noch Stadtplaner, Landschaftsmaler, Zeichner, Bühnenbildner, Möbel- und Gebrauchsdesigner, Innenraumgestalter und Architekturtheoretiker). Durch die Tatsache, daß dem Klassizismus die Grundlage der schöpferischen Kraft fehlt und er vielmehr ein Stil des Intellekts und der Kunsttheorien war, ist es vielleicht zu erklären, daß nach klassizistischen Bauten von Format, wie dem **Schauspielhaus** und dem **Alten Museum in Berlin** zwei so unterschiedliche Entwürfe für die Friedrich-Werdersche Kirche von *Schinkel* vorgelegt werden können. *Schinkel* schlägt dem Auftraggeber eine Renaissance- und eine Gotik-Version vor. Durch verschieden einsetzende stilistische Strömungen ist *Schinkel* noch in seiner Spätzeit gezwungen, auf oft widersprüchliche und wechselnde Architekturwünsche seiner Bauherren einzugehen. Der bedeutendste Baumeister Deutschlands im 19. Jh. vereint in seinem Gesamtwerk antikisierende, neugotische, klassizistische und romantische Tendenzen.

b) Romantik
Man kann den Klassizismus durchaus noch als einen echten Stil bezeichnen, obwohl er bereits nicht mehr ein Stilbegriff im Sinne vorausgegangener Epochen ist. Er erfaßt jedoch nicht alle Strömungen des 19. Jhs., die durch die allgemeine Auflösung am Ende des 18. Jhs. entstehen (umgekehrt begleitet der Klassizismus mehr oder weniger alle Strömungen). Eine dieser Bewegungen ist die Romantik, die sich etwa in der Zeit vom Ende des 18. Jhs. bis ca. 1830 stark ausbreitet (auch vor und nach dieser Periode gibt es zeitweise in fast allen Kunstrichtungen romantische Elemente). Diese geistige Strömung, die gegen die Aufklärung und den Klassizismus gerichtet ist, zeichnet sich u.a. in Kunst und Literatur durch eine Rückbesinnung auf das Mittelalter aus. Als Gegenpol zu gesellschaftlichen Zwängen sucht der Romantiker die Einsamkeit, das Volkstümliche, das Formlose und die Einfachheit. Besonders in der deutschen Landschaftsmalerei entsteht ein neues, sehr individuelles Naturgefühl mit einer engen Verbindung zwischen Mensch und Natur *(Philipp Otto Runge, Caspar David Friedrich)*. In der Architektur besinnt man sich auf vergangene Stile, die jedoch romantisch verklärt wiedergegeben werden (Neugotik). Aus diesem Bewußtsein entspringt der Gedanke der sich im 19. Jh. entwickelnden Denkmalspflege und der Restaurierungen.

c) Biedermeier
Während des Klassizismus und der Romantik entwickelt sich etwa in der Zeit von 1815 bis 1848 innerhalb des zurückgezogen lebenden Bürgertums (seelisch-geistige Basis des Lebens in dieser Zeit ist die Häuslichkeit, die Familie, der Freundeskreis) ein eigener Stil, das Biedermeier. Der Name ist die aus einem Spottwort entstandene Stilbezeichnung zuerst nur für Mode und Möbel, später auch übertragen auf die Malerei. Die Möbel zeichnen sich durch schlichte, zweckentsprechende Formen aus, die Wohnräume durch eine sparsame Innenraumgestaltung, Zeichen einer neuen Innerlichkeit. Charakteristisch ist eine Gesamtstimmung von Weltschmerz und „Rührseligkeit". Die Malerei beschränkt sich vielfach auf kleine Formate und Ausschnitte (Landschaftsmalerei), Porträts werden zu liebevollen Betrachtungen, in der Genremalerei sind einzelne Gebäude, kleine Räume und enge Gäßchen beliebt *(Carl Spitzweg, Moritz von Schwind)*. Alles ist erfüllt von einer kleinbürgerlichen, sauberen Beschaulichkeit.

d) Das mittlere und späte 19. Jahrhundert
Die Mitte des 19. Jhs. ist die Zeit der Unruhen und der Revolutionen in Deutschland. Die Kraft des Klassizismus läßt nach. Das bedeutet zwar einen Verlust der Stilbindung, bringt aber einen Gewinn an Freiheit. Mit der beginnenden Industrialisierung wird die Architektur vor Probleme gestellt, die mit herkömmlichen Mitteln nicht mehr zu lösen sind (wachsende Städte, Industriebauten). Die ersten „Zweckbauten"

ohne jeden Stil entstehen. Diese Zeit der Umwälzungen beeinflußt natürlich auch die Kunst. Man sucht sich das eigene Selbstverständnis, indem man die Stilarten der Vergangenheit als üppigen Formenvorrat betrachtet, den man nach Belieben nutzt. In der Architektur empfindet man den frühchristlichen, den romanischen und gotischen Stil am passendsten für Kirchenbauten. Für städtische Rathäuser scheint der Stil der Renaissance geeignet, der „italienische Villenstil" oder das englische „Castle Gothic" empfiehlt sich für die Landhausarchitektur. Bereits 1828 schreibt der Architekt *Heinrich Hübsch* eine Broschüre mit dem Titel „In welchem Style sollen wir bauen". Damit faßt er die ganze Ratlosigkeit, aber auch die neue Freiheit einer Epoche zusammen.

e) Realismus

Eine Richtung der Malerei beginnt sich von den Scheinwelten des Klassizismus und der Romantik zu lösen. Die Schönheit einer sichtbaren Landschaft, der Mensch im Alltag, das realistische Porträt werden zum Inhalt einer Malform, deren Gesetze Wahrheit, Objektivität und Präzision sind. Zweifellos hat *Wilhelm Leibl* (1844—1900) in Deutschland eine Stufe der Entwicklung erreicht, die, zwar von Paris *(G. Courbet)* beeinflußt, einen durchaus eigenständigen Höhepunkt des deutschen Realismus darstellt. Seine berühmten **„Drei Frauen in der Kirche"** (1878—1881, **Kunsthalle Hamburg**) entsprechen der Idealdarstellung, durch fehlende Idealisierung und ein steigendes Maß an Realität die stärkste Intensität zu erreichen. Nach einem Ausspruch *Leibls* müsse man „den Menschen malen, so wie er ist, dann ist die Seele ohnehin dabei".

Außerhalb der rasch wechselnden und sich überschneidenden Stilwandlungen steht *Adolph von Menzel* (1815—1905). Schon mit seinem Bild **„Das Balkonzimmer"** (1845; **Nationalgalerie Berlin**) greift er dem französischen Impressionismus weit vor. Es ist bereits eine neue Art des Sehens, die mit der Darstellung von Licht und Luft Leben in das Motiv eines nichtssagenden Zimmers bringt. Man empfindet die sonnendurchflutete Atmosphäre des Raumes und glaubt noch die Bewegung des Vorhanges zu spüren. Bereits Mitte des 19. Jhs. entdeckt *von Menzel* mit der „Berlin-Potsdamer Eisenbahn" ein künstlerisches Thema, dem sich auch später die französischen Impressionisten häufig zuwenden. Durch seine schlichten Motive aus dem Alltagsleben, die auch die 1848er Revolution, die Industrialisierung, die Arbeiter und das Großstadtleben einschließen, ist er diesen in der malerischen Erfassung der Realität weit voraus.

Von Menzels Werk hat jedoch keinen Einfluß auf den großen französischen Impressionismus und selbst die fortschrittlichsten Ansätze mancher deutscher Künstler finden kaum je eine kontinuierliche Entwicklung. Ein wichtiger Grund mag das Fehlen einer Kunstmetropole in Deutschland (wie Paris für Frankreich) sein. Viele Künstler müssen für sich, ohne Gedankenaustausch mit Gleichgesinnten, praktisch jeweils von vorne beginnen.

f) Impressionismus

Eine der Grundforderungen des Impressionismus ist die „Freilichtmalerei". Die Komposition soll nicht mehr dem Maler vorbehalten sein, sondern der Natur überlassen werden. Das Auge wird dabei zum Instrument, das eine zufällige „Impression" wahrnimmt, die der Künstler als reine Wahrheit ansieht und wiederzugeben hat. Diese Reinheit erreicht man auch durch das Zerlegen einer Mischfarbe in reine Grundfarben, die dem Betrachter so übermittelt werden, daß dessen Auge die Mischung selber vollzieht.

In Deutschland findet man den anfangs so umstrittenen und neuen Stil nicht, wie in Frankreich, als Gruppenphänomen, sondern nur vereinzelt. Als Hauptvertreter dieser Richtung gelten *Max Liebermann* (1847—1935), *Lovis Corinth* (1858—1925) und *Max Slevogt* (1868—1932). *Liebermanns* Frühwerk behandelt, geprägt von Einflüssen *Courbets* und *J.F. Millets*, als zentrales Thema den arbeitenden Menschen. Durch die Eindrücke zahlreicher Reisen nach Holland (**„Die Netzflickerinnen"**, 1887—89, **Kunsthalle Hamburg**) gelangt er später zu einer eigenen Form des Impressionismus.

Lovis Corinth, der anfangs Naturalist ist, überwindet seine dunkle schwere Malweise und gelangt zu einer hellen Farbigkeit mit einer lockeren, aber kräftigen Pinselführung.

Neben *Liebermann* und *Corinth* ist *Max Slevogt* der wichtigste Impressionist Deutschlands. Mit seinen lichterfüllten Bildern, die aus dem Augenblick heraus geschaffen scheinen, erreicht er die wohl engste innere Verbindung zum Impressionismus. *Slevogts* Leichtigkeit der Bewegung und des Ausdrucks steigern sich noch in seinem graphischen Werk. Seine Illustrationen reichen von den arabischen Geschichten „Ali Baba", und „Sindbad" über „Rübezahl", „Grimms Märchen", „Lederstrumpf" bis hin zu Mozarts „Zauberflöte" und Homers „Ilias". Sein wohl bekanntestes Gemälde ist das **Bildnis** eines Sängers, des **„weißen d'Andrade in der Rolle des Don Giovanni"** (1902, **Staatsgalerie Stuttgart**).

8) 20. Jahrhundert

a) Jugendstil

Gegen Ende des 19. Jhs. hat sich der vorhandene Formenvorrat erschöpft. Aus dem Ärger über sinnentleerte Reproduktionen und dem Überdruß an abgenutzten historischen Formenzitaten entstehen die Kräfte, die den Jugendstil hervorbringen. Der Begriff entsteht nach dem Titel der Münchner Kunstzeitschrift „Die Jugend" und wird in England „Modern Style", in Frankreich „Art Nouveau" und in Österreich „Sezessionsstil" genannt. Die vorausgegangenen Stile waren reine Ordnungsbegriffe der Historiker, vergleichbar mit den wissenschaftlichen Kategorien für Pflanzen und Tiere. Im Gegensatz dazu ist der Jugendstil ein angestrebter und gewollter Stil. Er soll zeitgenössisch und neu ohne jede Vorlage aus der Vergangenheit in alle Bereiche des Lebens eindringen. Die Form eines Gegenstandes soll material- und funktionsgerecht sein, trotzdem aber den hohen Zielen der Jugendstil-Ästhetik entsprechen.

Diese bewußte Reaktion auf das unschöpferisch gewordene Zeitalter äußert sich nicht nur in gestalterischer Form, sondern in einer ästhetischen Empfindung schlechthin. Das Kunstgewerbe wird mit den sogenannten reinen Künsten ebenbürtig auf eine Stufe gestellt, die Grenzen sind fließend. Bezeichnend sind die Bestrebungen solcher Neuerer wie z.B. *Charles Rennie, Mackintosh, Henri van de Velde, Peter Behrens* oder *Joseph Maria Olbrich*, nicht nur in einem Beruf, sondern in möglichst vielen Bereichen (als Maler, Kunsthandwerker, Architekt) zugleich ihren Stil zu verbreiten. Die bekannte dynamische pflanzliche vegetative Ornamentik des Jugendstils wird in der Buchkunst, bei Textilien, auf Keramik und Glas angewandt und greift schließlich auf Möbel und Architektur über.

b) Expressionismus

Für die Technik, als auch für die Wissenschaft, verlaufen die Jahre bis zum Ersten Weltkrieg wie ein gigantischer Höhenflug. Automobil und Flugzeug treten ihren unaufhaltsamen Siegeszug an. Einstein eröffnet der naturwissenschaftlichen Forschung mit seiner Relativitäts-Theorie einen neuen Horizont. Freud zeigt mit seiner Traumdeutung neue Wege, die menschliche Psyche zu ergründen. Dieses, vom Fortschrittsglauben geprägte Klima bleibt nicht ohne Einfluß auf die Kunst.

Es entwickelt sich eine revolutionierende Kunstrichtung mit einem gesteigerten Ausdrucksbedürfnis. Dieser „Expressionismus" (Expression = Ausdruck, Impression = Eindruck) setzt sich um 1905 in Deutschland gegen den Jugendstil durch. Seine Ausdrucksmittel sind Flächigkeit, Deformation, starke Farbkontraste und eine nicht an das Naturvorbild gebundene Farbgebung.

Schon im ausgehenden 19. Jh. wurde die Vorperiode zum Expressionismus von Künstlern wie *V. van Gogh, P. Gauguin, H. de Toulouse-Lautrec, Edvard Munch, J. Ensor* und *F. Hodler* eingeleitet. Werke wie *Munchs* „Schrei", die gespensterhaften Larven und Skelette *Ensors* oder die schreienden Farben *van Goghs* zeigen die Abkehr von der impressionistischen Heiterkeit und die Konzentration auf die Probleme des Individuums. Der Mensch ist einsam geworden, sich selbst entfremdet, jeglicher Bindung ledig, der existentiellen Angst hilflos ausgeliefert. Dieser Ausdruck geistiger Spannung und seelischer Erlebnisse kennzeichnet die Stilrichtung.

In Deutschland vollzieht sich die eigentliche expressionistische Bewegung vorwiegend in den beiden Künstlergruppen *„Brücke"* und *„Blauer Reiter"*. Die *„Brücke"* entsteht durch den Zusammenschluß vorwiegend junger Künstler 1905 in Dresden. Initiator ist *Ernst Ludwig Kirchner* (1880—1938). Mit ihm leben und arbeiten *Karl Schmidt-Rottluff* (1884—1976), *Erich Heckel* (1883—1970), *Otto Mueller* (1874—1930), *Max Pechstein* (1881—1955) und für kurze Zeit auch *Emil Nolde* (1867—1956). Das „Programm" der Gruppe formuliert *Kirchner* und schneidet es in Holz. Darin heißt es: „Jeder gehört zu uns, der unmittelbar und unverfälscht das wiedergibt, was ihn zum Schaffen drängt." Die Ablehnung des Konventionell-Schönen führt die Brücke-Maler zur Begeisterung für die Kunst der Primitiven. *Nolde* und *Pechstein* unternehmen Forschungsreisen zu den Südseeinseln. Man entdeckt die Negerplastik und ozeanischen Masken.

Schmidt-Rottluff greift den Holzschnitt von *Munch* auf, die Schnittechnik wird nicht mehr malerisch empfunden, sondern durch großformig geschnittene Lichter kontrastiert. Die Graphik erhält wieder den Rang einer selbständigen Kunstgattung. Eine Parallelbewegung zum deutschen Expressionismus existiert im Pariser Fauvismus (*„Die Wilden"*) mit den Malern *H.E.B. Matisse, M. de Vlaminck, A. Derain, S. Valadon, M. Utrillo, K. van Dongen, R. Dufy, A. Modigliani, M. Chagall, G. Rouault* und *Ch. Soutine*. Im Jahre 1913 kommt es zur Auflösung der *„Brücke"*. Persönliche

Eigenheiten und Unterschiede werden wohl zu offensichtlich, so daß ein gemeinsames Arbeiten nicht mehr möglich ist.
Zu diesem Zeitpunkt aber hat sich der Geist des Expressionismus schon in ganz Deutschland verbreitet. Hauptsächlich München wird zum Sammelpunkt künstlerischer Kräfte. Hier entsteht die Gruppe *„Blauer Reiter"*, in der der Expressionismus seine romantische Variante findet. Die nach einem 1903 entstandenen Gemälde von *Wassily Kandinsky* benannte Vereinigung veranstaltet 1911 eine Ausstellung, an der sich die aus der *„Neuen Künstlervereinigung"* ausgetretenen Künstler *Kandinsky, Franz Marc, Gabriele Münter, Alexej von Jawlensky* und *Marianne von Werefkin* beteiligen. Die Gruppe steht Einflüssen der internationalen Avantgarde wie Kubismus oder Futurismus aufgeschlossen gegenüber, was ihnen einen fast unbegrenzten geistigen Raum eröffnet, in dem sich die Künstler individuell entwickeln. Bezeichnend für die Dimension künstlerischer Ausdrucksmöglichkeiten ist die erste Gruppenausstellung. Neben eigenen Werken zeigt die Gruppe Werke von *Albert Block, David* und *Wladimir Burljuk, Heinrich Campendonck, Eugen von Kahler, Jean Bloé Niestle, Elisabeth Epstein* und dem Maler-Komponisten *Arnold Schönberg*, außerdem Bilder zweier extremer Exponenten der französischen Malerei, *Henri Rousseau* (1844—1910) und *Robert Delaunay* (1885—1941). Für *Kandinsky* sind dies zwei Pole (das „Abstrakte" und „Reale"), die die zukünftige Kunst verkörpern. Die internationale Orientierung versuchen *Kandinsky, Marc, die Brüder Burljuk, Macke* und *Schönberg* 1912 mit der Herausgabe des Almanachs „Der Blaue Reiter" noch zu erweitern und theoretisch zu fundieren. Darin werden Volkskunst und Kinderzeichnungen als ein bisher unerschlossenes Gebiet bildnerischen Ursprungs entdeckt. Der Almanach bringt aber auch kunst- und musiktheoretische Abhandlungen zur Arbeit der Gruppe sowie Ethnographisches, naive Malerei und Musikbeilagen von *Schönberg, Alban Berg, Anton von Webern*. Außer den bereits genannten Namen sind Künstler wie *August Macke* (1887—1914), *Alfred Kubin* (1877—1959) und *Paul Klee* (1879—1940) als Mitglieder in der Gruppe vertreten. Der Erste Weltkrieg, in dem *Marc* und *Macke* fallen, beendet das gemeinsame Streben des *„Blauen Reiters"*; *Kandinsky* und *Jawlensky* müssen Deutschland verlassen. Nach 1918 (Kriegsende) lebt der Geist des „Blauen Reiters" in den Ideen des *Bauhauses* intensiv weiter.
Oskar Kokoschka (1886—1980), der neben Städtebildern und Landschaften an psychologisierenden Porträts arbeitet, bleibt Einzelgänger. Seine Dramen sind Erstlinge der expressionistischen Literatur. Auch die Plastik zeigt in den Arbeiten von *Ernst Barlach* (1870—1938) und *Wilhelm Lehmbruck* (1881—1919) starke expressionistische Merkmale. *Barlach* sucht die Begegnung zwischen Mensch und Schicksal, die er in den Ausdruckslinien großer Gewandblöcke einfängt. Sein Thema ist der Ausdruck der Besinnlichkeit. Die Plastiken *Lehmbrucks* führen von den frühen, vitalen und in der Form geradezu klassischen Frauengestalten zu den gelängten, zugleich aber in der Plastik der Zeit unvergleichlich erschütternden Werken der späten Jahre.
Im Bereich der Architektur wird von dem wohl bedeutendsten Baumeister dieser Zeit, *Hans Poelzig* (1869—1936), das **Schauspielhaus in Berlin** 1919 umgebaut. *Poelzig* gilt als Künstler, der neue Baugedanken auf eine individuelle Weise mit sehr selbständig verarbeiteten Formtraditionen verbindet. Seine Formensprache ent-

wickelt er aus der einfachen und kraftvollen Frühgotik. Er befreit sich dabei jedoch vom historischen Detail und zeigt Neigungen zur Überbetonung der plastischen Elemente.

Der Architekt *Fritz Höger* (1877—1949) ist Schöpfer der modernen norddeutschen Backsteinarchitektur. Er versucht die Formen im expressionistischen Sinne dynamisch zu steigern und gibt Fassaden ein leichtes Relief. Sein ausdrucksvollstes Beispiel und bekanntester Bau ist das **Chilehaus in Hamburg** (1922—23), das an einen Schiffsbug erinnert.

Tendenz zu expressiver Fantasie zeigt ebenso der Deutsch-Amerikaner *Erich Mendelsohn* (1887—1953) mit seinem Einsteinturm in Potsdam (1920—21). Sein Bestreben ist, den Materialien Beton und Stahl eine ihnen gemäße und sinnlich bewegende Gestalt zu geben, die gleichzeitig den Charakter des jeweiligen Baues symbolisiert.

Auch *Bruno Taut* (1880—1938) fügt dem Funktionellen gefühlshafte Vorstellungen hinzu. Seine Orientierung auf die natürliche Schönheit traditioneller Materialien bei einfachster Formgebung zeigt eine Haltung, die ihn bei der Anwendung von Stahl, Stahlbeton und Glas zu jener bahnbrechenden Gestaltung seiner **Ausstellungsbauten** führt **(Glashaus, Köln)**. Für ihn ist Technik Mittel zum Zweck, der sich entwickelnde Mensch und seine Tradition aber Ausgangspunkt und Ziel des künstlerischen Strebens.

c) Kubismus

Etwa zur gleichen Zeit entsteht in Frankreich eine Kunstströmung, die von einer kleinen Gruppe französischer, spanischer und russischer Maler sowie Bildhauer getragen wird. Der Kunsthistoriker L. Vauxcelles prägte 1908 die spöttisch gemeinte Bezeichnung „Kubismus".

In konsequenter Fortentwicklung Cezannescher Ideen und Darstellungsweisen des Fauvismus führen zunächst hauptsächlich *Georges Braque* (1882—1963) und *Pablo Picasso* (1881—1973) die Körperlichkeit der Gegenstände auf Rhombus, Kreis und Dreieck zurück und ersetzen mit diesen Elementen der Geometrie die illusionistische Abbildmethode. Figuren und Landschaften werden hart und scharfkantig, vor allem aperspektivisch, stilisiert, beziehungsweise vereinfacht. So gilt das von *Picasso* unter dem Einfluß afrikanischer Plastik gemalte Werk „Les Demoiselles d'Avignon" (1907) als Wendepunkt in der Bildauffassung.

Der Kubismus wird in die frühe analytische und in die spätere synthetische Periode eingeteilt. Der analytische Kubismus entwickelt die Form, indem er Figuren und Stilleben in splittrige, geometrische Elemente aus grauen und braunen Tönen zerlegt, die dann wiederum in ihrer Zusammenschau ein ganzheitliches Bild des Gegenstandes ergeben. In der Periode des synthetischen Kubismus wird der Bildinhalt zum freien Kompositionsspiel mit abstrakten Formen. Als Mittel der Darstellung gilt nicht nur die Farbe allein, man experimentiert mit Zeitungsausschnitten, Tapetenresten, Sand, Packpapier, Holz, Metall, Leder oder Stoff. Bedeutende Vertreter dieser Kunstrichtung sind u.a.: *Juan Gris* (1887—1927), *Fernand Léger* (1881—1955), *Albert Gleizes* (1881—1953), *André Lothe* (1885—1962) und die Bildhauer *Alexander Archipenko* (1887—1964) und *Constantin Brancusi* (1876—1957).

d) Dadaismus

Als Protest gegen den Krieg findet sich 1916 eine internationale Gruppe in Zürich zusammen, durch die die „Dada"-Bewegung entsteht. Aus der Auflösung der durch den Krieg auseinandergerissenen Gruppen in Paris, München und Mailand und dem sich daraus ergebenden geistigen Chaos soll sich eine neue Richtung der Kunst entwickeln. In der neutralen Schweiz suchen eine Anzahl von Künstlern Zuflucht. 1916 gründen *Hugo Ball* und *Emmy Hennings*, unterstützt von *Hans Arp, Hans Richter, Richard Huelsenbeck, Marcel Janko* und *Tristan Tzara* das „Cabaret Voltaire". Ihre Zeitschrift gleichen Namens wird zum Sprachrohr der internationalen Avantgarde. Die Mitglieder der Gruppe (vorwiegend deutsche Emigranten) dichten, fertigen Objekte und veranstalten Kabarettvorstellungen, in denen sie Kunst und Literatur persiflieren. Das Wort „Dada" ist ein Zufallsfund in einem deutsch-französischen Lexikon und stammt aus der Kindersprache. Es drückt für die Züricher Gruppe die ursprüngliche, aufrichtige und kindliche Welt aus. „Dada" wird zum Schlagwort gegen die Zeit erhoben, gegen verlogene Konventionen und Kulturfassaden des Bürgertums. „Dada" ist in erster Linie eine Lebenshaltung, in der Raum für neue Grundelemente ist, um Reines und Natürliches zu schaffen. Das heißt, die Ausdruckswelt des „Dada" entsteht zum größten Teil aus dem spontanen Impuls. So montiert man Gebrauchsgegenstände und ernennt sie zur Kunst. Das Absurde wird zur Kunstrichtung. Nach Kriegsende 1918 breitet sich der Dadaismus in Paris, New York, Deutschland, Holland und Italien aus. In Paris wird er zum Wegbereiter des Surrealismus. In Deutschland wird 1922 eine Ausstellung der Dadaisten in Köln von der Polizei geschlossen. Die Bewegung fällt schließlich auseinander, da die Interessen der Einzelnen in verschiedene Richtungen gehen. Der Dadaismus beeinflußt aber weiter mit seinen Ideen und Techniken, die sich auf künstlerische Bereiche wie Film, Fotomontage, Typografie, Musik, Theater und Architektur erstrecken, bis zur heutigen Zeit die gegenstandslose Kunst.

e) Surrealismus

Aus der Dada-Bewegung entwickelt sich in Frankreich der „Surrealismus". Der Dichter *André Breton* verfaßt 1924 in Paris das erste „surrealistische Manifest". Danach steht der Traum, die Vision des Wahnsinns, auf einer ebenbürtigen Stufe mit dem normalen, vom Verstand kontrollierten Denken und Empfinden; „an die Stelle der realen Außenwelt tritt die seelische Realität" *(Breton)*. Die Unmittelbarkeit des Ausdrucks, der aus dem Unbewußten stammt und nicht vom Verstand kontrolliert wird, soll aus dem Künstler automatisch hervorgehen. Der Surrealismus soll seelische Zustände sichtbar machen, entzieht sich der Wirklichkeit und taucht in Träume, in das Unbewußte hinein. Starken Einfluß auf diese Ideen hat die Psychoanalyse Sigmund Freuds, dessen Theorien der Traumdeutung zur Untermauerung herangezogen werden. Ebenso einflußreich wird die „Pittura Metafisica" (metaphysische Malerei, Italien) von *Giorgio de Chirico*. Von dieser italienischen Richtung wird *Salvador Dali* (geb. 1904), der sich 1928 dem Surrealismus anschließt, inspiriert. Er malt seine traumhaften Bildvisionen mit fast fotografischer Genauigkeit. Als einzelner, bedeutender deutscher Vertreter des Surrealismus gilt *Max Ernst* (1891—1976), der 1919 zusammen mit *Hans Arp* den Kölner „Dada" ins Leben rief. Seit 1922 gehört er in Paris dem Kreis um *Breton* an. Zusammen mit dem Dichter Paul Eluard verfertigt er

1922 den Collagenroman „Les malheurs des immortels". Seit 1924 verwendet er häufig Automatismen und entwickelt dabei neue Techniken: Die Frottage und die Grattage. Bei der Grattagetechnik werden zunächst Farben willkürlich auf einer Holzplatte verteilt. Sind diese getrocknet, werden mit einer scharfen Klinge sgraffittiartige Zeichnungen eingekratzt. Die Frottage ist eine Durchreibe-Technik. Die Oberflächen von z.B. Holz, Stoff oder Blättern werden mit einem Graphitstift auf Papier oder Leinwand übertragen.

f) Walter Gropius und das Bauhaus

Walter Gropius (1883—1969), der als junger Architekt Schüler von *Peter Behrens* ist, entwickelt zukunftsweisende ästhetische Vorstellungen im Bereich der Architektur, des Städtebaus und der industriellen Formgebung. Die technischen Konstruktionsmittel von Stahl und Beton erlauben eine Auflösung herkömmlicher Fassaden mit Hilfe von Glas, wie es in diesem Ausmaß seit der Gotik nicht mehr möglich war. Bereits vor dem Ersten Weltkrieg erregt er mit dem Bau der Fagus-Schuhleistenfabrik 1911-1914 (in Zusammenarbeit mit *Adolf Meyer*, 1881—1929) und dem Musterbau für ein Bürohaus auf der Werkbundausstellung (1914) in Köln großes Aufsehen. Unter *Gropius'* Leitung wird 1919 das „Bauhaus" in Weimar gegründet. Er weckt die Erinnerung an die „Bauhütte" des Mittelalters, bei der keine Trennung zwischen Kunst und Handwerk bestand und alle Künste unter Führung der Architektur zusammenwirkten. Herkömmliche Akademieklassen werden in Werkstätten umgewandelt und an Stelle von Professoren lehren „Formmeister". Jeder Student muß, bevor er sich für eine bestimmte Laufbahn entscheidet, den vorwiegend handwerklich orientierten Vorkurs absolvieren. Hier kann er sich durch Materialstudien mit den Grundelementen der Formenlehre vertraut machen. Ziel der Werkgemeinschaften sind bessere Relationen zwischen Form, Material und Funktion. Grundprinzipien des Gestaltens sind nicht nur Schönheit und Stil des Produktes oder Bauwerks, sondern vorrangig Materialgerechtigkeit und Funktionalität. Ein neues kreatives Bewußtsein entsteht, das den persönlichen Gedanken, das Experiment in der Gruppenarbeit aufnimmt. Schöpferische Produktion jeder Art wird gefördert.

Um in diesem Sinne seine Vorstellungen im „Bauhaus" verwirklichen zu können, beruft *Gropius* die bedeutendsten Künstler seiner Zeit als Mitarbeiter an das Institut: *Lyonel Feininger* (1871—1956), *Wassily Kandinsky* (1866—1944), *Paul Klee* (1879—1940), *Oskar Schlemmer* (1888—1943), *Johannes Itten* (1888—1967), später die Bildhauer *Gerhard Marcks* (1889-1981), *Laszlo Moholy-Nagy* (1895—1946) und den Architekten *Adolf Meyer*. Es gibt u.a. Werkstätten für Schreinerei, Töpferei, Weberei, Bühnenbildnerei, Innenarchitektur, Werbegrafik, Typografie, Fotografie und Metallarbeit.

1925 ist das Bauhaus aus praktischen Gründen gezwungen, nach Dessau überzusiedeln. Damit beginnt der zweite Entwicklungsabschnitt, der sich vom ersten durch die Wendung zum Konstruktivismus und Funktionalismus unterscheidet. *Moholy-Nagy* und *Josef Albers* (1888—1976) sind die Fürsprecher der neuen Zielsetzung. In Dessau schafft man den Titel „Meister" ab, das Institut wird zur Hochschule und von Professoren geführt. *Schreyer, Feininger, Itten* und *Marcks* verlassen das Bauhaus. 1928 legt *Walter Gropius* sein Amt als Leiter nieder. Nachfolger wird der

Schweizer Architekt *Hannes Meyer* (1889—1954). 1930 übernimmt *Ludwig Mies van der Rohe* die Leitung. Schon in der Weimarer Zeit war das Bauhaus als staatliche Institution starken politischen Einflüssen ausgesetzt, indem man versuchte, in die Lehrberufung einzugreifen. So schlagen auch die verzweifelten Versuche *Mies van der Rohes* um eine Entpolitisierung des Bauhauses fehl. Das Institut wird 1933 von den Nationalsozialisten unter Adolf Hitler geschlossen. Die schöpferischen Impulse und stilbildenden Grundlagen der Bauhaus-Idee sind jedoch bis heute wirksam und gültig.

g) Die Kunst im Dritten Reich
Mit den immer stärker werdenden nationalsozialistischen Kräften und schließlich deren Machtübernahme 1933 wird die Vielfalt der künstlerischen Richtungen zunehmend zugunsten eines ideologischen Neoklassizismus unterdrückt. Abstrakte Kunst wird als „entartet" abgestempelt und eine Vielzahl abstrakter bzw. sozialkritisch-realistischer Künstler in die Illegalität, in die Emigration und manchmal in den Freitod getrieben. Ein sogenannter „Kampfbund" wird gegründet, der mit Terroraktionen die „für das gesunde Volksempfinden nicht mehr tragbaren" Kunstwerke entfernt oder gar zerstört. Joseph Goebbels (1897—1945), in der Regierung Adolf Hitler Reichsminister für Volksaufklärung und Propaganda, seit 1933 außerdem Präsident der neuen „Reichskulturkammer", ordnet an, „den Besitz der Museen von Produkten der Verfallskunst zu säubern" und die Werke zu annektieren. Als Ergebnis dieser Aktion findet 1938 im Haus der Deutschen Kunst in München die berüchtigte Ausstellung „Entartete Kunst" statt. 1939 werden 125 Spitzenwerke moderner europäischer Kunst, die in den Museen beschlagnahmt worden waren, versteigert. 1004 Ölgemälde und Bildwerke, 3825 Aquarelle, Zeichnungen und graphische Blätter (darunter Werke von *Nolde, Schmidt-Rottluff* und *Heckel*) verbrennt man als „unverwertbaren Rest entarteter Kunst" im Hof der Feuerwache Köpenick-Straße in Berlin. Schon im Mai 1933 waren in deutschen Universitätsstädten die Bücher verfemter Autoren (darunter *L. Feuchtwanger, S. Freud, E. Kästner, E.E. Kisch, H. Mann, E.M. Remarque, K. Tucholsky* und *A. Zweig*) verbrannt worden. In diesem geistigen Klima richten sich angepaßte Künstler, Mitläufer des Nationalsozialismus, oft auch minderklassige Maler und Bildhauer, nach den Themen und Ideologien, die im Sinne der Reichskulturkammer sind. So häufen sich die Kunstwerke aus dem Themenkreis des bürgerlichen Lebens, der Arbeiter- und Handwerksberufe und der Mutter-Kind-Darstellungen. Nicht die künstlerische Arbeit, sondern vor allem der staatserhaltende Gedanke muß in den Werken ersichtlich sein. Auf der Suche nach dem Staat genehmen Motiven entwickelt sich der Bereich der Tiermalerei. Auch idealisierende Aktdarstellungen, die sich an die propagierte Weltanschauung halten, nehmen einen breiten Raum ein **(Skulpturen am Maschseeufer, Hannover)**.
Besonders im Bereich der Architektur ist man bestrebt, die Vorstellung vom „Ewigkeitswert" des nationalsozialistischen Systems zu verwirklichen. Die Vergleiche mit der Antike entsprechen einem bloß mechanischen Aufgreifen von Vorbildern und führen zu einem quantitativen Übertreffenwollen. Diese Repräsentations-Architektur Hitlers ist Ausdruck der Machtverhältnisse; vorrangig ist nicht der Gebrauchswert, sondern die herrschaftspolitische Funktion der Bauwerke. Das **„Haus**

der Deutschen Kunst" in **München** (1933—37) von *Paul Ludwig Troost* gilt als richtungsweisend für den „Neoklassizismus" der faschistischen Großarchitektur. Diese Tendenzen werden von dem Architekten und späteren Hitler-Rüstungsminister *Albert Speer*, der ab 1933 für und mit Adolf Hitler (als Planer) gigantische Repräsentationsbauten in Berlin, Nürnberg und München errichtet, ausgebaut und durch einen ausgesprochen politisch agitatorischen Baucharakter geprägt.

h) Die Entwicklung nach 1945

Im Gegensatz zu den USA, wo sich die künstlerische Entwicklung auch während des Zweiten Weltkriegs fortsetzen konnte, oder Frankreich, wo die ersten Ausstellungen gleich nach 1945 in Paris stattfinden, muß sich in Deutschland das künstlerische Leben erst wieder neu formieren und den Anschluß an die Zeit vor 1933 bzw. die Entwicklung in der übrigen Welt finden.

Die meisten Galerien in den zerbombten deutschen Städten sind vernichtet. Nur wenige Künstler, die im „Dritten Reich" Hitlers in die Emigration getrieben wurden, kehren zurück. Einige der bedeutendsten Künstler sind inzwischen verstorben *(Ch. Rohlfs, E.L. Kirchner, O. Schlemmer)*. Die jungen Nachwuchskünstler experimentieren und suchen neue Ansätze. Trotz der Schwierigkeiten (fehlende Kontakte zum Ausland, unterbrochene Entwicklung) und ohne Anhaltspunkte durch Gruppen wie vordem z.B. der „Blaue Reiter" oder die „Brücke", hat die deutsche Kunst rasch wieder den Anschluß an die europäische Entwicklung erreicht. Die Not der Nachkriegszeit lehrt improvisieren, das starke Nachholbedürfnis läßt das geistige Leben wieder aufblühen.

Nachdem die Kunstschaffenden nach 1945 die Kontinuität der abstrakten Kunst wieder aufnehmen, beleben sich die internationalen Kontakte, vor allem nach Frankreich, wieder *(Hans Hartung,* Vertreter der „Ecole de Paris", geb. 1904, *Wolfgang Schulze,* genannt „Wols", 1913—51 und andere „Tachisten"). In der Bildhauerei arbeitet man zunächst mit der abstrakten Plastik, die teilweise noch dem Figürlichen verbunden ist, mit Objektkunst aus Fundstücken, mit der Ausarbeitung konstruktivistischer Ansätze als Versuch, Raum, Umraum und Zeit zu definieren *(Otto Herbert Hajek,* geb. 1927, *Erich Hauser,* geb. 1930). Seit den 60er Jahren wird auch mit Darstellungsmitteln wie Bewegung, Licht und Wasser gearbeitet. Als Fortführung konstruktivistischer Experimente der großen Wegbereiter (wie *Mondrian, Itten, Moholy-Nagy* etc.) kann man die verschiedenen Kunstrichtungen der Moderne in den 60er und 70er Jahren betrachten: „Hard Edge", „Minimal Art", „Op Art". Starke Einflüsse entstehen durch eine neue, radikale Gegenständlichkeit der „Pop Art", die zum Teil ihre Wurzeln im „Dadaismus" der 20er Jahre hat.

Der Rhythmus des künstlerischen Schaffens, die Vielfältigkeit der Ideenproduktion und sogar die aufeinanderfolgenden Moden werden immer hektischer. Und wie in früheren Zeiten werden gerade die radikalsten Experimente der Gegenwart nur von einer sehr kleinen Schicht der Gesellschaft akzeptiert — obwohl die Absicht der Künstler ein verzweifelter Versuch ist, die Trennung zwischen Kunst und Gesellschaft zu überwinden. Als Hoffnung bleiben die heutigen Möglichkeiten, eine künstlerische Entwicklung nicht nur im Geist der Zeit, sondern auch als Protest gegen diesen zu vollziehen.

Cornelia Ungefug, Michaela Borgwardt-Lange

Ihre Reise

Wann reisen?

Bayern liegt in der mitteleuropäischen Kontinental-Klimazone, die von frostreichen Winterzeiten (ca. ab Mitte November bis Mitte März) und warmen Sommern (Juli/August) geprägt ist. Durch allgemeine klimatische Verschiebungen kommt es aber in jüngster Zeit auch zu frostlosen Winter- und naßkalten Sommerperioden. Nur in Höhenlagen über 1500 m (Oberbayern/Alpenregion und Bayerischer Wald/Niederbayern) kann dabei im Winter mit Schneesicherheit gerechnet werden.
Zwischen diesen beiden Hauptjahreszeiten sind die jeweiligen Übergangsperioden Frühjahr (April-Juni) und Herbst (Sept.-Mitte November) von mittleren Temperaturen (um 10°C) gekennzeichnet. Die Niederschlagsmengen sind über das ganze Jahr hinweg relativ gleichmäßig verteilt. Nur im eigentlichen Winter (Dezember-Februar) tritt der Niederschlag überwiegend als Schnee auf und kann Nebenstraßen teilweise unpassierbar machen (Autobahnen werden meist gut geräumt und gestreut, Bundesstraßen bis auf Ausnahmefälle ebenfalls). Es empfiehlt sich, im Winter Autos mit Ganzjahres- oder Winterreifen zu benutzen. Spikereifen sind in der Bundesrepublik Deutschland auch bei Glatteis nicht erlaubt.
Je nach Ferienzeit kann es auf den großen Fernstraßen (vor allem Autobahnen) zu Verkehrsstaus kommen. Der terminunabhängige Reisende sollte daher nicht zu Beginn oder Ende der jeweiligen Ferienzeiten fahren (Oster-, Sommer-, Herbst- und Weihnachtsferien). Die von Jahr zu Jahr wechselnden Ferientermine können deutschen Kalendern entnommen werden oder bei Automobilclubs oder touristischen Informationsstellen erfragt werden.

Wissenswertes vor Reiseantritt

Auskunftsstellen. — Für Informationen über die Bundesrepublik Deutschland stehen im Ausland die Büros der **„Deutschen Zentrale für Tourismus (DZT)"** zur Verfügung. Nachstehend ihre Anschriften:
Duits Reis-Informatiebureau, Spui 24, 1012-XA-**Amsterdam**, Tel. 0 20-24 12 93.
Office Allemand du Tourisme/Duitse Dienst voor Toerisme, 23 Rue de Luxembourg, B-1040 **Bruxelles**, Tel. 02-5 12 77 66.
Tysk Turist-Central, Vesterbrogade 6 D III, DK-1620 **Kobenhavn V**, Tel. 01-12 70 95.
Predstavnistvo DZT/TTG Turisticna poslovalnica, Titova cesta 40, Yu-61000 **Ljubljana**, Tel. 0 61-3 14-2 42.

Wissenswertes vor Reiseantritt

German National Tourist Office, 61, Conduitstreet, GB-**London** W1R OEN, Tel. 01-7 34 26 00.
German National Tourist Office, 444 South Flower Street, Suite 2230, **Los Angeles** CA 90071, Tel. 2 13-6 88-73 32.
Oficina Nacional Alemana de Turismo, San Agustin 2, Plaza de las Cortes, E-**Madrid** 14, Tel. 91-4 29 35 51.
Office National Allemand du Tourisme/German National Tourist Office, 2 Fundy, P.O. Box 417,
Montreal P.Q. H5A 1B8, Tel. 5 14-8 78-98 85.
German National Tourist Office, 747 Third Avenue, 33rd floor, **New York**, N.Y. 10017, Tel. 2 12-3 08-33 00.
Tysk Turistbyro, St. Olavs pl., Postboks 6840, N-**Oslo** 1, Tel. 02-11 03 76.
Office National Allemand du Tourisme, 4, Place de l'Operá, F-75002 **Paris**, Tel. 01-7 42 04 38.
Ente Nazionale Germanico per il Turismo, Via Barberini 86, I-00187 **Roma**, Tel. 06-48 39 56.
Tyska Turistbyron, Birger Jarlsgatan 11, Box 7520, S-10392 **Stockholm**, Tel. 08-10 93 90.
German National Tourist Office, Lufthansa House, 12th Floor, 143 Macquarie St., **Sydney** 2000, Tel. 02-2 21-10 08.
German National Tourist Office, Deutsches Kultur-Zentrum (OAG-Haus), 7-5-56 Akasaka, Minato-ku, **Tokio** 107, Tel. 03-5 86-03 80.
DZT, Schubertring 12, A-1010 **Wien**, Tel. 02 22-53 27 92.
Offizielles Deutsches Verkehrsbüro, Talstr. 62. CH-8001 **Zürich**. Tel. 01-2 21 13 87.
Informationen können im Ausland auch über die Büros der „Deutschen Lufthansa" eingeholt werden. Lufthansabüros gibt es in folgenden Städten:
HongKong, Johannesburg, Mexico City, Moskau, New Delhi, Sao Paulo, Tel Aviv.

Innerhalb Bayerns gibt es in fast allen Orten **Örtliche Informationsstellen**, sie firmieren unterschiedlich als Verkehrsverein, Fremdenverkehrsamt, Verkehrsamt, Kurverwaltung, Stadtverwaltung, Bürgermeisteramt o.ä. Die Anschriften dieser Örtlichen Informationsstellen finden Sie im Teil C.

Es gibt in Bayern außerdem noch **regionale Informationsstellen** für die einzelnen Gebiete des Landes. Nachstehend die Anschriften:
Für ganz Bayern:
Landesfremdenverkehrsverband Bayern, Prinzregentenstraße 18, 8000 München 22, Tel. 0 89-22 94 91.
Für Niederbayern:
Fremdenverkehrsverband Ostbayern, Landshuterstr. 13, 8400 Regensburg, Tel. 09 41-5 71 86.
Für Oberbayern:
Fremdenverkehrsverband München/Oberbayern, Sonnenstr. 10, 8000 München 2, Tel. 0 89-59 73 47.
Für Schwaben:
Fremdenverkehrsverband Allgäu/Bayerisch Schwaben, Fuggerstr. 9, 8900 Augsburg, Tel. 08 21-3 33 35.

Für Franken:
Fremdenverkehrsverband Franken, Am Plärrer 14, 8500 Nürnberg 81, Tel. 09 11-26 42 02.
Weitere Informationsstellen in Bayern sind die **Reisebüros** in den einzelnen Orten, sie vermitteln Zimmer und man bekommt Ortsprospekte. (Nicht jedes Reisebüro ist darauf eingestellt, manche befassen sich nur mit Touristik ins Ausland.)

Einreisebestimmungen. — Die Bundesrepublik Deutschland gehört zur Europäischen Gemeinschaft. Reisende aus deren Mitgliedsländern unterliegen bei der Einreise und beim Aufenthalt vereinfachten Bestimmungen und benötigen teilweise nur einen Personalausweis. Reisende aus allen anderen Ländern müssen in jedem Fall einen Reisepaß besitzen.

Zollbestimmungen. — Einfuhrfrei als Reisegepäck sind alle Gegenstände, die in direktem Zusammenhang mit der Reise stehen. Kraftfahrzeuge sind zollfrei, wenn sie wieder ausgeführt werden. Ebenso Treibstoff im Tank und 10 Liter in Reservekanistern. Reisemitbringsel sind bis zum Gesamtwert von 500 DM zollfrei, davon höchstens für 115 DM aus Nicht-EG-Ländern. Ferner können zollfrei folgende Höchstmengen eingeführt werden (in Klammern aus EG-Ländern): 200 (300) Zigaretten oder 100 (150) Zigarillos oder 50 (75) Zigarren oder 250 (400) g Tabak. Reisende mit Wohnsitz außerhalb Europas dürfen die doppelten Tabakmengen einführen. An Alkoholika zollfrei 1 (1,5) Liter Spirituosen über 22 Prozent Alkoholgehalt oder 2 (3) Liter Spirituosen unter 22 Prozent Alkoholgehalt oder 2 (3) Liter Schaumwein und 2 (4) Liter sonstiger Wein. Für den persönlichen Verbrauch bestimmter Wein bis zum Grenzübergangswert von 250 DM wird mit 15% pauschal versteuert, wenn er die oben genannten Freimengen übersteigt. Aus Österreich dürfen bis zu 60 Liter Wein ohne besondere Dokumente importiert werden. Freimengen für andere Güter: 50 (75) g Parfüm und 0,25 (0,375) Liter Toilettenwasser, 250 (750) g Kaffee oder 100 (300) g Kaffeeauszüge, 100 (150) g Tee oder 40 (60) g Teeauszüge. Tabakwaren sind nur bei Personen über 17 Jahren abgabefrei, Kaffee bei Personen über 15 Jahren. Die genannten Freimengen muß der Reisende in seinem persönlichen Gepäck mit sich führen.

Versicherungsbestimmungen für Kraftfahrer. — Internationale Grüne Versicherungskarte. Reisende aus folgenden Ländern sind davon befreit und benötigen keinen Versicherungsnachweis: Belgien, DDR, Finnland, Frankreich, Großbritannien, Liechtenstein, Luxemburg, Monaco, Niederlande, Norwegen, Österreich, Schweden, Schweiz, Ungarn, Vatikan. Diese Befreiung gilt nicht für Fahrzeuge mit Zollkennzeichen. Eine Ersatzversicherung kann an der Grenze abgeschlossen werden.

Geld — Geldwechsel. — Die deutsche Währung ist die „Deutsche Mark" (DM). 100 Pfennige sind 1 DM. Es gibt Münzen zu 1, 2, 5, 10 und 50 Pfennigen, 1, 2 und 5 DM. Geldscheine gibt es zu 10, 20, 50, 100, 500 und 1000 DM, vereinzelt auch noch zu 5 DM. Die Einfuhr von DM und Devisen in die Bundesrepublik unterliegt keinen Beschränkungen. Geldwechsel ist bei allen Banken möglich, außerdem gibt es spezielle Wechselstuben auf großen Bahnhöfen, den Flughäfen und an den Autobahneinfahrten in München. Auch alle Hotels, Läden und Privatpersonen dürfen ausländische Währungen in DM oder umgekehrt einwechseln. Allerdings hängt es von ihrem Ermessen ab, ob sie das tun und welchen Umtauschkurs sie verlangen. Reiseschecks werden am besten bei Banken (und Sparkassen) eingelöst, auch manche

Geschäfte und die meisten Hotels akzeptieren sie. Internationale Kreditkarten wie American Express, Diners Club, VISA und vor allem Eurocard werden in vielen Geschäften und den meisten Hotels akzeptiert.

Tiere. — Das Mitführen von Haustieren ist erlaubt (bis 3 Hunde und/oder Hauskatzen), wenn eine Tollwut-Impfbescheinigung vorgelegt wird. Die Impfung muß zwischen 12 Monaten und 30 Tagen vor Einreise erfolgt sein. Die Einfuhr aller sonstigen Tiere kann nur mit besonderer Genehmigung erfolgen.

Verkehrsbestimmungen. — Im allgemeinen gelten in der Bundesrepublik Deutschland die gleichen, international angeglichenen Straßenverkehrsbestimmungen wie in ganz Europa. Höchstgeschwindigkeiten gibt es auf den Autobahnen nicht, auf Landstraßen ist die Höchstgeschwindigkeit 100 km/h für Pkw und 80 km/h für Lkw und Busse. In Städten Höchstgeschwindigkeit 50 km/h für alle Fahrzeuge. Die Einhaltung der Höchstgeschwindigkeiten wird mittels Radarkontrollen (häufig gut versteckt) scharf kontrolliert.

Die Verwendung von Spikereifen ist auch bei Glatteis in der Bundesrepublik Deutschland untersagt.

Für Autofahrer besteht Gurtpflicht (soweit das Auto mit Sicherheitsgurten ausgestattet ist) und für Motorrad- und Mopedfahrer Helmpflicht.

Anreise

Im Flugzeug. — Verkehrsflughäfen in Bayern sind München und Nürnberg. Sie werden von der Lufthansa und zahlreichen ausländischen Gesellschaften regelmäßig bedient. Genaue Einzelheiten über die aktuellen Flugtarife und Flugpläne (sie wechseln zweimal im Jahr) erhalten Sie in Reisebüros und den Stadtbüros der Fluggesellschaften in aller Welt. Bayerns benachbarte Flughäfen sind Stuttgart und Frankfurt, von wo aus gute Weiterfahrtmöglichkeiten auf Autobahnen und per Eisenbahn bestehen.

Mit der Eisenbahn. — Ganz Bayern ist durch ein dichtes Eisenbahnnetz gut erschlossen. München ist Verkehrsknotenpunkt, von hier aus verkehren Schnellzüge in alle Richtungen. Im sogenannten „Intercity"-Verkehr bestehen nahezu stündliche Verbindungen zu anderen deutschen Großstädten. Auskünfte auf Bahnhöfen und in Reisebüros.

Mit dem Auto. — Bayern wird von zwei großen Autobahnadern durchzogen, die das Land an das übrige Bundesgebiet anschließen. Es sind die Strecken Frankfurt-Würzburg-Nürnberg-München-Rosenheim-Österreich (Kufstein bzw. Salzburg) und Stuttgart-München. Zur Autobahn Frankfurt-München gibt es von Kassel her einen Zubringer bis Würzburg und vom Süden her ebenfalls einen Zubringer von Heilbronn nach Würzburg. Weitere durchgehende Autobahnverbindungen bestehen zwischen Nürnberg und Heilbronn über Ansbach sowie zwischen Nürnberg und Berlin über Bayreuth.

Neben diesen Autobahnen (abgekürzt: BAB) gibt es ein dichtes Netz von Bundesstraßen (B plus Nummer, z.B. B 19) und Nebenstrecken, die in der Regel ebenso gut ausgebaut sind wie die Bundesstraßen. Die Benutzung aller Straßen ist gebührenfrei, nur in den bayerischen Alpen gibt es einige wenige Mautstraßen, deren Benutzung geringe Gebühren kostet.

Straßenverkehrsnachrichten verbreitet in Bayern der Rundfunksender „Bayern 3" zweimal stündlich (nach den Nachrichten zu jeder vollen Stunde und zu jeder halben Stunde), bei Bedarf auch zusätzlich. Vor und nach diesen Verkehrsdurchsagen ist ein deutlich erkennbarer Signalton (Fanfare) zu hören. Zu Hauptverkehrszeiten (Ferienbeginn, Ferienende, lange Wochenenden) muß auf den Hauptdurchgangsstraßen durch Bayern (Autobahnen) mit oft kilometerlangen Stauungen gerechnet werden.

Reisen in Bayern

Im wesentlichen gelten die schon unter „Anreise" genannten Möglichkeiten. Regelmäßige Linienflüge innerhalb Bayerns mit der Lufthansa gibt es nicht, die beiden Verkehrsflughäfen Nürnberg und München liegen nur etwa 150 km auseinander.
An öffentlichen Verkehrsmitteln gibt es neben der Eisenbahn auch ein dichtes Netz an Linienbusverbindungen, die meist von der Bahn bzw. der Post unterhalten werden und deren Fahrpläne und -preise man an Eisenbahnschaltern und in Reisebüros erfragen kann. Um München und Nürnberg herum besteht außerdem ein S-Bahn-Netz mit minutenschneller Zugfolge im Nahverkehr. Man muß darauf achten, daß Fahrausweise für diese Züge meist nur an Münzautomaten gelöst werden können. Diese Fahrkarten müssen dann (in der Regel vor oder auf dem Bahnsteig) vor Betreten des Zuges an einem Stempelautomaten entwertet werden. Wer in einem Zug ohne Fahrkarte oder auch nur ohne gestempelte Fahrkarte von den häufig auftauchenden Kontrolleuren ertappt wird, muß mit einer Geldbuße von 20 bis 40 DM rechnen, ist peinlichen Prozeduren ausgesetzt und verliert Zeit.
Dasselbe gilt auch für die innerstädtischen Nahverkehrsmittel (Straßenbahnen und Busse, in München auch der U-Bahn). Auch hier müssen Fahrausweise an Automaten gelöst und im Fahrzeug (allerdings nicht in der U-Bahn möglich) abgestempelt werden (in Ausnahmefällen auch Fahrkartenverkauf beim Fahrer).
Für S-Bahnen wie für die innerstädtischen Verkehrsmittel gibt es Sammelkarten (meist Streifenkarten), bei denen die Einzelfahrt deutlich verbilligt ist. Genaue Auskünfte über die innerörtlichen Verkehrsverbindungen erhält der Reisende bei den Örtlichen Informationsstellen (Adressen siehe Teil C), sie sind auch als Hinweis in jedem Bahnhof und an den Haltestellen angeschlagen.
Leihwagen bekommt man in den großen Städten von internationalen Gesellschaften (AVIS, Hertz etc.) und von lokalen Firmen. Wer sich einen Wagen mieten will, kann das am besten im Reisebüro tun. Vermietstationen gibt es auch auf den Flughäfen München und Nürnberg.

Praktische Tips von A bis Z

Apotheken. — In nahezu jeder Ortschaft, selten jedoch auf Dörfern. Erkennbar an einem stilisierten „A" an der Hauswand. Öffnungszeiten in der Regel 08.30—12.00 und

14.00—18.00 Uhr, an Samstagen 08.30—12.00 Uhr. Außerhalb der Öffnungszeiten gibt es einen Sonntags- und Nachtdienst jeweils einer Apotheke. Deren Adresse ist im Schaufenster oder an der Tür der übrigen Apotheken genannt. In größeren Städten werden die Adressen der Sonntags- und Nachtdienstapotheken in den lokalen Tageszeitungen veröffentlicht.

Ärztliche Hilfe. — In größeren Orten gibt es einen ärztlichen Notdienst, der zu jeder Tages- und Nachtzeit gerufen werden kann. Seine Telefonnummer steht im Telefonbuch meist unter Ärztlicher Notdienst oder Notarzt-Dienst. In dringenden Notfällen kann außerdem die einheitliche Notruf-Telefon-Nummer 01 10 (in Großstädten 1 10) angewählt werden, die die Verbindung zur nächsten Polizeistation herstellt und über die man ärztliche Notversorgung und Krankentransport bestellen kann. In Hotels kann am besten die Rezeption Auskunft geben.

Campingplätze. — In ganz Bayern gibt es ein dichtes Netz lokaler Campingplätze (Adressen auch bei Örtlichen Informationsstellen). Freies Campen ist in der Regel ohne Erlaubnis des Grundstückeigentümers nicht gestattet.

Feiertage. — Gesetzliche Feiertage in Bayern sind: 1. 1. (Neujahr), 6. 1. (Heilige 3 Könige), 1. 5. (Tag der Arbeit), 17. 6. (Tag der deutschen Einheit), 1. 11. (Allerheiligen), 25./26. 12. (Weihnachten). Außerdem gibt es noch jährlich wechselnde Feiertage (Karfreitag, Ostermontag, Christi Himmelfahrt, Pfingstmontag, Fronleichnam, Buß- und Bettag).

Hotels. — Das Netz der Unterkunftsbetriebe in der Bundesrepublik Deutschland ist nahezu lückenlos. Selbst in den meisten kleinen Dörfern findet man, vor allem in Bayern, Hotels oder zumindest Gasthöfe oder Privatvermieter. Eine Einteilung nach Qualitäts- oder Preisgruppen ist unbekannt. Es gibt keine absolut gültige Möglichkeit, vom Preis auf die Leistung eines Hauses zu schließen. Einen gewissen Hinweis auf qualitativ gute Hotels liefert das Schild „ADAC-Vertragshotel" an der Eingangstür von Häusern, die von diesem größten deutschen Automobilclub geprüft wurden. Es empfiehlt sich daher, die Vermittlungsdienste der Örtlichen Informationsstellen in Anspruch zu nehmen (meist geringe Vermittlungsgebühr), deren Adressen Sie unter „Ortsinformationen" finden.

Notruf. — 01 10 bzw. (in Großstädten) 1 10. Feuerwehr 01 12 bzw. 1 12.

Öffnungszeiten. — In der Bundesrepublik Deutschland sind die Ladenöffnungszeiten gesetzlich festgelegt. In der Regel haben Geschäfte von 9.00—13.00 und 14.00—18.00 Uhr geöffnet. Manche allerdings auch schon ab 7.00 Uhr, über Mittag durchgehend und abends bis 18.30 Uhr. Samstag meist 9.00—13.00 Uhr. Postämter haben die gleichen Öffnungszeiten. Behörden sind in der Regel nur von 8.00—12.00 Uhr am Montag-Freitag geöffnet, Banken von 9.00—12.30 und 13.30—15.30 Uhr Montag bis Freitag (donnerstags länger). An Flughäfen oder auf großen Bahnhöfen gibt es außerdem vereinzelt Wechselstuben, die länger, auch an Sonn- und Feiertagen, geöffnet sind.

Öffnungszeiten von Museen/Sehenswürdigkeiten. — Fast durchweg sind Museen am Montag geschlossen. In der übrigen Woche sind sie meist von 10.00—16.30 Uhr geöffnet, in manchen Orten (z.B. München) auch an bestimmten Abenden (Di/Do 19—21 Uhr). Abweichungen sind möglich, am besten rufen Sie, um sicherzugehen, vorher die „Örtliche Informationsstelle" (siehe Teil C in diesem Führer) an und erkundigen sich nach der aktuellen Situation.

Das gilt auch für die übrigen Sehenswürdigkeiten. Bei Kirchen gilt folgende Allgemeinregel (Ausnahmen möglich): Kath. Kirchen sind tagsüber auch außerhalb der Gottesdienste geöffnet, evang. Kirchen dagegen geschlossen. Ist eine Kirche verschlossen, findet man die Adresse des zuständigen Pfarramtes in einem Glaskasten neben der Kirchentür. Fragen Sie dort nach dem Kirchenschlüssel.

Rathäuser oder andere Verwaltungsbauten sind, sofern nicht besondere Touristen-Öffnungszeiten gelten, nur Mo-Fr 8—12 Uhr geöffnet.

Pannenhilfe. — Der Automobilclub ADAC unterhält in der ganzen Bundesrepublik, vor allem auf den Autobahnen, die „ADAC-Straßenwacht". Die Pannenhilfe-Fahrzeuge kann man über den „Notruf" oder über die Notrufsäulen auf den Autobahnen bestellen. Die nächste Notrufsäule auf Autobahnen findet man in Richtung der kleinen weißen Dreieck-Pfeile auf den Fahrbahn-Begrenzungs-Pfählen.

Parkplätze. — Das Parken an öffentlichen Straßen ist überall dort erlaubt, wo keine Verbotsschilder aufgestellt sind. In Städten gibt es häufig Parkuhren, vor denen gegen Einwurf einer bestimmten Gebühr (ab 10 Pfennig pro 30 Minuten) geparkt werden darf. Nachwerfen von Münzen ist dabei untersagt. Ist per Verbotsschild das Parken teilweise oder ganz untersagt, muß man mit Strafzetteln zwischen 5 und 10 DM rechnen. Die Verwarnung wird meist mit anhängender Zahlkarte unter die Windschutzscheibe gesteckt. Die Bezahlung bei in Deutschland Ansässigen wird absolut überwacht. Sollten Sie Ihr Fahrzeug in einem Park- oder Halteverbot geparkt haben und nach Ihrer Rückkehr nicht mehr vorfinden, kann es im Auftrag der Polizei abgeschleppt worden sein. In diesem Fall „Notruf" anrufen und Erkundigungen einholen, Kosten inkl. Strafe und Abschleppgebühr bis etwa 200 DM.

Praktisch ist das Parken auf bewachten Parkplätzen und in den vielen Parkhäusern; gehört ein solches zu einem Kaufhaus, so ermäßigt sich die Parkgebühr gegen Vorlage von Kaufquittungen des betreffenden Kaufhauses.

Post. — Siehe unter Öffnungszeiten. Auf Bahnhöfen der Großstädte und Flughäfen gibt es Postämter mit längeren Öffnungszeiten.

Stromspannung. — Das elektrische Stromnetz in der Bundesrepublik Deutschland ist einheitlich 220 Volt.

Land und Leute

Geographie. — Bayern ist das größte Bundesland der Bundesrepublik Deutschland, Fläche 70 547 qkm, rund 11 Millionen Ew., Bevölkerungsdichte 154 Ew./qkm, Landeshauptstadt ist München.
Ausdehnung von der **Rhön** und dem **Spessart** im Nordwesten bis zum **Bayerischen Wald** im Nordosten, zu den oberbayerischen **Alpen** im Südosten und dem bayerischen Teil des **Allgäus** im Südwesten.
Begrenzt im Westen von Hessen (nördlich) und Baden-Württemberg (südlich), im Norden von der DDR (westlich) und der CSSR (östlich), im Osten und im Süden von Österreich.
Topographie. — Im äußersten Süden **Alpenlandschaft** bis über 2000 m Höhe (Zugspitze 2962 m). Davor das oberbayerische und schwäbische **Voralpenland**, etwa bis zur Donau. Im Osten die Mittelgebirge **Bayerischer Wald** und **Oberpfälzer Wald**, getrennt durch die Cham-Further Senke. An den Oberpfälzer Wald im Westen anschließend das **Fichtelgebirge** (bis über 1000 m) und der **Frankenwald**. Der Oberpfälzer Wald bis zu 936 m hoch (Entenbühl), mit rauhem Klima (im Winter kalte, trockene Ostwinde), kaum Landwirtschaft. Der Frankenwald bis zu 795 m hoch (Döbraberg), bricht im Südwesten steil zum Obermain-Hügelland ab, 70% Nadelwald, wenig Landwirtschaft. Bayerischer Wald bis zu 1457 m hoch (Großer Arber), im Süden von der Donau begrenzt.
Um das mittelfränkische Becken herum halbkreisförmig die **Fränkische Alb**, bis zu 657 m hoch (Poppberg). Südlich des Mains, im Zentrum der nördlichen Frankenalb, die **Fränkische Schweiz**. Rauhes Klima, stark verkarstet, zahlreiche Höhlen, unfruchtbarer Boden, 40% der Fläche von Wald bedeckt.
Südwestlich das **Nördlinger Ries** (siehe Ortsbeschreibung „Nördlingen"). Im Süden der Fränkischen Alb das bis zu 100 m tief in die Ebene eingeschnittene **Maintal**.
Bevölkerung. — Von drei Volksstämmen in der Vergangenheit besiedelt. Im Süden und Südosten von den **Bajuwaren**, im Maingebiet von den **Franken** und im Südwesten von den **Schwaben**. Diese drei Gruppen unterscheiden sich noch heute voneinander, sowohl sprachlich wie auch hinsichtlich vorherrschender Religion und Küche. Speziell Franken, dessen größter Teil erst 1805—10 zu Bayern kam (ein kleiner Teil kam zu Baden-Württemberg) und vorher in Form des „Fränkischen Reichskreises" selbständig war, bewahrte bis heute Eigenheiten. Die Franken sind, im Gegensatz zu den überwiegend katholischen Oberbayern, meist evangelisch und sprechen einen unverkennbar eigenen Dialekt.
Das Gebiet von **„Altbayern"** (umfaßt das Bayern bis Anfang des 19. Jhs., also Oberbayern, Niederbayern und Oberpfalz) war der Siedlungsraum der Bajuwaren. Von der Mentalität her fühlen sich die Altbayern bis heute als die eigentlichen Bayern.

Scherzhaft wird gesagt, ihr Gebiet reiche bis zum „Weißwurst-Äquator", der Donau. Alles, was nördlich der Donau liege, sei kein richtiges Bayern mehr.
Auch die Schwaben unterscheiden sich von den beiden anderen Siedlungsstämmen. Sie gehören sprachlich unverkennbar zu den heutigen Bewohnern von Baden-Württemberg, die sich ebenfalls Schwaben nennen. Auch hier gibt es einen höheren evangelischen Bevölkerungsanteil als in Altbayern. Die Grenze zwischen Oberbayern und Schwaben bildet der Lech.
Küche und Keller. — Oberbayern und Niederbayern sowie die Oberpfalz bilden eine gewisse gastronomische Einheit. Man ißt hier schwer und fett, bevorzugt Spezialitäten (sogenannte „Schmankerl") wie Schweinebraten, Haxen, Grillhähnchen (Hendl), Semmelknödel etc. und trinkt dazu überwiegend Bier. Diese Region Bayerns ist die eigentliche Biertrinkerregion Süddeutschlands. In Franken dagegen ist der herberdige Frankenwein zuhause, der vor allem im Maintal wächst. Die Speisen sind in Franken zwar auch schwer und einfach, aber meist unter Verwendung würziger Kräuter hergestellt (Fränkische Wurstwaren). In Schwaben entdeckt man deutliche Ähnlichkeiten zur württembergischen Küche. Spätzle (Nudeln) sind hier wie dort eine der Hauptbeilagen zu fast allen Gerichten. Hauptgetränk ist auch hier das Bier.
Wirtschaft. — Landwirtschaft wird hauptsächlich in Niederbayern (Bayerischer Wald), in der Oberpfalz, in Unterfranken und Schwaben betrieben. Im übrigen Franken dagegen dominiert das industriell und handwerklich produzierende Gewerbe. In Oberbayern überwiegt die Viehwirtschaft, ebenso in den Bergregionen von Schwaben (Allgäu). In Unter- und im westlichen Oberfranken wird Braugerste für die Bierherstellung angebaut. Ein anderer Rohstoff für Brauereien, der Hopfen, konzentriert sich im Anbau auf die Hallertau, zwischen München und Ingolstadt. Die Waldwirtschaft konzentriert sich auf die nordostbayerischen Mittelgebirge und den Spessart, an Bodenschätzen gibt es in der Oberpfalz Braunkohle und Eisenerz, Graphit in der Nähe von Passau und Steinsalz bei Berchtesgaden.
Industriell dominieren in Oberfranken die Herstellung von Textilien, Porzellan, Glas und Metallwaren, in München und Erlangen die Elektroindustrie, in Augsburg der Maschinenbau, in der Oberpfalz und im Bayerischen Wald Porzellanindustrie und Glasherstellung (Region um Zwiesel).
Politische Aufteilung. — Ganz Bayern ist in sieben Regierungsbezirke eingeteilt: Oberbayern, Niederbayern, die Oberpfalz, Oberfranken, Mittelfranken, Unterfranken und Schwaben.
Zu **Oberbayern** gehören die Städte Ingolstadt, München und Rosenheim. Zu **Niederbayern** zählen Landshut, Passau und Straubing. Zur **Oberpfalz** gehören Amberg, Regensburg und Weiden. Bamberg, Bayreuth, Coburg und Hof sind **oberfränkische Städte**. Zu **Mittelfranken** zählt man Ansbach, Erlangen, Fürth, Nürnberg und Schwabach. Zu **Unterfranken** gehören Aschaffenburg, Schweinfurt und Würzburg, zu **Schwaben** Augsburg, Kaufbeuren, Kempten/Allgäu und Memmingen.
Mentalität. — Die Bayern, speziell natürlich die „Altbayern" (die immer schon zu Bayern gehörten und nicht wie Franken und Schwaben erst im beginnenden 19. Jh. dazu kamen), fühlen sich bis heute in Deutschland als zumindest „anders". Das drückt sich sowohl in der politischen Bezeichnung „Freistaat" für das Bundesland Bayern aus (siehe auch „Geschichte", Anerkennung der bundesdeutschen Verfassung nach 1945), als auch in der Abgrenzung zu den Bewohnern der übrigen Bundes-

republik. Jeder, der (in Altbayern) fremd ist, wird mehr oder minder heimlich als „Preiß" (Preuße) bezeichnet. Dieser Ausdruck gilt keineswegs nur für Bewohner des historischen Landes Preußen, sondern auch für alle Rheinländer, Saarländer, Schleswig-Holsteiner und oft genug sogar für alle Ausländer überhaupt. „Du Preiß, du japanischer", ist eine Bezeichnung, die durchaus einem echten Altbayern entschlüpfen kann. Nur zu den „Berlinern" haben die Altbayern ein anderes Verhältnis. Weil diese ebenfalls nicht auf den Mund gefallen sind und sich zwar humorvoll, aber ebenfalls nachdrücklich in der Auseinandersetzung mit „gestandenen" Bayern behaupten können, bringt man ihnen hier mehr Respekt als dem Rest der Welt entgegen.

Altbayern sind rauh, aber herzlich. Sie sind lärmend fröhlich (vor allem am Stammtisch) und verläßliche, großzügige Freunde, wenn man sie einmal als Freund gewonnen hat. Etwas anders verhalten sich die Franken. Ihr Siedlungsraum war durch die Jahrhunderte immer ein armer Landstrich, benachteiligt vom Klima und auch mit schlechter Bodenbeschaffenheit. Entsprechend vorsichtig Fremden gegenüber, fast mißtrauisch, und sparsam sind hier die Menschen. Die Schwaben sind ähnlich veranlagt, ihre Verwandtschaft mit den „Vettern" in Württemberg, um deren „Schwabenstreiche" und deren „Geiz" sich ganze Geschichten ranken, ist offensichtlich.

Wer als „Neuling" durch Bayern reist, tut deshalb gut daran, zunächst einmal zwischen den einzelnen Regionen des Landes zu unterscheiden und nicht oberbayerische Biergärten mit fränkischen Weinlokalen zu verwechseln. Nur ein Landesunkundiger spricht die Franken oder die Schwaben als „Bayern" an und wundert sich über deren entsprechend reservierte Haltung. In erster Linie sind sie „Franken" oder auch „Schwaben" und erst dann, eigentlich nur politisch, auch „Bayern". Nur die Altbayern, also die Ober- und Niederbayern und die Oberpfälzer, sind stolz auf ihr Bayerntum, das sie bei jeder Gelegenheit betonen.

Geschichte im Zeitraffer

Altpaläolithikum
Beginn menschlicher Ansiedlung auf bayerischem Boden.
ca. 500—550 n.Chr.
Der Stamm der Bajuwaren besetzt das Land zwischen Lech-Donau-Alpenrand.
Herrschaftsbeginn der Agilolfinger-Herzöge.
788
Der Agilolfinger-Herzog Tassilo III. wird von Kaiser Karl d. Großen abgesetzt, das „Stammesherzogtum Bayern" kommt zum karolingischen Großreich.
900—947
Vorübergehende Wiederherstellung des „Stammesherzogtums Bayern" unter den Markgrafen Luitpold (Vater) und Arnulf (Sohn).
Danach wieder unter der Herrschaft der Ottonen (Herrschergeschlecht benannt nach Otto I.).
955
Der Angriff der Ungarn wird auf dem Lechfeld abgewehrt.
Siedlungsbeginn in der bayerischen „Ostmark" (Bayerischer Wald).
976
Der Agilolfinger-Herzog Heinrich II. erhebt sich vergeblich gegen die Ottonen (Kaiser Otto II.) und verliert Kärnten.
1070
Die Welfenherzöge beginnen ihre Herrschaft in Bayern unter Azzo II. von Este.
1115
Die Grafen von Scheyern ziehen nach Wittelsbach (Burg bei Aichach) und nennen sich fortan Grafen von Wittelsbach.
1156
Der Welfenherzog Heinrich der Löwe tritt seine Herrschaft über Bayern an, verliert aber Österreich.
1180
Die Wittelsbacher Grafen unter Otto I. treten die Herrschaft über Bayern an und erhalten durch Kaiser Friedrich Barbarossa die Herzogswürde.
Gleichzeitig wird die Steiermark vom Herzogtum Bayern abgetrennt.
1214
Die Pfalz kommt zu Bayern.
1250
Das Rautenmuster wird Teil des bayerischen Staatswappens.
1255
Bayern wird in Niederbayern und Oberbayern (einschließlich Pfalz aufgeteilt).
14. Jh.
Das Herzogtum Bayern wird ein Ständestaat und erwirbt unter Ludwig IV. 1322 Brandenburg, Tirol und die Niederlande.

1314
Ludwig der Bayer (Wittelsbacher) wird deutscher König.
1329
Ludwig der Bayer wird (als deutscher König) zum römischen Kaiser gekrönt („Heiliges römisches Reich deutscher Nation").
1339
Das Herzogtum Bayern wird in die rheinische Kurpfalz, die Oberpfalz und das übrige Bayern aufgeteilt.
16. Jh.
Bayern wird unter Herzog Maximilian I. (1597—1651) zur gegenreformatorischen Vormacht auf deutschem Boden.
1623
Der absolutistisch herrschende Herzog Maximilian I. erwirbt die Oberpfalz und wird Kurfürst.
1648—ca. 1750
Bayern strebt vergeblich eine Vormachtstellung in Europa an.
1777
Nach dem Tod von Kurfürst Max III. Joseph (Münchner Linie der Wittelsbacher) erbt Karl Theodor (pfälzische Linie der Wittelsbacher) die Herrschaft über das Kurfürstentum Bayern.
1779
Bayern verliert das Innviertel an Österreich.
1806
Kaiser Napoleon I. macht das mit ihm verbündete Bayern zum „Königreich".
In das bayerische Staatsgebiet werden die bis dahin selbständigen geistlichen Territorien (z.B. Fürstbistümer) und Freien Reichsstädte eingegliedert, die zwar geografisch innerhalb Bayerns lagen, aber unmittelbar der kaiserlichen Herrschaft unterstanden. Im Zuge der Säkularisation fällt der meiste Kirchenbesitz an den Staat.
Bayern wird ein zentralistisch und absolutistisch regierter Staat.
1815
Bayern tritt dem „Deutschen Bund" bei.
1818
Einführung einer bayerischen Verfassung und des Parlamentes (Landtag) mit 2 Kammern.
1825
König Ludwig I. tritt die Herrschaft an und macht Bayern (vor allem München) zu einem Zentrum der Künste und der Wissenschaft.
1834
Bayern wird Mitglied im Deutschen Zollverein.
1837
Das Königreich Bayern wird in die noch heute bestehenden Regierungsbezirke Oberbayern, Niederbayern, Oberpfalz, Oberfranken, Mittelfranken, Unterfranken und Schwaben eingeteilt.
1848
König Ludwig I. dankt im Verlauf der (deutschen) Märzrevolution ab. Sein Nachfolger (bis 1864) Maximilian II. fördert liberale und soziale Reformen.
1866
Im Deutschen Krieg (Preußen gegen Österreich) stellt sich Bayern auf die österreichische Seite, nähert sich aber später Preußen an.
1871
Nach dem Zugeständnis von Sonderrechten wird Bayern Mitglied des „Deutschen Reiches" unter Führung des preußischen Königs.

1886
König Ludwig II. (seit 1864) kommt auf rätselhafte Weise im Starnberger See um. Er ließ zahlreiche romantische Bauwerke errichten (Neuschwanstein, Hohenschwangau etc.).

Nov. 1918
Im Zuge der deutschen Revolution dankt König Ludwig II. ab, verzichtet aber nicht auf seinen Thronanspruch. Die Herrschaft der Wittelsbacher (seit 1180) über Bayern ist zu Ende.
Kurt Eisner von der USPD (Unabhängige Sozialdemokraten) ruft die bayerische Republik aus.

April/Mai 1919
Proklamierung einer bayerischen Räterepublik, die von Regierungstruppen wieder beseitigt wird.

ab 1920
Die konservativ regierende Bayerische Volkspartei macht Bayern zu einem rechtsoppositionellen Zentrum gegen die „Weimarer Republik".

1933
Bayern kommt unter nationalsozialistische Herrschaft.

1945
Die amerikanische Besatzungsmacht stellt Bayern als Land wieder her, trennt aber die Rheinpfalz ab und schlägt sie zum heutigen Bundesland Rheinland-Pfalz.

1946
Die Bayerische Staatsverfassung (Freistaat Bayern) tritt in Kraft, es werden zwei Parlamentskammern (Landtag als Legislative, Senat als beratende Kammer) eingerichtet.

1949
Bayern lehnt als einziges westdeutsches Land das neue deutsche Grundgesetz (Verfassung) ab, stimmt aber der Gründung der „Bundesrepublik Deutschland" unter Einbeziehung Bayerns zu.

1946—54
Die CSU regiert als stärkste Partei.

1954—57
Regierungskoalition unter Führung der SPD.

1957—66
Regierungskoalition unter Führung der CSU.

seit 1966
Alleinregierung der CSU, Franz Josef Strauß seit 1978 Ministerpräsident.

Routen

Neu Ulm – Oberndorf/Lech (Schwaben)

80 km Fahrtstrecke

Eine Strecke, die an der baden-württembergischen Landesgrenze, gegenüber von Ulm/Donau, beginnt und durch das Donautal in nördlicher Richtung zur **„Romantischen Straße"** führt. Zwischen Günzburg und Gundelfingen wird das **„Donaumoos"** durchquert, eine leicht nach Norden abfallende Niedermoorlandschaft. Landschaftlich reizvoll ist außerdem die Straße kurz vor und hinter Dillingen. Die gesamte Route führt durch eine flache bis hügelige Region.

Benutzt werden die Straßen B10 und B16 nach Norden, ab Donauwörth die B2 (Romantische Straße) nach Süden. Zu empfehlen ist ab Günzburg ein 17 km langer **Abstecher** nach Jettingen-Scheppach.

Die Donau (mit 2850 km der zweitgrößte Strom Europas) beginnt bei Donaueschingen und mündet in Rumänien ins Schwarze Meer. Auf dieser Route folgen wir ihrem Oberlauf (der bis Wien führt). Der Lech, in dessen Tal kurz vor seiner Mündung in die Donau Oberndorf liegt, ist 263 km lang und entspringt im österreichischen Vorarlberg.

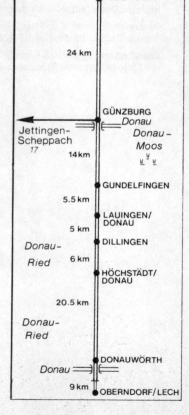

Neu Ulm *Kirche St. Johann Baptist, Kirche St. Margareta Reutti (*Schnitzaltar von *Jörg Syrlin d.Ä.*).

Günzburg *Liebfrauenkirche, Marktplatz, Schloß, Schloßkirche

→ *17 km* **Jettingen-Scheppach** *Wallfahrtskirche Scheppach, Dorfkirche Scheppach

Gundelfingen Kirche St. Martin, römischer Meilenstein, Rathaus, Stadttor, Schloß Schlachtegg, alte Holzbrücke

Lauingen/Donau Marktplatz, Rathaus, *Kirche St. Martin, Herzogschloß, Augustinerkirche

Dillingen Stadtbild, Studienkirche Mariä Himmelfahrt, ehem. Jesuitenkolleg, Franziskanerinnenkirche, Schloß, Basilika St. Peter, Königstraße

Höchstädt/Donau *Kirche Mariä Himmelfahrt

Donauwörth Stadtbild, *Kirche Mariä Himmelfahrt, *Klosterkirche Heiligkreuz, Rathaus, Stadtzoll, Baudrexelhaus, Fuggerhaus, Deutschordenshaus

Oberndorf/Lech Fuggerschloß, Kirche St. Nikolaus, Wallfahrtskirche Herrgottsruh, Kirche St. Margaretha Eggelstetten, St. Jakobus-Kapelle Felin

Augsburg — Hohenpeißenberg (Schwaben/Oberbayern)

110 km Fahrtstrecke

Diese Route beginnt in der weltbekannten **Fuggerstadt** Augsburg (empfohlene Abstecher nach Friedberg-Inchenhofen Schrobenhausen und Sielenbach-Altomünster via Aichach) und führt auf der B17 (**Romantische Straße**) nach Süden bis Landsberg. Dieses Streckenstück verläuft im flachen Lechtal.

Ab Landsberg empfiehlt sich ein Abstecher in westlicher Richtung auf der B12 (bis Buchloe), weiter auf der B10 und dann über eine Nebenstraße zum Kneippheilbad Wörishofen (Flachland). Hier liegen in der Nähe außerdem die sehenswerten Orte Kirchheim/Schwaben, Mindelheim, Irsee und Kaufbeuren.

Die Hauptroute führt von Landsberg auf der B12 nach Osten weiter bis Greifenberg (landschaftlich reizvoll hinter Schöffelding) und ab hier nach Süden entlang des **Ammersees** nach Dießen (landschaftlich sehr schön). Weiter geht es durch das hügeliger werdende **Voralpenland** via Fischen-Pähl nach Weilheim und dann in westlicher Richtung nach Wessobrunn. Von hier aus führt die Strecke auf Nebenstraßen nach Süden bis Hohenpeißenberg (Peißenberg 988 m hoch).

Südlich des Ammersees, bei Raisting, passieren wir die große Parabolspiegel-Anlage der deutschen Post-**Weltraumsatelliten-Funkstation**. Von Fischen aus ist ein Abstecher nach **Andechs** (siehe Ortsbeschreibung) möglich.

***Augsburg** (siehe Ortsbeschreibung)

→ 7 km **Friedberg** Stadtbild, Rathaus, Schloß, **Wallfahrtskirche Herrgottsruh

→ 35 km **Inchenhofen** Wallfahrtskirche

→ 42 km **Schrobenhausen** Stadtbild, Pfarrkirche St. Jakob, *Pfarrkirche St. Peter Sandizell (*Hochaltar von E. Q. Asam)

→ 29 km **Sielenbach** *Wallfahrtskirche Maria Birnbaum

→ 36 km **Altomünster** *Klosterkirche

Klosterlechfeld Marktplatz, Wallfahrtskirche Mariahilf, ehem. Franziskanerkloster, Kalvarienberg

Landsberg (siehe Ortsbeschreibung)

← 24 km **Bad Wörishofen** Kneipp-Kurort, Kirche St. Justina, Klosterkirche, *Falknerei

← 46 km **Kirchheim/Schwaben** **Fuggerschloß

← 29 km **Mindelheim** *Stadtbild, Jesuitenkirche, Pfarrkirche St. Stephan (*Grabplatte), Liebfrauenkirche (*Schnitzwerk „Mindelheimer Sippe")

← 38 km **Irsee** *Klosterkirche

← 55 km *****Kaufbeuren** (siehe Ortsbeschreibung)

Dießen/Ammersee *Klosterkirche

Weilheim/Oberbayern *Stadtbild, Kirche Mariä Himmelfahrt, Friedhofskirche St. Salvator, Altes Rathaus (Museum, **Figur „Schmerzensmann" von *Leinberger*)

Wessobrunn Kloster, Kirche St. Johannes (*Kruzifix), Glockenturm ehem. Klosterkirche

Hohenpeißenberg Wallfahrtskirche, *Gnadenkapelle

Altenstadt — Lindau
(Schwaben-Allgäu)
170 km Fahrtstrecke

Dieser Streckenvorschlag führt zu einigen der **größten Sehenswürdigkeiten Bayerns** (Neuschwanstein, Wieskirche etc.) und ist landschaftlich fast auf der ganzen Route ausgesprochen reizvoll.

Die Fahrt beginnt in der Nähe der Lech-Staustufen in Altenstadt, geht zum nahen Schongau und weiter (**"Romantische Straße"**) nach Süden auf der B23 via Peiting nach Rottenbuch. Bei Schönegg zweigen wir von der B23 nach Westen ab und erreichen Steingaden. Die Abzweigung zur **Wieskirche** ist 2 km vor Steingaden nach Süden.

Die Landschaft des hügeligen **Voralpenlandes** steigt ab hier nun schon langsam zum Gebirge hin an. Man hat einen schönen Blick auf **die südlich liegenden Alpen**, deren Gipfel hier rund 2000 m hoch sind.

Von Steingaden geht es auf der B17 ("Romantische Straße") weiter nach Süden. Zwischen Buching und Schwangau, rechter Hand des **Bannwaldsee**, ist die Strecke besonders schön. Hier liegen einmalig romantisch die von Ludwig II. von Bayern erbauten zwei **Königsschlösser** Neuschwanstein und Hohenschwangau.

Das nahegelegene Füssen verlassen wir dann in westlicher Richtung auf der B310 (ab Nesselwang B309), der landschaftlich höchst reizvollen **"Deutschen Alpenstraße"**, in Richtung Kempten. Die Berge des Allgäus liegen südlich der Straße zum Greifen nahe. Bei und noch bis rund 8 km hinter Füssen sind wir dicht an der **österreichischen Gren-**

ze (Füssen-Grenzübergang in Richtung Reutte/Tirol).
Von Kempten geht es weiter auf der B19 (landschaftlich interessant hinter Waltenhofen) via Immenstadt und am schön gelegenen **Alpsee** entlang zum Schrothkurort Oberstaufen.

Weiterfahrt entlang der außerordentlich interessant gelegenen **„Deutschen Alpenstraße"** (B308) nach **Lindau** (41 km) am **Bodensee**. Sowohl bei Oberstaufen (Ortsteil Aach) wie auch bei Sigmarszell gibt es **Grenzübergänge** zum österreichischen Bundesland Vorarlberg.

Altenstadt *Kirche St. Michael mit *Figur „Großer Gott von Altenstadt"

Schongau Stadtmauer, Ballenhaus, Kirche Mariä Himmelfahrt, Heiligkreuz-Kapelle, Spitalkirche Heiliggeist

Peiting Wallfahrtskirche „Maria unter der Egg", Dorfteich

Rottenbuch Kirche Mariä Geburt

Steingaden-Wies Klosterkirche, Kreuzgang, Brunnenkapelle, ***Wieskirche

Schwangau ***Schloß Neuschwanstein, ***Schloß Hohenschwangau, Tegelberg, *Marienbrücke, Wallfahrtskirche St. Colomann, römische Ausgrabungen

Füssen Stadtbild, Kirche St. Mang, Heimatmuseum, Hohes Schloß (Gemäldegalerie), Schloßkapelle, Spitalkirche

***Kempten** (siehe Ortsbeschreibung)

Oberstaufen Schrothkurort, Bauernhausmuseum Knechtenhofen, Dorfkirche Zell, Kirche Genhofen

****Lindau** (siehe Ortsbeschreibung)

Ottobeuren — Ziemetshausen (Schwaben)
72 km Fahrtstrecke

Die Route beginnt im schwäbischen Alpenvorland (Allgäu) und führt von Ottobeuren bis Memmingen über die **„Schwäbische Bäderstraße"** (so genannt wegen der zahlreichen Heilbäder entlang ihrer Streckenführung).

In Memmingen passieren wir das **Achtal**, machen einen kleinen Umweg nach Buxheim (nahe der bayerisch-württembergischen Landesgrenze) und fahren dann nach Norden über die B19 (ab Heimertingen B300) via Babenhausen-Krumbach nach Ziemetshausen.

Die Strecke führt durch eine nur mäßig interessante Hügellandschaft, passiert zwischen Heimertingen und Babenhausen das Moorgebiet **„Im Ried"** (westlich der Straße) und ist erst ab Krumbach landschaftlich wieder reizvoll. In Krumbach überquert die Route das Flüßchen **Kammlach**, das später in die Mindel mündet, die zur Donau fließt.

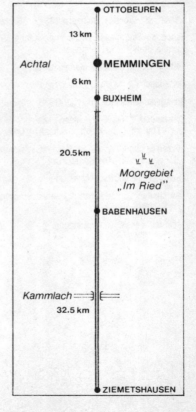

Ottobeuren **Benediktiner-Kloster, **Klosterkirche (*Orgeln von *Riepp*)

Memmingen Stadtbild, Rathaus, Martinskirche, Frauenkirche

Buxheim **Karthäuser-Kloster, Kirche St. Peter und Paul

Babenhausen Fuggerschloß, Kirche St. Andreas

Ziemetshausen Kirche St. Peter und Paul, Wallfahrtskirche Zu den Sieben Schmerzen Mariä

Neuburg/Donau — Wolframs-Eschenbach (Franken)

205 km Fahrtstrecke

Eine landschaftlich sehr hübsche Strecke, die im **Donautal** beginnt, durch den **„Fränkischen Jura"** (Fränkische Alb) führt und von Donauwörth an ein großes Stück der **„Romantischen Straße"** folgt.

Von Neuburg nordwärts nach Eichstätt (im hübschen **Altmühltal**) und weiter auf der B13 nach Weißenburg (ab hier Abstecher auf der B13 via Ellingen nach Gunzenhausen) und dann wieder nach Süden auf der B2 an Treuchtlingen (Abstecher ins Altmühltal nach Solnhofen, **sehr schöne Strecke**) vorbei bis Monheim. Ab hier kurzer Abstecher nach Wemding am Ostrand des **„Nördlinger Ries"** (siehe „Nördlingen").

Weiter auf der B2 bis Donauwörth (hier Anschluß an Route „By1") und nun auf der **„Romantischen Straße"** (B25) nach Nordwesten. Bis Harburg durch das **Wörnitztal**, dann weiter durch Flachland über Nördlingen und Wallerstein (schöngelegene **Schloßbrauerei** der Fürsten von Wallerstein) nach Dinkelsbühl. Rund 20 km vor dieser sehr interessanten historischen Stadt kommen wir wieder in eine hügelige Landschaft und zurück ins Wörnitztal.

Bis Feuchtwangen bleiben wir auf der B25 (Romantische Straße) und fahren weiter nach Nordosten über die B14 zur mittelfränkischen Regierungsstadt Ansbach. Das letzte Stück dieser Fahrt durch Franken folgt südwärts der B13 bis Merkendorf und ab hier 4 km nordwärts nach Wolframs-Eschenbach.

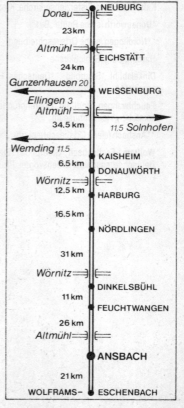

Neuburg/Donau (siehe Ortsbeschreibung)

Eichstätt (siehe Ortsbeschreibung)

Weißenburg/Bayern Stadtbild, Stadtmauer, Rathaus, Heimatmuseum, Kirche St. Andreas, Karmeliterkirche, Festung Wülzburg (ehem. Kloster)

← 3 km **Ellingen** *Deutschordensschloß, Schloßkirche, Rathaus, Neue Gasse, Rezatbrücke, St. Georgskirche, Spitalkirche St. Elisabeth, Ostpreußen-Museum

← 20 km **Gunzenhausen** Stadtbild, Stadtkirche, Spitalkirche, Limes-Wachturm

→ 11,5 km **Solnhofen** *Sola-Basilika, Museum (*Fossilienschau)

← 11,5 km **Wemding** Ortsbild, Rathaus, *Wallfahrtskirche Maria Brünnlein

Kaisheim Ehem. Zisterzienserkirche, Kloster, Schloß Leitheim

Donauwörth (siehe Route „By1")

Nördlingen (siehe Ortsbeschreibung)

Harburg Burg, Schloßkirche

Dinkelsbühl *Stadtbild, **Deutsches Haus, Deutschordenschloß, **St. Georgskirche

Feuchtwangen Stadtbild, Röhrenbrunnen, Stiftskirche, Kreuzgang, Handwerkerstuben, Heimatmuseum

Ansbach (siehe Ortsbeschreibung)

Wolframs-Eschenbach Stadtbild (*Stadtbefestigung), *Liebfrauenmünster, Deutschordenschloß, Ordensvogtei, Pfründehaus

Rothenburg o.d.T. — Volkach (Franken)

155 km Fahrtstrecke

Eine an **außerordentlichen Sehenswürdigkeiten** reiche Route durch Franken. Auch landschaftlich zum Teil hübsch.

Ausgangspunkt ist die weltbekannte **historische Stadt Rothenburg ob der Tauber** am Rand des **„Naturparks Frankenhöhe"**. Durch dessen nördlichen Zipfel geht es auf der B25 nach Nordosten bis Reichelshofen und ab hier auf der B470 nach Bad Windsheim (am Rand des **„Steigerwalds"**).

Die Weiterfahrt von hier aus führt rund 5 km zurück auf der B470 bis zu deren Kreuzung mit der B13, der wir dann durch flacher werdendes Land nach Nordwest folgen. Hinter Ober-Ickelsheim (ca. 3 km) passieren wir dabei die mitten in der Straße stehende alte **„Mautpyramide"**, die die Grenze zwischen Mittelfranken (das wir verlassen) und Unterfranken (in dem wir nun sind) markiert. Hier wurde früher Straßenzoll („Maut") kassiert.

Ab Ochsenfurt geht es durch das von **Weinbergen** gesäumte **Maintal** via Sommerhausen und Randersacker (in beiden Orten gute Einkaufsmöglichkeiten für Frankenwein) nach **Würzburg.**

Von Würzburg aus sehr zu empfehlen ist ein relativ langer Abstecher nach Mespelbrunn und Aschaffenburg (über die Autobahn Richtung Frankfurt, nach Mespelbrunn Abfahrt „Weibersbrunn").

Das außerordentlich sehenswerte Würzburg verlassen wir dann nach Südosten auf der B8, biegen bei

Rottendorf (nach ca. 10 km) links ab auf die B22 und kommen nach Dettelbach. Ab hier nach Süden durch das Maintal bis Kitzingen und weiter auf der B8 via Mainbernheim (schönes Stadtbild) zum Weinort Iphofen.

Weiter über eine landschaftlich reizvolle Nebenstraße nach Nordwesten über Castell in Richtung Prichsenstadt-Gerolzhofen (ab Rüdeshausen B286), vorbei am östlich liegenden **Steigerwald**. Zwischen Prichsenstadt und Gerolzhofen geht es zu einem kurzen Abstecher auf der B22 in östlicher Richtung nach Ebrach. Ab Gerolzhofen Abstecher nach Norden bis Schweinfurt. Das letzte Stück der Strecke geht von Gerolzhofen nach Volkach (einem der bekanntesten Frankenwein-Orte am Main) in westlicher Richtung entlang der Weidach.

***Rothenburg o.d.T.** (siehe Ortsbeschreibung)

***Bad Windsheim** (siehe Ortsbeschreibung)

Ochsenfurt Stadtbild, alte Marienbrücke, Rathaus, Kirche St. Andreas (*Figur „Heiliger Nikolaus" von *Riemenschneider*)

Sommerhausen Weinort, Ortsbild, *Torturmtheater

Randersacker Weinort, Stadtbild, Pfarrkirche, *Gartenpavillon von *Balthasar Neumann*, Domkapitelhof

***Würzburg** (siehe Ortsbeschreibung)

→ 68 km **Mespelbrunn** **Wasserschloß, *Wallfahrtskirche Hessenthal

→ 80 km ****Aschaffenburg** (siehe Ortsbeschreibung)

Dettelbach *Stadtbild, Stadtmauer, Rathaus, Wallfahrtskirche

Kitzingen *Marktplatz, Rathaus, *Kreuzkapelle (von *Balthasar Neumann*), Stadtpfarrkirche, Pfarrkirche St. Johannes, Deutsches Fastnachtsmuseum

Iphofen *Stadtbild, Rödelseer Tor, St. Veitskirche (*Figur „Heiliger Johannes" von *Riemenschneider*), St. Michaelskapelle, St. Martinskirche, Klosterhöfe, Rathaus

Castell zwei Schloßruinen

← 11 km **Ebrach** **Klosterkirche, *Schloß und Kirche Burgwindheim

Gerolzhofen Stadtbild, Stadtmauer, Marktplatz, Rathaus, Stadtpfarrkirche, Johannes-Kapelle (**Riemenschneider*-Kruzifix)

← 26 km **Schweinfurt** Rathaus, Johanniskirche, Museum

Volkach Weinort, Stadtbild, Marktplatz, Marienbrunnen, Rathaus, Pfarrkirche, Schelfenhaus, Wallfahrtskirche „Maria im Weingarten" (**Rosenkranz-Madonna von *Riemenschneider*)

Münnerstadt — Amorbach (Franken)

146 km Fahrtstrecke

Diese Tour beginnt südlich der bayerischen Rhön, nahe der fränkischen Saale und führt nach Süden zum Main.

Ab Münnerstadt über Werneck bis Unterpleichfeld wird die B19 in südlicher Richtung benutzt. Sie führt zunächst durch eine etwas hügelige Landschaft ohne große Reize und durch relativ flaches Land. Trotzdem ist dieser Streckenabschnitt wichtig wegen der sehr interessanten Sehenswürdigkeiten, die es in Münnerstadt und Werneck gibt.

Landschaftlich reizvoller wird es dann ab Rimpar, das wir von der B19 bei Unterpleichfeld aus in westlicher Richtung auf Nebenstraßen erreichen. Hier sind wir nun in den südlichen Ausläufern des **„Gramschatzer Waldes"**, einer kleinen grünen Mittelgebirgsregion bis etwa 350 m Höhe.

Von Rimpar geht es nach Westen weiter auf Nebenstrecken via Güntersleben nach Veitshöchheim und Zell am Main. Hier wird der Main, der in vielen Schleifen die Region durchzieht, überquert. Ab Zell sind es im übrigen nur wenige Kilometer bis ***Würzburg**, der großartigen Barockstadt *Balthasar Neumanns* und *Tilman Riemenschneiders* (siehe Tour „By6"). Von Zell fahren wir dann zum nahen Waldbüttelbrunn, wo wir die B8 erreichen und auf ihr weiter über Uettingen (ab hier nicht mehr B8, sondern Nebenstrecke) in Richtung Wertheim nach Westen fahren. Diese Strecke ist hinter Wüstenzell und im **Maintal** landschaft-

lich besonders hübsch. Der Main ist 524 km lang, fließt aus Weißem Main und Rotem Main zusammen und mündet bei Mainz in den Rhein. Von Wertheim aus kommen wir am Fluß entlang durch eine sehr anmutige Gegend. In vielen Schleifen windet er sich südlich des Mittelgebirges **„Spessart"** durch sein Tal. Die Fahrt geht in westlicher Richtung auf der **„Nibelungenstraße"** über Freudenberg-Bürgstadt nach Miltenberg und noch etwa 2 km darüber hinaus bis zum Straßenkreuz bei Kleinheubach. Von dort aus wird anschließend die B469 nach Süden entlang der Muldau bis Amorbach, der letzten Station auf unserer Fahrt durch Mainfranken, benutzt.

Hier sind wir bereits in unmittelbarer Nachbarschaft des westlich auf hessischem Gebiet liegenden Mittelgebirges **„Odenwald"**. Sowohl hierhin (auf der B47 ca. 20 km nach Westen bis **Michelstadt**) wie auch zum etwa gleich weit entfernten baden-württembergischen **Wallfahrtsort Walldürn** (auf der B47 nach Südosten) lohnen sich Abstecher.

**Münnerstadt (siehe Ortsbeschreibung)

Werneck **Schloß (von *Balthasar Neumann*), *Schloßkapelle, Park

Rimpar Pfarrkirche (**Grabmal des „Eberhard von Grumbach" von *Riemenschneider*), Burg, Pfarrkirche Maidbronn (**Altarbild „Beweinung" von *Riemenschneider*)

Veitshöchheim *Schloß (von *Balthasar Neumann*), *Rokoko-Park

Zell am Main Ehem. *Kloster Oberzell (von *Balthasar Neumann*), Basilika, ehem. Kloster Unterzell mit Kirche

← 4 km **Würzburg** (siehe Ortsbeschreibung)

Wertheim *Stadtbild, *Burgruine, Rathaus, Stiftskirche, Kilianskapelle, Spitzer Turm, Kittsteintor, Judenfriedhof, Brunnen, Hofhaltung, Glasmuseum.

Erftal-Bürgstadt Rathaus, Alte Pfarrkirche, Martinskapelle (Bilderbibel-Medaillons)

Miltenberg Stadtbild, *Gasthof „Zum Riesen", Mildenburg, Monolith mit Inschriften

Amorbach Stadtbild, Rathaus, *Templerhaus, Mainzische Kanzlei, Amtskellerei, *Abteikirche, *Kloster (Bibliothek)

Nürnberg — Haßfurt (Franken)
157 km Fahrtstrecke

Wir beginnen unsere Besichtigungsreise in der fränkischen Metropole Nürnberg, für die wenigstens zwei Tage Aufenthalt eingeplant werden sollten. Bevor die eigentliche Hauptroute befahren wird, lohnen fünf Abstecher. Der erste von Nürnberg auf der B466 nach Süden bis Schwabach und Abenberg (in Kammerstein von der B466 nach Süden abbiegen), der zweite von Nürnberg auf der B14 (bis Groß-Weismannsdorf, hier Abzweigung nach rechts, geradeaus weiter nach Heilsbronn) nach Roßtal und der dritte von Nürnberg via Fürth über die B8 nach Langenzenn und Cadolzburg. Der vierte Abstecher führt nach Osten auf der B14 bis Lauf und Hersbruck, der fünfte über Nebenstraßen nach Altdorf.

Die Hauptstrecke führt von Nürnberg über die B4 nach Norden entlang der **Regnitz** nach Erlangen und Forchheim. Die Regnitz mündet nahe Bamberg in den Main.

Von Forchheim lohnt ein Umweg, um Pommersfelden zu besuchen. Es geht über die B470 nach Westen bis zur Autobahnauffahrt „Höchstadt Ost", auf der Autobahn 4 km Richtung Würzburg bis zur nächsten Abfahrt „Bamberg" und dann via B505 und Nebenstraßen nach Pommersfelden. Ab hier dann über Nebenstraßen via Sassanfahrt nach Osten bis Buttenheim im **Regnitztal** und auf der B4 bis **Bamberg**, wo sich ebenfalls 1—2 Tage Aufenthalt lohnen.

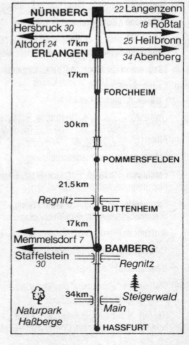

Von Bamberg aus lohnt ein Abstecher nach Norden auf der B173 via Hallstadt, Breitengüßbach und Zapfendorf nach Staffelstein. Die Strecke führt durch das **Maintal**, im Osten liegen die Höhenzüge der **„Fränkischen Alb"** (bis ca. 550 m hoch). Ein weiterer Abstecher führt zum nahen Memmelsdorf.

Die Hauptroute folgt ab Bamberg (auf der B26) dem Main (in entgegengesetzter Richtung wie Staffelstein), der sich zwischen den **Naturparks „Haßberge"** (im Norden) und **„Steigerwald"** im Süden hindurchwindet. Endpunkt ist Haßfurt.

Wer auf dieser Fahrt nicht nur Baudenkmäler und Kunstwerke, sondern auch reizvolle Landschaften kennenlernen will, sollte auf Nebenstraßen in die genannten Naturparks fahren. Hier gibt es viele hübsche Dörfer und interessante Routen. Ab Eltmann (an der B26) kann man sowohl nach Norden (via Ebelsbach) in die Haßberge wie auch nach Süden (über die „Steigerwald-Höhenstraße") in den anderen Naturpark fahren.

*****Nürnberg** (siehe Ortsbeschreibung)

→ *15 km* **Schwabach** *Marktplatz, Kirche St. Johannes u. St. Martin (*Schnitzereien aus der *Veit-Stoß-Schule*, Tafelbilder von *Balding Grien*)

→ *34 km* **Abenberg** *Stadtbild, Burg, Kirche St. Jakob, Rathaus, Kloster, Klöppelmuseum

→ *25 km* **Heilsbronn** Klosterkirche

→ *18 km* **Roßtal** *Pfarrhaus, St. Laurentiuskirche (*Krypta), befestigter Kirchhof, Marktplatz, Schloß, Richterhaus

→ *22 km* **Langenzenn** *Stadtkirche (*Verkündigungsrelief von *Veit Stoß*), *Kreuzgang

← *10 km* **Cadolzburg** Burg

← *12 km* **Lauf** *Burg, Marktplatz

← *30 km* **Hersbruck** Stadtbild, Pfarrkirche, Spitalkirche, Hirtenmuseum

← *24 km* **Altdorf** Ehem. Universität, Pfarrkirche

****Erlangen** (siehe Ortsbeschreibung)

Forchheim Stadtbild, Rathaus, Pfalz, Festung, Martinskirche, Marienkapelle, Klosterkirche, Katharinenspital

Pommersfelden **Schloß Weißenstein, **Gemäldegalerie *(Cranach, Dürer, Breughel, Rembrandt, Rubens, Tizian u.a.)*

Buttenheim Pfarrkiche (*Riemenschneider-Plastik)

*****Bamberg** (siehe Ortsbeschreibung)

← *7 km* **Memmelsdorf** Schloß Seehof

← *30 km* **Staffelstein** *Rathaus, **Basilika Vierzehnheiligen (von *Balthasar Neumann*), *Kloster Banz

Haßfurt *Stadtbild, Pfarrkirche (*Figur „Johannes der Täufer" von *Riemenschneider*), Ritterkapelle (*heraldische Schilde)

Coburg — Kastl
(Franken-Oberpfalz)
350 km Fahrtstrecke

Für diese relativ lange Route sollte man sich am besten eine Woche Zeit nehmen, denn sie führt nicht nur zu interessanten Orten, sondern auch durch **großartige Landschaften** abseits der Touristenströme.
Ausgangspunkt ist die alte Herzogstadt Coburg, von wo aus wir auf B4 und B303 („**Frankenwaldstraße**") in östlicher Richtung nach Kronach fahren. Bei Mitwitz ist die **Grenze zur DDR** (Thüringen) nur 3 km entfernt (im Norden). Ab Kronach Abstecher in nördlicher Richtung nach Ludwigsstadt. Weiter geht es von Kronach auf der B85 in Richtung Süden via Kulmbach nach Bayreuth. Zwischen Kronach und Kulmbach gibt es hinter Weißenbrunn und Lösau hübsche Streckenabschnitte. Die Route nennt sich „**Bier- und Burgenstraße**", denn viele Schlösser und Brauereien (z.B. Kulmbacher Bier) liegen hier. Zwischen Kulmbach und Bayreuth Abstecher nach Thurnau (B505), ab Bayreuth Abstecher auf der B2 in nördlicher Richtung nach Hof.
Auch die weitere Strecke ab Bayreuth trägt einen Namen: „**Glasstraße**". Sie führt ab Bayreuth entlang der Steinach durch das „**Fichtelgebirge**" (nach Osten), das für seine Glasbläser bekannt ist. Die Route ist höchst reizvoll. Hinter Tröstau liegt rechter Hand das „**Felsenlabyrinth Luisenburg**". Ab Marktredwitz geht es weiter auf der B15 bis Mitterteich und von hier ein paar Kilometer nach Norden auf der B299 bis

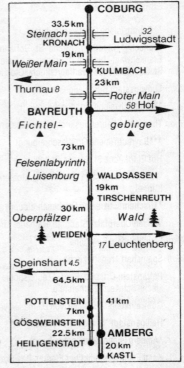

Waldsassen. Hier ist die **Grenze zur CSSR** nur 5 km entfernt.
Dann wieder zurück auf der B299 nach Mitterteich und weiter auf der B15 nach Süden über Tirschenreuth bis Weiden. Hier liegt östlich der Fahrtroute der „**Oberpfälzer Wald**", ein bis zu knapp 800 m hohes Mittelgebirge. Die Strecke ist landschaftlich überaus reizvoll.
Ab Weiden Abstecher auf der B22 in südlicher Richtung nach Leuchtenberg. Von Weiden aus geht es wieder in westlicher Richtung auf der B470 über Eschenbach (Abstecher nach Speinshart) nach Auerbach. Zwischen beiden Orten haben wir den großen Truppenübungsplatz Grafenwöhr passiert, der für Zivilisten gesperrt ist. In Auerbach geht es weiter nach Westen auf der B85/470 (Richtung Forchheim) bis Pottenstein, Gößweinstein (südlich B470) und Heiligenstadt (nördlich B470). Hier folgt die Straße dem hübschen **Püttlachtal**.
Der letzte Teil der Fahrt geht zurück bis Auerbach und ab hier auf der B85, vorbei an Sulzbach-Rosenberg, nach Amberg und ab hier auf der B299 bis Kastl. Hier haben wir die „**Fränkische Alb**" erreicht. Die Strecke ab Amberg ist landschaftlich sehenswert.

****Coburg** (siehe Ortsbeschreibung)

Kronach **Stadtbild, Kirche St. Johannes, Rathaus, *Festung Rosenberg, Frankenwald-Museum, **Fränkische Galerie *(Riemenschneider, Cranach* u.a.*)*, St. Georgskirche, *Wallfahrtskirche Glosberg (von *Balthasar Neumann*)

→ *32 km* **Ludwigstadt** Burg Lauenstein

***Kulmbach** (siehe Ortsbeschreibung)

→ *8 km* **Thurnau** St. Laurentiuskirche (*Herrenstand), Schloß Giech

*****Bayreuth** (siehe Ortsbeschreibung)

Hof Pfarrkirche St. Lorenz, Spitalkirche

Waldsassen Kloster (*Bibliothek), Klosterkirche (*Gruft), *Dreifaltigkeitskirche Kappel

***Tirschenreuth** (siehe Ortsbeschreibung)

Weiden/Oberpfalz *Stadtbild, Rathaus, Kirche St. Michael, Stadtmauer

→ *17 km* **Leuchtenberg** Burgruine

← *4,5 km* **Speinshart** *Klosterkirche

Pottenstein Ortsbild, Burg, *Teufelshöhle (Skelett Höhlenbär), Museum „Fränkische Schweiz" Tüchersfeld

Gößweinstein **Basilika (von *Balthasar Neumann*)

Heiligenstadt *Schloß Greifenstein

***Amberg** (siehe Ortsbeschreibung)

Kastl Ehem. Benediktiner-Kloster, Basilika (*Tonnengewölbe)

Neumarkt/Opf — Neuhaus/Inn
(Oberpfalz-Bayerischer Wald)
374 km Fahrtstrecke

Diese Strecke führt durch abgelegene bayerische Regionen, die voller landschaftlicher Reize und sehenswerter Orte ist. Ausgangspunkt ist Neumarkt in der **Oberpfalz**, das wir in südwestlicher Richtung auf der Nebenstraße nach Freystadt verlassen.

Von dort geht es in gleicher Richtung weiter zur Autobahn (Auffahrt Hilpoltstein, Richtung München) und auf dieser (Landschaft recht hübsch) durch den **„Fränkischen Jura"** bis zur Abfahrt Greding. Ab hier auf einer Nebenstraße entlang der **Schwarzach** über Kinding (Schwarzach-Mündung in die Altmühl) nach Beilngries und zu einem Abstecher nordwärts auf der B299 nach Berching.

Ab Beilngries folgen wir in Richtung Osten dem **Altmühltal** bis Dietfurt und weiter dem Flüßchen Wissinger Laaber nach Parsberg im Norden. Die Strecke führt durch den **„Naturpark Altmühltal"**, eine schöne Mittelgebirgslandschaft.

Von Parsberg aus geht es weiter auf der B8 nach Regensburg (ab hier kleiner Abstecher nach Donaustauf im Osten und Burglengenfeld im Norden) und anschließend über die B16 in den nordöstlich gelegenen **Bayerischen Wald**. Wir fahren über Roding und Cham (ab hier B20) nach Furth im Wald. Bei Cham quert die Route den Fluß Regen und folgt anschließend dem Füßchen Chamb.

Furth i.W., das nur 3 km von der **CSSR-Grenze** entfernt im **„Natur**-

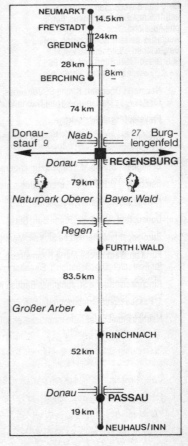

park Bayerischer Wald" liegt, wird in südöstlicher Fahrtrichtung über Eschlkam, Lam und Bodenmais nach Regen verlassen. Diese Strecke ist ab Lam außerordentlich schön. In Brennes biegen wir von der Straße nach Bayerisch-Eisenstein (Grenzübergang zur CSSR) ab und fahren vorbei am **Großen Arber** (1456 m), dem höchsten Berg des Bayerischen Waldes (Sessellift zum Arber-Schutzhaus, herrliche Aussicht).

Auch die weitere Route durch den Bayerischen Wald ist landschaftlich reizvoll. Sie führt auf der B85 südostwärts nach Passau („Bayerische Ostmarkstraße") und passiert Rinchnach. Bei Passau erreichen wir die **Donau** und die Mündungen der Flüsse Inn und Ilz. Die **Ilz** kommt aus dem Norden, während der **Inn** (510 km lang, Quelle in den Rätischen Alpen/Schweiz) aus dem Süden kommt und das Engadin und das österreichische Bundesland Tirol durchfließt.

Der letzte Abschnitt dieser Route folgt dem Inntal bis Neuhaus/Inn (B12). Der Ort liegt gegenüber dem österreichischen Städtchen Schärding (sehr hübsches Ortsbild).

Neumarkt/Oberpfalz Kirche St. Johannes, Hofkirche (*Hochgrab), Schloß, Wallfahrtskirche Mariahilfberg (mit Nachbildung Grabkirche Jerusalem)

Freystadt *Wallfahrtskirche

Greding Stadtbefestigung, Schloß, *Kirche St. Martin, Kirche St. Jakob, Karner, Rathaus, Jägerhaus

Beilngries *Stadtbild, *Schloß Hirschberg

Berching **Ortsbild, St. Lorenz-Kirche, histor. Stadtbach

****Regensburg** (siehe Ortsbeschreibung)

→ 9 km **Donaustauf** *Walhalla, Ruine Burg Stauf

→ 27 km **Burglengenfeld** Pfarrkirche St. Veit, Marktplatz

Furth im Wald Kirche Mariä Himmelfahrt, Kreuzkirche, Stadtmuseum (Drachen für Festspiel „Drachenstich"), Eisenhammerwerk-Museum

Rinchnach *Kirche St. Johannes Baptist, Kreuzgang

****Passau** (siehe Ortsbeschreibung)

Neuhaus/Inn Schloß, alte Innbrücke, ehem. Kloster, Klosterkirche (*Orgel)

Fürstenzell — Riedenburg (Niederbayern)
259 km Fahrtstrecke

Routenbeginn ist im nahe Passau gelegenen Fürstenzell, das wir nach Norden via Ortenburg-Aldersbach nach Vilshofen verlassen. Hier kommen wir ins **Donautal** und folgen ihm auf der B8 bis Osterhofen, weiter auf einer Nebenstraße bis Niederaltaich, Deggendorf, Metten, Bogen. Nordwärts liegt der **Bayerische Wald**, eines der schönsten und größten bayerischen Mittelgebirge.

Von Bogen geht es zum nahen Straubing (ab hier Abstecher nach Aufhausen im Westen) und weiter auf der B20 nach Süden. Bei Ganacker (kurz vor Landau) zweigt die Fahrtroute nach West auf der B11 ab und führt über Dingolfing entlang der **Isar** nach Landshut.

Landshut verlassen wir auf der B299 nach Nordwesten und erreichen bei Neustadt die **Donau**. Bei Wildenberg lohnt ein Abstecher nach Rohr/Ndb. Ab Neustadt zu empfehlen ein Abstecher in westlicher Richtung über Münchsmünster (ab hier B16a) entlang der Donau nach Ingolstadt.

Die eigentliche Fahrtstrecke geht ab Neustadt entlang der Donau nordwärts in Richtung Kelheim. Kurz vorher passieren wir beim Kloster Weltenburg ein landschaftlich schönes Gebiet (**Donaudurchbruch**). Der letzte Streckenabschnitt führt ab Kelheim durch das **Altmühltal** nach Westen bis Riedenburg und ist höchst reizvoll.

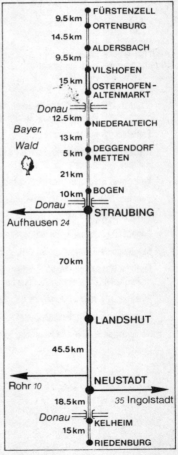

1 (oben, links): St. Bartholomä am Königssee
2 (oben): Berchtesgaden mit Watzmann
3 (unten, links): Tegernsee – Malerwinkel Rottach-Egern
4 (unten): Zugspitzgipfel

5 Berchtesgadener Land – Lüftlmalerei

6 (oben, links): Schloß Neuschwanstein
7 (oben): Schloß Linderhof bei Oberammergau
8 (unten, links): Schloß Prunn im Altmühltal
9 (unten): Pommersfelden – Schloß Weißenstein

10 (oben): München

11 (unten): München – Nationaltheater

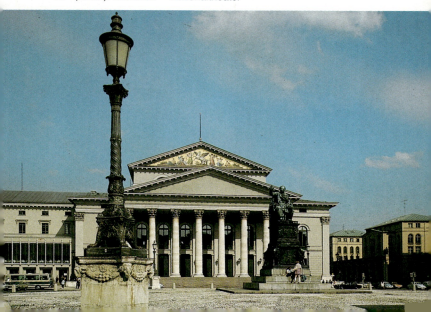

Fürstenzell *Klosterkirche, **Klosterbibliothek

Ortenburg Evang. Exklave im kath. Umland, Schloß, Schloßkapelle (*Kassettendecke), ev. Pfarrkirche, Wallfahrtskirche Sammarei

Aldersbach Klosterkirche

Vilshofen *Stadtturm, Kirche St. Johannes, Friedhofskirche St. Barbara, Wallfahrtskirche Maria Hilf, Altstadt

Osterhofen-Altenmarkt *Kirche St. Margaretha (*Hochaltar von *E.Q. Asam*), Frauenkapelle, Kirche Haardorf, *Rokokokirche Thundorf

Niederalteich *Klosterkirche

Deggendorf Stadtbild, Kirche Mariä Himmelfahrt, *Kirche zum Heiligen Grab, Kirche St. Katharina, Rathaus

Metten Klosterkirche St. Michael, *Klosterbibliothek

Bogen *Wallfahrtskirche Heiligkreuz, Salvatorkirche, Klosterkirche

***Straubing** (siehe Ortsbeschreibung)

← 24 km **Aufhausen** *Wallfahrtskirche „Maria Schnee"

****Landshut** (siehe Ortsbeschreibung)

← 10 km **Rohr/Niederbayern** *Klosterkirche *(E.Q. Asam)*

Neustadt/Donau Rathaus, Kirche St. Laurentius, römisches Kastell, St. Andreas-Kirche Bad Gögging, Schwefelquellen Bad Gögging

→ 35 km ****Ingolstadt** (siehe Ortsbeschreibung)

Kelheim Archäol. Museum, *Befreiungshalle, Donaudurchbruch, *Kloster Weltenburg

Riedenburg Stadtbild, Rosenburg, Landes-Jagdfalkenhof, Burg Prunn, *größte Bergkirstallgruppe der Welt

München – Burghausen
(Oberbayern)
175 km Fahrtstrecke

Eine hübsche Rundfahrt durch das nördlich und östlich von München liegende Oberbayern. Zum Teil auch landschaftlich sehr reizvoll.

Zunächst geht es ab München über die B13 nordwärts nach Oberschleißheim und ab hier auf der B471 in westlicher Richtung bis Dachau. Ab hier Abstecher nach Fürstenfeldbruck auf der B471 nach Südwesten. Weiter fahren wir entlang des Flüßchens **Amper** auf Nebenstraßen über Ampermoching nach Haimhausen, anschließend auf Nebenstraßen weiter bis Freising.

Ab hier folgt die Fahrtstrecke der B11 durch das **Isartal** nach Nordosten via Moosburg bis Landshut (siehe Route „By11") und weiter auf der B299 (via Vilsbiburg-Neumarkt-St.Veit-Neuötting) nach Altötting. Der Streckenabschnitt kurz hinter Landshut ist recht eindrucksvoll, die übrigen Strecken sind landschaftlich ohne große Reize.

Von Neuötting aus lohnen zwei Abstecher. Einmal durch das **Inntal** westwärts auf der B12 (Richtung München) bis Mühldorf, zum anderen in nordöstlicher Richtung auf Nebenstraßen via Eggenfelden nach Pfarrkirchen.

Abschluß und landschaftlicher Höhepunkt ist die sehr schön gelegene Stadt Burghausen an der **Salzach** (Grenzfluß zu Österreich, der etwas weiter nördlich in den Inn mündet).

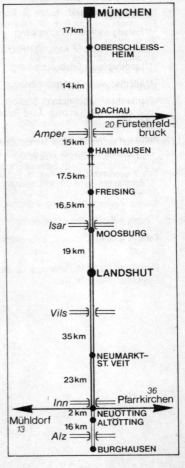

***München (siehe Ortsbeschreibung)

Oberschleißheim **Schloß Schleißheim, *Schloß Lustheim (**Meißner Porzellansammlung)

Dachau Ehem. Konzentrations-Lager, Künstlerkolonie, Schloß, Kirche St. Jakob

→ 20 km **Fürstenfeldbruck** *Ehem Klosterkirche „Mariä Himmelfahrt"

Haimhausen *Schloß

****Freising** (siehe Ortsbeschreibung)

Moosburg *Kirche St. Kastulus (*Hochaltar von Leinberger), Johanneskirche

****Landshut** (siehe Ortsbeschreibung)

****Altötting** (siehe Ortsbeschreibung)

→ 36 km **Pfarrkirchen** Pferderennbahn, Stadtbild, Kirche St. Simon und Judas Thaddäus, Wallfahrtskirche Gartlberg, Altes Rathaus, Gasthäuser „Münchner Hof" und „Zum Plinganser"

← 13 km **Mühldorf am Inn** Stadtbild, Marktplatz, Kirche St. Nikolaus, Kirche St. Katharina, Rathaus, Häuser im „Inn-Baustil", Brunnen, Tortürme, Kirche St. Laurentius, Wallfahrtskirche St. Salvator/Ecksberg

****Burghausen** (siehe Ortsbeschreibung)

Tittmoning — St. Wolfgang (Oberbayern)
187 km Fahrtstrecke

Voller landschaftlicher Reize und großartiger Kunstdenkmäler ist diese Route durch das östliche Oberbayern. Von Tittmoning (Grenzübergang nach Österreich) entlang der **Salzach** südwärts (B20) via Laufen-Freilassing nach Bad Reichenhall. Hier sind wir bereits am Fuß der **oberbayerischen Alpen**, in unmittelbarer Nähe der österreichischen Grenze. Bis zu knapp 2000 m hoch sind die Berge, das **Untersberg-Massiv** bildet den östlichen Abschluß gegen Salzburg. Zahlreiche Gipfel können mit **Seilbahnen** erreicht werden, so der **Predigtstuhl** (1613 m, ab Bad Reichenhall-Karlstein) oder der **Warsteinkopf** (1758 m, ab Oberjettenberg).

Der Abstecher nach Berchtesgaden (Rundfahrt) ist landschaftlich außerordentlich interessant. Wir fahren von Bad Reichenhall auf der B21 südwärts bis Unterjettenberg (rechts der Saalachsee), von hier auf der B305 („**Deutsche Alpenstraße**") weiter nach Ramsau, Schönau am Königssee und Berchtesgaden. Südlich von Ramsau, im „**Nationalpark Berchtesgaden**", liegt das **Watzmann-Massiv** (bis 2713 m hoch). Mit dem Auto kann man in den Nationalpark nicht hineinfahren, zu empfehlen sind deshalb Wanderungen (z.B. ab Königssee).

Der **Königssee** ist einer der schönsten Bergseen der bayerischen Alpen. Er liegt 602 m hoch, ist bis zu 188 m tief und rund 10 km lang **(Schiffsausflug!)**.

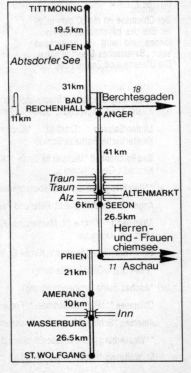

Von Berchtesgaden aus sollte man **Seilbahnausflüge** auf den **Obersalzberg** (früherer Hitlerwohnsitz) und den **Jenner** unternehmen. Die Weiterfahrt von Berchtesgaden führt auf der B20 (direkte Strecke) wieder nach Bad Reichenhall und Piding. Hier biegen wir nach Nordwesten ab, kommen über Anger und Höglwörth nach Teisendorf und ab hier auf der B304 über Traunstein (entlang der **Traun**) nach Altenmarkt-Rabenden.

Über Seeon fahren wir dann südwärts, parallel zum Flüßchen **Alz** (entspringt im Chiemsee und mündet in den Inn) bis Seebruck am Chiemsee.

Der **Chiemsee** ist mit 80 qkm größter See des bayerischen Alpenvorlandes und wird im Volksmund auch **„Bayerisches Meer"** genannt. Die Uferorte sind Zentren des Tourismus. Im See liegen die Inseln **Herrenchiemsee** (3,28 qkm) und **Frauenchiemsee** (0,15 qkm).

Ab Seebruck bis Prien führt die Straße am Seeufer entlang. Von Prien aus kann man die genannten Inseln erreichen **(Schiffsausflug)**. Empfohlen ein Abstecher in südlicher Richtung nach Aschau. Prien verlassen wir dann in nördlicher Richtung und fahren über Endorf-Höslwang-Amerang-Eiselfing auf Nebenstraßen nach Wasserburg. Die Stadt liegt tief unten im **Tal des Inn**, der sich weit in die Hochfläche eingeschnitten hat, in einer nahezu geschlossenen Flußschleife.

Von Wasserburg aus benutzen wir für die Reststrecke die B15 nach Norden und erreichen über Haag schließlich St. Wolfgang (landschaftlich reizvoll, 4 km hinter Wasserburg, rechts der See von Soyen).

Tittmoning Stadtbild (*Stadtplatz), Rathaus, Brunnen, Kirche St. Laurentius, Kirche Allerheiligen, Burg, Schloßkapelle, Wallfahrtskirche Maria Ponlach

Laufen/Salzach *Ortsbild, *Kirche Mariä Himmelfahrt, Kapuziner-Klosterkirche, Rathaus, Schloß

Bad Reichenhall *Münster St. Zeno, **Kreuzgang, Kirche St. Nikolaus, Salinen, Kirche St. Georg (Nonn)

→ 18 km ****Berchtesgaden** (siehe Ortsbeschreibung)

Anger *Dorfbild, Kirche St. Peter und Paul, Kirche Höglwörth

Altenmarkt **Kirche St. Margaretha, Kirche St. Jakob mit **Altar des *„Meisters von Rabenden"*

Seeon Basilika (*Malereien), Kirche St. Maria Bräuhausen

***Prien** (siehe Ortsbeschreibung)

→ 11 km ***Aschau** (siehe Ortsbeschreibung)

Chiemsee ***Herrenchiemsee, **Frauenchiemsee

Amerang *Schloß, *Bauernhausmuseum

****Wasserburg** (siehe Ortsbeschreibung)

St. Wolfgang *Backsteingotik-Kirche

Rott am Inn — Erding
(Oberbayern)
120 km Fahrtstrecke

Eine sehr reizvolle kleine Rundfahrt durch das oberbayerische **Voralpenland** südöstlich von München. Von Rott am Inn auf der B15 nach Süden bis Rosenheim und über Nebenstraßen (landschaftlich reizvoll) via Rohrdorf nach Neubeuern. Südlich liegen die bis zu knapp 2000 m hohen Alpenausläufer. Fahren wir das **Inntal** weiter südwärts (Abstecher), so erreichen wir bei Kufstein die österreichische Grenze.

Unsere Route führt ab Neubeuern nach Westen, via Raubling-Großholzhausen nach Bad Feilnbach (Moorheilbad) und ab hier in nördlicher Richtung über Bad Aibling (Moorheilbad) nach Bruckmühl (landschaftlich interessante Strecke durch eine **Moorlandschaft**).

Von Bruckmühl (Weihenlinden) dann weiter nach Norden über Beyharting-Tuntenhausen-Hohenthann-Grafing nach Ebersberg (hübsche Strecke zwischen Beyharting und Hohenthann). Durch den **„Ebersberger Forst"**, eine ausgedehnte Waldzone (reizvoll), und Hohenlinden kommen wir schließlich nach Erding.

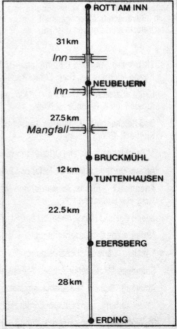

Rott am Inn **Ehem. Klosterkirche, Altar von *Ignaz Günther*

Neubeuern *Marktplatz (Fassadenmalerei), Schloß, Barockkapelle

Bruckmühl *Wallfahrtskirche Weihenlinden

Tuntenhausen *Wallfahrtskirche, *Stiftskirche (*Chorgitter)

Ebersberg Pfarrkirche St. Sebastian (*spätgotische Tumba), Marktplatz, ehem. Kloster, Rathaus

Erding Ortsbild, Kirche St. Johannes (*Kruzifix von *Leinberger*), Kirche Mariä Verkündigung

Weyarn — Garmisch-Partenkirchen (Oberbayern)

138 km Fahrtstrecke

Die Tour führt durch einige der **landschaftlich schönsten Regionen Oberbayerns**. Weyarn verlassen wir südwärts nach Miesbach, ab hier auf der B307 (**„Deutsche Alpenstraße"**) über Schliersee nach Fischbachau (Ausflug nach Bayrischzell zu empfehlen). Höchster Berg der Region ist der **Wendelstein** (östlich von Fischbachau, 1838 m, Seilbahn ab der B307 kurz vor Bayrischzell). **Schliersee** liegt am gleichnamigen See.

Von Fischbachau wieder nach Norden über Schliersee nach Hausham, weiter nach Westen bis Gmund und südwärts am Ufer des **Tegernsees** entlang zum Ort Tegernsee (**Schiffsausflüge** ab beiden Orten). Dann wieder nach Norden auf der B307 bis zum Straßenkreuz hinter Moosrain und westwärts auf der B472 via Bad Tölz nach Benediktbeuern.

Auf der B11 Richtung Süden (hinter Kochel sehr schöne Serpentinenstrecke, **„Kesselbergstraße"**), vorbei am **Kochelsee** und am **Walchensee**, bis Mittenwald. Eine außerordentlich reizvolle Fahrt durch die bayerischen Alpen (bis knapp 2000 m hoch). Südlich von Mittenwald (Grenzübergang nach Österreich) steigen die Berge bis auf rund 2500 m an (**Wetterstein-Gebirge** westlich, **Karwendel-Gebirge** östlich). **Seilbahnausflug** zur Karwendel-Spitze möglich.

Nach Mittenwald dann wieder auf der **„Deutschen Alpenstraße"** (B2)

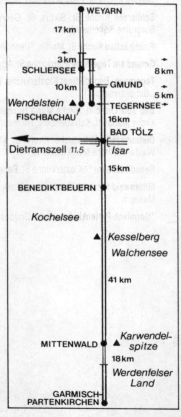

durch das **„Werdenfelser Land"** nach Garmisch-Partenkirchen.
Zahlreiche Ausflüge empfehlen sich ab hier. An erster Stelle die Fahrt mit der **„Bayerischen Zugspitzbahn"** (Zahnradbahn) auf die 2963 m hohe **Zugspitze**, Deutschlands höchstem Berg. Ebenfalls interessant eine **Seilbahnfahrt** auf das **Kreuzeck** (1652 m, schöner Ausblick auf das Alpenpanorama). Südwestlich von Garmisch (via Grainau) der knapp 1000 m hoch gelegene **Eibsee,** ein malerischer Bergsee. Unweit von Garmisch-Partenkirchen (westlich 10 km über die B24) ein Grenzübergang nach Österreich.

Weyarn Kirche St. Peter und Paul (*Schnitzereien von *Ignaz Günther*)

Schliersee Kirche St. Sixtus, St. Georgs-Kapelle, Heimatmuseum, Rathaus, Burgruine Hohenwaldeck

Fischbachau Kirche St. Martin, Friedhofskirche, Wallfahrtskirche

Gmund am Tegernsee Pfarrkirche St. Ägydius

Tegernsee Benediktiner-Klosterkirche (**Türme), Olaf-Gulbransson-Museum („Simplizissimus")

Bad Tölz Ortsbild, Kirche Mariä Himmelfahrt, Franziskanerkirche, Wallfahrtskirche Mariahilf, Kalvarienberg, Heimatmuseum (Flößerstube)

← *11.5 km* **Dietramszell** *Stiftskirche, Kirche St. Martin, *Wallfahrtskirche St. Leonhard, Wallfahrtskirche Maria im Elend

Benediktbeuern **Klosterkirche St. Benedikt

Mittenwald Ortsbild (Fassadenmalerei), Kirche St. Peter und Paul, Geigenbau-Museum

***Garmisch-Partenkirchen** (siehe Ortsbeschreibung)

Oberammergau — München
(Oberbayern)
104 km Fahrtstrecke

Eine Reise durch das **Voralpenland**, quer durch die oberbayerische **Seenplatte**. Vom Festspieldorf Oberammergau auf der B23 („**Deutsche Alpenstraße**") ostwärts über Ettal (dazwischen Abstecher nach Schloß Linderhof, siehe Ettal) nach Oberau und weiter auf der B2 nach Norden via Murnau (am **Staffelsee**)-Polling-Weilheim nach Andechs.

Kurz vor Pähl zweigen wir von der B2 nach Westen ab und erreichen das Ufer des **Ammersees**. Wir folgen der Seeuferstraße nordwärts bis kurz vor Herrsching und biegen in östlicher Richtung (Straße nach Starnberg) nach Andechs ab.

Das **Kloster** ist berühmt für sein **Bier**, das die Mönche brauen. In der warmen Jahreszeit ist es für Einwohner der Region (bis nach München) nahezu „Pflicht", wenigstens einmal im Jahr auf den „Heiligen Berg", den Klosterhügel von Andechs, zu „pilgern". Tausende sitzen am Wochenende in den klösterlichen Biergärten und Lokalen. Viele wandern auch zu Fuß von Herrsching nach Andechs (4 km). Ab Herrsching außerdem **Schiffsausflüge** möglich auf dem Ammersee.

Von Andechs geht es dann weiter nach Starnberg (ab hier **Schiffsausflüge** auf dem **Starnberger See**) und via Percha-Neufahrn auf Nebenstraßen bis Schäftlarn. Ab hier weiter auf der B11 nach Norden via Grünwald (kurzer Abstecher durch das schöne **Isartal**) und Pullach nach München.

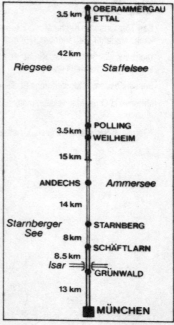

Oberammergau Ortsbild (Fassadenmalerei), *Kirche St. Peter und Paul

Ettal **Klosterkirche, **Schloß Linderhof

Polling Ehem. Stiftskirche (*Tassilokreuz von 1225, *Figur „Thronende Muttergottes" von *Leinberger*), Kloster (Bibliothek)

Weilheim/Oberbayern *Stadtbild, Kirche Mariä Himmelfahrt, Friedhofskirche St. Salvator, Altes Rathaus (Museum, **Figur „Schmerzensmann" von *Leinberger*)

Andechs *Klosterkirche, Klosterbrauerei

Starnberg Schiffsrundfahrten, Schloß, Kirche St. Josef, Heimatmuseum

Schäftlarn *Klosterkirche

Grünwald bei München *Burg, *Filmstadt Geiselgasteig

***München** (siehe Ortsbeschreibung)

Alphabetische
Ortsbeschreibungen

Abenberg *(4 800 Ew, Route By8)*
Mittelfränkisches Städtchen südlich von Nürnberg. Eine der ältesten Burgen in Franken (1071).
*Mittelalterlicher Stadtkern weitgehend erhalten. **Burg** Ende des 19. Jhs. restauriert, heute Hotel. Spätgotische **Pfarrkirche St. Jakob** (15./18. Jh.) mit romanischem Portal (1230). **Rathaus** (1743, Barock). Im **Kloster Marienburg** (15. Jh.) Stillakirche mit einer Fülle von Schmuckwerken aus Renaissance und Rokoko sowie Tumba mit Grabstein der Stadtpatronin Stilla (12. Jh.) und Katakomben.
Ort als Heimstatt des Spitzenklöppelns bekannt (einst von Klosterfrauen hier eingeführt) mit **Klöppelmuseum.**

Aldersbach *(3 700 Ew, Route By11)*
Kleiner Ort westlich von Passau, ausgehend von einem im 11. Jh. gegründeten Chorherrenstift.
Ehem. Klosterkirche **Mariä Himmelfahrt,** Turmfundamente 12. Jh., Chor 1617, Langhaus 1720 vollendet. Äußeres Rokoko, Turmhaube Spätbarock. Über dem Portal Figur der Immaculata. Inneres von den *Brüdern Asam* verschwenderisch barock ausgestaltet (Stukkaturen, Fresken). Besonders schön die Orgelempore auf zwei Pfeilern mit großen Engelsfiguren. Hochaltar 1723 von *J. M. Götz* aus Passau aufgestellt, Chorgestühl 1762 von *Kaspar Schreiber* geschnitzt, Kanzel 1748 vom Passauer Bildhauer *Josef Deutschmann.* Insgesamt eine bemerkenswerte Barockkirche.

Altdorf b. Nürnberg *(9 000 Ew, Route By9)*
Stadt im Vorland der Fränkischen Alb, im 8. Jh. fränkischer Königshof, 1622-1808 Sitz einer protestantischen Universität. Hier studierten u. a. Wallenstein, Pappenheim, Leibniz und Textor (Großvater Goethes).
Ehem. **Universität,** erbaut 1571-82, vier schmucklose, aber wuchtige Trakte um einen Binnenhof mit Bronzebrunnen. Haupttrakt dreigeschossig mit offenen Arkaden und Uhrturm. Evang. **Stadtpfarrkirche,** Chor und Teile des Turms spätgotisch, Langhaus um 1755.

Altenmarkt *(3 700 Ew, Route By13)*
In den Ortsteilen **Baumburg** und **Rabenden** zwei bedeutende Baudenkmäler.
In Baumburg frühere ****Augustiner-Chorherren-Stiftskirche St. Margareta,** eine der schönsten Barockkirchen des Chiemgaus. Ausgehend von einer romanischen Basilika in ihrer heutigen Form 1757 von *Franz Alois Mayr* als Wandpfeilerkirche erbaut. Das mächtige Turmpaar, noch von der romanischen Basilika des 11. Jhs. stammend, beherrscht die Landschaft am Zusammenfluß von Alz und Traun.
Im Gegensatz zum schlichten Äußeren der Kirche die Pracht des barocken Inneren. Die **Rocaille-Stukkaturen** des Meisters *Bernhard Rauch* aus Wessobrunn sind von

großer Anmut. **Fresko** („Heiliger Augustinus") des böhmischen Hofmalers *Felix Anton Scheffler*. Im Inneren eine ganze Reihe interessanter **Grabdenksteine**, die typisch für den „Weichen Stil" dieser Gegend sind (überwiegend 15. Jh.). Besonders schön die Grabplatte der Kirchenstifterin Adelheid an der Westwand. Von den Klostergebäuden selbst nicht mehr viel erhalten.

Im Ortsteil Rabenden katholische **Pfarrkirche St. Jakob** (1458) mit Anfang des 16. Jhs. eingebrachtem ****Hochaltar** (sicher einer der schönsten Flügelaltäre in Oberbayern). Sein Schöpfer blieb unbekannt, wird heute als *„Meister von Rabenden"* bezeichnet. Schrein enthält drei Apostelfiguren, in ihrer künstlerischen Klarheit ungemein ergreifend.

Altenmarkt bei Osterhofen *(siehe Osterhofen)*

Altenstadt *(3 000 Ew, Route By3)*
In der Nähe der alten Römerstraße Via Claudia Augusta von Augsburg — Italien.
*Romanische Pfarrkirche St. Michael (in ihrer Stilreinheit einer der wichtigsten romanischen Bauten in dieser Region). Im Inneren ***Figur** des „Großen Gottes von Altenstadt" (überregional bekannte Sehenswürdigkeit). Das farbig verzierte romanische Holzkruzifix ist 3,21 Meter hoch und 3,20 Meter breit. Vermutlich entstand es um das Jahr 1200, der Künstler ist nicht bekannt. Über dem **Rundbogenportal** der Kirche ein Drachen, der einen Menschen ausspeit. Neben ihm der mit einem Schwert bewaffnete „Heilige Michael" (Namenspatron der Kirche). Rein romanisch der Taufstein aus grauem Sandstein mit Bändern, die ihn umrankend Reliefs bilden. Im 14. Jh. entstanden die gotischen **Fresken** im Altarraum und im südlichen Seitenschiff. Das frühgotische Fresko im Chorraum stellt den Erzengel Michael dar.

Altötting *(11 000 Ew, Route By12)*
Größter bayerischer Marienwallfahrtsort, rund eine Million Pilger pro Jahr.
Im 7. Jh. Bau der heutigen Gnadenkapelle, im 8. Jh. von bayerischen Herrschern aus dem Stamm der Agilolfinger zur Pfalz erhoben, später im Besitz der Karolinger. 876 erbaute der hier residierende König Karlmann (ein Urenkel Karls des Großen) die erste Stiftskirche. Der letzte Karolinger-König, Ludwig das Kind, wurde 893 in Altötting geboren. 1228 wurde die heutige Stiftskirche errichtet. Das erste Wunder im Wallfahrtsort geschah 1489. Auch zwei Päpste pilgerten hierher, 1980 Papst Johannes Paul II., und etwa 200 Jahre früher Papst Pius VI.
Beginn des Rundgangs am **Kapellplatz**, der (mit Ausnahme des Rathauses und einiger Ladenanbauten) noch ungefähr gleich aussieht wie zum Ende des Dreißigjährigen Krieges im 17. Jh.
Gnadenkapelle überregional bedeutende Sehenswürdigkeit. Soll bereits um 700 errichtet worden sein, im 15. Jh. erweitert, eine der ältesten Kirchen Deutschlands. Frühester Teil die eigentliche (achteckige) Gnadenkapelle, spätgotisches Langhaus mit Dachreiter kam 1494 hinzu. **Gnadenbild der „Schwarzen Muttergottes" im Gna-

denaltar ist Ziel der Wallfahrer (soll bereits viele Wunderheilungen vollbracht und in mancher Not geholfen haben, zahlreiche **Votivtafeln** im Umgang um die Gnadenkapelle berichten davon). Wir sollten uns Zeit nehmen, diese Tafeln mit ihren teilweise recht naiven Zeichnungen eingehend zu lesen. Inneres der Gnadenkapelle mit schwarzem Stuckmarmor ausgeschmückt. Ein großes Kunstwerk am Gnadenaltar die aus Silber gefertigte **„Wurzel Jesser"** (1670 vom Goldschmied *Franz Oxner*). In Wandnischen der heiligen Kapelle stehen die Herzurnen Maximilians I. und seiner ersten Gattin Elisabeth. Auch das Herz des Feldmarschalls Tilly, eines der größten Feldherren des Dreißigjährigen Krieges, befindet sich in der Gnadenkapelle (neben der Tür, beim einzelnen Betstuhl).

Katholische Pfarrkirche St. Philipp und Jakob, Stiftskirche, als spätromanische Basilika (1231 errichtet, im 15. Jh. umgebaut). **Schatzkammer** aus dem Jahre 1510, spätgotischer Saal mit Weihegaben der Wallfahrer. Zahlreiche wichtige Beispiele des Kunsthandwerkes, unter anderem das „Goldene Rössel", 1936 in Paris für Königin Isabeau von Frankreich angefertigt. Die Palette der Votivgaben reicht von wertvollen Kunstschätzen aus Fürstenhäusern bis hin zu einfachen bäuerlichen Gaben. In der **Tilly-Kapelle** die Grabmäler der Familie von Tilly und der Sarkophag des Feldherrn.

Panorama, Kolossalrundgemälde der Kreuzigung Christi, einziges im Original erhaltenes Baudenkmal dieser Art in Europa, in einem Zwölfeckbau (12 m hoch, 1130 qm Leinwand, 1903 von *Gebhard Fugel*).

Altomünster *(2 300 Ew, Route By2)*

Gemeinde nordwestlich von Dachau. 760 Gründung eines Benediktinerklosters, heute Sitz des einzigen deutschen Birgittinnenklosters.

*Birgittinnen-Klosterkirche, als sein letztes Werk 1763-73 von *J. M. Fischer* erbaut, kräftiger Baustil, Übergang vom Spätbarock zum Klassizismus. Treppenaufgang zum Westportal mit barocker Haube. Fußboden in origineller Form abgestuft. Stukkaturen von *J. Rauch,* Altäre im Laienschiff von *J. B. Straub,* Bild des Hauptaltars von *Ignaz Baldauf.*

Amberg *(47 000 Ew, Route By9)*

Zwischen 15. Jh. und 1810 Regierungssitz der Oberpfalz. Bis zum 18. Jh. galt der Ort als uneinnehmbar. Vom Stadtmauerring umschlossene Altstadt. Seit dem Mittelalter bedeutender Eisenerz-Bergbau.

Altstadt von rundumlaufender Stadtbefestigung aus dem Mittelalter umschlossen. Vier Tore, Stadtgraben und viele Türme gut erhalten.

Am Schrannenplatz **Stadttheater** in der spätgotischen Klosterkirche St. Bernhard (einmalig in Deutschld.) und die ***Deutsche Schulkirche** (Baumeister *W. Dientzenhofer*). Im Inneren Rokoko, besonders ansehnlich die goldenen **Rocaille-Stukkaturen.** Späte Hochgotik verkörpert die **Pfarrkirche St. Georg** (1359 bis 1400) am Malteserplatz. Barocke Innengestaltung Ende des 17. Jhs. von *Johann Baptist Zimmermann.* Zum Vorbild der „obersächsischen Bergmannsgotik" wurde die ***Pfarrkirche St. Martin** am Marktplatz. Spätgotische Hallenkirche (15. Jh.), bis auf Kuppelhaube und Turm-

obergeschoß nahezu stilrein. Ungewöhnlich die umlaufende Empore, auf der einst die reichen Bürger Platz nahmen. Eines der schönsten Bauwerke der Stadt am Marktplatz das aus zwei unterschiedlich alten Bauteilen bestehende *Rathaus. Westgiebel (gotische Maßwerkfenster) entstand im 14. Jh., Anbau des Neuen Rathauses und Arkaden 16. Jh. Beide Säle mit Holz-Kassettendecken (Renaissance) ausgestattet.
Auf dem Mariahilfberg Wallfahrtskirche Maria Hilf, ein Barockbau von 1696—1722 errichtet. Planung wahrscheinlich durch W. Dientzenhofer, Fresken (Motive der Wallfahrt) von C.D. Asam, prächtige Stukkaturen von Carlone. Ziel der Wallfahrer das Gnadenbild auf dem 1703 errichteten Hochaltar.

Amerang (2 600 Ew, Route By13)

Kleines Dorf mit Schloß und Bauernhausmuseum. Besitzer des Schlosses seit 1820 die Freiherren von Crailsheim, der heute dort wohnende Baron Krafft von Crailsheim veranstaltet im Schloßhof regelmäßig Konzerte mit alter Musik. Auf einer kleinen Anhöhe im Süden des Dorfes, 1560 erbaut, *Innenhof mit schönen Arkaden (dürfte in Bayern zu den ältesten Renaissance-Höfen zählen). Spätgotische Ausgestaltung der älteren Schloßkapelle (um 1513 erbaut).
Etwas außerhalb, in Richtung Wasserburg, das *Bauernhausmuseum. Hier wurden im Laufe der letzten Jahre zahlreiche Holzhäuser aus verschiedenen Teilen des östlichen Oberbayern zusammengetragen und vermitteln einen guten Einblick in das bäuerliche Leben in diesem Teil Bayerns. Häuser im alten Stil mit alten handwerklichen Methoden wiederaufgebaut, im Inneren als kleine Museen eingerichtet.

Amorbach (5 000 Ew, Route By7)

Kleiner Luftkurort Naturpark Bayerischer Odenwald.
Einige Teile der Altstadt noch im mittelalterlichen Zustand erhalten, unter anderem Marktplatz mit dem aus dem 15. Jh. stammenden Rathaus. Besonders sehenswert inmitten der Fachwerkhäuser das turmartige *Templerhaus (1291), die frühere Mainzische Kanzlei und die ehemalige Amtskellerei (heute Heimatmuseum).
*Abteikirche (Barockbau von 1747). Die Viereckturme wirken trotz ihrer Höhe seltsam gedrungen und verraten mit ihren Rundbogenfriesen romanischen Stil. Hauben gehören bereits zum Barock, ebenso die Buntsandsteinfront. Repräsentativ die Freitreppe mit ihren zwei Flügeln. Im Inneren der reich geschmückten Kirche eine ihres Klanges wegen berühmte Barockorgel. Hübsch die Rokokoaltäre.
Im Kloster ansehnliche *Klosterbibliothek und klassizistischer Grüner Saal. Klostermühle mit steilem Treppengiebel (1448).

Andechs (2 700 Ew, Route By16)

Klosterort mit berühmter Brauerei. Bereits seit 1388 Ziel von Wallfahrten.
Kloster- und Wallfahrtskirche Maria Verkündigung im 15. Jh. errichtet, 1458 Weihe, nach Bränden im 17. Jh. umgebaut und restauriert, letzte Umformung im Jahre 1751 unter Leitung des Baumeisters L. Sappel aus München.

*Hochaltar von *Johann Baptist Zimmermann* mit **Gnadenbild** der „Thronenden Muttergottes" aus dem 15. Jh. Viele Figuren und Kunstwerke von *Johann Degler* und *Franz Xaver Schmädl*.
Die Landschaft, in der die alte Klosteranlage liegt, ist eindrucksvoll. Berühmt das starke Bier der Andechser Mönche. Im **Bräustüberl** im Kloster an langen Holztischen erlebt man auf eindrucksvolle Art bayerisches Leben der heutigen Zeit. Neben Einheimischen in Trachtenkleidung aber auch mehr und mehr Ausländer. Vom Kloster ein schöner Blick über die umgebende Landschaft.

Anger in Oberbayern *(3 500 Ew, Route By13)*
Eines der schönsten Dörfer in Bayern. Malerisch auf einer Anhöhe gelegen, umschließt der Ort einen Teich.
Katholische Pfarrkirche St. Peter und Paul (spätgotischer Zentralbau, entstand um die Mitte des 15. Jhs., Turm dürfte aber bereits im 13. Jh. erbaut worden sein). Das Äußere 1972 renoviert. Im Inneren spätgotischer Altarflügel von 1510 und aus dem 17. Jh. stammendes, geschnitztes Vesperbild im Hochaltar.
Interessant im Ortsteil Höglwörth das frühere **Augustiner-Chorherrenstift** mit **Pfarrkirche**. Romanisches Bauwerk, 1125 errichtet, zwischen 1675 und 1765 im Inneren barockisiert und mit Rokokostuck ausgestattet. 1983 umfassende Innenrenovierung. Die Fresken vom Salzburger Maler *Franz Nikolaus Streicher*, das mittlere Deckengemälde stellt „Mariä Himmelfahrt" dar. Bemerkenswert in der Kirche außerdem die Stukkaturen, die der in Wessobrunn geschulte, aber aus Salzburg stammende *Benedikt Zöpf* 1765 anbrachte.

Ansbach *(40 000 Ew, Route By5)*
Mittelfränkische Regierungshauptstadt in Tal der Fränkischen Rezat. Von 1331 bis 1805 gehörte Ansbach den Hohenzollern, die den Ort 1456 zur markgräflichen Residenz erhoben. Erst Anfang des 19. Jhs. wurde Ansbach bayerisch. Seine Rolle als Residenzstadt bescherte dem Ort kulturelle Blütezeiten, so unter Markgraf Albrecht Achilles (1440—86), als die gotische Johanniskirche entstand, unter der Markgräfin Christiane Charlotte (1723—29) und während der Herrschaft ihres Sohnes Carl Wilhelm Friedrich (1729—57), als Schloß, Orangerie und Hofgarten das Stadtbild vervollkommneten.
Für die Besichtigung sollte man sich mindestens einen Tag Zeit nehmen.
Gumbertuskirche, Wahrzeichen der Stadt, spätbarocker Saalbau vom Hofbaumeister des Markgrafen Carl Wilhelm Friedrich, *Leopoldo Retti*. Dreitürmige Fassade beginnende Renaissance (16. Jh.). Interessant in der Kirche die spätgotische **Schwanenritterkapelle**. Spätgotischer Altar und Kelterbild stammen aus der Dürerzeit.
Markgrafengruft unter der Schwanenritterkapelle mit 25 Sarkophagen, Grablege der Markgrafen vom 30jährigen Krieg bis 1791. Romanische **Krypta**, das älteste Baudenkmal Ansbachs (gegen 1039—1042).
Typisch für das Stadtbild die beiden Türme (1504—08) der um 1450 erbauten, spätgotischen **Johanniskirche** (Martin-Luther-Platz). Im Kontrast dazu die 1834—40 er-

richtete, klassizistische **Ludwigskirche** am Karlsplatz, die in ihrem Tempelcharakter dem barocken Umfeld einen eigenartigen fremden Reiz verleiht. Mehrfach umgebautes und zur Spätrenaissance zählendes **Rathaus** (1623).
Bedeutendste Sehenswürdigkeit die ****Residenz**, das frühere Markgrafenschloß an der Straße „Promenade". Zunächst 1397 als gotische Wasserburg errichtet, wurde es 1705—36 unter Einbeziehung älterer Bauteile zum heutigen Barockbau umgeformt. Heiter und prunkvoll der vom Hofbaumeister *Gabriel de Gabrieli* Anfang des 18. Jhs. errichtete Teil des Schlosses, ebenso der italienisch anmutende Innenhof mit seinen Arkaden. Nüchtern dagegen der übrige Teil der Anlage. Inneneinrichtung im Rokoko-Stil mit **Prunkräumen**. Die Wände des Speisesaals schmücken 2800 verschiedene Fliesen aus der Ansbacher Fayence-Manufaktur. Hübsch auch Spiegelkabinett, Gobelinzimmer und Marmorkabinett.
Zur Residenz gehört der im englischen bzw. französischen Stil angelegte **Hofgarten** (1720—90) mit Lindendom, verschiedenen Denkmälern und Gedenkstein für den 1833 ermordeten Findling Kaspar Hauser (angeblich ein ausgesetzter Fürstensohn). Den Abschluß des Hofgartens bildet die **Orangerie**, ein Barockbau von 1726.
Andere lohnende Bauwerke in Ansbach: Die zum Stil des Manierismus zählende **Hofkanzlei** (Spätrenaissance, erbaut Ende 16. Jh.) des Hofbaumeisters *Gideon Bacher* (Pfarrstraße, heute Amtsgericht), das 1532 gebaute **Landhaus** (Johann-Sebastian-Bach-Platz) und die spätgotische **Heilig-Kreuz-Kirche** (Stadtfriedhof — Heilig-Kreuz-Str., 15. Jh.). Weiter das **Markgrafenmuseum** (Schaitbergerstr. 14, Kaspar-Hauser-Sammlung), der Renaissance-Innenhof der früheren **Stiftsküsterei „Behringerhof"** (Treppenturm, 16. Jh.), die spätbarocke **Synagoge** (Rosenbadstr., 1744—46), die klassizistische **Karlshalle** (Karlsplatz, 1777), das barocke **Herrieder Tor** (altes Stadttor mit Turm und Flankenbauten, 1750) sowie der **Markgraf-Carl-Brunnen** (Johann-Sebastian-Bach-Platz) aus dem Jahre 1746 und der **Markgraf-Georg-Brunnen** am Martin-Luther-Platz (1515, 1780 erneuert).

Aschaffenburg *(59 000 Ew, Route By6)*
Stadt am Main südöstlich von Frankfurt mit über 1000jähriger Geschichte. Im 10. Jh. Oberstadt gegründet, seit Ende des 10. Jhs. zum Erzstift Mainz gehörig, zweite Residenzstadt der Mainzer Erzbischöfe, höchste Blütezeit im 17. Jh. Nach der Besetzung von Mainz durch französische Truppen Ende 18. Jh. Ausweichresidenz der Kurfürsten von Mainz, seit 1816 bayerisch.
Schloß Johannisburg, auf mittelalterlichen Resten erbaut 1605—14 von *Georg Riedinger*. Bergfried noch vom Vorgängerbau (14. Jh.). Eines der besten Renaissancebauwerke Deutschlands, nach Zerstörungen im Zweiten Weltkrieg restauriert und mit altem Mobiliar ausgestattet (siehe auch Staatsgalerie). Außenfronten reich mit Beschlagwerk geschmückt. **Schloßkapelle 17. Jh., schöner Alabasteraltar von *Hans Juncker* (1614) und Kanzel (1618 von *Juncker*).
*Pfarrkirche St. Peter und Alexander. Baubeginn 10. Jh., heutiges Bauwerk im wesentlichen 12./13. Jh. Im Inneren bedeutende Kunstwerke, so das ****Bild „Beweinung"** von *Matthias Grünewald* (1525), die **Kanzel** von *Juncker* (1602) und das romanische **Kruzifix** im Langhaus (Anfang 15. Jh.). Siehe auch Stiftsmuseum.

Aschaffenburg-Aschau

*Pompejanum, ein pompejanischen Häusern nachgebildetes Gebäude, das sich der bayerische König Ludwig I. 1840—48 vom Architekten *Friedrich von Gärtner* erbauen ließ. Ringsum hübsche Parkanlage.

*Schönbusch, Schloß und Parkanlage auf der anderen Mainseite. Errichtet ab 1776 (erster klassischer deutscher Landschaftsgarten) zunächst als Parkanlage durch *J.v. Herigoyen* und *F.L. Sckell*. Schloßbau 1778—82 durch *von Herigoyen*, früher Klassizismus, historische Ausstattung (Stukkaturen, Malereien, Möbel).

Park Schöntal, Gartenanlage im englischen Stil im Zentrum der Stadt mit See und Insel (Kirchenruine Hl. Grab), angelegt 1780.

Theater, klassizistischer Bau aus den Jahren 1809—11 im Stadtzentrum, Baumeister *J. von Herigoyen*.

Museen

**Staatsgalerie (Schloß), Teil der Bayerischen Staatsgemäldesammlung und neben München bedeutendste Galerie dieser Sammlung. Werke europäischer Malerei des 15.—18. Jhs., insbesondere *van Dyck, Ruisdael, Rubens, Lukas Cranach* und *Grien*. Außerdem Sammlung von Korkmodellen römischer Bauten (18. Jh.).

*Schloßmuseum, fürstliche Repräsentationsräume und bedeutende Bildwerke (u.a. *Hans Juncker, Hieronymus Hack* und Künstler des 19. Jhs.). Außerdem Steinplastiken, Exponate der Volkskunde, Steinzeug und Fayencen, spätmittelalterliche Glaswaren.

Naturwissenschaftliches Museum, Wermbachstraße, u.a. reichhaltige Insektensammlung.

*Stiftsmuseum, Stiftsplatz, regionale Vor- und Frühgeschichte, Kirchenkunst bis zum 18. Jh., Malerei 16.—18. Jh., religiöse Volkskunst. U.a. römische Brunnenmaske 2. Jh. und Scheibenfibel (7. Jh.).

Aschau *(4 400 Ew, Route By13)*

Luftkurort im Chiemgau nahe der Kampenwand, bereits zur Keltenzeit vor 100 n. Chr. besiedelt, 927 erste Namensnennung.

*Schloß Hohenaschau, eine der mächtigsten Burgen der Region, hervorgegangen aus einer hochmittelalterlichen Ringburg (errichtet 12. Jh.). Mehrfach umgebaut, 1672-86 barockisiert. Erhabene Lage auf einem Berg hoch über der Landschaft des Chiemgaus. Festsaal (2. Obergeschoß) mit monumentaler Ahnengalerie (12 Stuckstatuen der Familie Preysing). Kapelle in ihrer heutigen Form unter Verwendung mittelalterlicher Reste 1639 errichtet, Stukkaturen von *F. G. Brenno*, Fresken von *Josef Eder*. Hochaltar italienisches Barock (17. Jh.), erst 1905 hier aufgestellt, zwei Rokoko-Seitenaltäre mit Bildern von *J. B. Zimmermann* (1739) und zwei Holzfiguren von *Ignaz Günther* (1766).

Interessant ist die kath. **Pfarrkirche St. Mariä Lichtmeß** in Niederaschau, erbaut 15. Jh., Langhaus 1702 barockisiert, Seitenschiff von 1752. Pläne von *J. B. Gunetzrhainer*, Baumeister *W. Steinpeiß*. Deckenfresken 1754 von *B. Mang*, schöne Rokoko-Altäre in den Seitenschiffen, Kanzel 1687 von *M. Furtner*, Marmor-Grabmal des Grafen von Preysing 1828 von *J. Leeb* (klassizistisch).

Aufhausen (1 500 Ew, Route By11)

Straßendorf in der Oberpfalz nahe Regensburg, im 9. Jh. erstmals erwähnt. Wallfahrtsort.

*Wallfahrtskirche „Maria Schnee", erbaut 1736-51 als reich gegliederter Zentralbau von *J. M. Fischer*. Äußerlich schlicht, innen zierliche Stukkaturen, Rundgalerie, große Flachkuppel. Wertvoll der ***Altar** in der linken Kapelle vor dem Chorbogen, 1517 von *Jörg Breu d. Ä.* aus Augsburg das Muttergottes-Bild (Meisterwerk deutscher Frührenaissance). Vorbild soll eine Dürerzeichnung von 1509 gewesen sein.

Augsburg (250 000 Ew, Route By2)

Nach München und Nürnberg die drittgrößte Stadt des Freistaates Bayern, Regierungshauptstadt von Schwaben.

Geschichte

Eine der ältesten deutschen Städte, bereits von Tacitus erwähnt. Um 15 v.Chr. errichtete der Römer Drusus auf keltischem Gebiet ein Militärlager. Rund 100 n.Chr. unter dem römischen Namen „Augusta Vindelic(or)um" römische Provinzhauptstadt (bis 400 n.Chr.), dann christlicher Bischofssitz. Um das Jahr 1500 herum zu einer der mächtigsten und reichsten Weltstädte des Mittelalters aufgestiegen. Hier faßte erstmals nördlich der Alpen die von Italien hereinwirkende Renaissance Fuß.

Die Bedeutung der Stadt wurde von den Handelsfamilien Fugger und Welser bestimmt. Die habsburgischen Kaiser Maximilian I., Karl V. und Ferdinand I. hielten Reichstage in Augsburg ab, 1518 besuchte Luther die Stadt, 1530 veröffentlichten die Protestanten hier ihre „Confessio Augustana", 1555 wurde der Augsburger Religionsfriede geschlossen. Erst der Dreißigjährige Krieg nahm der Reichsstadt ihre Vormachtstellung. Nach dem Dreißigjährigen Krieg lebten in Augsburg Katholiken und Protestanten in ungewöhnlich harmonischer Eintracht (für diese Zeit) zusammen und bestätigten damit die weise Ausgleichs-Politik des damaligen Stadtrates.

Bis heute sowohl städtebaulich als auch seiner geographischen Bedeutung nach eine ungewöhnliche Stadt. In den alten Straßen spürt man noch jetzt das hohe Niveau, das einstmals diesen Ort weltweit bedeutend machte.

Augsburg lag an einer der wichtigsten Handelsstraßen zwischen Italien und Süddeutschland. Sogar aus dem Orient kamen die Güter über Italien nach Augsburg und gingen von hier aus weiter in den Norden Europas. Viele der Handelsfamilien hatten derart große Macht, daß sie wie Fürsten herrschen konnten. Drei Augsburger Bürgertöchter wurden zu Gemahlinnen von Fürsten und bewiesen damit die Bedeutung ihrer Elternhäuser. Eine von ihnen war Agnes Bernauer, die dem Dichter Hebbel und dem Komponisten Orff als Titelfigur diente. Sie heiratete 1433 den Bayernherzog Albrecht II. 1557 wurde Philippine Welser aus dem reichen Handelshaus Gattin des Erzherzogs Ferdinand von Österreich.

Im Mittelalter war die Tuchherstellung einer der bedeutendsten Zweige des Handwerks in Augsburg. Über 2000 Weber soll es um 1500 dort gegeben haben; die Stadt hatte zu dieser Zeit 20 000 Einwohner. Aus einer dieser Weberfamilien ging das Haus der Fugger hervor, das während seiner höchsten Einflußperiode wohl zu den

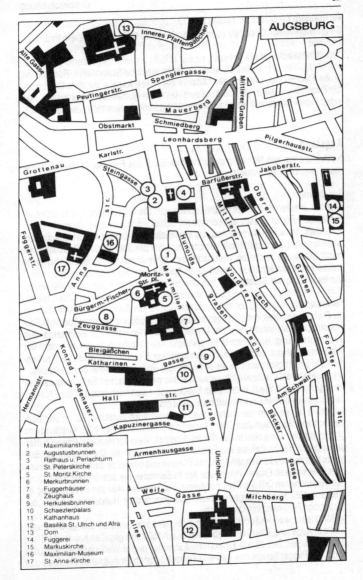

reichsten Bürgerhäusern der Welt zählte. Jakob Fugger, auch „der Reiche" genannt (1459 bis 1560) wurde 1530 in den Reichsgrafenstand erhoben. Die Macht der Fugger endete um 1680, aber die von ihnen hinterlassenen Bauwerke künden bis heute von ihrer einstigen Bedeutung.

Auch die Welser waren ein mächtiges Handelshaus. Sie engagierten sich besonders in der Schiffahrt und entwickelten sich zu einer der größten Handelsfirmen der damaligen Welt. Ihre Schiffe fuhren bis nach Südamerika. 1528 stellten ihnen die Spanier das heutige Venezuela zur Kolonisation zur Verfügung, das ihnen 28 Jahre lang gehörte.

Kunstgeschichte

Die reichen Handelshäuser und der Wohlstand der Stadt führten dazu, daß Augsburg Ausgangspunkt zahlreicher Architekturschöpfungen wurde. Die von Italien herüberwirkende Renaissance fand hier eine erste Heimstatt auf deutschem Boden. Einer der wichtigsten Baumeister der Stadt war *Elias Holl* (1573 bis 1646), dessen Bauwerke noch heute die wichtigsten Kunstdenkmäler der Stadt darstellen (unter anderem Rathaus, Zeughaus und Stadtmetzg).

Im 18. Jahrhundert ging von Augsburg eine bedeutende Strömung des Rokoko aus („Augsburger Geschmack"). Vor allem die Augsburger „Reichsstädtische Kunstakademie" nahm auf diese Entwicklung starken Einfluß. Aus ihr gingen der bekannte Freskenmaler *Matthäus Günther* (1705 bis 1788) und der Kupferstecher *Johann Elias Ridinger* (1698 bis 1767) hervor.

Sehenswürdigkeiten

Im Verlauf des Zweiten Weltkrieges wurde Augsburg zerstört. Zahlreiche bedeutende Bauwerke fielen in Trümmer. Fast unbeschädigt blieb die **Maximilianstraße** (zentrale Straße der Stadt in Form eines weiten, großen Straßenmarktes). Hier einer der schönsten Brunnen der Stadt, der **Augustusbrunnen** von 1593, und das weltberühmte Augsburger ****Rathaus** (erbaut von *Elias Holl* 1615 bis 1620, siehe auch Kunstgeschichte, Barock), eines der schönsten Bauwerke deutscher Renaissance, am Hauptportal das Wappenzeichen von Augsburg (Zirbelnuß aus Erz).

Nördlich vom Rathaus der **Perlachturm** aus dem 12. Jh. (70 Meter hoch). Der frühere Wachturm überragt die von 1182 stammende St. Peterskirche (1780 barockisiert, Wandfreskenreste aus dem 13.—15. Jh.). Am Moritzplatz die ***St. Moritz Kirche** 11. Jh., Basilika, trotz Veränderungen noch weitgehend im alten Stil) und der **Merkurbrunnen** von 1599 (von *Wolfgang Neidhart*), Standbild des Götterboten auf dem Brunnen vom niederländischen Bildhauer *Adriaen de Vries*. Weitere bemerkenswerte Bauwerke an der Maximilianstraße die **Fuggerhäuser** (Hausnummern 36 und 38, nach Zerstörungen des Zweiten Weltkrieges aus Resten des alten Fuggerpalastes errichtet, siehe auch Kunstgeschichte, Renaissance), schöne **Arkadenhöfe**.

Unweit dieser beiden Bauten am Zeugplatz das **Zeughaus**, ein Barockbau von *Elias Holl* aus den Jahren 1602 bis 1607. An der Fassade Bronzegruppe (Erzengel Michael) vom Bildhauer *Hans Reichle*. In der Nähe des Zeughauses der dritte der großartigen Augsburger Brunnen, der **Herkulesbrunnen** (inmitten der Maximilianstraße). Seine Figuren symbolisieren den römischen Ursprung der Stadt (Herkules im Kampf mit

Augsburg

der Hydra). Alle drei Brunnen wurden zum 1600jährigen Jubiläum der Stadtgründung um 1600 geschaffen.

Ganz in der Nähe des Herkulesbrunnen das **Schaezlerpalais** (Bauherr der Bankier Liebert, 1765 bis 1770 errichtet), das (vor allem im Festsaal) die Macht und Bedeutung Augsburger Handelshäuser manifestiert. Im Schaezlerpalais **zwei Gemäldegalerien** (deutsche Barockgalerie, Plastiksammlung *Fritz Koelle*) und die *****Staatsgalerie** mit bedeutenden Meistern des 15. und 16. Jhs. aus Schwaben (*Hans Holbein d.Ä., Lukas Cranach d.Ä., A. Dürers* Bildnis des Jakob Fugger).

Weitere bedeutende **Bürgerhäuser an der Maximilianstraße** die Hausnummern 48, 51 und 58 (zum Teil schöne Innenhöfe mit Arkaden und Treppenhäusern). In der Kapuzinergasse Nr. 10 das *****Kathanhaus**. Seine Fresken von 1750 repräsentieren die in Augsburg einst sehr beliebte Fassadenmalerei.

Am südlichen Ende der Maximilianstraße die *****Basilika St. Ulrich und Afra**, eine sogenannte Doppelkirche, die sowohl der protestantischen wie auch der katholischen Gemeinde als Gotteshaus dient. Spätbarocke **Kanzel** von 1714, drei schöne **Altäre** von *Johann Degler d.Ä.* aus Weilheim (1607), **Ulrichsgruft** mit spätromanischem **Steinsarkophag** der heiligen Afra. Überragt wird das Bauwerk am höchsten Punkt der Altstadt von einem schlanken **Zwiebelturm**.

Ursprünglich romanischer ****Dom** mit sehr altem ****Glasfensterzyklus** von 1100, der in romanisch strenger Form fünf Propheten darstellt. Erste Vorgängerbauten 7. Jh., heutiger Bau 10.—11. Jh., mehrfach ergänzt. In der Kirche ein **romanischer Bischofssitz** (Westchor, auf Löwen ruhend), ein **Bronzeepitaph** des Bischofs von Rot aus dem Jahre 1300 (Ostchor), vier **Altarbilder** von *Hans Holbein d.Ä.*, der **Weingarten-Altar** (östl. Arkadenpfeiler) und das romanische **Bronzeportal** (südl. Seitenschiff) aus dem 11. Jh. und **Kreuzgang** mit über 400 Grabsteinen und -tafeln.

Eine einmalige städtebauliche Sehenswürdigkeit ist die ******Fuggerei** (älteste Sozialsiedlung der Welt). Über alle Jahrhunderte hinweg blieb der Besitzer dieser Gebäude, die Fugger'sche Stiftung, reich genug, um zum Preis von 1,72 Mark pro Jahr Wohnungen an alte Leute zu vermieten. Auch der Maurer Franz Mozart, Urgroßvater des Komponisten Wolfgang Amadeus Mozart, lebte in einem der Häuser der Fuggerei. Seit im Jahre 1565 diese Siedlung errichtet wurde, hat es fast keine Veränderung gegeben. Insgesamt wohnen etwa 350 Personen in den sieben kleinen Straßen der Fuggerei. Die Zerstörungen des Zweiten Weltkrieges wurden beseitigt, die Häuser im alten Stil wieder aufgebaut. Wer in den Genuß des Wohnrechts der Fuggerei kommen will, muß nach den Satzungen der Stiftung (Stifter waren die Brüder Jakob, Georg und Ulrich Fugger) aus Augsburg stammen, unbescholten, katholisch und arm sein, und sich verpflichten, täglich ein Pater Noster und ein Ave Maria zu beten. Zur Ableistung dieser Pflicht steht innerhalb der Fuggerei die **Markuskirche** als religiöses Beiwerk zur Verfügung (bemerkenswert die aus dem 16. Jh. stammende *****Kassettendecke** und der vergoldete *****Flügelaltar** an der linken Seitenwand aus dem Jahr 1540).

Wer sehen möchte, welchen Reichtum und welche Kunstwerke die Augsburger einst schufen und ansammelten, dem ist das *****Maximilian-Museum** an der Philippine-Welser-Straße zu empfehlen (Plastiken, Goldschmiedearbeiten und Zunfttafeln).

Im **Erdgeschoß** das Grabmal des Abtes Mörlin von St. Ulrich und Afra aus dem Jahre 1497, ein Kruzifix von 1180 und die Figur einer weiblichen Heiligen (von *Mulscher*) aus dem Jahre 1440. Im **zweiten Stock** das Diözesanmuseum mit sakralen Kunstwerken, die zum Teil bis ins 10. Jh. zurückreichen (außerdem Musikinstrumente, Architekturmodelle und Augsburger Stadtansichten aus dem 19. Jh.). Bemerkenswert eine ***Sammlung von Skulpturen** des bayerischen Künstlers *Ignaz Günther*. Im zweiten Stock astronomische Instrumente, Goldschmiedearbeiten, keramische Werke (Öfen), Silbermöbel, schwäbische Fayencen und Schmiedearbeiten. Prachtvoll der **Festsaal** mit einem Deckenfresko von *Melchior Steidl* aus dem Jahre 1700.

Gleich in der Nähe des Maximilian-Museums in der Anna-Straße eines der wichtigsten Kirchenbauwerke Augsburgs (der Ausstattung wegen), die ****evangelische St. Anna-Kirche**. Zusammen mit einem früheren Karmeliterkloster 1321 errichtet, eine ihrer größten Sehenswürdigkeiten die Fugger-Kapelle, die Familiengrabstätte dieser Kaufherrenfamilie. Die Kirche wurde Ende des 15. Jhs. umgebaut, 1602 von *Elias Holl* mit dem schlanken Turm versehen. Die Innenausstattung überstand alle Zerstörungen, vor allem die des Zweiten Weltkrieges. Im Langhaus Stukkaturen der *Gebrüder Feichtmayr*. Das **Deckengemälde** von *Bergmüller* (1748) stellt Bergpredigt, Kreuzigung und Jüngstes Gericht dar. Von 1682 die **Kanzel** der Kirche. Im spätgotischen **Chor** eine ganze Reihe von wertvollen **Gemälden**, unter anderem „Jesus als Kinderfreund" von *Lukas Cranach d.Ä.* Ungemein reich wirken die **Goldschmiedekapelle** mit ihrer kompletten **Wandbemalung** aus der Entstehungszeit der Kirche.

Im Karmeliterkloster, zu dem die Kirche gehörte, fand am 7. Oktober 1518 der deutsche Reformator Martin Luther Unterkunft, als er zu Streitgesprächen mit dem Katholischen Kardinal Cajetan nach Augsburg kam. Er wohnte in einer kleinen Mönchszelle, deren Fenster im **Lutherhöfle** zu sehen ist. Die **Fugger-Kapelle** ist das erste größere Bauwerke der deutschen Renaissance. Die beiden mittleren **Grabreliefs**, Auferstehung Christi und Simsons Philisterkampf, wurden von *Albrecht Dürer* entworfen und von *Sebastian Loscher* ausgeführt.

Babenhausen *(4 800 Ew, Route By4)*

Gemeinde im Tal der Günz, Sitz einer Seitenlinie der Fugger, die dort seit 1539 in einem ihrer Schlösser leben. Seit 1539 im Besitz von Anton Fugger, der den imposanten Schloßkomplex erbauen ließ. Bis heute sind die Fugger Besitzer des Schlosses. Fuggermuseum mit wertvollen historischen Kunstwerken der letzten 400 Jahre. Zahlreiche alte Fachwerkhäuser.

Fuggerschloß (1541 bis 1546 erbaut), Rechberg-Bau (mit Stufengiebeln) 15. Jh. Aus früherer Zeit hölzerne Kassettendecken und ein Marmorkamin. Im **Museum** (im Schloß) Zeugnisse der Augsburger Gold- und Silberschmiede, Münzen, Elfenbeinschnitzereien, Waffen, kirchliche Kunst und schön bemalter und beschrifteter **Korrespondenzschrank** aus einem alten Fuggerkontor. **Ahnensaal** und **Gobelinsaal** von großer Pracht.

Vom Schloß durch einen Treppenturm erreichbar die katholische **Pfarrkirche St. Andreas** (Chormauern 15. Jh.). Anfang 18. Jh. barockisiert, schöne **Stukkaturen** von *Michael Stiller*. Im Chor Mitte des 16. Jhs. von Anton Fugger angelegte **Familiengruft** des Handelsgeschlechts.

Bamberg *(70 800 Ew, Route By8)*

Stadt in Oberfranken, an den Regnitz unweit deren Einmündung in den Main, zwischen Steigerwald und Fränkischer Schweiz. Bedeutende Kunstschätze, Baudenkmäler aller Stilepochen, malerisches Stadtbild, Bischofssitz.

Geschichte
Bodenfunde lassen Besiedelung bereits in der Jüngeren Steinzeit vermuten. Urkundlich als „Castrum Babenberg" erstmals 902 erwähnt, 1007 Gründung des Bistums Bamberg durch Kaiser Heinrich II. Die Bamberger Domschule wurde in salischer Zeit zur Bildungsstätte des höchsten deutschen Reichsklerus. Kaum Zerstörungen im Dreißigjährigen Krieg und im Zweiten Weltkrieg.

Kunstgeschichte
Ein Kleinod deutscher Baukunst mit Zeugnissen aus vielen Jahrhunderten. Nahezu einmalig ist die kirchliche Bergstadt mit Dom, die Figur des „Bamberger Reiters", das einzige Papstgrab auf deutschem Boden, Werke von Veit Stoß und eine Vielzahl von einzigartigen Baudenkmälern. Im Kontrast dazu die verwinkelte alte „Bürgerstadt" auf einer Insel in der Regnitz. Auch das museale Angebot Bambergs ist großartig, von byzantinischen Textilien bis zu barocken Gemälden.

Sehenswürdigkeiten
**Stadtbild
Gehört mit zu den schönsten Stadtensembles in Süddeutschland. Empfohlen wird ein **Rundgang** auf folgender Route: Hauptwache in der alten Bürgerstadt im Tal — Maxplatz (Neues Rathaus) — Grüner Markt (St. Martinskirche) — Altes Rathaus (Übergang zur ehemaligen geistlichen Stadt) — Domplatz (vorbei an der berühmten Rauchbier-Gaststätte „Schlenkerla") — Alte Hofhaltung — Neue Residenz — Rosengarten — Kloster Michelsberg (Aussichtsterrasse) — Karmelitenkirche — Obere Pfarrkirche — Judenstraße (Böttingerhaus) — St. Stephanskirche — Regnitzbrücke — Schillerplatz (kleine Häuschen, u.a. Wohnhaus von E.T.A. Hoffmann) — St. Gangolfskirche.

Neues Rathaus, barocke Fassade, erbaut 1732—37 von *Balthasar Neumann*, ehemaliges Priesterseminar (Maxplatz).

*St. Martinskirche, schönste Barockkirche der Stadt, erbaut 1693 von der Baumeisterfamilie *Dientzenhofer*, im Innern Vesperbild von 1340 und Gnadenbild aus Alabaster („Trösterin der Betrübten"), Grüner Markt.

Neptunsbrunnen „Gabelmann", von *J.K. Metzner* 1689 (Grüner Markt), **Wallensteinshaus**, erbaut 1717 mit barocker „Unbefleckter Empfängnis" (Abstecher vom Grünen Markt), **Universität** (schöner Innenhof) erbaut 1696—1735 nach Plänen von *Leonhard Dientzenhofer*. mit Bibliothek und **Naturkundlichem Museum** (einer der ältesten ****Museumssäle** Deutschlands).

Altes Rathaus, eines der originellsten deutschen Rathäuser, erbaut 1386, umgebaut 1744—1756, von *Michel Küchel* mit ***Rottmeisterhäuschen (gotischer Fachwerkbau), Rathausfassade Barock/Rokoko, auf einer Insel der Regnitz, Torturm mit beschwingten Balkonen (Plastiken von *Bonaventura Mutschelle*), Längsseiten mit Fresken (1755 von *Johann Anwander*).

***Dom** (siehe auch Kunstgeschichte, Gotik), 1012 geweiht als Stiftung Kaiser Heinrichs II., nach Bränden 1237 in der heutigen Form neu erbaut, romanisch bis frühgotisch. Am **Fürstenportal** „Jüngstes Gericht", sehenswert auch **Gnadenpforte, Adamspforte** und **Veitspforte**. Im Inneren ***Figur des „Bamberger Reiters"** (siehe auch Kunstgeschichte, Gotik), um 1230, stellt Idealbild eines christlichen mittelalterlichen Ritters dar), **Marienaltar** von *Veit Stoß* (1523, südliches Querschiff, ein großartiges Werk des berühmten Nürnberger Künstlers), im Westchor (nicht zugänglich) **Grab** des Papstes Clemens II. (gestorben 1047, einziges Papstgrab auf deutschem Boden), im Mittelschiff zwischen den Aufgängen zum Ostchor das **Hochgrab** des Kaisers Heinrich II. und seiner Frau Kunigunde (1513 von *Tilman Riemenschneider*, dem berühmten Bildhauer aus Würzburg), mit plastischen Szenen aus dem Leben der beiden Verstorbenen. Das Bauwerk des Doms, eine gewaltige Anlage mit vier Türmen, beherrscht den Domplatz, der steinern streng, ohne irgendeine Bepflanzung, eines der eindrucksvollsten deutschen Platzensembles ist.

Neue Residenz, ehemals Residenz der Bamberger Fürstbischöfe, monumentalster Profanbau der Stadt, erbaut 1697—1703 von *Leonhard Dientzenhofer*, ein überaus machtvoller Barockbau. Mit „Vierzehnheiligen-Pavillon", **Rosengarten** (Blick auf Bürgerstadt und zum Kloster Michelsberg), **Staatliche Bibliothek** (prächtiger Lesesaal mit Blick auf Rosengarten, fürstbischöflichen Wohn- und Prunkräumen, Chinesischem Kabinett und *Kaisersaal** mit Fresken — hier musizieren die Bamberger Symphoniker, ein weltberühmtes Orchester, oft bei Kerzenlicht. Wer durch das „Reiche Tor" die Alte Hofhaltung betritt, fühlt sich in eine andere Welt versetzt. Zwei Höfe mit Kopfsteinpflaster, überfallende Dächer und spitze Giebel, Balustraden auf halber Höhe, winkelige Außentreppen aus altem Holz, ein überdachter Ziehbrunnen.

Alte Hofhaltung (am Domplatz), erbaut im 16. Jh. als kaiserliche Pfalz und Bischofssitz, ein Kleinod der Renaissance (besonders schön der **Giebelbau** der „Ratsstube"), mit Resten des alten Reichssaales aus dem 11. Jh., im **Innenhof** hübsche Fachwerkbauten. In der Nähe (hinter dem Dom) die **Domherrenhöfe**.

St. Jakobskirche, romanische Säulenbasilika (11./12. Jh.) mit barocker Fassade von 1771.

St. Michaelskirche, dreischiffige Pfeilerbasilika errichtet 1015, 1121 neu erbaut und geweiht, Barockfassade von *Leonhard Dientzenhofer*, bildet mit ehemaligem Kloster Michelsberg eine bauliche Einheit. Von *Dientzenhofer* auch die breite, von Balustraden gesäumte Freitreppe. Im Innern romanische Säulen, gotisches Netzwerk, **Deckenbilder** („600 Heilkräuter"), **Kanzel** von *Georg Adam Reuß* (1751), viele alte **Grabmäler** (aus dem Dom hierher verlegt), reich dekorierter **Choraltar**. Klosteranlagen von *Dientzenhofer* und *Balthasar Neumann*, heute Altersheim.

*Karmelitenkirche** (mit Karmelitenkloster), erbaut 13. Jh., barockisiert 1701 durch *Leonhard Dientzenhofer*, mit größtem **Kreuzgang** Deutschlands (spätromanisch, 13. Jh.), in dem besonders die strengen Arkaden und die Kapitellplastiken auffallen.

Obere Pfarrkirche am Kaulberg, erbaut 12.—15. Jh., gotisches Hauptwerk Bambergs. Im Innern barocker **Hochaltar** (einer der am reichsten geschmückten in Deutschland), gotische Plastiken, steil aufragender **Chor** mit großen Spitzbogenfenstern und reichem gotischem Schmuckwerk.

Böttingerhaus (Judengasse), barocker Prachtbau von 1713, eines der schönsten barocken Bürgerhäuser Deutschlands. Baumeister *J.I.T. Böttinger*, im Innern schö-

ner Hof und Gärten. Die **Fassade** ist außerordentlich sehenswert. Heute Restaurant.
St. Stephanskirche, 1020 geweiht, Umbauten im 13. und 17. Jh., barockisiert von *G. Bonalino* und *A. Petrini*, heute evang. Hauptkirche der Stadt.
E.T.A. Hoffmann-Haus am Schillerplatz („Insel"), kleines schmales Wohnhaus des bekannten Dichters, Musikers und Malers, mit Sammlung über ihn. Gegenüberliegend das **E.T.A. Hoffmann-Theater. Etwas weiter entfernt die ***St. Gangolfskirche**, 1063 errichtet, im 13. und 16. Jh. umgebaut. **Altäre** und **Chorgestühl** schönstes Rokoko (Schlüssel im Pfarrhaus nebenan).

Museen

Historisches Museum (Domplatz), Sammlungen zur Geschichte Bambergs (Steinzeit bis Gegenwart), „Götzen-Steinbilder", Brücken- und Gartenfiguren von *Ferdinand Tietz* (Barock/Rokoko), Holzmodell für „Vierzehnheiligen" von *Balthasar Neumann*. In den Räumen der Alten Hofhaltung.
Diözesan-Museum (Domplatz). Wertvolle Stücke: Stabkrümme des Hl. Otto (13. Jh.), ***Sammlung mittelalterlicher Textilien** (Kaisermäntel von 1024, Papstornat aus der gleichen Zeit), bischöfliches Grabtuch von 1065, Reste der barocken Domausstattung, Goldschmiedearbeiten und fränkische Volkskunst.
Neue Residenz/Altdeutsche Galerie (Domplatz), reich ausgestattete Schauräume mit kostbarem Mobiliar. In der Altdeutschen Galerie der **Heisterbacher Altar**, Werke von *Hans Baldung Grien, Lukas Cranach d.Ä.* u.a., Sammlung barocker Gemälde. Vom Rosengarten schöner **Stadtblick**.
Staatsbibliothek (Neue Residenz), 4500 Handschriften (u.a. von Kaiser Heinrich II.), 3400 Bücher aus der Zeit vor 1500, 70 000 Grafiken (u.a. aus der Dürerzeit).
E.T.A. Hoffmann-Haus (Schillerplatz 26), Wohnhaus des Künstlers von 1808—14. Im Stil der damaligen Zeit eingerichtet, historisches **„Poetenstübchen"** in der Mansarde, Exponate der deutschen Romantik. Hier entstand die erste romantische Oper „Undine" (1816 Uraufführung in Berlin).
Naturkundemuseum (Fleischstr.2) mit frühklassizistischem Saal von 1795. Alle Räume des Museums sind in Weiß gehalten. Sammlung von 320 000 naturkundlichen Objekten (davon 10 000 ausgestellt), u.a. seltene Tiere, Fossilien, Gesteine und Mineralien.
Karl-May-Museum (Hainstr. 11), Arbeitszimmer von Karl May, nordamerikanische Indianerwaffen und Gebrauchsgegenstände.
Gärtner- und Häckermuseum (Mittelstraße 34), in einem typischen Bamberger Gärtnerhaus (Bamberg war eine Gärtner- und Ackerbürgerstadt), Exponate aus der Wohn- und Arbeitswelt der Gärtner um 1900, u.a. Trachten.
Missionsmuseum Bug (Schloßstr. 30), Zeugnisse der indischen Kultur (u.a. Elfenbeinschnitzerei „Gott Krishna als flötenspielender Hirte") und des Missionslebens in Paraguay und Bolivien.

Banz *(siehe Staffelstein)*

Baumburg *(siehe Altenmarkt)*

Bayreuth *(71 000 Ew, Route By9)*

Oberfränkische Stadt in einer Senke zwischen Fichtelgebirge und Fränkischer Schweiz, als Ort der „Bayreuther Festspiele" und Wirkungsort Richard Wagners weltberühmt. Gegründet im 12. Jh., ab 1603 Residenzstadt der Markgrafen von Ansbach-Bayreuth, kultureller Höhepunkt im 18. Jh. unter Markgraf Friedrich und Markgräfin Wilhelmine (Schwester Friedrichs des Großen von Preußen). Seit 1810 Regierungssitz von Oberfranken

Sehenswürdigkeiten

***Friedrichstraße**, markgräfliche Prachtstraße, Beginn hinter der Stadtkirche. Doppelreihe kleiner Adels- und Bürgerhäuser, u.a. Wohn- und Sterbehaus des Dichters Jean Paul (1763—1825).
Maximilianstraße (Markt), ein interessantes Konglomerat einfacher Kleinbürgerhäuser und pompöser Palais aus der Markgrafenzeit (18. Jh.), mit barocken **Brunnen**, Spitalkirche (1750), altem **Rathaus**.
Mohrenapotheke (erbaut 1610) hübscher Erker.
Stadtpfarrkirche, 15. Jh., spätgotisch, Türme 14. Jh., barocke Turmhauben 17. Jh., im Innern Renaissance-Altar.
****Markgräfliches Opernhaus**, erbaut 1747/48 unter der Herrschaft der Markgräfin Wilhelmine, Baumeister *J.S. Pierre* (außen) und Vater und Sohn *Galli-Bibiena* (innen), einziges im Original erhaltenes Barocktheater Europas. Drei Logenränge für die Hofgesellschaft, Parteregalerie (ehemals Standplatz der Pagen), Parterre (ehemals für das Ballett). Heute Museum und Sonderveranstaltungen.
Altes Schloß, erbaut 17. Jh., achteckiger Schloßturm vom Vorgängerbau (1566) und Ehrenhof (an der Maximilianstraße). Schloßkirche mit Fürstengruft.
Interessant die über **60 Kopfmedaillons** über den Erdgeschoßfenstern an den Fassaden rings um den Ehrenhof.
***Neues Schloß**, erbaut 1753/54 von *St. Pierre* und *Gontard*, kostbare barocke Inneneinrichtung. Sehenswert der Hauptsaal sowie Gobelinzimmer, Japanisches Zimmer, Spalierzimmer, Grottenzimmer, Spiegelkabinett, Pagodenkabinett, Blumenkabinett. Der italienische Bau des Schlosses schon zum Klassizismus überleitend (Südflügel), schöner Hofgarten.
***Lustschloß Eremitage** (östlich der Innenstadt), Rokoko, bestehend aus **Neuem Schloß** (erbaut 1750 von *St. Pierre* und *Gontard* nach dem Vorbild des Trianon in Versailles) und **Altem Schloß** (erbaut 1718 von *J. D. Räntz*). Sehenswerte Innenausstattung (Stukkaturen, Deckengemälde, im Original erhaltene Küche, Klausnerzellen, Grottenturm mit Innenwasserspielen). Außerdem römisches **Ruinentheater** (hier trat die Markgräfin Wilhelmine selber auf, auch zusammen mit Voltaire) und **Lustgarten** (erster englischer Landschaftsgarten auf dem europäischen Kontinent, angelegt 1789).

Wagner-Bauten:

****Festspielhaus**, erbaut 1872—76, unverändert erhalten, steil ansteigender Zuschauerraum (1900 Plätze), nach Vorbildern griechischer Amphitheater, von jedem Platz gleich gute Sicht, ausgezeichnete Akustik. Auf dem „Grünen Hügel" im Norden der Stadt.

*Richard-Wagner-Museum im „Haus Wahnfried" (Richard Wagner-Straße 48), Wagners Bayreuther Wohnhaus und erster eigener Besitz. Umfangreiche Wagnersammlung, im Erdgeschoß „Klingendes Museum" mit historischen und neueren Aufnahmen von Wagner-Kompositionen. **Grabstätte** für Richard und Cosima Wagner.

Weitere Museen:
Jean-Paul-Museum (Wahnfriedstr. 1, neben Haus Wahnfried). Der bekannte Dichter lebte und starb in Bayreuth (1763—1825).
Rollwenzelei, ehemaliges Gasthaus an der Königsallee (b 22), Lieblingswirtshaus Jean Pauls, der dort in einem eigens für ihn eingerichteten Dichterstübchen dichtend und biertrinkend seine Nachmittage verbrachte. **Dichterstübchen** als Museum renoviert.
Stadtmuseum (Neues Schloß), Sammlung von Handwerk, Kunst, Fayencen, Gläsern, Waffen, Hausrat und Exponaten zur Stadtgeschichte.
Museum historischer Schreibmaschinen (Bernecker Str. 11), rund 200 Ausstellungsstücke, u.a. japanische Maschine mit 1900 Wortzeichen. In seiner Kollektion einmalig in der Bundesrepublik.
Deutsches Freimaurer-Museum (Hofgarten, Zufahrt Cosima-Wagner-Straße), einziges seiner Art in der Bundesrepublik. Sammlung zahlreicher Zunftsymbole der Steinmetzen, Originalwerkzeuge aus der Bauhütte, alte Siegel, Familienwappen und Orden, 25 000 Mitgliederverzeichnisse deutscher Logen in der Bibliothek, Bekenntnisse berühmter Männer zur Freimaurerei (Harry S. Truman, Winston Churchill, Kurt Tucholsky, Felix Graf Luckner u.a.).
Museum bäuerlicher Arbeitsgeräte (Adolf-Wächter-Straße 17), in einer früheren Scheune im Lettenhof (ehemaliger Bauernhof). U.a. steinerner Backofen, Pferdeschlitten, Pflüge etc. sowie Schautafeln über das Leben der Bauern.

Beilngries *(3 500 Ew, Route By10)*
Kleinstadt im Altmühltal, Gräberfunde aus der Hallstattzeit, 1007 erstmals erwähnt. Schönes ***Stadtbild** mit einem Ensemble mittelalterlicher Bürgerhäuser. Von der Stadtbefestigung neun Türme und Teile der Stadtmauer erhalten. Frauenkirche (1750, Rokoko).
Im Ortsteil Hirschberg ein ***Schloß** auf einer beherrschenden Anhöhe. Fürstbischöfliches Jagdschloß mit Resten einer mittelalterlichen Burganlage 12./13. Jhs. Schöne Rokoko-Ausstattung im Innern von *J. J. Berg* (Kaisersaal, Schlafzimmer, Kapelle). Neu die achteckige Kapelle von *A. v. Branca* (1967-69).

Benediktbeuern *(2 600 Ew, Route By15)*
Im 8. Jh. wurde hier das älteste Benediktinerkloster nördlich der Alpen gegründet, es entwickelte sich im Verlauf seiner Geschichte zu einem kulturellen Zentrum erster Ordnung, vor allem im 15. bis 17. Jh. Zahlreiche bekannte Handschriften stammen von hier, unter anderem die „Carmina Burana", eine Sammlung frecher und lebensfreudiger Lieder fahrender Studenten des Mittelalters.

13 (oben): Kloster Ettal

12 (vorhergehende Seite): München – Theatinerkirche

15 (rechte Seite): Steingaden – Wieskirche

14 (unten): Steingaden – Wieskirche

16 Augsburg – Fuggerei

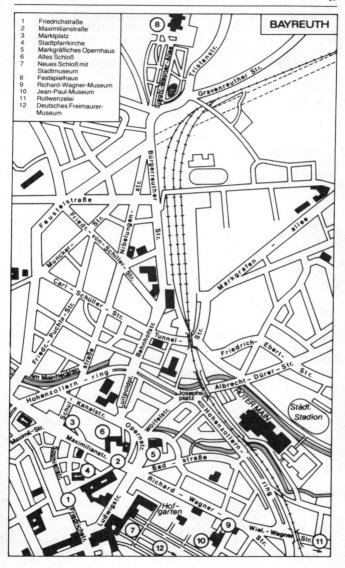

Sehr interessant die frühere Klosterkirche, die ****Basilica St. Benedikt** (bayerisches Barock). Benediktbeuern war Herkunftsort der berühmten Künstlerfamilie *Asam*. Der Vater, *Johann Georg Asam*, schuf die Fresken der Klosterkirche. Stilistisch verkörpert die Ausschmückung der Kirche frühes Barock und ist daher noch etwas grob.
Anastasia-Kapelle hinter dem Chor, erbaut von *Johann Michael Fischer* zwischen 1751 und 1758, ein außerordentlich fröhliches und lichtdurchflutetes Bauwerk. Silberne **Reliquienbüste** (auf der Mensa) der heiligen Anastasia gewidmet. Aus der Werkstatt von *Ignaz Günther* die Seitenaltäre.

Berching *(7 700 Ew, Route By10)*

Kleinstadt (Naturpark Altmühltal) im Sulztal, als „oberpfälzisches Rothenburg" bezeichnet. Kaum eine andere Stadt dieser Gegend hat ein derart geschlossenes spätmittelalterliches Gepräge. ****Historisches Ortsbild** mit Wehranlage (Türmen und Toren), erbaut 1450.
St. Lorenz Kirche, eine romanische Anlage (häufig umgebaut). Aus dem Ursprungsjahr 1060 die Mauern des Langhauses, der Turm wurde im 13. Jh. erbaut, sein Obergeschoß und Dach kamen im 16. Jh. dazu. Ein kostbarer Schatz die **8 Tafelbilder** an den Seitenaltären (Legende des heiligen Laurentius).
Hochaltar mit neugotischem Gehäuse, in dem sich gotisches Schnitzwerk befindet. Als einmalig in ganz Bayern gilt der **historische Stadtbach**, der mitten durch die Stadt fließt.

Berchtesgaden *(24 500 Ew, Route By13)*

Die Geschichte des oberbayerischen Ortes wurde von Salz und Religion bestimmt. Um 1111 ein Kloster gegründet, 1122 Weihe der Augustiner-Stiftskirche. 1156 Recht des Salzhandels. 1212 im Ortsteil Schellenberg Eröffnung der Stiftssaline. 1306 erste Auseinandersetzung zwischen Berchtesgaden und der Stadt Salzburg, die in Hallein ebenfalls Salz produzierte (Streitigkeiten dauerten bis zum Ende des Salzkrieges zwischen Bayern und Salzburg im Jahre 1611). Die Fürstpropstei Berchtesgaden hatte Sitz und Stimme im Reichstag und bei der Kaiserwahl und blieb bis zur Säkularisation (1803) ein selbständiger Kirchenstaat. Seit 1850 Fremdenverkehrsort für Adelige und Künstler und später (als Solebad und Wintersportort) auch für die breite Masse der Bevölkerung.
Zu Berchtesgaden gehören die Ortsteile Au, Gern und Salzberg. Die Gemeinde Berchtesgaden liegt etwa 25 km südlich von Salzburg im südöstlichsten Zipfel Bayerns.

Sehenswürdigkeiten:
Frühere **Stiftskirche St. Peter und Johannes**, dreischiffige Basilika, in ihrer heutigen Form 16. Jh., älteste Teile 12. Jh. Aus dem 13. Jh. der frühgotische ***Chor** (dürfte in Oberbayern eines der ersten Bauwerke der Frühgotik sein). Recht interessant das romanische **Portal** mit Blattwerk, spätgotisches Sakristeiportal mit alten Türbeschlägen. Im Inneren der relativ streng wirkenden Kirche eine Reihe von Kunstwer-

ken, wie zum Beispiel die barocken **Altäre** von *Bartholomäus von Opstall* (1669), der marmorne **Hochaltar**, in seiner Gestalt fast klassizistisch. Interessant ferner die Seitenaltäre und das **Chorgestühl** (von *Markward von Reichenhall*, 1443). Recht hübsch außerdem die zahlreichen **Bildgrabsteine** aus Marmor, u.a. der des Propst Pienzenauer von 1432.

Schloß (früheres Stiftsgebäude), Anfang des 20. Jhs. von Kronprinz Rupprecht mit privaten Kunstschätzen ausgestattet. Besonders gut erhaltener romanischer ***Kreuzgang** (13. Jh.) mit Rundbogenarkaden und hübscher Architekturplastik. Im östlichen Flügel des Schlosses frühgotisches **Dormitorium** und im Obergeschoß zwei sehenswerte Säle (frühgotisch bzw. Renaissance).

Frauenkirche (am Anger), früher zu einem Frauenkloster gehörende, 1526 erbaute Kirche. Im östlichen Kapellenbau ***Holzfigur** aus dem 15. Jh. (Maria im Ährenfeld), ein bedeutendes mittelalterliches Schnitzwerk.

Heimatmuseum (Schroffenbergallee 6) im 1614 erbauten Schloß Adelsheim, guter Überblick über das Wirken der Holzhandwerker der Region und ihre zwischen dem 16. und 19. Jh. entstandenen Arbeiten. Seit 1840 in Berchtesgaden eine Fachschule für Holzschnitzerei.

Salzbergwerk, in das man einfahren kann. Im Ortsteil **Maria Gern Wallfahrtskirche** (1724 von den Berchtesgadener Hofzimmerleuten *Gabriel Wenig* und dem Maurermeister *Peter Schaffner* errichtet) mit schönen **Stukkaturen** und **Fresken** (Stationen aus dem Leben der Maria). 1716 entstand der Hochaltar, rund 20 Jahre später die beiden Seitenaltäre.

Unbedingtes „Muß" ein Ausflug zum ****Königssee**, malerisch eingebettet in eine wunderschöne Gebirgslandschaft. Vom **Malerwinkel** Blick auf **St. Bartholomä** (auch mit dem Schiff erreichbar).

Ein anderer Ausflug nach **Ramsau** zur **Wallfahrtskirche Maria Kunterweg**. Die 1733 vom Salzburger *Sebastian Stumpfegger* erbaute Rokoko-Kirche fügt sich anmutig in die umgebende Bergwelt ein, Wallfahrtsziel ist ein **Marienbild** in der Kirche. Drei schöne Altäre (im Hauptaltar das Marienbild), Stukkaturen und Deckenfresko.

Bergen *(siehe Neuburg/Donau)*

Beyharting *(siehe Tuntenhausen)*

Bogen *(9 000 Ew, Route By11)*

Niederbayerische Stadt am Rand des Bayerischen Waldes, im Jahre 741 als „Villa Pogana" erstmals urkundlich erwähnt.

Wichtigste Sehenswürdigkeit auf dem 432 Meter hohen Bogenberg über der Stadt und Donau die spätgotische ***Wallfahrtskirche Heiligkreuz und Mariä Himmelfahrt** (Wallfahrt beruht auf einem Gnadenbild, das in der Nähe der Kirche angespült worden sein soll — vermutlich die steinerne Maria an der südlichen Chorwand). Das Marienbild dürfte um 1250 entstanden sein. Die Kirche verkörpert stilreine späte Gotik, besonders schön das Netzgewölbe. Nur im Chor kamen im 18. Jh. barocke Ausstat-

tungen und Marmorverkleidungen hinzu. Unweit der Wallfahrtskirche die kleine spätgotische **Salvatorkirche**, deren Innenraum im 18. Jh. dem Rokoko angepaßt wurde.
Im Ortsteil Oberalteich die frühere **Benediktiner-Klosterkirche St. Peter und Paul**. Das barocke Bauwerk von 1629 ist im Inneren durch Schmuckbänder, Kartuschen, Girlanden und Deckenfresken reich ausgeschmückt. **Hochaltar** mit Rokokotabernakel aus der Zeit um 1700, eine technische Besonderheit hier das **versenkbare Altarblatt**, hinter dem sich eine Schnitzgruppe aus dem Jahre 1730 verbirgt. An den östlichen Seitenaltären **Gemälde** von *C.D. Asam*.

Bruckmühl *(12 000 Ew, By14)*

*Wallfahrts- und Klosterkirche Heilige Dreifaltigkeit im Ortsteil Weihenlinden. Eine der schönsten dörflichen und damit eher derben Barock-Kirchen Oberbayerns. Kirchenbau 1657 geweiht, schließt im Joch des Mittelschiffes eine zehn Jahre ältere **Gnadenkapelle** ein. Die Dreifaltigkeit zieht sich durch sämtliche Darstellungen im Inneren. Im Hochaltar Figuren, die diese Trinität ausdrücken. Ungewöhnlich, daß vor jeder dieser Figuren ein eigener Altar steht (Hochaltar besteht damit aus 5 Einzelaltären). Gnadenkapelle im Inneren reichhaltig stukkiert (1761). **Madonna** hinter dem Hochaltar von 1500. Vollständige Sammlung von **Votivbildern** (ab 1645) gehört zu den besonderen Schätzen der Kirche. Bemerkenswert in der Brunnenkapelle ein weiteres Gnadenbild.

Burghausen an der Salzach *(18 000 Ew, Route By12)*

Stadt an der österreichischen Grenze, an einem der ehemals strategisch wichtigsten Salzachübergänge (zwei Brücken zum österreichischen Ufer). Unterteilt in die niedriger gelegene **Altstadt** (350 Meter hoch) und die **Neustadt** (420 Meter Höhe).

Geschichte:
Seit Jahrtausenden eine interessante Besiedlungsstätte, erstmals (als ein Reichshof der bayerischen Herzöge) 1025 urkundlich erwähnt. 1255 zusammen mit Landshut Residenzstadt Niederbayerns. Aus dieser Zeit die noch heute existierende Hauptburg, eigentliche Stadtanlage vom Ende des 15. Jhs. 1505 bis 1802 eine der vier Regierungsstädte Bayerns.
Wirtschaftliche Macht im Mittelalter vom Salzhandel bestimmt (Mitte 13. Jh. bis 16. Jh. Haupteinnahmequelle).

Sehenswürdigkeiten:
Sicherlich einer der schönsten Orte Süddeutschlands. Mittelalterliches ****Stadtbild** noch so, wie im 15. bis 18. Jh. entstanden. Nach einem Stadtbrand um 1504 die meisten Häuser wieder aufgebaut, seit 1969 wird die Altstadt durchgreifend saniert. Häuser verkörpern von der Gotik über Renaissance, Barock, Rokoko und Historismus bis hin zum Jugendstil nahezu alle Baustile der Vergangenheit.
****Burg**, mit 1030 Metern die längste Burganlage Deutschlands. Baustil romanisch bis gotisch. Errichtung der Gebäude begann ab 1250, Ausbau bis zum 16. Jh. Für den

Rundgang durch die Burg sollten wir uns ein paar Stunden Zeit nehmen und uns einem Führer anvertrauen (Vermittlung durch das Verkehrsamt).
In der Burg **Sammlungen der bayerischen Staatsgemäldegalerie** (ausschließlich Tafelbilder der Spätgotik aus dem bayerischen und österreichischen Raum). Ferner in der Burg das **Historische Stadtmuseum** mit hervorragenden Darstellungen früherer Wohnräume, bäuerlicher Einrichtungen und Handwerksutensilien, Waffen, Feuerwehrgeräte, Plastiken, Trachten, Möbel und Öfen des Empire. Im dritten Stock des Museums Werke einer Reihe von Malern aus Burghausen.
Am Burgeingang, im ehem. Rentmeisterstock, seit kurzem ein **Fotomuseum**.
Interessante Bauten der Burg sind der **Palas** (spätgotische Balkendecke), die **Burgkapelle (romanische Netzwölbungen), der Kemenatenflügel** sowie die äußere **Schloßkapelle St. Hedwig** (spätgotisch, Netzgewölbe, Stifterrelief).
In der **Altstadt** der geräumige ***Markt** (Anlage aus dem 13. Jh.) von großartiger Geschlossenheit. Um 1400 das **Rathaus** erbaut (Fassade barock, im Inneren gotische Kreuzrippengewölbe).
Stadtpfarrkirche St. Jakob am Kirchplatz, auf Ursprüngen des 12. Jhs. (im Laufe der Jahrhunderte immer wieder beschädigt und restauriert, so daß verschiedene Baustile zu finden sind). Äußerlich gotisch mit barocken Elementen, im Inneren neugotische, spätgotische und barocke Stilelemente.
Heiliggeistkirche (Spitalgasse), 1511 auf einem Vorgängerbau errichtet, im 18. Jh. umgebaut. Äußerlich spätgotisch bis Barock, Innenraum überwiegend Barock bis Rokoko. Besonders hübsch die **Grabplatte** der Familie Mautner aus dem Jahre 1520 (roter Marmor).
Andere sehenswerte Bauwerke am Stadtplatz das **Stadtsaalgebäude** (frühes 16. Jh., aus der Mitte des 17. Jhs. drei Renaissancetürmchen), die **Schutzengelkirche** (1687 als Hauskapelle erbaut, 1731 zur Kirche erweitert, Barock bis Rokoko) und das **Taufkirchenpalais** (heute Amtsgericht, erbaut 1731, aus verschiedenen Bürgerhäusern zusammengesetzt).
Im Vorort **Raitenhaslach** die katholische **Pfarrkirche St. Georg**, eine ehemalige Klosterkirche. Als romanische Basilika aus dem Jahr 1186 zum ehemaligen Zisterzienserkloster gehörig. Innenraum Barock bis Rokoko, von *Josef Vilskotter* aus Braunau gestaltet. **Fresken** von *Johannes Zick* aus Ottobeuren sowie Barockmalereien von *Johann Michael Rottmayr* (**Altarblätter** der westlichen Nebenaltäre). Interessant in der Kirche das **Heilige Grab** aus dem 18. Jh. in der Vorhalle, das den Sieg Christi über Teufel und Tod darstellt. Zum Kloster Raitenhaslach gehörig die ***Wallfahrtskirche Mariä Himmelfahrt**, 1203 erbaut, in ihrer heutigen Form 1764 auf den Resten der Vorgängerkirche neu errichtet. Stilistisch reinstes Rokoko (Innenraum). Hervorragende **Fresken** von *Martin Heigl, Johann Georg Lindt* und **Hauptaltar** vom Baumeister *Franz Alois Mayr*.

Burglengenfeld *(10 000 Ew, Route By10)*
Stadt an der Naab nördlich von Regensburg. Geburtsort von *Johann Michael Fischer*, einem der bedeutendsten Baumeister Süddeutschlands (1692-1766). **Burg,** deren Ursprünge ins 11. Jh. zurückreichen. 28 m hoher Bergfried (12. Jh.), Friedrichsturm (um 1100), Torturm mit spätgotischem Vorbau.

Kath. **Pfarrkirche St. Veit,** 1748 zur heutigen Rokokokirche umgebaut. Gotischer Taufstein, Epitaph für Bernhard von Hyrnheim (gest. 1541) von *Loy Hering*.
Marktplatz mit Rathaus von 1600 (Achtecktürme, steiler Giebel, seit seiner Erbauung unverändert).

Burgwindheim *(siehe Ebrach)*

Bürgstadt *(siehe Erftal)*

Buttenheim *(2 800 Ew, Route By8)*
Hier gibt es eine (wahrscheinlich von Karl dem Großen gegründete) **Pfarrkirche** mit reichhaltiger Rokoko-Innendekoration. Ein bemerkenswertes Kunstwerk der ***Grabstein der Elisabeth von Stibar,** den um 1508 *Tilman Riemenschneider* schuf.

Buxheim *(2 800 Ew, Route By4)*
Standort des wohl am besten erhaltenen ****Karthäuserklosters** in Deutschland (1402 nach den Regeln dieses Ordens angelegt, dessen Besonderheit sein Verzicht auf jegliche Annehmlichkeiten war). Die Mönche bewohnten schlichte Eremitenhäuschen und arbeiteten in ihren Werkstätten oder Gärten.
Im 18. Jh. Klosterbauten barockisiert. Maßgebliche Baumeister die *Brüder Dominikus* und *Johann Baptist Zimmermann* (1710 bis 1720). Besonders interessant die Klosterkirche aus dem frühen 15. Jh. Durch den Kreuzgang wird sie in den Chor der Mönche und den Chor der Brüder unterteilt. Sechs Altäre im Bruderchor, davon vier von den Brüdern *Zimmermann*. Eines der schönsten Kunstwerke im Mönchschor das **Maria-Himmelfahrts-Bild** (1718 von *Johann Georg Bergmüller*). Chorgestühl und Kredenztisch hervorragende Beispiele damaliger Holzschnitzkunst.
Katholische Pfarrkirche St. Peter und Paul (Anfang des 18. Jhs. von *Dominikus Zimmermann* erbaut). Übergroße, tönerne **Muttergottesfigur** im nördlichen Seitenaltar (aus der Zeit um 1430).

Cadolzburg *(2 700 Ew, Route By8)*
Mittelfränkischer Ort westlich von Nürnberg
Burganlage Cadolzburg aus dem 13. Jh., ein großartiges Bauwerk, einst Sitz der Hohenzollern. Stark veränderte Umbauten im 16. und 19. Jh. Rundgang durch Burgtor zur Vorburg, Inneres Tor (spätgotisch, hübsche Erker), Haupttor (spätgotisch) zum Alten Bau (15. Jh.). In der Burgküche der riesige Rauchfang „Ochsenschlot".

Castell *(480 Ew, Route By6)*
Ort am Westfuß des mittleren Steigerwaldes, östlich von Würzburg, 816 erstmals genannt.

Zwei **Schloßruinen** die Untere und die Obere Burg, einst Stammburgen der Grafen von Castell.
Neues **Schloß** im Norden des Ortes, frühbarocke Anlage von 1687, bis 1806 Residenz der Casteller Grafen. Schloßkirche von 1780 (ausklingendes Rokoko).

Chiemsee *(1 100 Ew, Route By13)*
Zu der Gemeinde gehören die beiden Inseln Frauenchiemsee und Herrenchiemsee. Auf beiden Inseln wahrscheinlich schon vor dem 8. Jh. christliche Klöster. 782 auf Herrenchiemsee durch Herzog Tassilo ein Benediktinerkloster eingerichtet, parallel dazu oder einige Jahre früher entstand auf der Fraueninsel ein Benediktinerinnenkloster.

Herrenchiemsee ist die größte Insel im Chiemsee. Überragende Sehenswürdigkeiten sind das frühere Kloster mit dazugehörigen Bauten und, als Baudenkmal der Romantik des 19. Jhs., das Neue Schloß. Beide Bauwerke werden Jahr für Jahr von einer großen Anzahl in- und ausländischer Touristen besucht.

Auf dem Hochufer, unmittelbar über der Schiffsanlegestelle, das frühere **Benediktinerkloster** (im 12. Jh. von Augustiner-Chorherren übernommen). Das Kloster wurde während der Säkularisaton 1803 völlig profanisiert (Klosterkirche wurde 1819 Bierbrauerei). In den früheren Klosterräumen **Bräuhausstock**, **Fürstenstock** und **Prälatur** noch relativ gut erhalten. Ausgezeichnet die **Ausmalung des Kaisersaales** (1715 durch *Benedikt Albrecht* aus München, Ausdruck reifsten Barocks). Malereien im **Gartensaal** (von *J.E. Kendlbacher*) und Gewölbefresken (von *Johann Baptist Zimmermann*) im **Bibliothekssaal** von großem Formenreichtum. Früherer Seminarbau jetzt Schloßhotel, frühere **Klosterkirche** größtenteils Anfang des 19. Jhs. zerstört. Erhalten blieben in der Kirche **Stukkaturen** der Oberitalianer *Giulio Zuccalli* und *F.B. Brenno* von 1680 bis 1695.

Besser erhalten die frühere **Pfarrkirche St. Maria** (wurde durch Säkularisation nicht so stark wie die Klosterkirche mitgenommen). Als spätgotisches Bauwerk 1446 geweiht, interessant die mit Gemälden verzierte **Kassettendecke** und der **Hochaltar** von 1632.

Ein Kirchenbauwerk des späten 17. Jhs. die **Kreuzkapelle** an der dem Ort Urfahrn gegenüberliegenden Nordspitze der Herreninsel. Im Inneren **Schnitzfigur** eines Schmerzensmannes (17. Jh., Künstler unbekannt).

Wichtigstes Bauwerk der ganzen Region das ****Neue Schloß** aus den Jahren 1878 bis 1885. König Ludwig II. ließ es als dreiflügelige Anlage (Nachbau von Versailles) errichten. Das Innere spiegelt die Prunksucht des romantisch veranlagten Bayernkönigs wider. Besonders **Spiegelgalerie**, **Schlafzimmer** und **Beratungssaal** sollte man unbedingt besichtigen. Vergoldeter Stuck, **kostbares Mobiliar** und die ganze übrige Einrichtung machen Herrenchiemsee zu einem ebenso wichtigen Baudenkmal wie das Schloß Neuschwanstein. Baumeister war *Georg Dollmann*. Sehr schön der Schloßpark.

Die Insel **Frauenchiemsee** ist zwar kleiner als Herrenchiemsee, aber kaum weniger interessant. Hier residierten Benektinerinnen. Eine ihrer ersten Äbtissinnen war Irmengardis, die Tochter Kaiser Ludwigs des Deutschen. Sie galt als Patronin des Chiemgaus, ihr Sarkophag steht heute in der früheren Abtei.

Die ***Klosterkirche St. Maria** (dreischiffige Basilika, 11. Jh.) erhielt im 12. Jh. den Chorumgang (wohl der älteste im Voralpenland). Streng byzantinischen Stil strahlen die ****Wandmalereien** in den Arkaden dieses Chorumganges aus. Die Fresken der Kirche stellen wahrscheinlich die älteste hochromanische Malerei Deutschlands dar (leider nur noch teilweise zu erkennen). Im Süden Christus und Engel, auf der nördlichen Seite Moses und Aaron. Entstehung um 1125. Stilistischen Kontrast zu diesen sehr alten Malereien bilden die wuchtigen **Barockaltäre** (entstanden um 1702, Arbeiten des Klosterschreiners *Piechlinger*). Interessant der ***Turm** der Kirche, der wie ein italienischer Campanile frei neben der Kirche steht (Durchmesser nahezu 9 Meter, seine Mauern ungewöhnlich dick). Es wird vermutet, daß er als Fluchtturm Schutz vor Angriffen bot. Unterbau dürfte aus karolingischer Zeit stammen, obere Teile 13. bis 14. Jh. Zwiebelhelm um 1600, Unterbau dieses Kirchturms wohl eines der ältesten Bauwerke Bayerns.

Sehr alt auch die **Torhalle** nördlich der Klosterkirche, inzwischen renoviert, frühes Beispiel profaner deutscher Baukunst. Typisch dafür die **Rundbogenarkaden** im Tordurchgang mit seinem Tonnengewölbe. Nahezu rein byzantinischer Stil die ****Malereien** im Chor (Engel), vermutlich aus dem 9. Jh. Kunsthistorisch zählen sie zu den ältesten Beispielen mittelalterlicher Monumentalmalerei in Deutschland.

Weitere Fresken im Hauptraum der Kapelle, allerdings jüngeren Datums, wahrscheinlich aus dem 13. Jh. In der Torhalle ein kleines **Museum** mit Ausstellungsstücken mittelalterlicher Architektur und Skulpturarbeiten aus Frauenchiemsee und Herrenchiemsee. Von den übrigen Klosterbauten kaum noch etwas erhalten.

Coburg *(45 000 Ew, Route By9)*

Stadt im Hügelland am Übergang zwischen Thüringer Wald und Main in Franken, beherrscht von der mächtigen 464 m hoch gelegenen mittelalterlichen Burg „Veste Coburg" aus dem 12. Jh.

Geschichte

1056 erstmals erwähnt, 1331 Verleihung der Stadtrechte, ab 1353 im Besitz der Markgrafen von Meißen, ab 1826 zum Doppelherzogtum Sachsen-Coburg und Gotha gehörig, erst seit 1920 bayerisch. Auf der Veste Coburg wohnte 1530 für 6 Monate Martin Luther, 1632 wurde sie erfolglos von Wallenstein belagert (Dreißigjähriger Krieg), 1860 fand in Coburg das erste deutsche Turnfest statt (Gründung des Deutschen Turnerbundes). Die Teilung Deutschlands nach dem Zweiten Weltkrieg rückte Coburg aus dem Zentrum Deutschlands in eine Randlage.

Sehenswürdigkeiten

Historisches **Stadtbild**, z.T. noch erhalten, schöne Renaissance-Bürgerhäuser in der Herrngasse, Judengasse, am Markt.

*Stadthaus (Marktplatz), Renaissancebau mit reichem plastischem Schmuck, erbaut 1601, renoviert 19. und 20. Jh. Hübsche „**Coburger Erker**" mit Welscher Haube.

*Rathaus (Marktplatz, gegenüber Stadthaus), erbaut 1580, Stukkaturen von 1751,

1905 umgestaltet. Barocke Fassade, Renaissance-Erker, Renaissancesaal mit Holzdecke.
Hahnmühle (Steinweg), Fachwerkhaus mit Schmuckgiebel, erbaut 1622, renoviert 20. Jh.
**Münzmeisterhaus (Ketschengasse), erbaut 14. Jh., eines der ältesten Fachwerkhäuser Deutschlands, renoviert 1948—68. Erdgeschoß Steinquaderbau, darüber Fachwerk.
Zeughaus (Herrngasse), großes Renaissancegebäude von 1621, mehrfach umgebaut bis ins 20. Jh., Giebel mit Pilastern und Voluten geschmückt.
*Hofapotheke (Markt 15), gotischer Bau aus dem 15. Jh. (ehemals Patrizierhaus, ab 16. Jh. Apotheke). Erker und interessante Sandsteinfiguren.
Steinerne Kemenate (Neugasse 1), ältestes steinernes Bürgerhaus der Stadt, erbaut um 1250 (Erdgeschoß) bzw. 14. Jh. (Obergeschoß). Gotische Treppen und Giebel, mehrfach umgebaute Steintreppe.
Stadtbücherei (Herrngasse 17), Bürgerhaus mit schöner Renaissance-Fassade, erbaut 1591.
Fremdenverkehrsamt (Herrngasse), Renaissancebau aus der Mitte des 16. Jhs., um 1600 umgebaut, ehemals Trinkstube des Herzogs Johann Casimir (1564—1633).
**Gymnasium Casimirianum (Gymnasiumgasse 2), einer der bedeutendsten Profanbauten der Stadt, erbaut 1605 von *Peter Sengelaub*, Spätrenaissance, renoviert 1967—70. Sehr schöner hoher Giebel mit Türmen, Voluten und Pilastern. Langgestreckter, zweigeschossiger Bau mit Betonung der Horizontalen (Gesims).
Landestheater (Schloßplatz), klassizistischer Bau von 1840, renoviert 1977.
Heiligkreuzkirche spätgotisches Gotteshaus, von der Mitte des 15. Jhs., 1738 barockisiert, innen gotischer Chor und barocke Ausstattung.
Hauptkirche St. Moriz (Kirchhof 1), spätgotischer Bau vom 15.—16. Jh., 1740 barockisiert. Im Innern **Renaissance-Epitaph** für Herzog Johann Friedrich den Mittleren und seine Familie, Bildhauer *Nicolaus Bergner*, sowie **Grabplatte** des Ritters von Bach.
St. Nikolaus-Kapelle (Ketschendorfer Straße), erbaut Mitte 15. Jh. (spätgotisch) und renoviert im 20. Jh., spätgotische Fresken (Heiligen- und Passionsmotive).
*Schloß Rosenau (Rödental, 6 km von Coburg-Mitte entfernt), Geburtsort des Prinzgemahls Albert von England (Gatte der Königin Victoria). Herrensitz aus dem 15. Jh., Giebelfelder 17. Jh.
**Schloß Ehrenburg (Schloßplatz 1), erbaut ab 1543 auf dem Boden eines früheren Franziskanerklosters, mehrfach bis 1817 umgebaut. Ehemaliges Stadtschloß der Herzöge, Renaissance und Neugotik, Innenausstattung Empire und Barock. Schön erhalten aus der Erbauungszeit der Teil an der Steingasse mit seinen Zwerchgiebeln. Im Norden Ehrenhof mit Schloßplatz und Bronzedenkmal Herzog Ernsts I. von *Ludwig Schwanthaler*. Innerer Schloßhof mit Altanbau in ursprünglicher Form (Baumeister *Johann Bonalono*) und zwei Renaissance-Flügeln mit Ecktreppentürmen. Im Innern voll ausgestattete Prunkräume des 17. bis 19. Jhs.
Rundgang durch Einfahrtshalle, **Haupttreppenhaus** (1832), **Vorsaal** (um 1830), **Familiensaal** (um 1830) mit Gemälden (Mitglieder der herzöglichen Familie), **Kleine Galerie** (1834) mit Rokokostuck und kleinen Gemälden des späten 18. und frühen 19. Jhs., **Weißer Saal** mit üppigen Stukkaturen von *Carcani* und *Rossi* (1692) und Fresken von

Giogioli sowie barockem Prunkspiegel mit reich geschnitztem und vergoldetem Rahmen (1680, sächsisch-coburgisches Wappen), **Leopold-Zimmer** mit Stukkaturen von *Carcani* (1692), **Riesensaal** (prunkvoller Festsaal von 1690) mit Stukkaturen von *Domenico* und *Luchese* (1699) und neubarocker Ausstattung, **Große Galerie** mit Kachelofen von 1830 und bedeutender ****Gemäldesammlung** (u.a. „Schmerzensmann" von *Lucas Cranach d.Ä.* an der linken Eingangswand), **Rotes Empfangszimmer** (Stukkaturen von *Tagliota* und Deckenmalereien von *Servic*), **Gobelinzimmer** (Stukkaturen von *Tagliota*, 1692), **Thronsaal** (klassizistisch, um 1833), **Vorzimmer, Audienzzimmer, Arbeitszimmer, Schlafzimmer, Holzzimmer** und **Ankleidekabinett** zum Ostflügel. Über die Nebentreppe zum **Obergeschoß** in die Räume der Herzogin. Interessant auch die **Hofkirche** (1690—1700). Stukkaturen der Brüder *Luchese*.
Im Schloß die ***Landesbibliothek** (in ebenfalls gut erhaltenen Räumen aus dem frühen 19. Jh.).
Veste Coburg, eine der besterhaltenen und größten mittelalterlichen Burgen der Bundesrepublik Deutschland, älteste Teile 12. Jh., mehrere Innenhöfe. Im Inneren großartige ****Kunstsammlungen (Meisterwerke mittelalterlicher Plastik und Malerei, Kupferstichkabinett, Kunsthandwerk, Gläser-Sammlung, Rüstkammer, Lutherstuben, Marstall, Wagen und Schlitten, Jagdwaffensammlung) und Fürstenbau mit Lutherkapelle.
Natur-Museum (Park 6) in einem Bau von 1914, mit Völkerkunde-Abteilung und Darstellung der gesamten Naturkunde.

Dachau *(34 000 Ew, Route By12)*

Stadt im Nordwesten von München am Flüßchen Amper, während der Hitlerzeit unrühmlich bekannt geworden. In der Nähe des Ortes befand sich ein faschistisches **Konzentrationslager**. Heute ist dort eine Sühnestätte, die besichtigt werden kann. Zu ihr gehören die Sühnekapelle Zur Todesangst Christi (1964 von *Josef Wiedemann* erbaut). Dahinter blieb noch ein **Wachturm** aus der Hitlerzeit erhalten (heute Eingang zum **Sühnekloster Hl. Blut**).
Im Gegensatz zu dieser negativen Bedeutung Dachaus steht der Ruf der Stadt als Künstlergemeinde. Die **Dachauer Künstlerkolonie** begann ihr Wirken um 1830 und erlangte um 1900 größte Bedeutung. Heute können zahlreiche Häuser der früher in Dachau lebenden Künstler besucht werden. Unter anderem wirkte hier, neben zahlreichen Malern, zwischen 1893 und 1897 der bayerische Heimatdichter *Ludwig Thoma*.
Wichtigstes Bauwerk der Stadt das in seiner heutigen Form im 16. Jh. entstandene **Renaissance-Schloß** oberhalb des Ortes (1715 und 1959 umgebaut bzw. restauriert). Sehr schön das **Treppenhaus**, das Anfang des 18. Jhs. *Joseph Effner* schuf (Stukkaturen von *Wilhelm Groff*). Im **Festsaal** Renaissance-Holzdecke aus der Mitte des 16. Jhs. In den Kassetten der Decke zahlreiche Wappen, unter anderem das des Kaisers Ludwig des Bayern. Vom **Schloßgarten** ein sehr schöner Blick über die Ebene bis hin nach München.
Ein anderes interessantes Bauwerk in der Altstadt (neben den zahlreichen Künstlerhäusern) die katholische **Stadtpfarrkirche St. Jakob** (Chor von 1584, Langhaus von

1629). Die Stukkaturen in der Renaissance-Kirche sind zwar sparsam, aber recht schön. Ein großes Kunstwerk die silberne **Jakobus-Figur** von *Johann Georg Oxner* aus dem Jahre 1690.

Deggendorf *(30 600 Ew, Route By11)*
Stadt in einem nach Süden zur Donau hin geöffneten Tal. Unterteilt in Altstadt (1002 erstmals urkundlich erwähnt) und Neustadt (1250 von den Wittelsbachern angelegt). Bester **Überblick über die Altstadt** vom 54 Meter hohen **Rathausturm**, über Wochenmarkt, Heilig-Grabkirche (mit schönem Barockturm) und Teile der historischen Stadtmauer. Interessant die **Pfarrkirche Mariä Himmelfahrt**, deren ältester Teil (Turmunterteil) aus dem 12. Jh. stammt (heutiger Bau 15. bis 17. Jh.). Schmuckstück der Kirche der **Hochaltar**, Ende des 19. Jhs. für 21 000 Goldmark aus dem Dom von Eichstätt erworben (1749 von *Matthias Seybold*). In der Mitte des Altars, von Marmorsäulen eingerahmt, das Bildnis der Muttergottes.
Kirche zum Heiligen Grab (Baubeginn 1337), mehrfach umgebaut, bedeutendste Teile die Gnadenpforte (gotische Spitzbogentürme mit Relief des Papstes Bonifaz IX.) und der ***Turm** (1727 von *Johann Michael Fischer* nach Plänen von *Johann Gunetzrhainer* erbaut). Vielleicht einer der schönsten Barockkirchtürme Bayerns. Seine Höhe beträgt 69 Meter, den Abschluß bildet ein 6,25 Meter großer Strahlenkranz.
Spitalkirche St. Katharina (erbaut 1754), mit Bild der Katharinenlegende (von *Franz Anton Rauscher* aus Niederaltaich). Vom Bildhauer *Benjamin Schreiter* die **Kanzel** und **Hochaltar**. Rokokoausstattung ausgesprochen anmutig.
Rathaus aus drei Teilen bestehend: der früheren Martinskapelle (Nordteil), einem Turm (Mittelteil) und dem eigentlichen Rathaus (südlicher Teil). Die Martinskapelle, der älteste Teil des Hauses, entstand vermutlich in karolingischer Zeit (788 bis 907), nach der Säkularisation (1803) zunächst Salzlagerhalle. Der Turm (von 1350) konnte ursprünglich nur 5 Meter über der Straßenoberfläche mittels einer Leiter betreten werden (nach jeder Benutzung zog man die Leiter wieder ins Turminnere zurück). Von 1618 der kleine Vorturm mit Wendeltreppe, über die man heute in den Turm gelangt.

Dettelbach *(6 100 Ew, Route By6)*
Unterfränkische Stadt östlich von Würzburg. Weinbauort. Malerische ***Altstadt** von größtenteils unversehrt erhaltenen **Stadtmauern** mit 36 Türmen und zwei Stadttoren umschlossen. Spätgotisches **Rathaus** mit hübscher Freitreppe. Wallfahrtskirche mit spätgotischem Chor in einer Stilverbindung zwischen Spätgotik und Renaissance („Juliusstil"), besonders am reich geschmückten Portal sichtbar.

Dießen am Ammersee *(7 600 Ew, Route By2)*
Stadt am Südwestufer des oberbayerischen Ammersees im Voralpenland.
Bekannt durch seine ***Klosterpfarrkirche** (ehemals zum Augustiner-Chorherrenstift gehörig), die 1340 entstand (zwischen 1732-39 im barocken Stil umgebaut). *Johann Michael Fischer* leitete als Baumeister diesen Umbau.

In der Saalkirche zahlreiche Altäre in den flachen Wandnischen, die eine **Prozessionsstraße** bilden. Außerordentlich mächtig der über Treppen erreichbare **Hochaltar**, dessen Altarbilder je nach Festtagen ausgewechselt werden können. Stukkaturen von *F.X. Feichtmayr* und *Johann Georg Ueblherr* (zwischen Barock und Rokoko). Großartige **Fresken** mit Themen aus der Ortsgeschichte vom Akademiedirektor *J.G. Bergmüller* aus Augsburg, Entwurf des Hochaltars mit seinen gewaltigen Säulen um die freistehende Mensa vom berühmten *François Cuvilliés d.Ä.* Von großer Bedeutung die **Seitenaltäre** (einige von ihnen enthalten Bilder bekannter Künstler). Die beiden östlichen Altäre stellen (links) eine Rosenkranzverleihung und (rechts) eine Kreuzigung dar, die anschließenden Altäre zeigen Gemälde von *Bergmüller* und *Wolf* und Figuren von *E. Verhelst*. Besonders interessant der vorletzte Altar auf der rechten Seite mit einem **Sebastiansbild** von *Tiepolo*. Von großer Schönheit außerdem die **Kanzel** des *Johann Baptist Straub* und der über dem Taufstein in der Vorhalle **schwebende Engel** von *Ignaz Günther*. (Kirche wegen Renovierung bis Pfingsten 1985 geschlossen)

Dietramszell *(1 800 Ew, Route By15)*

Die Gründung des Ortes geht auf den Tegernseer Mönch Dietram zurück, der hier Anfang des 12. Jhs. eine Kapelle errichtete.
Später entstand ein Augustiner-Chorherrenstift, dessen *Kirche bemerkenswert ist. Zwischen 1729 und 1741 erbaut, Baumeister unbekannt. Von außen fast schmucklos, um so überraschender die prachtvolle Innenausstattung (im wesentlichen von *Johann Baptist Zimmermann*). Von ihm Gemälde im Hauptaltar und Bilder dreier Seitenaltäre. Unter den Barockkirchen Oberbayerns führend.
Von der Klosterkirche aus Weg zur 1722 geweihten katholischen Kirche **St. Martin** (von *Zimmermann* mit Stukkaturen geschmückt und ausgemalt).
Überregional bedeutend nördlich von Dietramszell die Spätrokoko- ***Wallfahrtskirche St. Leonhard** (1769). Hauptfresko im Gewölbe von *Christian Winck* (Heiliger St. Leonhard). *Philipp Rämpl* schuf den Altar. In der Mitte des Hauptaltars der heilige St. Leonhard abgebildet, zu seinen Seiten die Heiligen Sebastian und Rochus.
Lohnend ist ein Besuch der kleinen **Wallfahrtskirche Maria im Elend** (Zentralbau aus dem Jahre 1690). 1791 umgebaut und mit ihrer jetzigen Ausstattung versehen. *Johann Sebastian Troger* malte das Kuppelfresko. Zahlreiche Votivbilder an den Wänden der Kirche.

Dillingen *(17 500 Ew, Route By1)*

Stadt um eine aus dem 10. Jh. stammende Burg auf der Donauterrasse, ehem. fürstbischöfl. Residenz- und Universitätsstadt, gibt heute noch ein **unverfälschtes Bild des 16. bis 18. Jhs.** ab.
Studienkirche Mariä Himmelfahrt, 1617 geweiht, 1750 bis 1768 im Rokokostil umgestaltet, das bedeutendste sakrale Bauwerk Dillingens. Früher Universitätskirche und Kirche des Jesuitenordens (der von 1563 bis 1773 die Universität leitete). **Fresken** des Asam-Schülers *Thomas Scheffler* (im Langhaus „Maria im Kranz der Heili-

gen" und im Chor „Marienkrönung"). **Hochaltar** mit Gemälde (Mariä Himmelfahrt) von *Johann Georg Bergmüller* aus dem Jahre 1756 und Figuren des Bildhauers *J.M. Fischer*. Von *Fischer* auch die prächtige **Kanzel** (1760).
An die Kirche anschließend das vierflügelige frühere **Jesuitenkolleg** (1736/38), das ehem. Universitätsgebäude (1688/89) und das Priesterseminar (1619/22). Im Universitätsgebäude der **"Goldene Saal"** (ehem. Aula der Universität) mit verschwenderischer Ausstattung von 1761 bis 1764.
Franziskanerinnen-Klosterkirche Mariä Himmelfahrt, von *Johann Georg Fischer* 1736 bis 1740 erbaut. Kleiner, nahezu zentraler Bau mit ausgesprochen schönen **Stukkaturen** von *Ignaz Finsterwalder* aus Wessobrunn und **Fresken** von *Thomas Scheffler*.
Wahrzeichen und machtvollstes Bauwerk der Stadt das **Schloß** (älteste Bauteile aus der Stauferzeit, 13. Jh.). Im 15. und 16. Jh. von einer Burg zum Schloß umgestaltet, jahrhundertelang Residenz der Fürstbischöfe von Augsburg. Interessant auch die **Basilika St. Peter** (1619/28) sowie die **Königstraße** mit Mittelturm, Rathaus (um 1500) und Vermessungsamt (18. Jh.).

Dinkelsbühl *(11 000 Ew, Route By5)*

Eine der sehenswertesten Städte an der „Romantischen Straße", als Stauferstadt „Tinkelspuhel" seit 1188 bekannt. 1274 bis 1802 Freie Reichsstadt.
Mittelalterliches ***Stadtbild**, innerhalb der Stadtmauern nahezu vollständig erhalten. Befestigungsanlagen zumeist aus dem 14./15. Jh. Eines der schönsten deutschen Fachwerkhäuser, das 1600 erbaute ***Deutsche Haus** am Marktplatz (Renaissancefassade). Im Kontrast zu ihm und anderen alten Fachwerkbauten der Stadt das steinerne, spätbarocke **Deutschordenschloß**, ein Palais aus dem Jahre 1764. Größte Sehenswürdigkeit die nahezu stilrein gotische ****St. Georgskirche** (Baumeister *Nikolaus Eseler und Sohn*, errichtet zwischen 1448 und 1499). Gilt als eine der schönsten deutschen Hallenkirchen, beeindruckt durch die imposant wirkende, schlanke Höhe des Kirchenschiffes.

Donaustauf *(3 300 Ew, Route By10)*

Kleiner Ort nahe Regensburg, besonders durch die ***Walhalla** bekannt geworden (siehe auch Kunstgeschichte, Klassizismus). In Form eines griechischen Parthenon erhebt sich dieser Bau oberhalb des Donauufers und leuchtet mit seiner marmornen Gestalt weit ins Land hinein. Im Auftrag Ludwigs I. zwischen 1830 und 1842 von *Leo von Klenze* erbaut, sollte zum Nationalheiligtum Bayerns werden. Ein weiteres interessantes Baudenkmal die Ruine der früheren **Burg Stauf** aus dem 12. Jh. (während des Dreißigjährigen Krieges zerstört), zeigt noch Reste romanischer Bausubstanz. Besonders die **Burgkapelle im Torturm** sollten wir uns beim Besuch der Burgruine anschauen (schöner Ausblick auf Donautal und die Stadt Regensburg).

Donauwörth *(18 000 Ew, Route By1)*

Ehemalige Freie Reichsstadt an der Mündung der Wörnitz in die Donau.
Historisches Zentrum die breite **Reichsstraße**, ein Teilstück der alten Straßenverbin-

dung Nürnberg-Augsburg. An dieser Straße die wichtigsten historischen Bauten der Stadt (Tanzhaus aus dem 15. Jh., Hintermeierhaus aus dem 16. Jh.).
Aus dem mittleren 15. Jh. die *Stadtpfarrkirche Mariä Himmelfahrt, ein spätgotischer Backsteinbau mit wuchtigem Turm am oberen Teil der Reichsstraße. 1938/39 wurden hier zahlreiche spätgotische **Wandmalereien**, teilweise aus dem 15. Jh., freigelegt. Im Inneren der Kirche **Sakramentshaus**, welches Georg Regel aus Augsburg 1503 stiftete und von Augsburger Steinmetzen künstlerisch gestalten ließ. In der Sakristei das **Epitaph** von Georg Regel (1515).
Bemerkenswert auch die frühere *Benediktinerklosterkirche Heiligkreuz, ein barocker Neubau auf Resten eines Kirchenbaues des 12. Jhs. (Baupläne zeichnete *Franz Beer* aus Vorarlberg, *Joseph Schmuzer* aus Wessobrunn erbaute die Kirche 1717 bis 1720). Der Bau ist weiträumig und paßt sich gut dem schlanken Turm an. Im Inneren schöngeschwungene Emporen und sehenswerte Altarausstattung. Aus dem Jahre 1519 stammende **Kreuzigungsgruppe** am Altar. Im anschließenden früheren Kloster **Kreuzgang** und **Festsaal**. Sicherlich eines der bedeutendsten Bauwerke des Barock im nördlichen Schwaben.
Rathaus (an der Reichsstraße) aus mehreren Baustilen. Einige Teile von 1236, andere von 1308. Um 1500 erweitert und aufgestockt, 1686 barockisiert, 1853 wieder verändert und endgültig regotisiert. Dieses Gemisch unterschiedlichster Stilelemente macht den eigentlichen Reiz des Gebäudes aus. Weitere Bauwerke an der Reichsstraße der gotische **Stadtzoll**, das **Baudrexelhaus** (Fachwerkbau 16. Jh.), das ehrwürdige **Fuggerhaus** (heute Landratsamt), mit guterhaltener Kassettendecke in der Eingangshalle und mächtigen Zinnengiebeln (beginnendes 16. Jh.). Im Fuggerhaus logierten König Gustav Adolf von Schweden und Kaiser Karl VI. In der Kapellstraße das klassizistische **Deutschordenshaus** von 1778 (Entwurf von *d'Ixnard*, Bauausführung *Matthias Binder*).

Ebersberg *(8 700 Ew, Route By14)*

Kleines Städtchen östlich von München an der Ebrach, ehemaliger Sitz eines Klosters. Im Jahre 931 wurde die Reliquie der Hirnschale des heiligen Sebastian von Rom nach Ebersberg verbracht, sie war über Jahrhunderte hinweg Anlaß für die bedeutendste Pestwallfahrt Süddeutschlands.
Als Bauwerk interessant die katholische **Pfarrkirche St. Sebastian** (frühere Klosterkirche). Sie trägt nahezu alle Merkmale verschiedener Stilepochen zwischen Romanik und Klassizismus. Der machtvoll wirkende vierkantige Turm gehört frühester Bauperiode um 1200 an (spätromanisch), während seine später aufgesetzte Kuppelhaube den Barockbaustil verkörpert. Das Langhaus mit seinen drei Schiffen gehört zur späten Gotik, die Stukkaturen sind hingegen barock. Größter Schatz der Kirche die *Tumba des Stifterpaares Ulrich und Richardis, 1501 von *Wolfgang Leb* aus Rotmarmor gehauen, zu den besten spätgotischen Plastiken Bayerns zählend. Über der Sakristei die **Sebastianskapelle**, deren Stukkaturen aus dem späten 17. Jh. an die der Münchner Theatinerkirche erinnern. Auf dem Altar die silberne Büste des Kirchenvaters St. Sebastian (beginnendes 16. Jh.).
Ein Rundgang durch die Innenstadt führt zu dem noch im ursprünglichen Zustand

geschlossenen **Marktplatz-Ensemble**, das im Osten durch das ehemalige **Klostergebäude** und im Westen durch das spätgotische **Rathaus** (1529, interessanter Sitzungssaal — früher Taverne; Rundbogen-Flötz) geschlossen wird.

Ebrach *(2 100 Ew, Route By6)*

Marktgemeinde im Steigerwald im Tal der Ebrach, Weinanbaugebiet, frühere Zisterzienserabtei. Von ihr erhalten großartige spätromanisch-frühgotische ****Klosterkirche**, erbaut 1200—1285, im Innern klassizistisch verändert 1778—91 durch *Materno Bossi* (Stukkaturen). Die Innenausstattung von *Bossi* und die gotischen Ursprungsformen harmonieren in seltener Qualität miteinander. Besonders schön die ***Fensterrose**, der **Bernhardusaltar** (nördlicher Seitenflügel, Alabaster, Renaissance), der **Hochaltar** mit dem gewaltigen Altarblatt (Himmelfahrt Mariä), **Chorgestühl, Chorgitter** (Rokoko) und **Orgel** (Rokoko, von *J. Jh. Seuffert* 1743, erneuert 1984). Interessant auch die **Michaelskapelle** mit drei Altären von 1207 (spätromanisch). Weiterhin vom Kloster (erbaut 17./18. Jh. von *L. Dientzenhofer* und *J. Greising*) erhalten ***Treppenhaus** und ***Kaisersaal** (schönes Barock). Kloster jetzt Gefängnis, Besichtigung beider Räume aber möglich.

Im Ortsteil **Burgwindheim *Kirche** mit großartiger Rokokoausstattung von *Balthasar Neumann* (1750 erbaut) und **Schloß** (erbaut 1720—28, ein repräsentativer Barockbau mit schönen Erkerpavillons) von *L. Dientzenhofer* und *J. Greising*. Sehenswert auch die **Wallfahrtskapelle Hl. Blut** (erbaut 1596, außen spätgotisch, innen Barock) mit barockem **Hochaltar** von *Hans Rottenhammer* und der nahegelegene **Hl. Blutsbrunnen** (errichtet 1690 nach Plänen von *L. Dietzenhofer*, Barock, Fassung einer Heilquelle).

Eggelstetten *(siehe Oberndorf)*

Eichstätt *(14 200 Ew, Route By5)*
Sehr interessante Barockstadt im Altmühltal in der südlichen Frankenalb.

Geschichte
Die Gegend von Eichstätt war bereits vor 120 000 Jahren besiedelt. Während der Römerzeit lebten hier zahlreiche Menschen, im Jahre 741 gründete der Angelsachse Willibald neben einer bereits vorhandenen Marienkirche ein Kloster, in dessen Umgebung die heutige Siedlung Eichstätt entstand (Marktrechte seit 908). Als Stadt mit entsprechender Befestigung seit dem Ende des 12. Jhs. bekannt, im 15. Jh. ein Mittelpunkt des deutschen Frühhumanismus, im 16. Jh. ein Zentrum deutscher Renaissance-Plastikkunst, Zerstörung durch die Schweden im Dreißigjährigen Krieg 1634, im 17. Jh. barock wieder aufgebaut. Verworren danach die Besitzverhältnisse der Stadt: 1802 kam Eichstätt zu Kurbayern, 1803—06 war es Bestandteil des Kurfürstentums Salzburg, 1806—07 gehörte der Ort zum Königreich Bayern, von 1817 bis 1833 im Besitz von Eugène de Beauharnais (Adoptivsohn Napoleons I. und Schwie-

gersohn von König Max I. Josef von Bayern), erst danach kam Eichstätt endgültig zu Bayern. Seit 1980 Sitz der einzigen Katholischen Universität im deutschsprachigen Raum.

Kunstgeschichte

Trotz überwiegend barocker Baudenkmäler noch zahlreiche andere Stilrichtungen vertreten. So die Romanik (Dom und Heiliges Grab), die Gotik (Dom mit Mortuarium und Kreuzgang, Gruftaltar St. Walburg, St. Johanneskirche, Haus des Gastes) und die Renaissance (Fassade der Schutzengelkirche, Gemmingenbau der Willibaldsburg, Plastiken von *Loy Hering*).

Von der **Stadtbefestigung** (12.—15. Jh.) noch große Teile vorhanden. Interessant als bauliche Kompositionen der von *Gabriel de Gabrieli* angelegte *Residenzplatz (Residenz, Kavaliershöfe, Residenzbrunnen mit Mariensäule), der *Leonrodplatz (Dompropstei, Schönbornhof/Bischofspalais, Ulmerhof/Kath. Fakultät, Schutzengelkirche, Seminar, Aula Mariana, Domdechantei/Ordinariat, Domherrenhof Welden/Ev. Pfarramt) und der *Marktplatz (mit Rathaus, Stadtpropstei/Dresdner Bank, schönen Bürgerhäusern und Resten der ehem. Stadtpfarrkirche „Zu unsrer Lieben Frau", die 1818 abgerissen wurde).

Mariendom

Kathedrale, deren Untergeschosse von Turm und Langhaus romanisch sind. Langhausoberteil und Ostchor entstanden 1410 (hochgotisch), die Kapitelsakristei 1460/80 (spätgotisch, Baumeister wahrscheinlich *Matthäus Roritzer*), die Westfassade 1718 (barock, Baumeister *Gabriel de Gabrieli*). Der Stil des Inneren im wesentlichen gotisch mit einigen neugotischen Ergänzungen. Gotischer **Hochaltar** im Ostchor (1480, neugotischer Schrein von 1884) mit fünf Figuren und **Hochgräber** (Renaissance). Chorgestühl neugotisch, der 11 m hohe *Pappenheimer Altar entstand 1497, den *Willibaldsaltar schuf 1745 *Matthias Seybold* (Vorbild der Bernini-Altar über dem Petrusgrab in Rom, im Marmorsarkophag die Gebeine des Hl. Willibald). Das **Kreuz** in der Gundekar-Kapelle und das **Willibaldsdenkmal** schuf um 1514/20 *Loy Hering* (Renaissance). Sehr bemerkenswert im Dom außerdem die *Buchenhüller-Madonna im südlichen Vierungspfeiler (1430, Weicher Stil) und am Nordportal die **21 Plastiken** aus gebranntem Ton (um 1396). Der *Kreuzgang des Doms (hoch-spätgotisch) erhielt sich bis heute zweigeschossig, mit einer originellen Wölbung des Nordflügels. Im ersten Geschoß gotische Schlitzfenster.

Residenz

Heute Landratsamt, entstand als barocke Stadtresidenz der Fürstbischöfe Anfang des 18. Jhs. Baumeister war *Jakob Engel*, den Südflügel errichtete *Gabrieli*. Treppenhaus und Spiegelsaal von *Peter Moritz Pedetti* (1768). Im Inneren besonders erwähnenswert: **Deckengemälde** im Treppenhaus („Sturz des Phaeton" von *J.M. Franz*), klassizistische **Residenzkapelle** (Gedenkhalle für den Maler *Carl Otto Müller*, 1901—70), **Spiegelsaal** und der **Raum 203** mit Pariser Grisaille-Tapeten.

Schutzengelkirche

Eine Studienkirche der Jesuiten, als Wandpfeilerkirche mit rundgeschlossenem Chor 1620 von *Jakob Kurrer* erbaut. Der Renaissancebau (mit Barockgiebel) ist im

Eichstätt

Inneren barock ausgestaltet. Interessant vor allem die **Stukkaturen** *(Gabrieli)*. der **Hochaltar** *(J.E. Holzer)*, die beiden Seitenaltäre (**Altarblätter** von *Bergmüller*) und die **Kanzel** *(Johann Freit)*. Das künstlerische Gesamtmotiv der Kirche ist dem Wirken der Engel in der Heilsgeschichte gewidmet. Davon zeugen Altäre, 31 Fresken und zahlreiche Engelsfiguren.

Willibaldsburg

Drittes herausragendes Baudenkmal Eichstätts. Im 14. Jh. errichtet, 1609—20 zum Renaissanceschloß ausgebaut (nach Plänen von *Elias Holl* aus Augsburg). Rundgang durch die Vorburg (17. Jh., 63 m langer Tunnelaufgang), den Gemmingen-Bau, vorbei am Brunnen im Südflügel, über die Botanische Treppe zum Nordflügel, zur Burgschenke im Schaumberg-Bau und zum Jura- bzw. **Ur- und Frühgeschichtlichen Museum**.
In letzterem Zeugnisse der Menschheitsgeschichte seit deren erstem Auftreten in der Gegend um Eichstätt vor 120 000 Jahren, zumeist Originale.

Weitere Sehenswürdigkeiten

Wenn wir den Dom besichtigen, sollten wir nicht einen Gang in das ***Mortuarium** vergessen. In dem spätgotischen Raum (1480/1510 als Grablege erbaut, beste Anlage ihrer Art in Süddeutschland, zweischiffige Halle) außergewöhnlich schöne alte **Grabplatten**. Auch die „**Schöne Säule**" im Norden, das **Tympanon** neben dem Domeingang, die von *Hans Holbein d.Ä.* entworfenen **Glasfenster** an der Ostseite (ganz rechts „Jüngstes Gericht") und die **Kreuzigungsgruppe** an der Südseite *(Loy Hering, 1541)* verdienen Beachtung.
Die **Kapuzinerkirche Hl. Kreuz und Hl. Grab** ist nächste Station. Im Barockbau von 1625 befindet sich in der Hl. Grabkapelle eine ***Nachbildung des Heiligen Grabes** in Jerusalem. Es dürfte im 12. Jh. im Vorgängerbau der heutigen Kirche geschaffen worden sein und zeigt (als besterhaltenes seiner Art in Deutschland) den baulichen Zustand des Heiligen Grabes in Jerusalem im 12. Jh.
Wir kommen dann zur **Frauenbergkapelle**, einer barocken Marienwallfahrtskapelle auf dem Frauenberg (erbaut 1739). Die Steinkanzel ist um 1500 entstanden und wurde hierhin später versetzt, Baumeister war *Gabrieli*.
Die **Maria-Hilf-Kapelle** ist eine Stiftung der örtlichen Tuchmacher und entstand als gotischer Bau im 15. Jh. 1656 wurde sie barockisiert und 1858 neugotisch restauriert. Steinerne Muttergottesfigur aus dem 14. Jh.
Der Zentralbau der ehemaligen Klosterkirche **Notre Dame** am Kardinal-Preysing-Platz ist ein weiteres Kirchenbauwerk, das wir uns ansehen sollten (Schlüssel im Nachbarhaus). Barockbau aus dem Jahre 1721, Baumeister war *Gabrieli*. Hübsch im Inneren die bemalte Kuppel und die Stukkaturen.
Ein letzter Blick gilt dem barocken Bau der früheren **Sommerresidenz** der Fürstbischöfe (heute Katholische Universität). Baumeister war (1735) *Gabriel de Gabrieli*, das Zentrum des 100 m langen Baus bildet das frühere Corps de logis.

Eining *(siehe Neustadt/Donau)*

Ellingen *(3 200 Ew, Route By5)*

Barockstadt im Naturpark Altmühltal am Nordrand des Fränkischen Jura. Von 1216 bis 1806 im Besitz des Deutschen Ordens, der von hier aus seine Provinz Franken regierte. *Deutschordensschloß mit Schloßkirche, Barockbau von 1718—23. Überaus herrschaftlich und glänzend, besonders der Südflügel besticht durch seinen Schmuck (Statuen der Minerva und des Mars auf den Doppelsäulen). Im Inneren barocker **Großer Saal** (Stuckarbeiten von *Franz Joseph Roth*) und barockes **Treppenhaus**, übrige Innenräume von *Michel d'Ixnard* klassizistisch ausgestaltet. In der **Schloßkirche** kostbarer, großer **Hochaltar** (Barock) von *Franz Xaver Feichtmayr (1748)* mit Altarblatt aus dem Jahre 1684. **Deckenmalereien** möglicherweise von *C.D. Asam*.

Barocker **Rathaus** (1744—47, geschweifter Rokokogiebel und hübscher Turm), barocke Bürgerhäuser in der um 1770 von *Matthias Binder* angelegten **Neuen Gasse**, **Rezatbrücke** mit acht Heiligenfiguren, barocke **St. Georgskirche** (erbaut 1729—31, Baumeister *F.J. Roth*) schönes **Hochaltar-Gemälde** mit Georgs Kampf gegen den Drachen von 1703, **Mariahilf-Kapelle** (1730, frühere Gruftkapelle des Deutschorden-Komturs von Hornstein, Deckengemälde „Christi Auferstehung" von *J.G. Bergmüller)*, **Spitalkirche St. Elisabeth** (Barockbau von 1753, Deckengemälde „Brotvermehrung"). Neu in Ellingen das **Ostpreussen-Museum** im Schloß mit Archivmaterial über die frühere deutsche Provinz (heute polnisch und z.T. sowjetisch).

Erding *(23 600 Ew, Route By14)*

Stadt nordöstlich von München am Rande des Erdinger Mooses. Das **Bild des Ortes** spiegelt noch weitgehend die Situation des 18. Jhs. wider. Viele Häuser mit Erkern, Giebeln und geschmückten Fassaden.

Die **katholische Stadtpfarrkirche St. Johann** ist eine großartige dreischiffige Hallenkirche der Spätgotik. Größter Schatz ist das überlebensgroße *Kruzifix des *Hans Leinberger* (ca. 1525).

Katholische Pfarrkirche Mariä Verkündigung (erbaut 1724) mit **Deckengemälde** von *Martin Heigl* (1767). Ungewöhnlich die geschnitzte **Kanzel** (als Schiff gestaltet, von *Christian Jorhan* aus Landshut mit Schnitzereien versehen). Die Figuren stellen Christus und Petrus dar.

(Erftal)-Bürgstadt *(3 900 Ew, Route By7)*

Weinbauort im Maintal zwischen Spessart und Odenwald. **Renaissance-Rathaus** (erbaut 1590, umgebaut 1970, Sechseckturm und geschweifter Giebel, sehr ansehnlicher Sitzungssaal mit Balkendecke). Spätromanische **Alte Pfarrkirche** (12. Jh., 1610 barockisiert, interessantes Spitzbogenportal und spätbarocker Hochaltar von 1720). *Martinskapelle aus der Zeit um 1200 (teils romanisch, gotisch, spätgotisches Westportal von 1440, **40 Medaillons der Heilsgeschichte** in Form einer Bilderbibel im Kirchenschiff). Wandmalereien von 1593, Renaissance-Hochaltar um 1600, besonders ansehnlich die **Türbeschläge**.

Erlangen *(102 000 Ew, Route By8)*

Mittelfränkische Großstadt nordwestlich von Nürnberg an der Regnitz. Entstanden aus zwei zunächst getrennten Teilen (Altstadt und Neustadt).
Urkundlich erwähnt erstmals 1002 als „Villa Erlangon". Unter Kaiser Karl IV. 1367 Gründung der Stadt „Erlang" (Altstadt), ihr folgte 1686 als künstliche Stadtgründung südlich der bisherigen Altstadt die Neustadt (unter dem Namen „Christian-Erlang" für geflüchtete Hugenotten errichtet und als rechteckige Barockstadt bis ins Detail geplant). Seit 1812 Altstadt und Neustadt miteinander zum heutigen Erlangen vereinigt.
Zahlreiche wertvolle Baudenkmäler und ungewöhnlich einheitliches Stadtbild. Universitätssitz. Eines der schönsten bayerischen Volksfeste die „Erlanger Bergkirchweih" (alljährlich zu Pfingsten).
Altstädter Dreifaltigkeitskirche, ein Barockbau von 1721. Ihr Turm eines der Wahrzeichen der Stadt, das Innere der Saalkirche (mit Kanzelaltar) reich ausgestattet. Baumeister wahrscheinlich *Gottfried von Gedeler*. Früheres **Adelspalais Stutterheim** (heute Kulturzentrum), ein Barockbau am Marktplatz (1730). Baumeister unbekannt.
**Markgrafentheater am Theaterplatz (ältestes noch bespieltes Barocktheater Süddeutschlands), 1718 errichtet, 1743 Inneres im Rokokostil umgestaltet. Sein Repräsentationscharakter im Innenraum deutlich sichtbar, erinnert an den Prunk des Münchner Residenztheaters. Mittelpunkt des Zuschauerraums (der Bühne gegenüber) die Markgrafenloge. Innengestaltung vom Theatermaler und Architekten *Giovanni Paolo Gaspari*.
Eher schlicht dagegen die heute der reformierten Gemeinde gehörende **Hugenottenkirche** am Hugenottenplatz (1693 eingeweiht, Baumeister *Johann Moritz Richter* aus Bayreuth). **Neustädter Kirche**, Barockbau von 1737 (Turm 1830), Baumeister *Johann David Räntz*. ***Schloß**, erbaut 1700 bis 1704 nach Entwürfen des Baumeisters *Antonio della Porta* als dreigeschossiger Bau mit figurengekrönter Attika. Der **Schloßgarten**, vom Nürnberger Gartenbaumeister *Georg Wolff d.Ä.* 1706 zunächst als barocke Anlage konzipiert, Ende des 18. Jhs. zum heutigen **Englischen Garten** umgestaltet. Darin der ***Hugenottenbrunnen** als besondere Sehenswürdigkeit. Felsen mit figuralen Plastiken (die an die Einwanderung französischer Emigranten erinnern sollen) Anfang des 17. Jhs. von *Elias Räntz*. Im Schloßgarten außerdem die **Orangerie** (Barockbau von 1706, Baumeister *Gottfried von Gedeler*) und der 1825 eingerichtete **Botanische Garten**.
Älteste Kirchengründung Erlangens am Altstädter Friedhof die barockisierte **St. Martinskirche** (aus dem 12. Jh., 1746 umgestaltet). Im Inneren **Holzfigur** (Meister unbekannt) des „Hl. St. Martin zu Pferd" in einem geschlossenen Schrein.

Ettal *(1 000 Ew, Route By16)*

Der Ort wurde bekannt durch seine nahezu einmalige ****Klosterkirche**.
Der gotische zwölfeckige Zentralbau (in seiner Art sonst nirgendwo in Deutschland zu finden) wurde im Grundriß der Grabeskirche in Jerusalem nachempfunden. Später, im 18. Jh., baute man die Kirche um und fügte Fassade, Chor und Kuppel hinzu (Baumeister *Joseph Schmuzer*, nach Plänen des Hofbaumeisters *Enrico Zuccalli*

aus München). Im Inneren des mit Stuck-Marmor geschmückten Bauwerkes riesengroßes **Kuppelfresko** von *Johann Jakob Zeiller* (1746). Es stellt die „himmlische Weihe des heiligen St. Benedikt" dar. Stilistisch bildet die Ausstattung eine Mischung von Rokoko (Stukkaturen von *Johann Baptist Zimmermann* in der Rotunde) und Klassizismus (Chorraum). Ausgesprochen sehenswert im übrigen die **Orgelempore** von *Johann Baptist Zimmermann* an der Eingangswand der Kirche.
Von Ettal ist eine Fahrt zum 9 km entfernten ****Schloß Linderhof** unbedingt zu empfehlen, einem der interessantesten romantischen Bauwerke des bayerischen Königs Ludwig II. Er ließ es um 1870 im Barock- bzw. Rokokostil in eine kunstvoll veränderte Landschaft hineinkomponieren. Besonders schön der das Schlößchen umgebende **Park** sowie der **Maurische Kiosk** und die **Venusgrotte**. Baumeister *Georg Dollmann*, die Innenausstattung stammt von *Franz Seitz*.

Felin *(siehe Oberndorf)*

Feuchtwangen *(11 000 Ew, Route By5)*
Mittelfränkische Stadt an der „Romantischen Straße". **Historische Altstadt** mit weiträumigem Marktplatz. Barocker **Röhrenbrunnen** von 1727 (achteckiger gußeiserner Brunnen). **Stiftskirche** (Ursprung 12. Jh.) mit Marienaltar (frühbarockes Kunstwerk des Malers *Michael Wohlgemut* von 1434—1519, Lehrer Albrecht Dürers). Romanischer **Kreuzgang** des ehemaligen Klosters (im Sommer „Kreuzgangspiele") mit den als Museum in alten Klosterzellen eingerichteten **Handwerkerstuben** (Wohnkultur und Handwerksbetriebe der Region im Mittelalter). **Heimatmuseum** in einem fränkischen Fachwerkgebäude (Museumstraße 19) mit umfangreicher Fayencensammlung.

Fischbachau *(5 000 Ew, Route By15)*
Kleiner Fremdenverkehrsort nahe der Grenze zu Tirol.
Aus der Zeit der Klostergründung erhalten geblieben die romanische **Pfarrkirche St. Martin**, erbaut um 1100. Turm aus der Zeit um 1700, 1733 Gewölbedecke eingezogen. Stuckdekoration von 1738, dürfte auf die Wessobrunner Schule zurückgehen. Interessant der **Hochaltar** von 1770, dessen Gemälde von *Josef Johann Deyrer* stammen. Fresken stellen Szenen aus dem Leben des Heiligen Martin dar. Stilistisch gehört die Innenausstattung zum späten Barock bis Rokoko. Relativ selten in Bayern die Basilikaform.
Auch die **Friedhofskirche Maria Schutz** ist recht sehenswert. Heutiger Baubestand vom Ende des 15. Jhs. (Chor, Schiff), Turm um 1700. Stukkaturen und Hochaltar (geschnitzte **Muttergottesfigur** aus dem frühen 16. Jh.) aus der Zeit um 1635.
Im Ortsteil Birkenstein **Wallfahrtskirche** (Baumeister *Hans Mayr*). Ausstattung üppiges bayerisches Rokoko.

Forchheim *(29 000 Ew, Route By8)*

Oberfränkische Stadt am Rand der Frankenalb. Seit 740 fränkischer Königshof, im 9. und 10. Jh. dort mehrere Königswahlen und Reichsversammlungen.
Altes Stadtbild mit Ensemble des **Rathausplatzes** (hübsche Fachwerk- und Barockbauten umgeben den weiträumigen Platz). Renaissancebau des **Rathauses** um 1490. Spätgotische **Pfalz**, um 1380 als Bischofsschloß errichtet, heute Pfalzmuseum mit Exponaten der Vor- und Frühgeschichte, Fresken des 14. und 16. Jhs., volkskundliche Stücke und Gemälde. Interessant die im 16. Jh. begonnene **Festungsanlage**, deren Kasematten z.T. zugänglich sind (Rückfragen beim Verkehrsamt im Rathaus). **Martinskirche** (gotisch, den Rathausplatz überragend). Im Inneren **Tafelbilder** der Martinslegende (1500, unbekannter Meister) und **Holzplastik** „Abschied Christi von seiner Mutter" von *Hans Nußbaum* (1525). Außerdem einige sehenswerte **Altäre. Marienkapelle** (1200, barockisiert, Schlüssel beim Mesner). **Barocke Klosterkirche** (17. Jh.) mit interessanter Rokokoausstattung. Mit fränkischem Fachwerk geschmückter Bau des **Katharinenspitals** (um 1350, barockisiert, Schlüssel bei den Schwestern).

Frauenchiemsee *(siehe Chiemsee)*

Freising *(34 000 Ew, Route By12)*

Stadt an der Isar, Bischofssitz.
Eine der ältesten Städte Oberbayerns, im frühen 8. Jh. Residenz der Agilolfinger Herzöge. Das Bistum Freising wurde 739 vom Heiligen Bonifazius gegründet. Mehr als 1000 Jahre war die Stadt geistlicher und weltlicher Mittelpunkt Altbayerns. Bis zur Säkularisation (1803) auch weltliche Herrschaft der Freisinger Bischöfe, danach beschränkte sich die Machtausübung auf den kirchlichen Bereich.
Eine Einrichtung besonderer Art ist „Weihenstephan" (eines der bekanntesten Lehr- und Forschungszentren für Landwirtschaft, insbesondere für das Brauwesen). Die **„Staatsbrauerei Weihenstephan"** stellt eines der beliebtesten bayerischen Biere her (es lohnt sich, davon eine Probe im Biergarten von Weihenstephan zu nehmen).
Überregional bedeutende Sehenswürdigkeit der aus dem Jahre 994 stammende romanische ****Dom**. Krypta mit schönen Säulenkapitellen und Säulenreliefs (strahlt noch die Wucht der romanischen Urform aus). Der fünfschiffige Dom ist baulicher Mittelpunkt der Domstadt.
Im Inneren barocke Ausschmückung durch die *Brüder Asam*. Der Gegensatz zwischen der äußeren (romanischen bis gotischen) schlichten Form und dem über und über geschmückten Inneren ist markant. Im Kontrast zum geschmückten Raum der Johanneskapelle vor allem die schlichte romanische **Krypta**, die von drei Säulenreihen getragen wird.
Besonders beachtenswert die 4. Säule der mittleren Reihe, die *Bestiensäule*. In der Krypta **Steinsarg** des Heiligen Korbinian, der um 720 in Freising lebte.
Hochaltar des Bildhauers *Philipp Dirr* von 1624. Bild im Altar stellt die „Apokalyptische Maria" dar. Von großer Würde und ausgeprägter Formen- und Figurenvielfalt das **Chorgestühl**, welches Ende des 15. Jhs. der Freisinger *Meister Bernhard*

schnitzte. **Kreuzgang** (durch die Vorhalle der Sakristei) aus dem 15. Jh., Anfang des 18. Jhs. barockisiert. **Stukkaturen und Fresken** von *Johann Baptist Zimmermann*, zahlreiche **Grabsteine** mit teilweise sehr schönen Bildhauerarbeiten (die meisten von ihnen aus dem 15. und 16. Jh.).
Benediktuskapelle aus dem Jahre 1340 (*****Hornbeck-Fenster** aus dem Jahre 1412, eines der schönsten frühgotischen Werke der Glasmalerei in Oberbayern). In der Nähe die **Dombibliothek** von 1738 (Stukkaturarbeiten von *Thomas Glasl*, frühklassizistische Apollostatue).
Am Domplatz die **Johanneskirche** (frühgotische Basilika, 1321 gestiftet, besonders beeindruckend durch klare Gestaltung).
Bischöfliche Residenz, anfangs des 17. Jh. barockisiert, durch den „Fürstengang" (erbaut 1683) mit dem Dom verbunden. **Arkadenhof** von 1519, Renaissance. Interessant die **Hofkapelle** mit Stukkaturen von 1629.
Diözesan-Museum mit zahlreichen sakralen Kunstwerken. Vom Domberg abschließend ein Bummel durch die untere Stadt mit **Heilig-Geist-Spitalkirche** (1607), **Heimatmuseum** (1697) und Wohnhäusern aus dem 17. Jh. (Hauptstraße).

Freystadt *(1 530 Ew, Route By10)*

Stadt an der Schwarzach am Rand des Oberpfälzer Jura. Planmäßige mittelalterliche Stadtgründung, 1298 erstmals urkundlich erwähnt.
Am besten betritt man den Ort durch einen der beiden Tortürme. Der Eindruck eines abgeschlossenen Raumes mit dem Marktplatz als abgegrenztem Innenraum ist dann am stärksten.
Bemerkenswertester Bau (neben Rathaus und Pfarrkirche St. Peter und Paul) die *****Wallfahrtskirche Zu Unserer Lieben Frau**. Baumeister des barocken Kunstwerks war *G.A. Viscardi* (aus der Schweiz stammender Hofbaumeister in München). Ein anderer, bekannter Barockkünstler war *F. Appiani*, von dem Stukkaturen, Kanzel und acht große Figuren in der Kirche stammen (1709). Den größten Eindruck hinterlassen jedoch die erst 1959 freigelegten **Fresken** von *Hans Georg Asam* und seinen Söhnen *Cosmas Damian* und *Egid Quirin* (Anfang des 18. Jhs.). Sie füllen den Zentralbau mit der mächtigen **Kuppel** (schönstes bayerisches Barock, durch vier Kuppelfenster und Laterne hell ausgeleuchtet).

Friedberg *(26 000 Ew, Route By2)*

Gegründet im 13. Jh., nachdem Herzog Ludwig II. um 1250 das Schloß „Vrideberc" hatte errichten lassen.
Marienplatz, eingerahmt von schönen Bürgerhäusern, vermittelt noch heute den Eindruck des historischen Stadtkerns. **Rathaus** (17. Jh.) mit Volutengiebeln, Achteckturm mit Zwiebelhaube, Geschoßerkern und Gesimsen (schönes Beispiel städtischer Renaissancebaukunst).
Im Rathaus **Fresken** von *Josef Widmann* aus dem Jahre 1892 (Festschießen des Herzogs Wilhelm V. am 6. August 1582 in Friedberg).
Schloß, mittelalterliche Burgfestung, heute Heimatmuseum, 1976 bis 1982 umfas-

send renoviert. Im Erdgeschoß Möbel, Trachten, Textilien und Handwerksgegenstände aus der Umgebung Friedbergs; im ersten Stock Uhren, Möbel, Fayencen und Steinzeug-Gerätschaften sowie eine schöne Sammlung von Gegenständen der Vor- und Frühgeschichte.

Wallfahrtskirche „Unseres Herrn Ruhe" (Herrgottsruhstraße, Besichtigung nach telefonischer Anmeldung, Telefon 08 21/60 15 11). Ihre Entstehung geht auf ein Gelöbnis zurück, das ein Friedberger Jerusalem-Pilger um 1300 ablegte und um 1350 verwirklichte. In ihrer heutigen Form (Neugestaltung von 1731 bis 1753) eine der schönsten Schöpfungen bayerischen Barocks und Rokokos.
Bedeutende Künstler wie *C.D. Asam, Matthäus Günther* und *Franz Xaver Feichtmayr* gestalteten den Innenraum mit seinen sieben Kuppeln. An der südlichen und an der nördlichen Wand sehenswerte **Votivtafeln**.

Fürstenfeldbruck *(26 000 Ew, Route By12)*

Stadt an der Amper im Westen von München, einer der Wohnvororte Münchens. Ursprünglicher Name Bruck (seit 1306 Markrechte), um 1400 kam der Ort zum 1258 gegründeten Zisterzienserkloster auf dem „Fürstenfeld" bei Bruck. Heutiger Name seit 1908.
Ehem. Zisterzienser-Klosterkirche *Mariä Himmelfahrt. Bau vollendet 1741, Baumeister *G. A. Viscardi*. Gelungene Verbindung zwischen Italienischem und bayerischem Barockstil. Chor und Turm italienisch beeinflußt (zu Lebzeiten *Viscardis* errichtet), übrige Teile (nach seinem Tod) mehr im bayerischen Barock gestaltet. Großartige Fassade mit sechs Säulen. Leuchtend farbige Innengestaltung mit Fresken von *C. D. Asam*, mächtiger Hochaltar von *E. Q. Asam*.

Fürstenzell *(6 400 Ew, Route By11)*

Gemeinde in einem Tal des Hügellandes am Südabhang des Neuburger Waldes. Bedeutendstes Baudenkmal das frühere Kloster und die ehemalige **Klosterkirche Mariä Himmelfahrt** (heutiger Bau aus dem 18. Jh., Baumeister war *Joseph Matthias Götz* aus Passau, während des Fortganges des Baues wurde er von *Johann Michael Fischer* aus München abgelöst). Die schlanken Türme mit ihren stark gegliederten Turmhelmen bilden einen architektonischen Kontrast zur breiten Fassade des Kirchenbauwerkes. Inneres über und über mit Stukkaturen, Fresken und Bildwerken geschmückt. *Johann Baptist Modler* schuf die Rocaille-Stukkaturen, *Johann Jakob Zeiller* aus Tirol die Gemälde. Der von zwei Säulen gerahmte Altar ein Meisterwerk des *Johann Baptist Straub* aus München (1741).
In den **Klostergebäuden** bietet die **Bibliothek** eines der schönsten Raumbilder bayerischen Rokokos. Besonders interessant das geschnitzte **Geländer** der Empore. Ein anderes sehenswertes Detail des Raumes die **Schrankwand** (von *Josef Deutschmann* virtuos geschnitzt). Auch der **Fürstensaal** im Kloster (jetzt Kapelle) spiegelt die Gestaltungskunst bayerischer Rokokokünstler wider, hier wirkten als Maler *Vinzenz Vischer* und *Bartholomäo Altomonte*.

Füssen/Allgäu *(15 500 Ew, Route By3)*

Die Gründung der **malerischen Stadt** an der Grenze zu Tirol geht auf eine römische Militärstation zurück, die an der ehemaligen Heeresstraße Via Claudia zwischen Italien und Augsburg bestanden haben soll.

Stadtpfarrkirche St. Mang, 1717 geweiht, Baumeister *Johann Jakob Herkomer* aus Füssen. Eine Besonderheit und typisch für den Stil von *Herkomer* die **dreiteiligen, halbkreisförmigen Fenster**. Von *Herkomer* auch die meisten Stukkaturen und Fresken (Szenen aus dem Leben des Kirchengründers Magnus). Von *Anton Sturm* die **Marmorfiguren** auf dem Hochaltar. Bemerkenswert die schöne **Kanzel**, die von einer Muschelschale überdeckt wird und deren Unterteil hervorragend gestaltete **Barockfiguren** bilden (ebenfalls von *Sturm*). Frühromanische **Krypta**, in der vermutlich St. Magnus beigesetzt wurde (Bau aus dem 9. Jh.). In der Krypta **Wandgemälde** aus dem 10. Jh. (nur noch teilweise erhalten, die beiden Heiligen Magnus und Gallus darstellend). Von großer Schönheit die Ausstattung der **Magnuskapelle**, zwischen 1750 und 1755 mit Stukkaturen und Fresken von *Franz Anton Zeiller* ausgeschmückt, Figuren von *Anton Sturm*. **St. Anna Kapelle** mit **Muttergottesfigur** (beginnendes 16. Jh.) und **Gemälde** eines Totentanzes mit 20 verschiedenen Darstellungen (*Jakob Hiebeler*, 1610).

Kloster heute **Heimatmuseum und Rathaus, Fürstensaal im Museum**, mit außerordentlich schönen Stuckverzierungen geschmückt (1721 bis 1724 vom Italiener *Andrea Maini*). Museum zeigt Exponate aus der Vor- und Frühgeschichte, dem Handwerk, dem Lehrwesen und dem bäuerlichen Leben im Allgäu sowie eine Instrumentensammlung.

Hohes Schloß, Ende des 15. Jhs. errichtet, diente den über Füssen herrschenden Fürstbischöfen von Augsburg bzw. Zollern als Sommerresidenz. Heute Ausstellungsort eines Teiles der **Gemäldegalerie der Bayerischen Staatsgemäldesammlungen**. Zahlreiche Räume mit Balken- bzw. Kassettendecken (frühes 16. Jh.) sowie Schnitzereien und Stukkaturen (17. Jh.). **Schloßkapelle** gotisch, auch die meisten übrigen Teile des Schlosses aus dieser Periode. Besonders hübsch zwei Erker und die originellen **Wandmalereien** im Fürstenflügel.

Spitalkirche (in der Nähe der Lechbrücke), 1749 von *Franz Karl Fischer* erbaut. An der Fassade interessante **Fresken** (St. Florian und Christophorus), **Rocaille-Stukkaturen** von 1760 bis 1770, **Schutzengelgruppe** an der Nordwand (Ende 18. Jh.).

Furth im Wald *(9 200 Ew, Route By10)*

Stadt an der Grenze zur Tschechoslowakei, bekannt durch das älteste deutsche Volksschauspiel, den „Further Drachenstich". Seit 500 Jahren wird es vom 2. bis 3. Augustsonntag aufgeführt. Mittelpunkt am ersten Festsonntag ein großer historischer Festzug. Insgesamt sieben Festspielaufführungen, davon drei am Tage und vier während der Nacht.

Stadtpfarrkirche Mariä Himmelfahrt (Lorenz-Zierl-Straße 1), erbaut 1725, Bauform von der Renaissance inspiriert, im Inneren barock ausgestattet. In der Unterkirche (Lourdes-Grotte) majestätisch wirkendes **Renaissance-Kruzifix** an der linken Wand. Sehr schön der 12 Meter breite und 17 Meter hohe spätbarocke **Hochaltar**, Altarblatt mit „Mariä Himmelfahrt" (modernes Gemälde von 1862). **Rokokoorgel** von 1788, 1982 durch zwei Flügel erweitert. **Kreuzkirche**, seit 1781 als Wallfahrtskirche, erbaut 1610, erweitert 1765. Äußeres Barock, Inneres Barock bis Rokoko. Bedeutend die **Skulptur** „Heiland in der Rast" (zweite Hälfte 18. Jh.). Viel älter die **Kreuzigungsgruppe**, eine Steinplastik aus der Übergangszeit der Romanik zur Gotik um 1300 (stellt den sterbenden Christus mit Maria und Johannes dar, stammt vermutlich aus der Regensburger Dombauhütte).

Wer nicht zur Zeit des „Drachenstichs" nach Furth kommt, sollte sich das feuerspeiende technische Ungetüm des **Drachens** im **Landestormuseum** am Schloßplatz ansehen. In anderen Räumen des Museums Möbel, Hinterglasbilder, bäuerliche Gerätschaften, Glasherstellung und Sammlung von Bienenkörben und Imkereigerät (die größte Bayerns).

Eisenhammerwerkmuseum „Voithenberghammer", langgestreckter Massivbau mit Krüppelwalmdach, historische Werkstatt aus dem Jahre 1823. In der Hammerschmiede wurden im wesentlichen land- und forstwirtschaftliche Werkzeuge und Geräte hergestellt, 1926 stellte das Hammerwerk seinen Betrieb ein.

Von der hochmittelalterlichen Stadtanlage nur noch Fragmente vorhanden, so Teile der Burgbefestigung, der Lärmerturm (15. Jh.) und ein Stadttor aus dem 17. Jh.

Gaibach *(siehe Volkach)*

Garmisch Partenkirchen *(27 500 Ew, Route By15)*

Ort nahe der deutsch-österreichischen Grenze, auf einem schon in der Jungsteinzeit (2. Jahrtausend v.Chr.) besiedelten Boden. Um Christi Geburt bauten Römer den hier bereits bestehenden Saumweg zwischen Brennerpaß und Voralpenland zur befestigten Straße aus. Im zweiten Jh. n.Chr. römische Reisestation „Partanum", das heutige Partenkirchen. Der Ortsteil Garmisch wurde 802 als „Germarisgave" zum ersten Mal erwähnt und war Sitz der Urkirche, von der die Christianisierung der Region ausging. Heute ist Garmisch-Partenkirchen einer der führenden Wintersportorte der Bundesrepublik Deutschland.

Garmisch

Katholische Pfarrkirche St. Martin, ein Rokokobauwerk von 1730 bis 1733, Baumeister *Joseph Schmuzer*. Von ihm und anderen Künstlern aus Wessobrunn stammen **Stukkaturen** im Inneren. *Matthäus Günther* schuf die **Deckenfresken**, der Maler *Franz Zwinck* die **Wandmalereien** (Martinslegende). Bedeutende **Schnitzwerke**, so die Peter- und Paul-Figuren am Hochaltar (von *Anton Sturm*) und die Figuren an den Seitenaltären (*Franz Xaver Schmädl*).

Gotische **St. Martins-Kirche**, heutige Bauform 15. Jh., auf Resten eines romanischen Bauwerkes von 1280 errichtet, von dem noch Unterteile des Turmes stehen. ***Wandmalereien** aus der Zeit zwischen 1340 und 1523 verleihen der Kirche kunsthistorische Bedeutung. An der Nordwand eine Christophorus-Figur aus dem 13. Jh. Wer die Fresken schuf, ist nicht bekannt. Recht bedeutend auch die **Glasmalereien** (um 1400). Sehr viel später (Ende 17. Jh.) der barocke **Hochaltar** mit Pieta.

Partenkirchen

Wallfahrtskirche St. Anton, 1708 geweiht, Rokoko. Von den Bürgern Partenkirchens um 1705 als Dank dafür errichtet, daß die Gemeinde unversehrt aus den Schrecken des Spanischen Erbfolgekrieges hervorging. Seit 1934 Franziskanermönche seelsorgerische Betreuer der Kirche (Baumeister vermutlich *Joseph Schmuzer*). **Deckenfresko** der Langhauskuppel von *Johann Holzer*, stellt Heiligen Antonius dar, dem das Christuskind entgegenschwebt.

Pfarrkirche Mariä Himmelfahrt in neugotischem Stil 1868 nach einem Brand neu aufgebaut. Auch die kleine **Pestkapelle** (Barockbau von 1637) ist einen Besuch wert.

Das **Heimatmuseum** im Wackerle-Haus in der Ludwigstraße 47 zeigt Weihnachtskrippen, Bauernstuben, Hausgeräte, Fastnachtsmasken und handwerkliches Gerät, außerdem eine ganze Reihe gut eingerichteter Bauernstuben.

Außerhalb von Garmisch-Partenkirchen auf der Schachenalpe das **Jagdschloß Schachen**, 1871 im Auftrag des bayerischen Königs Ludwig II. als Ausflugsziel und Refugium in den oberbayerischen Alpen errichtet (er ließ auch Neuschwanstein, Linderhof und das Schloß Herrenchiemsee bauen). Der Weg zum 1876 Meter hohen Schloß ist nur zu Fuß möglich und dauert etwa 5 Stunden (durch die Partnachklamm und über die Elmau). Die äußere Form entspricht der eines schweizerischen Hauses. **Prunkraum** im ersten Stock, den Ludwig II. im orientalischen Stil ausgestalten ließ. Es wird berichtet, daß der König und sein Gefolge gerne selbst orientalische Kostüme trugen, wenn sie sich in diesem Raum aufhielten.

Von Garmisch-Partenkirchen lohnt ein Ausflug auf die Zugspitze (mit 2964 Metern höchster Berg Deutschlands). Man kann den Gipfel mit der bayerischen Zugspitzbahn (Zahnradbahn) oder mit einer Seilbahn erreichen.

Geiselgasteig *(siehe Grünwald)*

Gerolzhofen *(6 500 Ew, Route By6)*

Fränkisches Städtchen am Westrand des Naturparks Steigerwald.

Altes Stadtbild inmitten gut erhaltener, doppelter **Stadtmauer** mit Türmen. Viele Fachwerkhäuser und barocke Steinbauten. Historischer **Marktplatz** mit gotischem **Rathaus** (Treppengiebel, 1461) und spätgotischer kath. **Stadtpfarrkirche** (ihrer beiden Türme wegen in der Umgebung als „Steigerwald-Dom" bezeichnet). Im Inneren aus der Entstehungszeit stammendes farbiges **Fenster an der Südwand** (15. Jh.) und 4 m hohe gotische **Madonna** im dreifachen Rosenkranz an der Nordwand. Außerdem Barock- und Rokoko-Altäre (**Hochaltar** von *Johann Peter Wagner* aus Würzburg, um 1750).

Hinter der Pfarrkirche **Johannis-Kapelle**, an der Südmauer gut erhaltene, **gotische Inschrift** von 1497. Spätgotische Maßwerkfenster im Obergeschoß, auf dem Altar **Kreuzigungsgruppe** aus der Veit-Stoß-Schule (um 1530) und ***Riemenschneider-Kruzifix** von 1510.

Gmund am Tegernsee *(6 400 Ew, Route By15)*
Hübscher Ferienort am Tegernsee. **Katholische Pfarrkirche St. Ägidius** (entstanden zwischen 1688 und 1693 auf dem Boden einer Vorgängerkirche, die im Dreißigjährigen Krieg weitgehend zerstört wurde). Baumeister war *Lorenzo Sciasca*. Der Einfluß des italienischen Barock ist deutlich spürbar. *Johann Georg Asam*, einer der bekanntesten Barockkünstler aus Bayern, schuf das **Gemälde des Hochaltars** (1692). Es stellt die Geschichte des heiligen Ägidius dar. **Holzrelief** des bayerischen Bildhauers *Ignaz Günther* von 1763, das den Barmherzigen Samariter zeigt.

Gögging, Bad *(siehe Neustadt/Donau)*

Gößweinstein *(4 200 Ew, Route By9)*
Oberfränkische Kleinstadt. Kath. ****Basilika und Wallfahrtskirche** nach Plänen von *Balthasar Neumann*, dem berühmten Barockbaumeister aus Würzburg (um 1735), bildet mit ihrer machtvollen, zweitürmigen Fassade und der Terrasse einen der Höhepunkte seines Schaffens. Bemerkenswerte **Stukkaturen** im Kircheninneren.

Greding *(6 500 Ew, Route By10)*
Kleine Stadt im Fränkischen Jura, südöstlich von Nürnberg. Als Königshof 1003 erstmals genannt, große Zerstörungen im Dreißigjährigen Krieg.
Sehr gut erhalten die **mittelalterliche Stadtbefestigung** (von 1383 bis 1415) mit drei Stadttoren und zahlreichen bewohnten Türmen. Bedeutende Gebäude am Marktplatz das **Fürstbischöfliche Schloß** (1696) und das **Rathaus** (1699). Bemerkenswertestes Bauwerk die ***Kirche St. Martin** aus dem 11. Jh. (umgebaut 16. Jh.). Im Originalstil des 11. Jhs. erhalten ein abseits stehender, fünfgeschossiger **Turm**. Interessant im Inneren die **Wandmalereien** aus dem 12. bis 16. Jh. und der **Altar** mit seinen Schnitzwerken von 1480. 2500 Skelettreste aus der romanischen Zeit enthält der **Karner** neben der St. Martins-Kirche. In der **St. Jakobskirche** ein wertvoller **Altar** sowie **Deckengemälde** aus der Zeit um 1874, eine spätgotische „Maria mit dem Jesuskind" (1510). Von einem der bedeutendsten Baumeister der Region, dem Eichstädter Hofbaumeister *Jakob Engel*, das barocke **Rathaus** (1699). Von einem anderen bekannten Architekten der damaligen Zeit, dem Hofbaumeister *Gabriel de Gabrieli* aus Eichstätt, das barocke **Jägerhaus** (1741). Außerdem einige schöne Barockkirchen in den eingemeindeten Ortsteilen Gredings.

Grünwald bei München *(10 000 Ew, Route By16)*
Bevorzugter Wohnort wohlhabender Münchner Bürger.
*Burg Grünwald (13. Jh.), einziger noch erhaltener gotischer Profanbau der Region (Prähistorische Staatssammlung mit Zweigmuseum).
*Filmstadt Geiselgasteig, größtes Film- und Fernsehzentrum Europas. 1919 eingerichtet, Drehort zahlreicher bekannter Filme. Größter Ausstattungsfundus in Europa. Im Sommerhalbjahr Besichtigungstouren durch das Filmgelände.

Gundelfingen *(6 300 Ew, Route By1)*
Ort am Rande der Donautal-Terrasse.
Stadtpfarrkirche St. Martin, galt aufgrund romanischer Stilelemente an der Südmauer bis 1981 als Bauwerk der Staufischen Stadtgründung des 13. Jhs. Jüngste Ausgrabungen ergaben, daß ihre Ursprünge auf eine Holzkirche von 620 zurückgehen. Man fand unter anderem einen **Meilenstein**, den der römische Kaiser Caracalla vermutlich 212 n.Chr. am Grenzübergang in der Nähe von Gundelfingen aufstellte. Jetzige Form der Kirche 18. Jh. Gotische Madonna von 1390, Epitaph aus dem 17. Jh.
Rathaus (1677), mit Giebeln und Türmchen ein recht anmutiger Anblick, typisches Bauwerk des späten 17. Jhs. Im Sitzungssaal Schlachtengemälde und eroberte Fahnen von 1462.
Interessant außerdem das **Stadttor** (mit Wappen an der Ostseite zur unteren Vorstadt), **Schloß Schlachtegg** (1554) und die **alte Holzbrücke** über das Flüßchen Brenz.

Günzburg *(19 000 Ew, Route By1)*
Stadt ging aus einer Römersiedlung hervor (77/78 n.Chr. ein Kastell). 500 Jahre lang (1301 bis 1805) Residenzstadt der österreichischen Habsburger.
*Liebfrauenkirche von 1736 bis 1741, *Dominikus Zimmermann* erbaute sie in stilreinem Rokoko als Nachfolgerin einer gotischen Kirche, die 1735 abbrannte. Typisch für den Stil des Baumeisters *Zimmermann* die dreiteiligen Fenster und die Pilastergliederung. Über dem Gewölbe feinster Rokokoschmuck, der das Fresko der Marienkrönung umrahmt (Schöpfer des Langhausfreskos der Günzburger Maler *Anton Enderle*). Doppelter **Choraltar** (vom Bildhauer *Ignaz Hillebrand* 1758 fertiggestellt), **Chorgestühl** mit Ornamentverzierung (frühes Rokoko, von *Johann Michael Baur* aus Offingen 1740 geschnitzt).
Marktplatz mit **Stadtturm**, von **Bürgerhäusern** des 17. bis 19. Jhs. umsäumt, **Stadttor** aus dem 15. bis 17. Jh.
Kleines **Schloß** der früheren österreichischen Verwaltung, zusammen mit der angegliederten Kirche 1577 errichtet. **Schloß-Kirche** im wesentlichen Renaissance (Kapelle Rokoko), Schloß 1704 barockisiert.

Gunzenhausen *(15 000 Ew, Route By5)*
Fränkische Stadt an der Altmühl.
Stadtbild weist noch auf die Blütezeit des Ortes während des Barock hin, besonders am Marktplatz viele Bürgerhäuser aus dieser Zeit (früheres Heimatmuseum, Haus Foto-Braun). Von der einstigen Stadtbefestigung noch drei Türme erhalten, der **Blasturm** (Rathausstraße, 13./14. Jh., mit Zunftstube und Türmerwohnung), der **Färberturm** (Anfang 14. Jh., Weißenburger Straße, heute Aussichtsturm) und der **Storchenturm** (Sonnenstraße, um 1450, Storchennest).
Ev. Stadtkirche, ein im Kern romanisches Bauwerk aus dem 15. Jh. mit Veränderungen Anfang des 18. Jhs. Im Inneren **Fresken** von 1498 (Christophorus), **Hochaltar** mit Bild (Verklärung Christi) von *J.D. Fillisch* (errichtet ca. 1705) und Kreuzaltar mit **Volpini-Kruzifix** von 1705.

Gundelfingen-Heiligenstadt

Übrige Ausstattung gehört zur Gotik. Ansehnlich auch die **Spitalkirche**, ein gotischer Bau von 1352, der 1701 erneuert und barockisiert wurde (Stukkaturen und schöner Hochaltar).
Museum im Alten Rathaus (Barock, 18. Jh.) mit zahlreichen Exponaten zur Heimatgeschichte (u. a. Fayencen mit Falkenjagd-Themen), Rathausstr.
Originalrelikte aus der Römerzeit im Burgstallwald (restaurierter **Limes-Wachtturm** auf originalen Grundmauern).

Haardorf *(siehe Osterhofen)*

Haimhausen *(3 400 Ew, Route By12)*
Kleiner Ort bei Dachau nahe München. Das ***Schloß** ist bemerkenswert. Schlichter Barockbau aus dem späten 17. Jh., 1747 von *François Cuvilliés d.Ä.* im französischen Stil umgestaltet. Kapelle im Südflügel, *Johann Georg Bergmüller* aus Augsburg schuf 1748 das großartige **Deckengemälde**.

Harburg *(5 600 Ew, Route By5)*
Schwäbische Kleinstadt nordwestlich von Donauwörth an der Wörnitz (Eingang zum nördlichen Ries).
Stadtbild wird beherrscht von der oberhalb liegenden **Burg** aus dem 12. Jh. Heute Besitz der Adelsfamilien Oettingen-Wallerstein. Beherbergt bedeutende Kunstsammlungen und das fürstliche Archiv. Bedeutendstes Exponat ein Elfenbein-Kruzifix aus dem 12. Jh. und ein Teil eines Altars von *Tilman Riemenschneider*.
Schloßkirche St. Michael, im Ursprung romanisch, später mit Stukkaturen barockisiert. Zwei gotische Schnitzwerke, die Muttergottes-Figur von 1480 und der Heilige Michael von 1510.

Haßfurt *(10 800 Ew, Route By8)*
Unterfränkische Kleinstadt am Main (älteste Furtsiedlung am Fluß).
Mittelalterliche ***Altstadt**, kaum verändert seit dem 16. Jh., von Resten der Stadtmauer umgeben.
Spätgotische kath. **Pfarrkirche St. Kilian**, Grundsteinlegung 1390, Holzplastiken von *Tilman Riemenschneider* und einheimischen Künstlern.
***Ritterkapelle** (im 15. Jh. außerhalb der Stadtmauern erbaut), der spätgotische Bau war seinerzeit religiöser Mittelpunkt einer ländlichen Ritterbruderschaft. Davon zeugen noch ***276 heraldische Schilde** im Rundbogenfries der Choraußenwand und in der Kirche.

Heiligenstadt/Ofr. *(3 400 Ew, Route By9)*
Kleine Stadt in der Fränkischen Schweiz nördlich von Nürnberg. Zwei Kilometer nördlich des Ortes das ***Schloß Greifenstein** von *L. Dientzenhofer*. Im Inneren interessante Waffensammlung und Wappensaal.

Heilsbronn *(7 500 Ew, Route By8)*
Mittelfränkische Kleinstadt, hervorgegangen aus einem 1132 gestifteten **Zisterzienserkloster**.
Ehem. **Klosterkirche**, Grablege der fränkischen Hohenzollern. Um 1139 erbaut als dreischiffige romanische Basilika, im 13.—15. Jh. gotische Anbauten. Nach 1945 im alten Zustand wiederaufgebaut. Bedeutende Grabdenkmäler, neun Altäre, spätgotischer Hochaltar von 1522. Bedeutendes Renaissancegrabmal zweier Brandenburgischer Markgrafen von *Loy Hering* (südl. Seitenschiff). Unter dem Hochgrab der Kurfürstin Anna entspringt der „Heilsbronn", eine gefaßte Schwabach-Quelle.

Herrenchiemsee *(siehe Chiemsee)*

Hersbruck *(11 000 Ew, Route By9)*
Kleine Stadt an der Pegnitz am Fuß der Frankenalb nordöstlich von Nürnberg.
Hübsche Altstadt mit fränkischen Fachwerkhäusern und Resten der Stadtbefestigung (drei Tortürme, 15. Jh.). **Pfarrkirche** (Chor 15. Jh., später barockisiert) mit mittelalterlichem Flügelaltar (**Kirchenväteraltar**) des „Meisters von Hersbruck" (1480). Im Chor Glasgemäldefenster von 1480. In der Spitalskirche **St. Elisabeth** (erbaut 1400) ein spätgotischer Kreuzigungsaltar aus der Schule des *Veit Stoß* von 1500.
Hirtenmuseum, einziges seiner Art in Deutschland.

Höchstädt/Donau *(5 000 Ew, Route By1)*
Im frühen Mittelalter gegründet, gehörte bis 1268 den Staufern. Bekannt durch die entscheidende Schlacht des Spanischen Erbfolgekrieges, die am 13. August 1704 vor den Toren der Stadt tobte. In dieser Schlacht besiegten Prinz Eugen und der Herzog von Marlborough die französischen Truppen unter Marschall Tallard und die bayerischen Truppen unter Kurfürst Max Emanuel.
Zwei Bauwerke von besonderer Bedeutung. ***Pfarrkirche Mariä Himmelfahrt** (Chor und Turm von 1485). Langhaus wurde 1523 erbaut. Äußere Form schlicht spätgotisch. Im Inneren barocker **Hochaltar** des einheimischen Meisters *Bernhard Eckhardt*. Reich geschnitzte **Kanzel** (1681 vom Dillinger Bildhauer *Libigo*). Eine besonders feine Arbeit das **Tabernakel** des Dillinger Bildschnitzers *Johann Michael Fischer* von 1760.

Höglwörth *(siehe Anger)*

Hof *(54 000 Ew, Route By9)*
Nordbayerische Stadt an der oberen Saale, nage zur Grenze zur DDR. Pfarrkirche **St. Lorenz**, ursprünglich aus dem 11. Jh., im 16. Jh. zur heutigen Form umgestaltet. Im Inneren sehenswert ein spätgotischer Flügelaltar (Ende 15. Jh.).
Spitalkirche, spätgotisch schlichter Bau, bemalte Kassettendecke (Barock).

Hohenaschau *(siehe Aschau)*

Hohenpeißenberg *(2 000 Ew, Route By2)*
Bekannt durch die ehemalige **Wallfahrtskirche** auf einem Bergkegel (schon von weitem sichtbar). Ältester Teil dieser Pfarrkirche Mariä Himmelfahrt die Gnadenkapelle (um 1514). Kirche selber stammt aus dem Jahr 1619. Stuckverzierter, einschiffiger Innenraum mit **Hochaltar** (1620) und **Holzreliefs** von *Schmädl* bzw. *Steindle*.
Eine bedeutende Kostbarkeit des Rokoko die *****Gnadenkapelle** mit Rocaille-Stukkaturen im Wessobrunner Stil und Deckengemälden von *M. Günther* (1748). Sehr viel älter in der Gnadenkapelle der **Hochaltar** mit spätgotischem Gnadenbild der Gottesmutter (um 1490).

Hohenschwangau *(siehe Schwangau)*

Inchenhofen *(1 100 Ew, Route By2)*
Wallfahrtskirche St. Leonhard, Turm von 1486, übrige Teile 18. Jh. Im Mittelschiff riesiges **Gewölbefresko** von *Ignaz Baldauf* (um 1763). Stellt Szenen aus der St. Leonhards-Legende dar. Um 1750 entstand der prächtige **Hochaltar** von *E.Q. Asam*.

Ingolstadt *(90 500 Ew, Route By11)*
Alte Festungsstadt in einer weiten Ebene beiderseits der Donau. 1472 bis 1800 Sitz der bayerischen Landesuniversität, die 1800 zunächst nach Landshut und 1826 nach München verlegt wurde. 1827 wurde Ingolstadt unter König Ludwig I. zur Landesfestung ausgebaut, seither Garnisonsstadt und Waffenschmiede Bayerns, heute Automobilstadt (Audi-NSU).
Von der früheren Stadtbefestigung noch Teile der Mauern und verschiedene Tore und Türme erhalten. *****Kreuztor**, (um 1385) wohl eines der besterhaltenen mittelalterlichen Tore in Süddeutschland. Hübsches, altes **Stadtbild** innerhalb der mittelalterlichen Stadtbefestigung (14. bis 16. Jh.), demonstriert das Bild einer geplanten, bayerisch-herzoglichen Stadtanlage.
*****Liebfrauenmünster** (Kreuzstraße), erbaut nach 1425, eines der beeindruckendsten Bauwerke der Spätgotik in Bayern. Steil streckt sich das Dach über einen mäßig ge-

gliederten Backsteinbau in die Höhe (Türme stehen über Eck). Spätgotischer, zur Renaissance tendierender **Hochaltar** von 1572 (Maler *Hans Mielich*, Zimmermann *Hans Wisreuther*). Der sogenannte „Wandelaltar" zeigt 91 Gemälde und kann je nach kirchlicher Jahreszeit offen oder geschlossen benutzt werden. **Chorgestühl**, alte **Bildfenster** aus dem 16. Jh. im Langhaus.
Stadtpfarrkirche St. Moritz (Moritzstraße 4), älteste Kirche der Stadt (aus der Karolingerzeit, spätromanisch, im Inneren teilweise spätbarock ausgestattet). **Franziskanerkirche** (zum gleichnamigen Kloster in der Schrannenstraße gehörig), schlichte und streng gotische Basilika, 1755 eingebrachter Hochaltar (reichhaltig geschmückt), viele guterhaltene **Grabdenkmäler** (hauptsächlich 16. Jh.).
Gnadenthal-Kirche (Johannesstraße), von *Hans Leinberger* geschnitzte ***Figur der Anna Selbdritt** an der südlichen Seite des Kirchenschiffes, ein hervorragendes Kunstwerk der späten Gotik (mit bereits barocken Zügen, Rahmen Renaissance).
Kirche Maria de Victoria (Neubaustraße), ursprünglich Bet- und Versammlungssaal der Marianischen Studentenkongregation (in seiner Konzeption eine Mischung aus Kirche und Kronsaal). Großartiges ****Deckengemälde** von *C.D. Asam* (eines der wichtigsten Werke des bayerischen Rokoko), entstanden 1736, 40 Meter lang und 15 Meter breit, stellt die „Heilige Jungfrau als Mittelpunkt der Erde" dar. **Hochaltar** von *Johann Michael Fischer*, zweite Hälfte 18. Jh. **Silbergetriebene, vergoldete Monstranz** in der Sakristei, welche die Seeschlacht von Lepanto darstellt (vom Goldschmied *Johann Zeckl* aus Augsburg, 1708).
An der südöstlichen Ecke der neuen Stadtmauer **Neues Schloß** (von 1430). Äußeres nüchtern, wuchtig und recht schlicht, Inneres durch schöne spätgotische Ausgestaltung sehr interessant (heute **Bayerisches Armeemuseum**). Von besonderer Güte die Steinmetzarbeit der **Pforte zur westlichen Turmstube. Altes Schloß** (heute „Herzogskasten"), höchst reizvoller Bau des 13. Jhs., nach Errichtung des Neuen Schlosses zum Getreidespeicher umfunktioniert, heute Stadtbücherei. Schön das Satteldach und die Treppengiebel.

Iphofen *(4 200 Ew, Route By6)*
Bekannter Weinort. Malerisches ***Stadtbild** mit gut erhaltener Mauerbefestigung. Verschiedene hübsche Tore und Türme **(Rödelseer Tor)**. Spätgotische **St. Veitskirche**, erbaut 15./16. Jh., mit Stilelementen der Renaissance. Im Inneren ***Schnitzfigur des Heiligen Johannes** von *Tilman Riemenschneider*. Andere sehenswerte Bauwerke: **St. Michaelskapelle** von 1380, **St. Martinskirche** von 1615, zahlreiche alte **Klosterhöfe** und Adelssitze, barockes **Rathaus** von 1718 (Freitreppe zum reich verzierten Portal).

Irsee *(1 200 Ew, Route By2)*
Kleiner Ort im bayerischen Schwaben nahe Kaufbeuren.
Ehemal. ***Benediktinerklosterkirche Mariä Himmelfahrt**, jetziger Bau von 1699–1702, Baumeister *Franz Beer* aus Vorarlberg. Die beiden Helmtürme von 1754. Im Inneren reiche Stuckverzierungen Wessobrunner Art, **Marienaltar** mit Thronender Muttergottes (1510), ungewöhnliche Kanzel in Schiffsform (1725) mit Schalldeckel in Form eines geblähten Segels und Putten in der Takelage.

17 *(vorhergehende Seite): Neu-Esting im Altmühltal*
18 *(linke Seite): Regensburger Dom*
19 *(oben): Bamberger Dom*

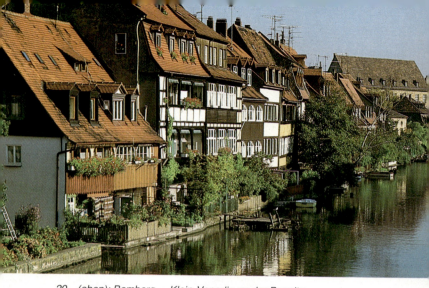

20 (oben): Bamberg — Klein-Venedig an der Pegnitz

21 (unten): Bayreuth — Eremitage

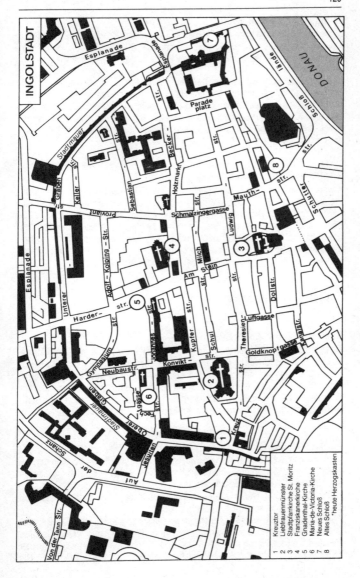

Jettingen-Scheppach *(6 000 Ew, Route By1)*
Durch die *Wallfahrtskirche Allerheiligen im Ortsteil Scheppach bekannt, eine Rokokokirche des Baumeisters *Simpert Kramer* von 1731/32. 1770 Chorbau wahrscheinlich von *Josef Dossenberger*. Rund 2 km östlich von Scheppach auf einer bewaldeten Höhe.
In Scheppach außerdem barocke **Dorfkirche** von *Josef Dossenberger*. Turm und Chor der spätgotischen Vorgängerkirche blieben in dem spätbarocken Neubau aus dem Jahre 1768 erhalten. Bemerkenswert die **Fresken** von 1769 bis 1770, die der Maler *Martin Kuen* aus Weißenhorn 1769 schuf. *Kuen* war einer der fähigsten Freskenmaler Oberschwabens. Mittelbild stellt eine Huldigung des Habsburger Kaiserhauses vor Christus dar.

Kaisheim *(3 200 Ew, Route By5)*
Kleiner Ort im bayerischen Schwabenland. Frühere **Zisterzienserkirche**, Pfeilerbasilika (Ende des 14. Jhs. erbaut, kräftiger Turm von 1459, Turmhelm 1770). Inneres Barock, **Hochaltar** (1673) mit riesigen Gemälden und Triumphbogen im Kontrast zur äußerlich spätgotisch einfachen Kirche. Im Chor zwei **Muttergottes-Statuen** (14. Jh.) aus Stein. Grabmal des Kirchenstifters von 1434. Im Anschluß an die Kirche die **Klostergebäude** (prachtvoll ausgemalter Kaisersaal von 1725). 5 km entfernt **Schloß Leitheim**, ehemalige Sommerresidenz der Kaisheimer Äbte.

Kappel *(siehe Waldsassen)*

Kastl *(2 700 Ew, Route By9)*
Oberpfälzische Marktgemeinde südöstlich von Amberg. Ehemaliges **Benediktinerkloster** (11. Jh.), das noch heute wie eine wehrbereite Burg wirkt. Romanische **Basilika**, im Chor eines der frühesten und ausladensten *Tonnengewölbe Süddeutschlands. Wappenfries an der Hochschiffwand weist die Stifter des Klosters aus. Vom Chorgestühl (13. Jh.) nur noch Reste vorhanden, gut erhalten dagegen einige **Grabmäler**, z.T. 14. Jh. Vom früheren Kloster **Kreuzgang** und **Kapitelsaal** vorhanden.

Kaufbeuren *(42 000 Ew, Route By2)*
Schwäbische Stadt an der Wertach, im Stadtteil Neugablonz Ansiedlung der Gablonzer Glas- und Schmuckindustrie nach dem Zweiten Weltkrieg. Hervorgegangen aus einem fränkischen Königshof, Stadtrechte seit 1240.
Kath. Pfarrkirche **St. Martin**, spätgotisch erneuert Mitte 15. Jh., romanisches Taufbecken und spätgotische Schnitzfiguren im Chor.
*St. Blasius-Kapelle, auf einer Anhöhe im Nordwesten der Stadt, erbaut 1319 auf der Stadtmauer, in der Nähe ein Wehrturm, zu dem der Wehrgang aus der Kapelle führt. Heutiger Baubestand von 1436 (Chor) bzw. 1484 (Langhaus). Im Inneren bedeutender
*Schreinaltar, ein Hauptwerk schwäbischer Spätgotik von *Jörg Lederer* (1518). Die

drei Mittelfiguren (St.Ulrich, Blasius, Erasmus) aus einem älteren Schreinaltar. Außerdem spätgotische Wandmalereien, vermutlich von 1484 (Heiligenlegenden). Sehenswert auch das Kruzifix auf einem Vortragekreuz (1350).
Weitgehend erhaltene Stadtmauer (15. Jh.) mit fünf Wehrtürmen, die die Wahrzeichen der Stadt bilden.

Kelheim *(14 240 Ew, Route By11)*

Kreisstadt am Zusammenfluß von Donau und Altmühl (Durchbruch der Donau durch die Juraausläufer). Stadtanlage von 1181, in ihrer quadratischen Vierteilung typisch für eine künstliche Stadtgründung dieser Zeit.
Archäologisches Museum (Lederergasse 11), in einem spätgotischen Speicherbau aus dem 15. Jh. untergebracht, zeigt wichtige Exponate aus der Vor- und Frühgeschichte der umliegenden Landschaft. Ausstellungsprogramm reicht von Funden aus den Höhlen des unteren Altmühltales (ab 80 000 v.Chr.) über die im 2. Jahrtausend v.Chr. lebenden ersten Ackerbauern, das Metallzeitalter, die Urnenfelderzeit, die Hallstattzeit bis hin zu Funden aus der Keltenzeit, der Römerzeit und der beginnenden Besiedlung durch die Bajuwaren.
Ein völlig ungewöhnliches Denkmal ist die ***Befreiungshalle** aus den Jahren 1843 bis 1863. Vom bayerischen König Ludwig I. initiiert, sollte an die Befreiung Bayerns zwischen 1813 und 1815 erinnern (Abschütteln der napoleonischen Fremdherrschaft).
Dieser Bau ist der romantisch-vaterländischen Gesinnung von Ludwig I. zu verdanken, der mit einer ganzen Reihe ähnlicher Monumentalbauten den Ruhm seines Volkes darstellen wollte (zu ihnen gehören in München Siegestor und Feldherrnhalle und bei Regensburg die Walhalla). Es wird berichtet, daß der Monarch den Entschluß zum Bau der Kelheimer Befreiungshalle 1836 auf einer Griechenlandreise faßte.
Architekten zunächst *Friedrich Gärtner* (konzipierte den byzantinischen runden Bau) und später *Leo von Klenze* (gestaltete den Bau endgültig klassizistisch). Eröffnung der Halle am 18. Oktober 1863, dem 50. Jahrestag der Völkerschlacht bei Leipzig, bei der Napoleon auf deutschem Boden endgültig geschlagen wurde. Der 45 Meter hohe Bau steht auf dem rund 100 Meter aufragenden Michelsberg. Wuchtige und monumentale Anlage, römischen Bauten klassizistisch nachempfunden. Die Vierecksäulen an den Außenmauern der Anlage tragen **18 Kolossalstatuen**, die germanische Jungfrauen verkörpern und an das Abschütteln des napoleonischen Jochs durch die deutschen Völker erinnern (Tafeln, welche die Frauengestalten tragen, weisen darauf hin).
Im Ortsteil Weltenburg ein interessantes, barockes Kirchenbauwerk, die ***Klosterkirche St. Georg und Martin** des dortigen Benediktinerklosters (dieses entstand wahrscheinlich bereits im 7. Jh., Abtei wurde es unter Herzog Tassilo in der zweiten Hälfte des 8. Jhs.).
Kirche errichtet zwischen 1718 und 1721, Baumeister war *C.D. Asam.* Er schuf die Fresken und einige Altarbilder, sein Bruder *E.Q. Asam* die Stukkaturen. Das überschäumende Schmuckwerk dieser Kirche zeugt von der religiösen Inbrunst der damaligen Zeit und wirkt pathetisch. Im Chor **Reiterstandbild des Heiligen Georg**, der

gegen den Drachen kämpft. Hinter ihm Fresken der Benediktiner- und Georgi-Ritter (in ihrer Gestaltung seltsam entrückt wirkend). Figuren neben dem Heiligen Georg links St. Martin und rechts St. Maurus (Gesicht des letzteren soll die Züge des Abtes Maurus Bächl, des Bauherrn der Kirche, tragen). Besonders gelungen die **Lichtführung** in der Kirche. Sie wirkt (in der Kuppel) indirekt, das Tageslicht fällt wie aus jenseitigen Höhen kommend in den dämmrigen Raum. Am Kranz der Kuppel zwischen den Puttengestalten ein **Porträt** des Baumeisters *C.D. Asam*, der die meisten Malereien in dieser Kirche schuf. Wohlgefällig schaut er, zu Füßen des Heiligen Martin, auf sein Werk herab.

Ganz in der Nähe des Klosters der bereits erwähnte **Donaudurchbruch**, eine Mauer verbindet Klosteranlage und Felswände des Durchbruchs.

Kempten/Allgäu *(58 000 Ew, Route By3)*

Alte Reichsstadt inmitten des Allgäus, zu beiden Seiten der Iller.

Geschichte

Ortsgründung geht bis in die Römerzeit zurück. Um das Jahr 18 n. Chr. wurde der Name des Ortes erstmals durch den griechischen Geographen Strabon erwähnt. Um 752 entstand unter Abt Audogar das erste Benediktinerkloster nahe der heutigen St. Mang Kirche. Nachdem sich im Jahre 1527 die Bewohner von Kempten der Reformation anschlossen, große Auseinandersetzungen zwischen katholischem Benediktinerstift und protestantischer Reichsstadt. 1632/33 bekämpften einander auf Seiten des Stiftes kaiserliche Truppen und auf Seiten der Reichsstadt die Schweden (Stift und Reichsstadt dabei weitgehend zerstört). Letzte Hexenverbrennung Deutschlands 1775 in Kempten.

Kunstgeschichte

Bild des Ortes vom Miteinander bzw. Gegeneinander von Kloster und Reichsstadt geprägt. Trotz der häufig gewaltsamen Auseinandersetzungen und gegenseitigen Zerstörung blieb Kempten reich an großartigen Beispielen der Baugeschichte verschiedener Epochen. In der Altstadt (der früheren Reichsstadt) verschiedene Stilrichtungen von der Spätgotik über die Renaissance bis zum Rokoko. Wunderschöne Hausfassaden und reicher Stuck im Inneren der Gebäude dokumentieren den Glanz früherer Zeiten. Fürstäbtliche Residenz (Baubeginn 1652), Prunkräume, Thronsaal und St. Lorenz-Basilika, ein wichtiger Markstein der kunstgeschichtlichen Entwicklung der Stadt. Seit 1982 auf dem Lindenberg erneut Ausgrabungen, um das römische „Cambodunum" freizulegen.

*St. Lorenz-Basilika

Das bemerkenswerteste Bauwerk von Kempten. Zwischen 1652 und 1656 erbaut, äußerlich Barock, im Inneren Frühbarock bis Rokoko (Altäre).

Baumeister *Michael Beer* aus Vorarlberg und *Johann Serro* aus Graubünden. Im Inneren **Chorgestühl** von 1669, **Stukkaturen** von *Giovanni Zuccalli* und **Malereien** von *Andreas Asper*. Sehr schön die **Seitenaltäre** am Triumphbogen (von *Johann Georg Ueblherr* 1760, Rokoko). Übrige Altäre in den Seitenschiffen aus dem 18. Jh. **Astkruzifix** unter der Westempore aus der Zeit um 1350.

Kempten-Kirchheim

An die Kirche angefügt die frühere *Fürstäbtliche Residenz am Residenzplatz (erbaut 1651—64 nach Plänen von *Michael Beer* unter der Bauleitung von *Johann Serro*). Heute Landgericht. **Thronsaal** und verschiedene **Prunkräume** der Fürstäbte (leider nur außerhalb der Gerichtsarbeitszeit für Besucher zugänglich, man muß sich vorher anmelden, um eingelassen zu werden). Ausstattung der Prunkräume wurde in den Jahren 1733 bis 1742 von Fürstabt Anselm von Reichlin-Meldegg verändert.
Interessant vor allem die Hofkanzlei, das fürstäbtliche Schlaf- und Tageszimmer, das Audienzzimmer, der Thronsaal und die Gästezimmer. Sehenswert in der Hofkanzlei Stukkaturen, die die vier Elemente und die vier Jahreszeiten darstellen, und Deckenfresko (1791 vom ortsansässigen Maler *Hermann*). Es stellt Esther dar, die vor ihrem Gemahl, dem persischen König, nach ihrem Todesurteil niedersinkt. Im früheren fürstäbtlichen Schlafzimmer an der Decke ein ausdrucksvoll gemalter Abendhimmel. Im fürstäbtlichen Tageszimmer eindrucksvolle Deckenfresken und Wandgemälde (Deckenbild zeigt Engel, der den Sieg des Guten verkündet und den schlangenhaarigen Teufel in die Verdammnis stürzt). Wandgemälde stellen die Tugenden Klugheit, Gerechtigkeit, Mäßigkeit und Starkmütigkeit dar. Sehr hübsch die hölzernen Rokokoschränke in den Ecken des Raumes. Der Fußboden dieses Zimmers mit seinem eingelegten achtzackigen Stern in der Mitte ist der einzige Originalfußboden aller Prunkräume, der noch gut erhalten blieb. Audienzzimmer mit schönem Kamin an der Nordwand. Die Stuckfigur des Herkules trägt die Weltkugel, der geflügelte Chronos zeigt Uhr und Stundenglas als Symbole der Zeit.
Thronsaal, früher Fest- oder Spiegelsaal, der Spiegelgalerie von Versailles nachempfunden. Vielfältige Ausgestaltung des Raumes mit Stukkaturen, deren Marmorierung kaum einen Unterschied zu echtem Marmor erkennen läßt. Über der Nordtür schöne Stuckgruppe. Vier allegorische Frauengestalten des Niederländers *Aegid Verhelst*.
In der Altstadt die evangelische **Pfarrkirche St. Mang** (1426 bis 1440 gebaut, seit 1525 protestantisch). Auf romanischem Unterbau der 66 Meter hohe Turm. Ausgestaltung (Rokokostuck) des Inneren der spätgotischen Kirche 1767/68, Entstehungszeit der kürzlich freigelegten **Fresken** nicht bekannt. Kanzel von 1608. Vor der Kirche **Jugendstilbrunnen** von 1905 (von *Georg Wrba*).
In der Innenstadt am Rathausplatz das **Rathaus**. Zunächst 1382 als Holzbau errichtet, 1474 zum Steingebäude verändert. Im 16. und 17. Jh. kamen die Balkons hinzu. Holzdecken in den Sälen aus dem früheren Weberzunfthaus, dürften um 1460 entstanden sein. Rathausbrunnen von 1601.
Im **Zumsteinhaus** am Residenzplatz **Römische Sammlung Cambodunum**. Gezeigt werden zahlreiche Exponate der Geologie und Biologie, unter anderem eine vollständige Sammlung aller im Allgäu vorkommenden Moose und ein Alpenrelief.

Kirchheim/Schwaben *(4 300 Ew, Route By2)*

Schwäbischer Ort südwestlich von Augsburg und nördlich von Mindelheim. Standort eines der besterhaltensten Renaissancebauwerke Schwabens, des hoch über dem Flüßchen Mindel liegenden ****Fuggerschlosses**. Errichtet von Hans Fugger aus Augsburg, aus der gleichnamigen reichen Handelsfamilie stammend. Erbaut 1578—85 auf Resten einer älteren Burganlage als vierflügeliger Bau mit Ecktürmen.

Baumeister *Jakob Eschay* aus Augsburg, Ausstattung durch die besten Künstler der damaligen Zeit (Schreiner *Wendel Dietrich*, Bildhauer *Hubert Gerhart*, Stukkateur *Carlo Pallago*). Im 19. Jh. Zerstörungen, Nord- und z. T. Westflügel abgebrochen. Schönster Raum der *Festsaal mit Kassettendecke und prächtige Türrahmen sowie Kaminaufbau (Figuren stellen Gestalten aus Sage und Geschichte dar). Auch in den anderen Räumen (Empfangssaal, Speisesaal, Eingangshalle auf toskanischen Säulen) beeindruckende Ausstattung.
Schloßkirche **St. Peter und Paul**, Baubeginn 1581, starke Veränderungen im 19. Jh. (Seitenschiffe, Wölbungen). Pompöse Grabtumba des Hans Fugger, 1584—87 von *Alexander Colin* und *Hubert Gerhart* aus Marmor geschaffen. Gemälde über den Seitenaltären von *P.P. Rubens* und *Domenichino*.

Kitzingen *(20 300 Ew, Route By6)*

Seit Jahrhunderten bedeutender unterfränkischer Weinhandelsort im Maindreieck am Rand des Steigerwaldes südöstlich von Würzburg. Historischer *Marktplatz mit hochaufragendem **Marktturm** (Falterturm) und **Rathaus** (frühe Renaissance, 16. Jh.), barocke *Kreuzkapelle (Balthasar-Neumann-Straße, erbaut von *Balthasar Neumann* 1741—43), barocke **ev. Stadtpfarrkirche** (Baumeister *Antonio Petrini*, 1686—93), spätgitische **kath. Pfarrkirche St. Johannes** (1402-80). Im Falterturm (15. Jh., mit 52 m Höhe Wahrzeichen der Stadt) das **Deutsche Fastnachtsmuseum**.

Klosterlechfeld *(1 600 Ew, Route By2)*

Dorf mit schönem **Marktplatz** als Mittelpunkt (Ellipsenform). **Wallfahrtskirche Mariahilf**, ein Rundbau mit anschließendem Langhaus und zwei Seitenkapellen, 1602 vom Augsburger Baumeister *Elias Holl* errichtet, mehrmals erweitert und umgebaut (1690/91 kamen die Kapellen hinzu). Im Inneren Barock mit Rokokoeinflüssen. **Altarblätter** von *Balthasar Albrecht* aus München sowie von *Johann Georg Knappich* und *J.H. Schönfeld* aus Augsburg.
Früheres **Franziskanerkloster** von 1606, ein Viereckbau mit kleinem Innenhof und Hauskapelle. **Kalvarienberg** (von 1853) am Franziskanerplatz.
Klosterlechfeld wurde 955 zu einem der wichtigsten Orte in den Auseinandersetzungen zwischen Ungarn und den westeuropäischen Fürstenhäusern. Hier fand die entscheidende Schlacht (auf dem Lechfeld) gegen die Ungarn statt.

Kronach *(18 500 Ew, Route By9)*

Mittelalterliche Stadt in einem Talkessel am Rand des Frankenwaldes. Mitte des 13. Jhs. Ausbau zur Festung (Rosenberg), 1472 wird *Lucas Cranach d.Ä.* in Kronach geboren, in den Bauernkriegen erweist sich der befestigte Ort als uneinnehmbar. Ein großer Sohn der Stadt ist der kurmainzische Baumeister *Johann Maximilian von Welsch*, der das Bamberger Schloß errichtete. Auf der Festung später ein Gefängnis, dessen prominentester Gefangener im Ersten Weltkrieg der spätere französische Staatspräsident Charles de Gaulle war.

Altstadt im Verlauf der Jahrhunderte kaum zerstört. Das **Stadtbild** in seiner Gesamtheit stellt die größte Sehenswürdigkeit von Kronach dar. Spitzgiebelige Fachwerkhäuschen drängen sich an engen Gassen, umrahmt von der Stadtmauer mit Toren, Türmen und Wehrgängen.
Pfarrkirche St. Johannes der Täufer (gotisch) entstand in mehreren Etappen zwischen 1140 und 1861. Chor frühgotisch, ein Kunstwerk das um 1500 entstandene **Westportal**.
Renaissance-Rathaus von 1583 mit einem sehr schönen Saal. Die ***Festung Rosenberg** (umfaßt ein Areal von 236 000 Quadratmetern) besteht aus Kernburg (15. Jh.), dem Zeughaus (16. Jh.) und fünf barocken Bastionen (17. Jh.). In der Festung das **Frankenwald-Museum** mit einmaliger Sammlung von 115 handgemalten Schießscheiben aus den letzten 280 Jahren.
Neu eingerichtet auf der Festung die ****Fränkische Galerie**, ein Zweigmuseum des Bayerischen Nationalmuseums. Hier werden z.T. einmalige Gemälde und Plastiken gezeigt, die fränkische Meister in der Gotik, der Renaissance und im Barock schufen. Zu ihnen gehören *Tilman Riemenschneider* (Sitzende Hl. Anna Selbdritt, Christus als Schmerzensmann), *Lucas Cranach d.Ä.* (Salome, Friedrich der Weise), *Hans von Kulmbach* (Heiliger Benedikt), *Veit Stoß* u. a.
Im Stadtteil Friesen **St. Georgs-Kirche** (Fresken 15. Jh., vermutlich vom *Vater Lukas Cranachs d.Ä.*), im Stadtteil Glosberg ***Wallfahrtskirche** (Pläne von *Balthasar Neumann*).

Kulmbach *(29 000 Ew, Route By9)*
Oberfränkische Stadt am Zusammenfluß von Weißem und Rotem Main, über 200 Jahre Residenzstadt des Fürstentums Brandenburg-Kulmbach (Hohenzollern). Heute als Brauort besonders wohlschmeckender Biere bekannt.
Die ***Plassenburg**, seit dem 12. Jh. beherrschendes Bauwerk der Stadt, heutiger Baubestand aus dem 16. Jh. Auf steilem Bergrücken, mehr als 100 Meter über der Stadt, ein Kleinod deutscher Renaissancebaukunst. Arkadengänge schmücken die Mauern um den Hof, flache Reliefs verkünden in Bildern die Familiengeschichte dieses Zweiges des Hohenzollerngeschlechts. Der ***Schöne Hof** gehört sicher zu den besten Renaissance-Innenhöfen Deutschlands und ist deren größter. Dreigeschossig umziehen ihn Arkaden mit Ornamenten und Büsten. Die **Wehranlagen** der Plassenburg können durch den Wallgraben und über Hangwege (schöne Ausblicke) begangen werden. Im unteren Burghof das hübsche **Christians-Portal**.
*Zinnfigurenmuseum in der Burg. Mehr als 200 kulturhistorische Schaubilder, über 300 000 Zinnfiguren. In ihrer Art die größte Zinnfiguren-Ausstellung der Welt.
Rundgang durch die Altstadt: **Rathaus** (Rokokofassade von 1752) — **Oberhacken/Bauergasse** (alte Stadtplätze mit Brunnen und Heiligschwertbrunnen) — **Stadtpfarrkirche** (neugotisch, 1894) — **Schlößlein** (hübscher Ausblick) — **Schießgraben** (einmaliger Fotoblick) — **Obere Stadt** (Straßenmarkt, erster Markt Kulmbachs) — **Rentamtsgäßchen** (Treppenanlage zum Roten Turm) — **Weißer Turm** — **Spitalkirche** (1738, interessante Ausstattung) — **Marktplatz** — Fußgängerzone — **Holzmarkt** (Zinsfelderbrunnen von 1660). Dauer ungefähr eine Stunde.

Landsberg a. Lech *(19 000 Ew, Route By2)*
Malerische alte Stadt noch heute vom Barock geprägt. Ebenso wie München von Heinrich dem Löwen gegründet. Hohe stattliche **Bürgerhäuser** säumen die Straßen sowie den (in Bayern einmaligen dreieckigen) **Hauptplatz** mit „Altem Rathaus, „Marienbrunnen" und „Schönem Turm".

Bayertor (1425), schönste spätgotische Toranlage Deutschlands. Auch andere Teile der Altstadtbefestigung, wie der „Schöne Turm", noch vollständig erhalten. Insgesamt baute man um die Innenstadt herum drei verschiedene Stadtmauern. Zur ältesten Befestigung gehört der frühgotische **Schmalzturm, auch unter dem Namen „Schöner Turm" (bereits erwähnt), bekannt.

Ungewöhnlich ist, daß in der zweiten Hälfte des 18. Jahrhunderts ein Baumeister Bürgermeister der Stadt war. Sein Name ist weltbekannt: *Dominikus Zimmermann*. Von ihm (1716–1719) die einzigartige ***Stuckfassade** des **„Alten Rathauses**, die Stuckdecken in der oberen Ratsstube und im Vorplatz dieses Hauses, sowie die kleine **Johanniskirche** mit dem berühmten ***Rokokoaltar** (ein Hauptwerk dekorativer Rokokokunst). Ein weiteres Werk *Zimmermanns* Kloster und Klosterkirche (1720/25) des ehemaligen Ursulinen- und heutigen **Dominikanerinnenklosters**. 1721 stukkierte *Zimmermann* den **Rosenkranzaltar** der mächtigen **Stadtpfarrkirche „Mariä Himmelfahrt"** (15. Jahrhundert). Besonders sehenswert in dieser mächtigen dreischiffigen Pfeilerbasilika der **Hauptaltar** und die vielen Seitenaltäre, die im süddeutschen Raum einmalige ***mechanische Orgel**, die prächtigen Figuren und Fresken sowie die mittelalterlichen **Glasfenster-Gemälde**.

Frühere **Jesuitenklosterkirche Heiligenkreuz** (1752 bis 1754) mit reichen Stuckverzierungen und großflächigen Fresken im Kircheninnern.

Vor dem 1699 bis 1702 erbauten „Alten Rathaus" der aus dem Jahre 1783 stammende **Marienbrunnen** mit Marienstatue (von *Josef Streiter*).

Landshut *(56 300 Ew, Route By11)*
Stadt an der Isar und am Schnittpunkt einer ganzen Reihe von Straßen und Eisenbahnlinien. 1204–1255 Hauptstadt Bayerns, danach Residenz des Landshuter Teils des bayerische Herzogtums. Hier herrschten zwischen 1393 und 1503 die „Reichen Herzöge", die der Region hohes Ansehen im Reich verschafften. In die Geschichte eingegangen die „Landshuter Hochzeit", die 1475 Herzog Ludwig der Reiche seinem Sohn Georg und der polnischen Königstochter Hedwig ausrichtete (gilt bis heute als das glanzvollste Fest Bayerns). Von 1800 bis 1825 Universitätsstadt, seit 1839 Sitz der Regierung von Niederbayern.

Das Bild der **historischen Innenstadt** nahezu unverändert erhalten. Der ***Straßenzug „Altstadt"** (von der Isar zum Dreifaltigkeitsplatz) ein hervorragendes Beispiel gotischer Straßenbaukunst. Laubenbögen und spätmittelalterliche Zinnengiebel fassen den Straßenzug ein, er gilt (zwischen Spitalkirche Heiliggeist und Martinskirche) als Süddeutschlands schönste Straße.

Eine kleine Begebenheit bringt uns das alte Landshut näher. Im Landshuter Erbfolgekrieg zwischen 1504 und 1505 verlor der berühmte Ritter Götz von Berlichingen vor

Landshut

den Toren der Stadt seine rechte Hand. Harnischmacher fertigten ihm danach die kunstreiche Prothese, die ihn zum „Ritter mit der eisernen Hand" werden ließ.
1903 erstmalige Veranstaltung der „Landshuter Hochzeit", einem der größten historischen Feste der Bundesrepublik Deutschland. Seit 1981 alle 4 Jahre an 4 Wochenenden im Juni/Juli.

Katholische Stadtpfarrkirche St. Martin (Altstadt), im Stil der späten Backsteingotik als Pfeilerhallenkirche erbaut, gilt als das wichtigste und reifste Werk des Baumeisters *Hans von Burghausen* (Porträt an der südlichen Mauer der Kirche). Der schlanke, 130 m hohe **Turm der Kirche gehört zu den Wahrzeichen der Stadt (als höchster Backsteinturm der Welt im Mittelalter unter die Weltwunder eingereiht). Im Kircheninneren von *Hans Leinberger* geschnitzte, überlebensgroße ***Madonnenstatue** (1518) und geschnitztes **Chorgestühl**. Kirche erbaut zwischen 1380 und 1432. Kunsthistorisch gilt St. Martin als die wohl mächtigste und technisch gewagteste Hallenkirche der deutschen Spätgotik. Die schlanken Glieder und der steile Querschnitt des Schiffes sind in ihrer Schönheit und Ästhetik nahezu beispiellos.

Klosterkirche des Zisterzienserinnen-Klosters Seligenthal am Bismarckplatz (außerhalb der Altstadt, jenseits der Isar) 1259 geweiht, im 18. Jh. nahezu vollständig verändert (Umbau durch *Johann Baptist Gunetzrhainer* und *Johann Georg Hirschstetter*). Sehenswert im Kircheninneren die von *Johann Baptist Zimmermann* geschaffenen **Stukkaturen** und **Fresken** („Krönung Mariä" in der Kuppel). Die **Altäre**, prunkvolle Meisterwerke ihrer Zeit, entworfen vom Zisterziensermönch *Kaspar Grießmann*.

Frühere **Dominikanerkirche St. Blasius** am Regierungsplatz (entstand in ihrer heutigen Form im wesentlichen im 18. Jh. unter der Leitung des Baumeisters *Johann Baptist Zimmermann*). Westfassade streng klassizistisch gestaltet. Im Kontrast dazu das fröhliche und großartig geschmückte Innere der Kirche mit farbigem Stuckmarmor und **Freskenzyklus**, der St. Katharina gewidmet ist (Fresken von *Zimmermann*). Schön die **Altäre** und das **Chorgestühl**.

Katholische **Spitalkirche Heiliggeist** (Altstadt, 15. Jh.), städtebaulich das Gegengewicht zur Martinskirche, begrenzt die Altstadtstraße zum Norden hin. Das Kircheninnere beeindruckt vor allem durch die bauliche Harmonie von Halle, Schiff und Chor.

Burg Trausnitz: Kern der Anlage romanisch, Wittelsbacher Turm und gedeckter Wehrgang erinnern an die Zeit der Staufer. Baubeginn der Anlage um 1204 (als Herzog Ludwig der Kelheimer begann, Landshut als Residenz einzurichten).
1961 durch Brand innen stark zerstört, teilweise renoviert. Der **Weg zur Burg** vom Dreifaltigkeitsplatz über die alte Bergstraße und durch das Burghauser Tor mutet wie ein Spaziergang in die Vergangenheit an. Innenhof mit **Fürstenbau** und **Dürnitzbau**, besonders hübsch die **Laubengänge** (16. Jh.), deren Entstehung italienischen Baumeistern zu verdanken ist. Überragt wird die Burg vom **Wittelsbacher Turm**, dem großen Bergfried aus dem 13. Jh. Im Innern Möbel und andere Einrichtungsgegenstände des späten 16. Jhs. und **Malereien** (Narrentreppe im Fürstentrakt) von *Alessandro Scalzi* aus dem Jahre 1578 (verkörpern lebensgroße Figuren aus der „Commedia dell'arte").

Georgskapelle im Nordflügel, Doppelkapelle, 13. Jh., spätgotisches Gewölbe vom Beginn des 16. Jhs. Eindrucksvoll die **Fürstenempore**. Zu den Ausstattungsstücken wertvollster Art gehören die **Figuren** der Apostel und Heiligen mit Christus. Ihr strenger und verhaltener Stil drückt aus, daß hier wohl Mitte des 13. Jhs. Künstler aus Frankreich wirkten (Ähnlichkeiten mit Chartres und Straßburg). **Hauptaltar** ein Tryptichon aus dem 15. Jh.

Stadtresidenz (Altstadt), Renaissancebau im Stil eines italienischen Palazzos (Mitte 16. Jh.), ausführende Baumeister waren Italiener aus Mantua. Gesamtanlage besteht aus Deutschem Bau (zur Altstadt zu) und Italienischem Bau (an der Ländgasse). Rundgang durch **Deutschen Bau**, Arkadenhof und vorbei an italienisch anmutenden Bogengängen zum **Italienischen Bau**. Der Italienische Saal, ein ungewöhnliches und bedeutendes Beispiel italienischer Innenarchitektur nördlich der Alpen. Halle von **Tonnengewölbe** überdacht, trägt in den Kassettenfeldern Porträts von Helden und Herrschern des Altertums. Weiterer Rundgang durch eine große Zahl prunkvoller Räume (mit Darstellungen aus der antiken Götterwelt ausgemalt). Im Kontrast dazu die Räume im Deutschen Bau, die (im ersten Obergeschloß klassizistisch) recht streng des späten 18. Jhs. repräsentieren (Birkenfeld-Zimmer). **Festsaal** mit Kassettendecke aus der Mitte des 16. Jhs.

Weitere interessante Bauwerke **Rathaus** (Baubeginn um 1350, Erweiterungen im 16. Jh., Umbau um 1860), **Landschaftshaus** (1557, Altstadt 217), **Magdalenenstift** (Christoph-Dorner-Straße), **Pappenbergerhaus** (Altstadt 81, 15. Jh., mit Stufengiebeln und Türmchen) und **Pfarrhof St. Martin** (Kirchgasse 232, mächtiges Stiegenhaus). Von der **Stadtbefestigung** Ländtor, Röcklturm und Burghauser Tor.

Im Ortsteil Berg katholische **Pfarrkirche Heiligenblut**, 15. Jh., wurde von Herzog Heinrich dem Reichen als Sühne nach seinen Grausamkeiten gegenüber aufständischen Landshuter Bürgern gestiftet. Ungewöhnlich die Gestaltung der **Kirchenfassade** mit zweigeschossiger Eingangshalle zwischen zwei Rundtürmen.

Langenzenn *(8 100 Ew, Route By8)*

Mittelfränkische Stadt westlich von Nürnberg. Ging aus einem fränkischen Königshof des 5. Jhs. hervor und wurde 903 urkundlich erstmals genannt. Erste Münzstätte der Hohenzollern (Langenzenner Pfennig).

Gotische ***Stadtkirche**, 1280—1370 erbaut, bildet zusammen mit der vierflügeligen Klosteranlage und dem Kreuzgang einen für die Ortsgröße gewaltigen Komplex. Im Inneren sechs schöne, gotische **Schnitzaltäre** (aus der Schule *Wolgemuth/Dürer*) und das bekannte ***Verkündigungsrelief** in Stein von *Veit Stoß* (von 1513) im restaurierten Sakramentshäuschen. Die Steinplastik stellt Maria mit Engel und die Stifterin dar. Ein weiteres Kunstwerk die um 1430 entstandenen beiden **Altar-Tafelbilder** (unbekannter Meister). Komplex der Klosteranlagen mit gotisch stilrein erhaltenem ***Kreuzgang**.

Lauenstein *(siehe Ludwigsstadt)*

Lauf/Pegnitz *(22 500 Ew, Route By8)*

Fränkische Stadt nahe Nürnberg an der Pegnitz. Hervorgegangen aus einer Wasserburg des 12 Jh.

Gotische *Burganlage, erbaut 1360 durch Kaiser Karl IV. auf den Resten der 1300 zerstörten ersten Burg. Im Volksmund „Wenzelschloß" genannt, weil zur Hausmacht des Kaisers der Adel aus Böhmen gehörte. Im Wappensaal zeugen davon über 100 steinerne Wappenreliefs böhmischer Adliger. Hübsch die Lage der Burg, deren Bauten sich auf einer kleinen Insel dicht aneinander drängen.
In der Altstadt von Lauf sind der historische Marktplatz mit Rathaus (16. Jh.) und fränkischen Werkbauten sowie die Reste der Stadtmauer mit zwei Toren (1476 und 1526) recht sehenswert.

Laufen/Oberbayern *(5 600 Ew, Route By13)*

Unter dem Namen „Louffen" bereits um die Mitte des 8. Jhs. erwähnt, damit einer der ältesten Orte Bayerns. Ab 1041 Salzhandelsort.
Das *Ortsbild verkörpert wahrscheinlich eines der schönsten Beispiele oberitalienisch inspirierter Architektur nördlich der Alpen. Rund 185 Baudenkmäler zieren die Stadt. Bürgerhäuser mit schönen alten Fassaden, deren Ursprünge bis zum Jahr 1000 zurückgehen, lassen ahnen, welchen Reichtum der Salzhandel einst der Stadt bescherte.
Hauptsehenswürdigkeit die katholische *Pfarr- und Stiftskirche Mariä Himmelfahrt (älteste gotische Hallenkirche Süddeutschlands). 1332 bis 1340 erbaut, 1770 barockisiert.
Besonders schön im Inneren der 1658 errichtete Hochaltar, den der Tischler *Hans Fiegl* und der Bildhauer *Jakob Gerold* schufen (Altarbild vom Barockmaler *Johann Michael Rottmayr*). Kreuzgang mit Grabdenkmälern, die einen nahezu geschlossenen Überblick früherer Grabmalkunst zwischen 14. und 19. Jh. bieten.
Mariahilf-Kapelle, durch Bogengang mit der Pfarrkirche verbundener Zentralbau aus dem 17. Jh. Interessant außerdem die Kapuziner-Klosterkirche aus dem Jahre 1659 mit geschnitzter „Thronender Muttergottes" von 1450. Rathaus von 1565 (Fassade 1865 umgestaltet). Schloß auf Vorgängerresten zwischen 1424 und 1660 als mächtiger Komplex erbaut.

Lauingen/Donau *(9 300 Ew, Route By1)*

Stadt in der Donauniederung, gehörte einst zum staufischen Herrschaftsbereich und ist Geburtsort des weltberühmten Dominikaner-Gelehrten Albertus Magnus (geboren 1193). Im 17. Jh. mit starken Mauern, Türmen und Toren befestigt (Wehrgang und „Tränktor" am Unteren Brunnental erhalten). Rund 150 Meter langer, wassergefüllter Stadtgraben vor der Stadtmauer.
Schöner Marktplatz mit Albertus-Magnus-Denkmal von 1881. Schimmelturm (Herzog-Georg-Straße), ein gotischer Hofturm aus dem 15. Jh., seinerzeit von der Lauinger Bürgerschaft als Wachturm errichtet. Rathaus (erbaut 1783 bis 1791) mit klassizistischem Festsaal. Baumeister der Italiener *Lorenzo J. Quaglio*, dessen südländisch anmutende Gestaltung das Rathaus vom übrigen Stadtbild Lauingens abhebt.
*Stadtpfarrkirche St. Martin (Herzog-Georg-Straße), 1515 bis 1521 erbaut, Turm von

1576 (gilt als eine der letzten großen Hallenkirchen der Gotik, ungewöhnlich die gleiche Breite der drei Hallenschiffe).
Die Stadtsilhouette von Lauingen wird vom ehemaligen **Herzogschloß** am Oberen Wall (heute Frauenpflegeanstalt) bestimmt. Erbaut 1474 bis 1482, rein spätgotisch.
Augustinerkirche (Brüderstraße) nach einem Brand 1790 bis 1794 im barocken Zopfstil wiedererrichtet. Die dreigesimsige **Giebelfassade** mit Schneckenvoluten vom Jahre 1716 blieb erhalten.

Leitheim, Schloß *(siehe Kaisheim)*

Leuchtenberg/Opf. *(1 900 Ew, Route By9)*
Burgruine aus dem 14. Jh. mit Resten der Vorburg, des Bergfrieds, des Palas und der Kapelle. Mitte des 17. Jh. zerstört, trotzdem immer noch Eindruck eines mächtigen Bollwerks. Einstmals die größte und bedeutendste Wehranlage der Oberpfalz, heute interessant als Aussichtspunkt (Bergfried).

Lindau/Bodensee *(24 000 Ew, Route By3)*
Stadt am Nordostufer des Bodensees auf einer Insel. Mit dem Festland verbunden durch eine Brücke und einen Eisenbahndamm. Im Südosten des Ortes der Hafen mit dem Wahrzeichen **Leuchtturm** und **Löwe** (von 1850—56).
Hervorgegangen aus einem 810 gegründeten Benediktinerinnen-Kloster und einer nahe gelegenen Fischersiedlung (882 urkundlich erstmals erwähnt). *****Ev. Stadtpfarrkirche St. Stephan** (Marktplatz), erbaut auf Resten einer romanischen Anlage im 12. Jh., 1506 und 1783 stark verändert. Äußerlich heute spätbarock, lediglich Turmunterbau noch romanisch. Halle spätbarock, sparsame Stukkaturen.
Kath. Pfarrkirche **St. Maria**, ursprünglich im 9. Jh. gegründet, noch einige Baureste aus dem romanischen Bau des 12. Jh. vorhanden (Turmunterbau). Heutiger Bau im wesentlichen von 1748—51, Baumeister *J. C. Bagnato*. 1922 teilweise Zerstörungen durch Brand. Schlichtes Äußeres, im Inneren als Vorarlberger Wandpfeilerkirche gestaltet. Rest der Ausmalung aus der Erbauungszeit im Chor und den seitlichen Tonnengewölben (von *J. I. Appiani*). Altäre aus der Erbauungszeit. Anschließend das ehem. **Damenstift** (heute Landratsamt), ein Zweiflügelbau von 1756. Im Inneren ein schönes Deckengemälde von *Franz Josef Spiegler*.
Ehem. **St. Peters-Kirche**, älteste Kirche der Stadt am Schrannenplatz (heute Kriegergedächtniskapelle). Einschiffige Anlage, Chor und östliche Teile 11. Jh., übrige Teile frühgotisch. Im Inneren *****Wandmalereien** aus dem 13.—16. Jh., z. T. von *Hans Holbein d. Ä.* (Passion, 1485—90, Ostflügel).
*****Altes Rathaus** (Bismarckplatz), erbaut 1422—36, umgestaltet 1536—40. Hübscher Staffelgiebel, Ratslaube mit gedecktem Treppenzugang vor dem 1. Obergeschoß, darunter Portal aus dem 16. Jh. Im Inneren großer Ratssaal mit gewölbter Holzdecke auf einer hölzernen Mittelsäule.
Weitere Sehenswürdigkeiten das **Neue Rathaus** (Bismarckplatz, Barockbau von 1717), **„Haus zum Cavazzen"** (Marktplatz 6, Barockbau von 1729, heute Kunstsamm-

Leuchtenberg-Memmingen

lung), hübsche alte **Wohnhäuser** in der Ludwigstraße und der Hauptstraße. Typisch für den Architekturstil Lindaus sind dabei die innengestalteten Fensterpfeiler mit ihren Profilen (16.—18. Jh.). Außerdem Reste der alten Stadtbefestigung mit einigen Türmen.

Linderhof *(siehe Ettal)*

Ludwigsstadt-Lauenstein *(3 100 Ew, Route By9)*
Oberfränkische Stadt am Nordrand des Frankenwaldes nahe der Grenze zur DDR. Im Ortsteil Lauenstein eine **Burg**, deren Ursprünge im 14. Jh. liegen (Palas). Sorgfältig restauriert, heute wieder nahezu im mittelalterlichen Zustand. Großer Festsaal (40 m lang) mit hervorragender Kassettendecke.

Lustheim, Schloß *(siehe Oberschleißheim)*

Maidbronn *(siehe Rimpar)*

Maria Birnbaum, Kirche *(siehe Sielenbach)*

Memmelsdorf-Seehof *(3 700 Ew, Route By8)*
Oberfränkischer Ort bei Bamberg. Im Ortsteil Seehof ein **Schloß** der Fürstbischöfe von Bamberg, in seiner heutigen Form um 1695. Vierflügelige Anlage innerhalb einer großartigen **Parkanlage**, ein typisches Lustschloß der damaligen Barockzeit. Glanzvolle Innenausstattung, im Großen Saal (Obergeschoß) Fresko von *G. Appiani*. In der **Kapelle** (Erdgeschoß) Altar von *Bossi* (Rokoko). 1733 im Park die ***Orangerie** angefügt, ein Bau nach Plänen von *Balthasar Neumann* durch *J. H. Dientzenhofer* als Baumeister.

Memmingen *(37 400 Ew, Route By4)*
Stadt am Nordrand des Allgäus, auf dem Boden einer frühen römischen Siedlung; im 5. Jh. Alemannendorf und fränkischer Königshof. Später Freie Reichsstadt und einer der Mittelpunkte der Reformationsbewegung.
Stadtbild noch sehr gut in mittelalterlichen Formen erhalten, **Stadtmauer** mit Wehrgang, fünf Toren und fünf Türmen. 1589 erbautes **Rathaus**, zahlreiche spätgotische **Bürgerhäuser**, z.B. Fuggerhaus (Schweizerberg) und Sieben-Dächer-Haus (Gerberplatz). Zum Teil nach Zerstörungen originalgetreu wiederaufgebaut.
Ev. Martinskirche am Martin-Luther-Platz, auf älteren Kirchenfundamenten aus dem 11. und 12. Jh., im 15. Jh. errichtet, jüngster Teil der um 1500 umgebaute Chor. Die

spätgotische Basilika wirkt kraftvoll durch ihre Höhe. Im Inneren **Wandgemälde** von *Hans* und *Bernhard Strigel* aus dem 15. bzw. 16. Jh., **Altarmensa** und (von *Stark* und *Herlin* geschaffenes) **Chorgestühl**. Die Figuren des Gestühls haben kaum ein gleichwertiges Gegenstück in dieser Region.

Ev. Frauenkirche (Frauenkirchplatz), als Pfeilerbasilika im 15. Jh. auf den Fundamenten einer Vorgängerkirche erbaut. Besonders schön die aus der Zeit um 1470 bis zum 16. Jh. stammende **Ausmalung** (Propheten, Engel, Apostel und Kirchenväter). Im Chorbogen die „kluge und die törichte Jungfrau", am Chorgewölbe „Evangelisten" und „Engel". Die Fresken sind ein hervorragendes Beispiel spätgotischer Malerei dieser Gegend.

Mespelbrunn *(2 100 Ew, Route By6)*

Dorf in einem Tal im Spessart, umgeben von dichten Wäldern. Bedeutendste Sehenswürdigkeit der gesamten Region das ****Wasserschloß**, ehemals Stammsitz der Freiherren Echter zu Mespelbrunn, heute Stammsitz der Grafen von Ingelheim. Erbaut 15. Jh., Erweiterung 16. Jh., Geburtsort des Würzburger Fürstbischofs Julius Echter (1545). Um 1840 erweitert (Erker Südflügel, Schwibbogen zwischen beiden Gebäudeteilen). Landschaftlich ungemein schön an einem Waldsee gelegen, in dem sich Staffelgiebel und Rundturm spiegeln. Im Inneren Rittersaal, Kapelle, Gobelinsaal, Ahnensaal, Fürstenzimmer, Speisezimmer und Gruftkapelle mit historischer Ausstattung.

Im Ortsteil **Hessenthal** gotische ***Wallfahrtskirche**, erbaut 1454—55. Interessante Kreuzigungsgruppe im Chor von *Hans Backoffen* und Beweinungsgruppe von *Tilman Riemenschneider*. In unmittelbarer Nähe eine gotische Kapelle mit zahlreichen Epitaphen.

Metten *(3 900 Ew, Route By11)*

Die heutige Benediktiner-Abtei Metten wurde 766 gegründet. Erster Abt war der Selige Utto. An die ältesten Zeiten des Klosters erinnern „Utto-Stab" (ältester Abtstab des Klosters) und „Utto-Grab" (Hochgrab aus Granit, 14. Jh.).

Pfarr- und Klosterkirche St. Michael (Spätbarock, geweiht 1729), *Cosmas Damian Asam* schuf die Bilder für Hochaltar und Marienaltar. ***Kloster-Bibliothek** gilt als einzigartiges Beispiel barocker Raumgestaltung (fertiggestellt 1724/26). Der Zyklus der **Deckenfresken** entfaltet vom Eingang aus das Geheimnis des Kreuzes, mit dem sich die Christenheit durch alle Jahrhunderte auseinandersetzen mußte. Die Bibliothek umfaßt ca. 180 000 Bände. Sehenswert der **Festsaal** (Bauabschluß Ende 1759, bei Großbrand 1942 schwer beschädigt, 1974 restauriert), mit bemerkenswertem Deckenfresko.

Miltenberg *(9 300 Ew, Route By7)*

Malerisches Städtchen am Main zwischen Odenwald und Spessart.
Altes **Stadtbild** mit vielen Fachwerkhäusern aus dem 15. und 16. Jh., besonders um

den **Marktplatz** herum von großem Reiz. Der *****Gasthof „Zum Riesen"** dürfte eines der ältesten Gasthäuser Deutschlands sein (1590). Andere hübsche alte Bauten die frühere Kellerei des Mainzer Domkapitels (15. Jh.), die aus der gleichen Zeit stammende Pfarrkirche und die noch gut erhaltene **Mildenburg** oberhalb der Stadt. Ihr Bergfried entstand im 13. Jh., die übrigen Gebäude im 14. Jh. Der **Monolith** im Burghof „Teutonenstein" trägt eine unvollständige lateinische Inschrift.

Mindelheim *(12 000 Ew, Route By2)*

Schwäbische Stadt südwestlich von Augsburg im Tal der Mindel. Urkundlich 1046 erstmals erwähnt, seit 1256 Stadtrechte. Stammsitz des dort geborenen, berühmten Landsknechtsführers Georg von Frundsberg (1473—1528). *****Mittelalterlicher Stadtkern** mit Toren, Türmen, Kirchen und Klosteranlagen.
Jesuitenkirche (Maximilianstraße), Ursprünge gotisch, heutige Form von 1626, Baumeister *J. Holl*. Im Inneren barocke Stukkaturen und Chorgestühl aus dem Jahr 1625. In der südlich angefügten (1690) Franz-Xaver-Kapelle eine Muttergottes-Figur (um 1670).
Kath. Pfarrkirche St. Stephan (Kirchplatz), in ihrer heutigen Form auf Resten von Vorgängerbauten Anfang des 18. Jh. errichtet. Im Erdgeschoß des Turmes die *****Grabplatte** des Herzogs Ulrich von Teck und seiner Gemahlin, ein wichtiges Werk spätgotischer Plastik (1432). Schöpfer unbekannt. **Liebfrauenkirche** (Memminger Straße), erbaut nach 1455, Innenausstattung nach Brand 1725 zur heutigen Form verändert. *****Schnitzwerk „Mindelheimer Sippe"** (Südwand), Künstler unbekannt, um 1520, ein bedeutendes spätgotisches Kunstwerk. Außerhalb der Kirche der Fünf-Wunden-Brunnen von 1662. Südlich der Stadt die Mindelburg der Herzöge von Teck, ursprünglich aus dem 14. Jh., durch zahlreiche Umbauten in unschöner Form verändert.

Mittenwald *(8 600 Ew, Route By15)*

Als **Geigenbauzentrum** weltweit bekannt geworden; an der oberen Isar zwischen Karwendel- und Wettersteingebirge (Grenze zu Tirol). Früher an einer alten Römer- und Handelsstraße. Um 1080 urkundlich erstmals erwähnt, Glanzzeit bis Ende des 15. Jhs. als Marktplatz zwischen Deutschland und Venedig. Erster Mittenwalder Geigenbauer war *Mathias Klotz* (1653 bis 1743 in Mittenwald), vermutlich lernte er den Geigenbau bei dem bekannten italienischen Geigenbauer *Nicola Amati*. Heute erinnert an *Mathias Klotz* ein Denkmal neben der St. Peter- und Paul-Kirche.
Sehr schöne, **farbig angemalte Fassaden**, auch an der Kirche St. Peter und Paul. „Lüftlmaler" heißen die Künstler, die auf diese volkstümliche Weise Häuser und vor allem die Umrahmung der Fenster schmücken. Besonders im Mittenwalder Ortsteil Gries (ältester Teil des Geigenbauortes) schöne Fassadenmalereien.
Pfarrkirche St. Peter und Paul, eine barocke Anlage auf Resten eines spätgotischen Kirchenbauwerkes (Baumeister *Joseph Schmuzer* aus Wessobrunn, errichtet zwischen 1738 und 1740, 1749 Weihe). Das Bauwerk hebt sich leicht erkennbar aus den sehr viel niedrigeren Häusern der Hauptstraße heraus. Besonders auffallend der Turm mit **Fassadenmalereien** von *Matthäus Günther*. Das Innere der Kirche über und über mit Stuck und Wandmalereien geschmückt (Stukkaturen von *Schmuzer*,

Deckenfresko von *Matthäus Günther*), „Stationen aus dem Leben der Heiligen Peter und Paul"). Von *Günther* auch das Hochaltarbild. Schnitzfigur „Muttergottes" im nördlich gelegenen Seitenaltar um 1500. Alter ein **Kruzifix** in der nördlichen Kapelle.
Geigenbau- und Heimatmuseum (Ballenhausgasse 3), guter Überblick über die Erzeugnisse der Mittenwalder Geigenbaukunst. Unter anderem Lauten sowie andere Musikinstrumente verschiedener Jahrhunderte, Nachbildung einer Geigenbauerwerkstatt.

Moosburg *(13 600 Ew, Route By12)*
Stadt im Mündungsdreieck von Amper und Isar südwestlich von Landshut.
Katholische ***Pfarrkirche St. Castulus** (12. Jh.), einer der ältesten romanischen Backsteinbauten in Oberbayern, später gotisch verändert. **Westportal** mit schön ornamentierten Säulen und Bögen. Das Tympanon zeigt Christus zwischen Maria, Kaiser Heinrich II., Bischof Adalbert und dem Heiligen Castulus. Im Inneren der von *Hans Leinberger* 1514 geschnitzte ***Hochaltar**. Vom gleichen Künstler die mächtigen **Kruzifixe** beiderseits des Mittelschiffs sowie das **Pestepitaph** und die **Figur des Christus** im nördlichen Nebenchor.
Johanneskirche, angeblich älter als die Pfarrkirche St. Castulus. Sehenswert der mächtige **Turm** (zusammen mit dem Turm der katholischen Kirche eines der beiden Wahrzeichen Moosburgs).

Mühldorf am Inn *(14 650 Ew, Route By12)*
Stadt in einer Flußschleife des unteren Inns, Grundriß typisch für diese Gegend (großer Straßenmarkt — ein **Marktplatz**, der 500 Meter lang und bis zu 40 Meter breit ist). 935 urkundlich zum ersten Mal genannt. Als Enklave der Salzburger Erzbischöfe auf bayerischem Boden im Mittelalter wiederholt Streitobjekt (zahlreiche Belagerungen und Wirtschaftssanktionen). 1322 bei Mühldorf die letzte Ritterschlacht auf deutschem Boden. Dabei standen einander Friedrich der Schöne von Österreich und Ludwig der Bayer gegenüber. Es ging um die Würde der Deutschen Königskrone, Ludwig der Bayer ging als Sieger hervor.
Schöne mittelalterliche **Stadtanlage**, trotz Zerstörung im Zweiten Weltkrieg im wesentlichen erhalten. **Katholische Stadtpfarrkirche St. Nikolaus** das bemerkenswerteste Bauwerk. Wandpfeilerkirche, jetzige Form nach Umbau 1769. Romanisch der Turm, Chor spätgotisch. Baumeister (18. Jh. beim Umbau) *Franz Alois Mayr* aus Trostberg und *Wolfgang Hagenauer* aus Salzburg. Im Inneren (überwiegend spätbarock bis frühklassizistisch ausgestattet) ausgezeichnete **Fresken** von *Martin Heigl* sowie sieben **Altäre**, von denen fünf die Salzburger Künstler *Georg Dobler* und *Wolf Högler* schufen. Hochaltar vor 1764 (von *Franz Nikolaus Streicher* aus Salzburg). Schön die **Kanzel** und das **Chorgestühl**. Von 1450 das **Ölbergrelief**, aus dem frühen 16. Jh. wahrscheinlich die **Grabplatte** mit dem Jüngsten Gericht des „Meisters von Mühldorf". Neben der Kirche die **Totenkapelle** (St. Johannes Kapelle), als frühgotischer Bau schmucklos, besticht im Inneren durch klare Gliederung (wahrscheinlich 13. Jh.). Turm, Portal und Eingang zur Gruft wurden bei einer Restaurierung 1847 hinzugefügt.

Kirche St. Katharina, bekam zwischen dem 15. und 18. Jh. ihre heutige Form. Interessant sind der 1721 eingebrachte **Hochaltar**, die von 1756 stammenden **Fresken** und der 1591 in der Kirche aufgestellte **Betstuhl**.
Spätgotisches **Rathaus** aus drei im 15. Jh. erbauten Bürgerhäusern zusammengesetzt. Besonders der große **Saal** (1641) sehenswert.
Viele **Häuser im typischen Inn-Baustil**, zumeist 15. und 16. Jh. Laubengänge und breite, farbige Blendfassaden sind Ausdruck dieser heiteren, fast südländischen Bauform.
Vier **Brunnen** aus dem 17. und 18. Jh., erwähnenswert vor allem der Marktbrunnen von 1692. Von der alten Stadtmauer ist nicht mehr viel zu erkennen, lediglich zwei **Tortürme** erinnern an das Mittelalter.
Im Stadtteil Altmühldorf katholische **Pfarrkirche St. Laurentius**, ein Ziegelbau von 1518. Von 1758 stammende **Fresken**, neunteiliger **Flügelaltar** (1511), zahlreiche spätgotische **Schnitzfiguren**, großes **Kreuzigungsbild** (1410), **Glasmalereien** der Seitenschiffenster (die Heiligen Georg, Christophorus, Sebastian und Florian), wahrscheinlich aus dem Erbauungsjahr der Kirche. Ein weiteres Bauwerk im Ortsteil Ecksberg die **Wallfahrtskirche St. Salvator** (1686) mit schöner Rokokokanzel von 1750.

München *(1 300 000 Ew, Route By12, 16)*

Hauptstadt des Freistaates Bayern, neben Berlin und Hamburg eine der drei deutschen Städte mit mehr als einer Million Einwohnern. Beiderseits der Isar, etwa 50 km nördlich des Alpenrandes, bedeutendster Verkehrsknotenpunkt Süddeutschlands. In München kreuzen sich zahlreiche Bundesstraßen, Autobahnen und Eisenbahnlinien. Sitz der Staatsregierung von Bayern und zahlreicher bundes- und europaweit wirkender Behörden (zum Beispiel das europäische Patentamt, Bundespatentgericht). Kultur- und Kunstzentrum Süddeutschlands mit Universität, Technischer Universität, Bundeswehrhochschule, Hochschule für Philosophie, Akademie der Bildenden Künste, Musikhochschule, Hochschule für Fernsehen und Film sowie zahlreichen Fachhochschulen.
Noch vielfältiger die Sammlung kultureller Einrichtungen, von der Staatsgemäldesammlung (Alte und Neue Pinakothek) über zahlreiche Museen bis hin zu kleinen Kellertheatern. Seit den Olympischen Spielen 1972 eine Reihe schöner zusätzlicher Freizeiteinrichtungen, so der Olympiapark mit Stadion und weiteren Sportstätten.
Eine Stadt im Grünen. Wer mit dem Fahrrad quer durch die Stadt an der Isar entlangfährt, merkt kaum, daß er in einer Millionenstadt ist („Millionendorf" wird München deshalb auch von seinen Freunden genannt). Viel Grün durchzieht die Stadt. In zahlreichen dieser Grünanlagen gibt es die für München typischen „Biergärten". Tausende von Menschen haben hier Platz und können unter Bäumen an einfachen Holztischen zur selbst mitgebrachten „Brotzeit" eine „Maß" Bier trinken. Ein Maßkrug faßt einen Liter. Bei der „Brotzeit" sollten neben verschiedenen Brot- und Wurstsorten Käse und Rettich (Radi) nicht fehlen.
München ist ein wichtiger Wirtschaftsplatz der Bundesrepublik Deutschland mit mehr als 800 000 Arbeitsplätzen. An der Spitze liegt die Industrie, besonders Elektro-

technik und Elektronik (Siemens hat z.B. in München seine Hauptverwaltung). Auch Fahrzeugbau (BMW, Krauss-Maffei) und der Rüstungskonzern MBB sind hier zuhause. Führend in Deutschland ist München im Tourismus: Mit rund 5 Millionen Übernachtungen pro Jahr ist München in der Bundesrepublik Deutschland mit weitem Abstand die von Fremden meistbesuchte Stadt. 40 Prozent der Gäste kommen aus dem Ausland.

Aus München stammen eine ganze Reihe bekannter deutscher Persönlichkeiten, so zum Beispiel der Komponist *Richard Strauß* (1864 bis 1949), der Dichter *Christian Morgenstern* (1871 bis 1914), der Maler *Franz Marc* (1880 bis 1916), der Komiker *Karl Valentin* (1882 bis 1948), der Komponist *Carl Orff* (1895 bis 1982), die Schriftsteller *Eugen Roth* (1895 bis 1976) und *Anette Kolb* (1870 bis 1967) sowie der Maler *Carl Spitzweg* (1808 bis 1885). Auch der Elektroingenieur *Oskar von Miller*, der die große deutsche Elektrofirma AEG gründete, lebte von 1885 bis 1934 in München.

Geschichte

Das Gebiet, auf dem München liegt, war bereits vor 3000 v.Chr. besiedelt. Bodenfunde reichen aus dieser Zeit bis zur germanischen Periode (etwa 500 n.Chr.). Die ersten bekannten Anwohner waren Mönche aus dem Kloster Tegernsee. Die eigentliche Entstehung der Stadt geht auf Heinrich den Löwen zurück, zu dessen Herrschaftsbereich das heutige Gebiet von München gehörte. Er beanspruchte von den Salztransporten, die über die Isarbrücke bei Föhring gebracht wurden und deren Kontrolle dem Bischof von Freising unterlag, eigene Einnahmen. Kurzerhand ließ er deshalb 1158 die bischöfliche Brücke in Föhring zerstören und die Salztransporte über eine neu errichtete, südlich gelegene Brücke auf sein Herrschaftsgebiet umleiten. Der Bischof von Freising mußte diesen Gewaltakt hinnehmen, Kaiser Friedrich Barbarossa sanktionierte später die Aktion. Im 13. Jh. kam München in den Besitz der Wittelsbacher, die hier 1255 ihre Residenz errichteten. Stadtrechte besitzt München seit 1294, 1506 wurde die Stadt Regierungssitz des Herzogtums Bayern. Später, im 16. und 17. Jh., konzentrierte sich in München die Gegenreformation, die Stadt wurde einer der wichtigsten katholischen Orte auf deutschem Gebiet. 1632 eroberten schwedische Truppen die Stadt. Dem Kaiser Napoleon I. verdankt München seine spätere Funktion als Königsresidenz, er machte Bayern zum Königreich (vorher Kurfürstentum) und München zu dessen Hauptstadt.

Über viele Jahrhunderte hinweg strahlte die Stadt geistige und künstlerische Impulse aus. 1826 wurde die Universität von Landshut nach München verlegt. Später, zwischen 1848 und 1864 unter König Maximilian II., wurde der wissenschaftliche Rang der Stadt ständig ausgebaut. Maximilians Sohn, Ludwig II., der von 1864 bis 1886 regierte, widmete sich mehr der Musik und den bildenden Künsten.

Im 20. Jh. wurde München, wie auch andere deutsche Städte, in den Strudel politischer Ereignisse gezogen. 1919 herrschte hier für kurze Zeit eine Räteregierung, 1923 putschte Hitler in München. Im Zweiten Weltkrieg wurde die „Hauptstadt der Bewegung", wie sie in der Zeit des Faschismus hieß, schwer beschädigt. Nach 1945 wurde sie so weit wie möglich wieder im alten Stil aufgebaut. Wahrzeichen der bayerischen Landeshauptsatdt sind die beiden mächtigen Türme der Frauenkirche (15. Jh.).

Kunstgeschichte

Nahezu sämtliche Stilepochen hinterließen in München ihre Spuren. Die größte Renaissancekirche nördlich der Alpen (Michaelskirche) befindet sich hier ebenso wie eines der schönsten europäischen Bauwerke des Spätbarock (Asamkirche). Bayerischem Kunstempfinden verdanken die Schlösser Nymphenburg, Schleißheim und Amalienburg ihre Entstehung. Bauten der Gründerzeit, des Jugendstils und des mächtigen Herrschaftswillens der Klassizistik finden sich neben würdevollen Bürgerhäusern und anderen interessanten Baudenkmälern. Ungeheuer breitgefächert ist das Angebot an Museen. In ihnen finden Besucher vielfältigste Arten von Ausstellungen.

Herrschaftlich wirkt das nahezu unverwechselbare Stadtbild. Breite Prachtstraßen mit großen Adelspalästen entstanden im 19. Jh. (Ludwigstraße, Briennerstraße). Auch das Theaterleben entfaltete sich mit bemerkenswerter Vielfalt. Zwanzig Theater, viele Kabaretts und drei Symphonieorchester sind heute hier zuhause. Es ist nicht übertrieben zu sagen, München sei kulturell eine der abwechslungsreichsten Städte Deutschlands. Und nicht erst jetzt: Allein 7000 Maler und Bildhauer sollen um 1890 in der Stadt gewohnt haben.

„Freizeit" – der wichtigste Begriff der Münchner

Wer das wirkliche Flair Münchens entdecken möchte, der sollte darauf verzichten, die ausgetretenen Pfade der Touristen zu benutzen. Sie führen immer nur wieder zu den gleichen Sehenswürdigkeiten: zum **Hofbräuhaus** (das von ausländischen Besuchern wimmelt), über die **Leopoldstraße** (deren Straßenkunsthändler kaum noch wirkliche Kunstwerke verkaufen), durch die „Künstler"-Kneipen **Schwabings** (aus denen längst die Künstler ausgezogen sind).

Um das **„München der Einheimischen"** kennenzulernen, sollte man, wenn es schon Schwabing sein muß, stadtauswärts oder der Leopoldstraße nach links abbiegen und durch die Schellingstraße oder die Türkenstraße bummeln. Oder man kann ins heutige Künstlerviertel **Haidhausen** fahren, wo eine urbane, skurile Mischung von Einheimischen und Ausländern, Handwerkern, Malern, Galeristen und Schauspielern zuhause ist. Man sollte nicht nur den großen (Touristen-)**Biergarten** am **„Chinesischen Turm"** besuchen, sondern vielleicht auch den im **Hirschgarten** (von der Straßenbahn-/Bushaltestelle Romanplatz zu Fuß erreichbar). Hier hat sich der größte Münchner Biergarten angesiedelt, von dessen Ausmaßen man aber unter den schattigen Bäumen kaum etwas merkt.

„**Brotzeit**", das ist in München als Synonym einer „kleinen Zwischenmahlzeit" ein wichtiger Begriff. Deftige kalte oder warme „Schmankerl" für die Brotzeit bekommt man in fast jeder Metzgerei, aber auch schon ein Stück Wurst, ein Käse, ein Radi (aufgeschnittener Rettich) reichen manchem. Dazu gehört natürlich auch ein kräftiger Schluck Bier. Neuerdings trinkt man in München immer öfter eine besondere Bierspezialität, die kaum irgendwo anders so gut schmeckt wie hier, das „**Weißbier**". Es ist ein obergärig gebrautes, schäumendes Bier und wird in schlanken, hohen Gläsern ausgeschenkt.

„**Weißwurst**", damit sind wir bei einem anderen typischen Stück München. Natürlich kann man überall in der Stadt gute Weißwürste bekommen, aber wer unter Einheimischen diese Wurstspezialität probieren will, der sollte in den „**Franziskaner**" gehen. Dort in der Schwemme soll es die besten Weißwürste der Stadt und auch den besten Senf dazu geben (hausgemacht).

Das Wort Freizeit wird in München groß geschrieben. Wer in den Sommermonaten durch die Stadt pilgert, findet sie oft wie ausgestorben. Viele Einwohner liegen bei schönem Wetter am **Isarstrand** oder an einem der vielen Seen der Umgebung. Die Isar mit ihren Kiesbetten (sie nehmen bei Hochwasser die überquellenden Wasserfluten auf) ist eines der beliebtesten Freizeitparadiese in der Stadt. An heißen Tagen, auch während der Woche, meint man, kaum jemand arbeite in der Stadt, so voll sind die Isarstrände. Dort wird mit Badeanzug, oben oder ganz ohne gebadet und kaum einen Menschen stört das. An der Isar wird auch gegrillt, denn die Kiesbänke sind weit entfernt von Bäumen oder anderen Pflanzen, die Feuer fangen könnten. Zu Tausenden treffen sich hier am Abend die Münchner und brutzeln über der Holzkohlenglut ihre Steaks oder Bratwürste.

Ein anderes Freizeitparadies der Münchner ist der **Englische Garten**, eine der größten und schönsten Gartenanlagen seiner Art in Deutschland. Kilometerweit zieht er sich entlang der Isar; überall gibt es stille Winkel und Plätze, an denen man sich im Schatten der Bäume niederlassen kann. Im Englischen Garten wird Ball gespielt, geradelt, der Hund spazieren geführt oder auch ein Rendezvous verabredet.

Münchens Flair wird von Liberalität bestimmt. In kaum einer anderen deutschen Stadt nehmen es die Einwohner so locker mit den Vorschriften. Reisende, die andere Städte Deutschlands intensiv kennengelernt haben, berichten immer wieder, die Münchner Polizisten seien die nettesten der ganzen Bundesrepublik. Die Ordnungshüter drücken vor allem bei Fremden schon einmal ein Auge zu, wenn jemand falsch parkt oder irgend eine andere kleine Sünde begeht.

Besichtigung der Stadt

Allgemein: Je nach Wichtigkeit, die wir den einzelnen Sehenswürdigkeiten zumessen und nach persönlichem Interesse, sollten wir uns für München wirklich mehr als ein oder zwei Tage Zeit nehmen. Die Stadt ist zu vielfältig, als daß man alles, was sie Wichtiges bietet, in wenigen Stunden kennenlernen kann. Selbst Einheimische, die schon ein Leben lang in München zuhause sind, haben vieles in ihrer Heimatstadt noch nicht besichtigt. Anzuraten wäre, in München eine Woche Station zu machen. Sollte dafür die Zeit nicht reichen, so gehört der Besuch der nachstehenden Sehenswürdigkeiten zum kleinsten „Pflichtprogramm":

Altstadt mit Frauenkirche, Asamkirche, Residenz mit Schatzkammer, Feldherrnhalle, Ludwigstraße, Olympiagelände (mit einem Blick vom Olympiaturm).

Münchens Sehenswürdigkeiten sind nachstehend in Sachgruppen zusammengefaßt. Je nach Zeit und Interesse sollte man diejenigen Objekte herausgreifen, welche man sich unbedingt anschauen möchte. Auf dem Stadtplan ist ihre Lage skizziert.

Kirchen

Frauenkirche (Dom). Die beiden Türme sind Wahrzeichen der Stadt. Auf dem Boden einer Vorgängerkirche, um 1230 begonnen und 1271 geweiht, nach 1468 in der heutigen gotischen Form errichtet. Baumeister *Jörg von Halsbach*. Hallenbau typisch altbayerisch, hebt sich in seiner Monumentalität von anderen gotischen Bauten ab.

München

Die „Welschen Hauben" auf beiden Türmen gehören zur Renaissance und wurden 1524/25 aufgesetzt. Höhe der Türme 99 Meter, Länge der Kirche 109 Meter. Im Zweiten Weltkrieg sehr stark zerstört und ein Großteil der spätmittelalterlichen Ausstattung vernichtet. Erhalten unter anderem die *Büsten von *Erasmus Grasser* am Chorgestühl und gotische **Glasfenster** aus verschiedenen Zeitperioden. Im Chor noch viele der alten Glasfenster, besonders schön das *Scharfzandt-Fenster (1473 vom Straßburger Glasmaler *Peter Hemmel*). Ein weiteres wertvolles Kunstwerk des Mittelalters die **Figur des „Heiligen Georg" (1520 vom Bildhauer *Hans Leinberger*, über dem nordwestlichen Portal der Kirche). Vom Barockbildhauer *Ignaz Günther* *zwölf **Marienreliefs** in der zweiten Kapelle des südlichen Chorumganges. Auch ein bedeutendes **Grabdenkmal** befindet sich in der Kirche: Das Kaiser Ludwigs des Bayern im Westjoch des südlichen Seitenschiffes (1619/22 von *Hans Krumper*). In der Gruft befand sich die Grablege der Fürsten und Kaiser aus dem Hause Wittelsbach. Hier ruht auch der letzte bayerische König Ludwig III. Der Dom liegt nahe der Fußgängerzonen zwischen Karlsplatz (Stachus) und Marienplatz (Rathaus).

Allerheiligenkirche am Kreuz. Wie der Dom von *Jörg von Halsbach* erbaut (1480 bis 1485, Inneres 1750 bzw. 1772 im Rokokostil gestaltet). 1814 entfernte man wieder einiges vom Rokokoschmuck. Sehenswert das **Bronzeepitaph** mit einer Darstellung des Lazarus von *Hans Krumper* (1627). Nach Zerstörungen im Zweiten Weltkrieg restauriert (Kreuzstraße Nr. 10).

*Damenstiftskirche St. Anna. Sicherlich eine der besten Barockkirchen Münchens. 1944 stark zerstört, inzwischen restauriert. Baumeister *Johann Baptist Gunetzrhainer*, Weihe 1735. Nach alten Vorlagen nach 1945 das **Kuppelfresko** wiederhergestellt, die früheren Dekorationen der Gebrüder *Asam* allerdings 1944 endgültig zerstört. Neben der Kirche das frühere **St. Anna-Damenstift**, 1784/85 von *Matthias Widmann* erbaut. Interessant die Stukkaturen an den Portalen von *F.X. Feichtmayr* sowie die von *Ritter* geschaffenen Eichentorflügel (Damenstiftstr. 1).

*St. Anna Klosterkirche. 1727/33, ein Frühwerk des berühmten Baumeisters *Johann Michael Fischer*, bis heute im Besitz der Franziskaner-Mönche. Ausgestaltung von berühmten Künstlern; von *C.D. Asam* die Deckenfresken, von *E. Schleich* Fassade. Unter den frühen Rokokokirchen Münchens nimmt St. Anna einen der vordersten Plätze ein. Ihr gegenüber die neuromanische **Pfarrkirche St. Anna**, die 1887/92 *Gabriel von Seidl* erbaute (St. Anna Straße 21).

***Asam-Kirche. Ein einzigartiges Baudenkmal, das sich die *Brüder Asam* selbst setzten. Aus eigenen Mitteln erbauten *Cosmas Damian* und *Egid Quirin Asam* 1733/46 diese wahrhaft beeindruckende kleine Kirche (Sendlinger Straße 62). Sie weihten sie dem Heiligen Johann Nepomuk. Einer der Höhepunkte spätbarocker Kunst in Deutschland (siehe auch Kunstgeschichte, Barock). *E.Q. Asam*, Architekt und Stukkateur, sein Bruder *C.D. Asam* Freskenmaler. Schon äußerlich interessant, vor allem das von Säulen gesäumte Portal. Auf den Säulenkapitellen Stuckreliefs des Papstes und des Kaisers, die vier Reliefs der Tür dem Heiligen Johann Nepomuk gewidmet. Im Inneren ungewöhnliche Lichtführung (indirekt). Wände mit Stuckmarmor verkleidet. Überaus schön sind Altäre, vor allem der Hochaltar mit seinen vier Säulen. Am linken Seitenaltar eine **Marienfigur** von *E.Q. Asam*. Auch der bekannte Bildhauer *Ignaz Günther* hinterließ in der Asamkirche eines seiner Werke (**Epitaph des Baron Zech** in der Vorhalle).

Neben der Kirche das frühere *Wohnhaus von E.Q. Asam, ein spätgotischer Bau mit nachträglich angebrachter Barockfassade (eines der schönsten Künstlerhäuser des 18. Jhs. in München). An der Fassade Reliefs und vollplastische Figuren mythologischer und christlicher Themen.

Ehemalige Augustinerkirche. Gehörte zum 1294 errichteten und 1803 säkularisierten Augustiner-Eremitenkloster (Neuhauser Straße 53). Baubeginn 1291. 1294 Weihe, 1618—1621 umfassender Umbau. Heute Sitz des **Deutschen Jagdmuseums**.

***Dreifaltigkeitskirche.** Eine der interessantesten Kirchen des Spätbarock in München. Baumeister *Giovanni Antonio Viscardi* und *Johann Georg Ettenhofer*. 1718 geweiht. Der Zentralbau entstand einst als Votivkirche, deren Kuppel *C.D. Asam* mit Fresken ausmalte. Erste Kirche in Bayern mit einer Fassadenform, die wie in Rom konvex aus dem Bau hervortritt. Stukkaturen von *Johann Georg Bader* und *Andreas Wolff*, von *Johann Degler* das Hochaltargemälde (Pacellistr. 6).

Heiliggeist-Pfarrkirche. Entstand Ende des 14. Jhs. als dreischiffige Hallenkirche, 1723—1730 umgebaut (Dachstuhl und Turm erneuert). Ursprünglich Kirche des Heiliggeist-Spitals, barg hervorragende Fresken von *C.D. Asam* (1944 zerstört, einige der Bilder konnten im Mittelschiff rekonstruiert werden). Wiederaufbau nach 1945 nach den gotischen Vorbildern. Interessant die Kombination von spätbarocker Stukkatur mit der Bauform einer spätgotischen Kirchenhalle. Hochaltar von 1728—1730 nach der Zerstörung von 1944 restauriert. Die beiden Engelsfiguren von *Johann Georg Greiff*. Im Originalzustand erhalten die **Hammerthaler Muttergottesfigur** von 1450 auf einem der Seitenaltäre. An der Westwand das **Bronze-Grabmal** des Herzogs Ferdinand von Bayern (von *Hans Krumper* um 1608) (Tal 77).

****St. Michael.** 1583—1597 errichtete Jesuitenkirche (Neuhauserstraße 51), einst Zentrum der Gegenreformation in Süddeutschland. Bauherr Herzog Wilhelm V., Baumeister *Friedrich Sustris*. Dieser kam zwar aus den Niederlanden, wurde als Baumeister aber in Italien ausgebildet. Entsprechend geriet das Bauwerk zum ersten Renaissancebau repräsentativer Art nördlich der Alpen. Raumaufteilung erinnert an die römische Kirche Il Gesu. Von großer Schönheit die Stukkaturen und Figuren (einige von *Hubert Gerhard*). Besonders lohnend der Blick auf die **Bronzefigur des Heiligen Michael** an der Südfassade, der mit dem Satan kämpft. Im Inneren das *Bild des mit dem Teufel kämpfenden Heiligen Michael (von *Christoph Schwarz*) auf dem Hochaltar (1591), eines der wertvollsten Kunstwerke der Kirche. In dem Gemälde spiegelt sich der Stil *Tizians* und *Tintorettos* wider, die Vorbilder des Malers *Schwarz* waren. Altargestaltung von *W. Dietrich* (1589).

****Theatinerkirche.** Sehr italienisch wirkendes Bauwerk, einer der schönsten Kirchenbauten von München (Theatinerstraße 22). Erbaut zwischen 1663 und 1675 im Auftrag des Kurfürsten Ferdinand Maria nach der langersehnten Geburt seines Thronfolgers Max Emanuel als Ordenskirche für die Theatinermönche. Baumeister waren die Italiener *Agostino Barelli* aus Bologna, *Lorenzo Perti* und dessen Sohn *Giovanni Niccolo*, denen *Enrico Zuccalli* aus Graubünden folgte. Vom berühmten Baumeister *François Cuvilliés d.J.* die Fassade (Entwurf *F. Cuvilliés d.Ä.*). Ungemein überschwenglich die **Stukkaturen** an den Wänden und Decken, **Monumentalkanzel** von *Andreas Faistenberger* (1686), schöne Seitenaltäre. Beeindruckend von außen der Blick auf die großartige **Kuppel** und die beiden arabesken Fassadentürme.

*St. Ludwig. Vom bekannten Architekten *Friedrich von Gärtner* 1829 bis 1844 als sein erstes großes Sakralwerk errichtet, gehört stilistisch zum romantischen Klassizismus. Im Inneren ****Monumentalfresko** an der Chorwand von *Peter Cornelius* (1836—40), gilt allgemein als das größte Chorwandgemälde der Welt und mißt 18,3 mal 11,3 Meter. Vom gleichen Künstler auch die Deckenfresken. Im Mittelpunkt des Reihenfreskos steht „Gott als Schöpfer, Erlöser und Heiliger Geist" (Ludwigstraße 20).

**Mariahilf-Kirche. Eines der Hauptwerke der Neugotik in Süddeutschland. Unter Förderung des bayerischen Königs Ludwig I. zwischen 1831 und 1839 vom Baumeister *Joseph Daniel Ohlmüller* erbaut. Mutet, dem Stil der damaligen Zeit entsprechend, romantisch an. Zerstörungen des Zweiten Weltkrieges richteten großen Schaden an der Kirche an. Erst vor kurzem konnte der durchbrochene Turmhelm in originaler Form wieder erneuert werden (Mariahilfplatz 42).

St. Peter. Mehrfach zerstört, wahrscheinlich die älteste Pfarrkirche Münchens, ihr frühester Vorgänger-Bau dürfte im 12. Jh. entstanden sein. Heutiges Kirchenbauwerk aus dem 13. und 14. Jh. Vom früheren gotischen Bau noch die unteren Teile der beiden Türme und die westlichen Arkaden des Schiffes erhalten. Wahrzeichen des „Alten Peter" ist die **Laternenkuppel** mit dem Obelisk. Rokokoausstattung aus den Jahren 1753 bis 1756. Nach der Zerstörung im Jahre 1945 größtenteils wieder aufgebaut, vor allem der **Hochaltar** konnte aus kleinsten Teilen wieder in der alten Form zusammengesetzt werden. Die Zerstörungen überdauert haben wertvolle Reliefs und ***Figuren**, so zum Beispiel am gotischen Altar die der Stifterfamilie Schrenck und die Hochaltarfigur des Heiligen Petrus von *Erasmus Grasser*. Vom berühmten Bildhauer *E.Q. Asam* die vier Kirchenväterfiguren am Hochaltar. Wertvoller Kirchenbesitz sind die fünf spätgotischen ***Bilder** mit der Petruslegende von *Jan Pollak* aus dem Jahre 1517 (Rindermarkt).

Profanbauten

Alter Hof. In der Burgstraße Nr. 8 entstand im 13. Jh. die erste Residenz der Wittelsbacher in München: der Alte Hof (nach 1253 erbaut, mehrfach verändert). Hier residierte auch Kaiser Ludwig der Bayer, der als erster deutscher Kaiser einen festen Wohnsitz hatte und nicht von Pfalz zu Pfalz zog (der „Alte Hof" gilt somit als die erste Deutsche Kaiserburg bzw. Residenz). Älteste Teile des heutigen Bauwerks der spätgotische Süd- und Westflügel. Besonderes Kennzeichen der Anlage das gotische **Erkertürmchen am Südflügel (früher bemalt), in seiner Holzkonstruktion im 15. Jh. angefügt.

Erzbischöfliches Palais. Unter den Münchner Stadtresidenzen des bekannten Baumeisters *F. Cuvilliés d.Ä.* ist das frühere „Palais Holnstein" in der Kardinal-Faulhaber-Straße Nr. 7 eines der schönsten. Erbaut 1733 bis 1737, als frühes Rokokogebäude der einzige völlig erhaltene Adelspalast in München. Sehr hübsch die dreigeschossige, hochgestreckte **Fassade.

*Feldherrnhalle. 20 Meter hohes Bauwerk, dessen Vorbild die florentinische „Loggia dei Lanzi" war, erbaut 1841—44 im Auftrag des bayerischen Königs Ludwig I. Bildet den Abschluß der als Prachtboulevard von Ludwig I. geplanten Ludwigstraße und zeigt im Inneren die **Statuen** des Feldmarschalls Tilly (1559 bis 1632, Feldherr des Dreißigjährigen Krieges) und des Fürsten Wrede (1767 bis 1838), der bei den Kämpfen gegen die Franzosen 1814 hervortrat. An der Wand im Inneren ein **Siegesdenkmal** für das bayerische Heer aus dem Krieg 1870/71.

Justizpalast. Neubarocker Monumentalbau an der Ecke Karlsplatz/Elisenstraße, hat mit 80 × 138 m Grundriß gewaltige Ausmaße, entstand 1891 bis 1897 unter der Leitung des Architekten *Friedrich Thiersch*. Besonders bemerkenswert die gewaltige **Kuppel** mit der darunterliegenden, palastartigen Treppenanlage. Gutes Beispiel für den Stil des späten Historismus.

**Maximilianeum. Prächtiger Bau oberhalb des Isarufers an der Max-Planck-Straße, heute Sitz des Bayerischen Landtages. 1857 bis 1874 im Auftrag des Königs Maximilian II. vom Architekten *Friedrich Bürklein* errichtet. *Bürklein* hatte bereits den Münchner Hauptbahnhof und weite Teile der Maximilianstraße erbaut. Zunächst als Heimstatt der königlichen Pagen und Bildungsanstalt für besonders begabte Aspiranten des höheren Staatsdienstes gedacht. Mit seiner ungewöhnlich schönen Lage eines der bemerkenswertesten Baudenkmäler Münchens. An den gebogenen Mittelbau fügen sich harmonisch offene Arkadenflügel an.

Münzamt. Heutiges bayerisches Hauptmünzamt, 1563 bis 1567 als Marstall vom damaligen Hofbaumeister *Wilhelm Egkl* erbaut. Besonders hübsch der dreigeschossige ****Arkadenhof** (35 mal 12 Meter groß, von säulengestützten Laubengängen umrahmt). Unter den Hofanlagen des 16. Jhs. dürfte er mit zu den schönsten zählen, kunsthistorisch eine der reifsten Leistungen süddeutscher Renaissancebauweise (Hofgraben Nr. 4).

Residenz. Der Gesamtkomplex entstand zwischen 1600 und Mitte des 19. Jhs. in verschiedenen Etappen. Kernstück der Anlage die eigentliche „Residenz" am Max-Josef-Platz. Unter Herzog Maximilian I. zwischen 1600 und 1619 erbaut, bildet mit dem Antiquarium (einer der schönsten Renaissanceräume in Deutschland) ein sehr sehenswertes Bauwerk. Die ****Kaisertreppe**, erste Prunktreppenanlage der Renaissance nördlich der Alpen (nach Zerstörungen von 1944 wiederaufgebaut). Im Mittelalter einer der wertvollsten Herrschaftspaläste Europas, kündete von der Größe des bayerischen Herrscherhauses. Zahlreiche Künstler wirkten an der Ausgestaltung mit, so zum Beispiel *J. Effner, F. Cuvilliés d.Ä.* und *J. B. Gunetzrhainer*. Die schweren Zerstörungen von 1944 und 1945 konnten behoben werden.

Ein Rundgang durch die **„Reichen Zimmer"** der Residenz ist unbedingt zu empfehlen (sie gelten als die bedeutendsten Schöpfungen des deutschen Rokoko). Weitere Räumlichkeiten, die man unbedingt besichtigen sollte, die **Ahnengalerie**, das **Porzellankabinett**, die alte **Hofkapelle**, die **Porzellankammer** und die **Schatzkammer** mit dem Reliquienschatz des bayerischen Königshauses.

Insgesamt umschließt die Residenz 8 Innenhöfe. Im **Kapellenhof** die 1601 erbaute Hofkapelle mit interessanten Stukkaturen im Innenraum. Weiter zum **Brunnenhof** aus dem 17. Jh., in dessen Mitte der **Wittelsbacher Brunnen**. Durch den achteckigen **Foyerhof** zum alten ****Residenztheater**, bekannt in München als „Cuvilliéstheater". Altes Hoftheater, ursprünglich 1751 bis 1755 erbaut und nach Zerstörungen des Zweiten Weltkrieges am heutigen Platz restauriert, eine der hervorragendsten Raumkompositionen aus der Zeit des Rokoko. Schnitzereien von *J.A. Pichler, J. Dietrich* und *J.B. Straub*. **Antiquarium** mit malerischen Stadtansichten des Malers *Hans Thonauer*, anschließend **Grottenhof** (1581—86 erbaut, eine offene Grottenhalle bildend). In der Mitte ein **Brunnen** mit Perseus-Gruppe. Der **Königsbauhof**, die

nächste Station auf dem Rundgang durch die Residenz. Hier der Zugang zu den „Reichen Zimmern" und zur (nur noch als Fassade erhalten) Grünen Galerie.
Zum Komplex der Residenz gehört der **Königsbau** am Max-Josef-Platz Nr. 3. Vom Baumeister *Leo von Klenze* zwischen 1826 und 1835 errichtet, spiegelt den Stil florentinischer Palastbauten der Renaissance wider. In den **Nibelungensälen** im Inneren Szenen aus dem Nibelungenlied. Auch das *Nationaltheater am Max-Josef-Platz Nr. 2 (1825 von *Klenze* erbaut), ein bedeutendes Bauwerk des Residenzkomplexes. Größtes und bedeutendstes Theater Münchens wurde zunächst als Schauspielhaus geplant. Besonders eindrucksvoll die Hauptfassade mit ihren Säulen. Nach Zerstörung im Zweiten Weltkrieg 1959—1963 in alter Form restauriert.
Prinz-Carl-Palais. Kleines Schloß an der Königinstraße Nr. 1, heute Repräsentationsgebäude des bayerischen Ministerpräsidenten. 1803 bis 1811 von *Karl von Fischer*, einem der bedeutendsten Münchner Architekten der damaligen Zeit, errichtet.
*Bayerische Staatsbibliothek. Mit 3,4 Millionen Bänden die größte Universalbibliothek der Bundesrepublik Deutschland. Das Gebäude 1832—43 von *Friedrich von Gärtner* im Auftrag des bayerischen Königs Ludwig I. erbaut. Fassade 155 Meter lang und 24 Meter hoch, in ihrer mächtigen Dimension Ausdruck des Herrschaftsgefühls der bayerischen Könige. Architektonische Vorbilder waren Renaissance-Paläste in Florenz, Rom und Siena. Während des Zweiten Weltkrieges größtenteils zerstört, erst 1966 wiederaufgebaut (Ludwigstraße 16).
Universität. *Friedrich von Gärtner* schuf während der Herrschaft König Ludwigs I. 1835—1840 auch dieses Bauwerk am Geschwister-Scholl-Platz Nr. 1 (Ludwigstraße). Hauptfronten zurückgeschoben in der Linie der Hausfluchten der Ludwigstraße. Bemerkenswert die **Brunnen** aus Eisenguß in den beiden Halbkreisen links und rechts der Ludwigstraße. Im Inneren des Universitätsgebäudes eine monumentale ***Vorhalle** mit Arkaden. Hier auch Gedenkstein für die 1944 hingerichteten Widerstandskämpfer der Gruppe „Weiße Rose" (Geschwister Scholl, Prof. Huber u. a.). Hauptfassade des dreiflügeligen Baus 124 m lang.
Altes Rathaus. Schließt den Marienplatz nach Osten ab. Nach starken Zerstörungen des Zweiten Weltkrieges nur noch die Außenfassade erhalten. Früher befand sich in diesem 1470 bis 1480 von *Jörg von Halsbach* errichteten Bauwerk eine der schönsten spätgotischen Säle mit den 16 berühmten Holzfiguren der Morisken-Tänzer von *Erasmus Grasser*. Zehn dieser Figuren heute im Stadtmuseum.
Neues Rathaus. Unter den Monumentalbauten Münchens ist das 1867—1908 errichtete Gebäude an der Nordseite des Marienplatzes eines der großartigsten. Täglich um 11.00 Uhr **Glockenspiel, zu dem sich die Figuren des Schäffler-Tanzes drehen. Vor dem Neuen Rathaus die **Mariensäule**, die Kurfürst Maximilian I. 1638 aufstellen ließ. Vom Bildhauer *Hubert Gerhard* diese Bronzemadonna mit Szepter, Kaiserkrone und dem segnenden Kind auf dem Arm. Vier Heldenputti begrenzen die Ecken des aus Untersberger Marmor erbauten Denkmalsockels.
*Müllersches Volksbad. Schräg gegenüber vom Deutschen Museum (Rosenheimer Straße Nr. 1), eines der wenigen öffentlichen Badehäuser, das noch in seiner ursprünglichen Form der Jahrhundertwende erhalten ist. Stilistisch einer römisch-barockisierten Thermenanlage nachempfunden, verkörpert den Stil des Historismus. Erbaut auf Grund einer Stiftung von Karl Müller 1896 durch den Architekten *Karl Hocheder*. Es ist heute noch als Badeanstalt und Dampfbad in Betrieb.

Gotischer Bürgerhaus-Hof. In der Residenzstraße Nr. 13 eines der wenigen Beispiele Münchner Innenhöfe des Mittelalters. Erbaut um 1500. Mit Arkaden und Bogengängen ähnelt er den Höfen in den Innenstädten (z.B. Wasserburg).

Frühere Stadtschreiberei. Das besterhaltene spätgotische Gebäude (1550—52) in München. Die Burgstraße selbst gehört zu den ältesten Straßenzügen der Stadt. Noch heute der Aufbau des Hauses mit seinen Aufzugsvorrichtungen für Vorräte und Waren erkennbar. 1944 schwer zerstört, 1963 Wiederaufbau in alter Form. Auch die **Fassadenmalereien konnten restauriert werden. Ein hübscher Anblick der geschlossene **Innenhof** mit seinen Treppentürmen (Burgstraße Nr. 5).

*Ignaz-Günther-Haus. Am Unteren Anger 30 siedelte sich 1771 der berühmte Rokoko-Bildhauer *Ignaz Günther* an. Das Haus, das er erwarb, wurde sicher schon vor 1572 errichtet. Es ist das letzte Beispiel eines mittelalterlichen Doppelhaus-Typs, also eines Gebäudes, das aus Vorder- und Hinterhaus zusammengefügt wurde. Nach Kriegszerstörungen restauriert, beherbergt heute eine **Ausstellung** mit Werken des Bildhauers.

*Friedensdenkmal. Die Figur des 6 m hohen vergoldeten Friedensengels wurde 1896—1899 am rechten Isar-Ufer oberhalb der Luitpoldbrücke aus Anlaß des 25jährigen Jubiläums des Friedens von Versailles auf einer Säule aufgestellt. Mit der Anlage sollte der bayerischen Armee und 25 Jahren friedlicher Zeit gedacht werden. Ausführende Künstler die Architekten und Bildhauer *Max Heilmaier, Heinrich Düll, Joseph Bühlmann* und *Georg Pezold*. Die Anlage erinnert in ihrer Konzeption an Pariser Denkmäler (Springbrunnen und Straßenrondell). Von ihrer Terrasse aus ein schöner **Blick über die Stadt**. Nach seiner Restaurierung 1983 kam der Engel wieder auf seinen ursprünglichen Platz. Die Rundbilder an der Innenwand der Halle des Unterbaues zeigen allegorische Darstellungen des Sieges und der Kultur.

Englischer Garten mit Monopteros und Chinesischem Turm. Der Englische Garten ist bevorzugtes innerstädtisches Freizeitzentrum der Münchner. Von den verschiedenen Bauwerken sind Monopterus und Chinesischer Turm besonders erwähnenswert. Der **Monopteros** entstand 1833 in Gedenken an Karl Theodor und Maximilian I., die Begründer des Englischen Gartens. Getragen wird das Dach von zehn ionischen Marmorsäulen. Rasenflächen um den Monopterus Treffpunkt junger Touristen aus aller Welt, manche übernachten dort sogar im Sommer.

Der **Chinesische Turm** ist Mittelpunkt einer der größten Münchner Biergärten. In freier Nachbildung der Pagode des Architekten Chambers 1789/90 von *Joseph Frey* entworfen und von *J.P. Lechner* fünfgeschossig aus Holz erbaut, 1952 nach einem Brand von 1944 restauriert. An Wochenenden spielt hier nachmittags eine bayerische Blaskapelle.

Schloß Nymphenburg. Gesamtanlage 1664 bis 1675 unter Kurfürst Ferdinand Maria nach der Geburt seines Thronfolgers Max Emanuel erbaut, im 18. Jh. umfangreiche Umbauten und Erweiterungen. Die **Parkanlage ursprünglich französischen Vorbildern nachempfunden, später im englischen Stil verändert. Im Schloßgebäude **Festsaal** mit herrlichen Fresken und Stukkaturen von *Johann Baptist Zimmermann*. In der weitläufigen Parkanlage eine Reihe weiterer kleiner Schlößchen. Eines davon die **Pagodenburg**, unter Max Emanuel im Jahre 1716—19 errichtet (im Inneren in den beiden Lackkabinetten hervorragende ***Chinoiserien**). Ein anderes Bauwerk innerhalb der Schloßanlage von Nymphenburg die ***Badenburg** mit einem Baderaum, die

München

einzige Anlage einer Schwimmhalle aus dem 18. Jh. ***Magdalenenklause**, ein besonders interessantes Bauwerk im Schloßpark. Wurde mit Absicht im Stil einer Ruine errichtet, erkennbar an den Mauerrissen an der Außenfront, die künstlich angebracht wurden. Überraschend der Anblick der Grotte, die als Kapelle den Eingang zur Klause bildet. Vielleicht das schönste Bauwerk im Park die ***Amalienburg**, 1734 bis 1739 von *François Cuvilliés d. Ä.* errichtet. Um einen runden Saal gruppieren sich in symmetrischer Form kleine Räume, deren Ausstattung von Saal zu Saal wechselt (besonders bei der Farbgebung sichtbar). Nach Entwürfen von *Cuvilliés* schuf *Johann Baptist Zimmermann* die Ausstattung dieser Räume. Gilt als einer der schönsten und reinsten Rokokobauten Europas.

*****Schloß Blutenburg**. Spätgotisches Kleinod unter den Bauwerken Süddeutschlands, 1435 bis 1439 auf dem Areal einer alten Wasserburg der Wittelsbacher neu erbaut, die **Kapelle** kam 1488 hinzu. Ihr Backsteinbau bis heute unverändert. Innenausstattung von 1490, von *Jan Polack* die bemalten **Altartafeln**. Unbekannt der Holzschnitzer, der die **Apostelfiguren** und die „**Blutenburger Madonna**" schuf (wird als „Blutenburger Meister" bezeichnet). Bemerkenswert in der Kapelle außerdem die spätgotischen **Glasfenster**. Heute im Schloß die Internationale Jugendbibliothek (Stadtteil Obermenzing, Pippinger Straße/Verdistraße).

Ruhmeshalle und Bavaria. Denkmal auf der Theresienhöhe oberhalb der Theresienwiese, wo jedes Jahr Ende September/Anfang Oktober das Oktoberfest stattfindet. Unter der Leitung von *Leo von Klenze* 1843 bis 1853 erbaut, 67 Meter lang und 30 Meter breit. In den Giebelfeldern der Außenwände weiblich-allegorische Gestalten der Bayern, Pfälzer, Schwaben und Franken, also der vier bayerischen Volksstämme, im Inneren außerdem zahlreiche Marmorbüsten großer bayerischer Männer des 15. bis 20. Jhs. Überragender Blickfang der Gesamtanlage die (inklusive Sockel) 30 Meter hohe Figur der Bavaria, die als Symbol für Bayern gilt. Figur kann im Inneren bestiegen werden. Man hat von ihr aus eine schöne Sicht auf München.

*****Königsplatz** (siehe auch Kunstgeschichte, Klassizismus). Das Ensemble der drei Bauwerke um den Königsplatz ist eine in sich geschlossene Sehenswürdigkeit. Rundgangbeginn an der ****Glyptothek**. 1816 bis 1830 durch *Leo von Klenze* im Auftrag von König Ludwig I. erbaut. In dem klassizistischen, mit Marmor verkleideten Gebäude hat der bayerische Kronprinz Ludwig (später König Ludwig I.) seine in Griechenland, Italien und Ägypten erworbenen **Skulpturen** sammeln lassen. Der Bau bildet ein Quadrat um einen großen Lichthof herum. Bauhistorisch eines der ältesten deutschen Museumsgebäude, bester Klassizismus. Nach Bombenangriffen von 1944 Zerstörungen weitgehend beseitigt. Eines der herausragenden Kunstwerke an der Außenfront der Glyptothek die **Marmorgruppe im Giebelfeld** vom Bildhauer *Ludwig Schwanthaler* (Ausstellungsprogramm der Glyptothek siehe unter „Museen").
Zweites Gebäude am Königsplatz, die **Staatliche Antikensammlung** gegenüber der Glyptothek. Tempelartiges Gebäude 1838—48 von Architekt *Georg Friedrich Ziebland* erbaut. Zunächst sollte hier die Königliche Kunstausstellung untergebracht werden, nach dem Zweiten Weltkrieg wurde das Gebäude jedoch für die Sammlung antiker Exponate verwendet. Besonders umfangreich die Sammlung von Vasen, Terrakotten und Schmuckgegenständen (genaue Angaben siehe unter Museen). Drittes interessantes Bauwerk am Königsplatz die **Propyläen**, 1854 als Nachempfindung des gleichnamigen Eingangstores zur Akropolis in Athen erbaut. Mittelbau eine Hal-

le mit 16 Säulen. In den Friesreliefs der Türme und im Giebelfeld Darstellung des griechischen Befreiungskampfes (1821 bis 1829) und die Huldigung Griechenlands vor König Otto, einem Sohn des bayerischen Königs Ludwig I. Nach mehreren Zerstörungen wieder restauriert.

*Siegestor. Triumphbogen, erbaut unter König Ludwig I. vom Baumeister *Friedrich von Gärtner* zwischen 1843 und 1852, bildet zusammen mit der Feldherrnhalle die Abschlußpunkte der herrschaftlichen Ludwigstraße. Als Monument für das bayerische Heer konzipiert (Vorbild Konstantinbogen in Rom). Als Baumaterial verwendete *von Gärtner* Kelheimer Kalkstein, einen der hervorragendsten Bausteine der damaligen Zeit. Figuren aus Tiroler Steinen gehauen. Blickfang die aus Erz gegossene *Bavaria in einer Löwenquadriga auf dem höchsten Punkt des Tores. Schöpfer der Bavariafigur *Friedrich Brugger*, Löwenquadriga von *Johann Halbig*. Auf sechs Reliefs Kampfszenen aus der bayerischen Geschichte, die zu den reifsten Werken klassizistischer Plastik in München gehören.

Stadttore

Isartor. Altes Stadttor (Tal Nr. 43), 1337 erstmals erwähnt, entstand als letztes Tor der Stadtbefestigung unter Kaiser Ludwig dem Bayern. 1833 von *Friedrich von Gärtner* restauriert. 20 Meter langes **Fresko** an der Hauptwand nach Osten, 1835 von *Bernhard Neher*, stellt „Siegeseinzug Kaiser Ludwigs von Bayern nach der Amfinger Schlacht" 1322 dar. Heute im Isartor das **„Karl Valentin Musäum"** untergebracht (siehe unter Museen).

Karlstor. Erstmals 1302 genanntes Stadttor am Beginn der Fußgängerzone (Karlsplatz/Stachus), im Verlauf der Jahrhunderte stark verändert. Nur noch die beiden Seitentürme im Kern mittelalterlich. Seitliche Rondelle 1902 in neubarockem Stil angefügt.

Sendlinger Tor. Am Sendlinger-Tor-Platz, unter den Münchner Stadttoren dasjenige mit den ältesten Bestandteilen (die beiden achteckigen malerischen **Seitentürme** vom Ende des 14. Jhs.). Mittelteil im 19. Jh. neu erbaut.

Sehenswürdigkeiten außerhalb des Stadtzentrums

St. Michaels-Kirche, Berg am Laim (Clemens-August-Straße Nr. 9a). Nach Plänen des bekannten Baumeisters *Johann Michael Fischer* zwischen 1735 und 1751 erbaut, im Inneren eine der bedeutendsten spätbarocken Kirchen Süddeutschlands. **Fresken und **Stukkaturen** vom Wessobrunner Künstler *Johann Baptist Zimmermann*, **Altäre** von *Johann Baptist Straub*. Nach Zerstörung im Zweiten Weltkrieg restauriert.

St. Stefan. Frühere Pfarrkirche in der Baumkirchner Straße Nr. 45, älteste Kirche Münchens, die in Urkunden genannt wird. Entstanden an diesem Platz 1052, 1511 entsprechend dem heutigen Aussehen umgestaltet. Spätgotischer Wandpfeilerbau, 1713 barockisiert, die spätgotische **Pyramide des Turms** gilt als älteste Turmkrone im heutigen München.

St. Georgs Kirche, Bogenhausen. Planung des Umbaus evtl. durch *Johann Michael Fischer* (1766—68). Bogenhausen erst seit 1892 ein Stadtteil von München auf dem rechten Isar-Ufer, St. Georg war die ehemalige Pfarrkirche des früheren Dorfes. Beim

Bau ein gotischer **Chor** und der spätromanische **Turm** von Vorgängerkirchen mit einbezogen und mit dem Langhaus zusammen barockisiert. Sehr hübsch die zweifach eingeschnürte **Kuppel** des Turmes. Die **Figuren** an den drei Altären von *Johann Baptist Straub* und *Ignaz Günther* (Bogenhauser Kirchplatz 1).
Heiligkreuz Kirche, Forstenried. Ehemalige Wallfahrtskirche (Forstenrieder Allee Nr. 180a), im 15. Jh. errichtet. Begründet wurde die Wallfahrt im 13. Jh., als ein hochverehrtes romanisches Kruzifix von Andechs hierher gebracht wurde. 1672 Barockisierung durch *Kaspar Zuccalli*, 1749 kam **Rokokostuck** von *Christian Strasser* als Ausstattungsergänzung hinzu.
***Heiligkreuzkirche, Giesing.** Neugotischer Bau auf dem östlichen Hochufer der Isar, errichtet unter König Ludwig II. 1866—86. In München erstes Kirchenbauwerk, das im Gegensatz zur romantisch neugotischen Kirche Mariahilf, in akademischen Formen der Neugotik erbaut wurde. Stiltreuer Historismus wurde hier konsequent angewandt. Der 95 Meter hohe **Turm** ist eine der schon aus der Ferne sichtbaren Sehenswürdigkeiten der Münchner Silhouette (Ichostr. 1).
Wallfahrtskirche St. Anna, Harlaching (Harlachinger Berg Nr. 30). Heutiger Kirchenbau 1751—61 auf den Resten einer spätgotischen Vorgängerkirche errichtet. In dem Ziegelbau besonders die **Deckengemälde** von *Johann Baptist Zimmermann* interessant (Szenen aus dem Leben Joachims und Annas). Im Choraltar spätgotisches **Schnitzbild** der „Anna Selbdritt" um 1510. Stilreines Rokoko die **Rahmen der Bilder** in den Nischen. Kanzel von 1761 mit Roccaille-Schmuck.
***Olympiagelände, Milbertshofen, Mittlerer Ring.** Gesamtheit der Olympischen Anlagen auf dem Oberwiesenfeld für die Olympischen Spiele 1972 in München errichtet. Sehr zu empfehlen ist der Blick vom **Fernsehturm** (280 Meter hoch) über die Stadt, ebenso ein Rundgang durch die olympischen **Sportanlagen** (Olympia-Schwimmhalle, Olympiahalle, Olympiastadion).
St. Wolfgangskirche, Pipping (Pippinger Straße 49a). Erbaut zwischen 1478 und 1480, also kurz vor der Errichtung der nicht weit entfernt gelegenen Schloßkirche Blutenburg. Ausstattung besticht durch ausgezeichnete **Wandmalereien** im Chor und am Triumphbogen, die schön bemalte **Kanzel**, den **Hochaltar** und die anderen Altäre (alle aus der Erbauungszeit). Zwei Scheiben in den Chorfenstern aus dem 15. Jh.
Pfarrkirche St. Maria, Ramersdorf. Als Wallfahrtskirche im 15. Jh. erbaut. Ausgestaltung des Baukörpers Barock und Rokoko. **Turmkuppel**, 1792 von *Matthias Widmann* aufgesetzt. **Madonna** auf dem Hochaltar und **Kreuzaltar** Werke des *Erasmus Grasser* von 1483 (Aribonenstr. 9).
Pfarrkirche St. Maria, Thalkirchen (Fraunbergplatz Nr. 1). Die Wallfahrt nach Thalkirchen begann bereits im späten Mittelalter. Heutiger Kirchenbau aus dem 13. Jh., spätromanisch. 1696 Barockisierung und Aufsetzung der Turm-Barockhaube. Aus dem Rokoko Teile des **Hochaltars** von *Ignaz Günther*. Einbezogen in den Altar spätgotische Figuren, *Michael Erhart* zugeschrieben. Stukkaturen und Fresko „Maria Himmelfahrt" in der Kuppel des Schiffes aus dem späten 17. und 18. Jh.

Museen
****Alte Pinakothek** (Barerstraße 27). Eine der sechs bedeutendsten Gemäldegalerien der Welt, erbaut 1825—36 von *Leo von Klenze* im Auftrag des bayerischen Königs Ludwig I. Grundstock der Sammlung Zyklus von Historienbildern, die im Auf-

trag Herzog Wilhelms IV. von Bayern (1508 bis 1550) entstanden (unter anderem *Albrecht Altdorfers* berühmtes Gemälde der „Alexanderschlacht").
Obergeschoß: Altniederländische Malerei: *Rogier van der Weyden* (Dreikönigsaltar), *Hans Memling, Dirck Bouts* (Perle von Brabant). **Deutsche Malerei:** *Altdorfer, Hans Baldung Grien, Matthias Grünewald, Albrecht Dürer* (Die vier Apostel / Paumgartner Altar / Selbstbildnis / Beweinung Christi). **Italienische Malerei:** Florentinische Werke des 14. Jhs. bis zu Altarbildern *Tiepolos, Leonardo da Vinci* (Maria mit dem Kinde), *Raffael, Tizian* (Kaiser Karl V. /Dornenkrönung Christi), *Tintoretto* (Gonzaga-Zyklus). **Flämische Malerei:** 17. Jh. *Rubens* (Geißblattlaube / Helene Fourment im Hochzeitskleid / Der Raub der Töchter des Leukippos), *Rembrandt* (Selbstbildnis), *Frans Hals* (Willem van Heythuysen), *Van Goyen, Ruisdael*.
Untergeschoß: Frühe deutsche Malerei: *S. Lochner, Michael Pacher* (Kirchenväteraltar, Sammlung altdeutscher Porträts). **Niederländisch, flämische Malerei des 16. und 17. Jhs.:** *Pieter Brueghel* (Schlaraffenland), *Jan Brueghel* (eine der umfangreichsten Sammlungen neben Wien und Madrid). **Französische Malerei 17. Jh.:** *Nicolas Poussin, Claude Lorrain,* (französische Rokokobilder), *Francois Boucher* (Marquise de Pompadour). **Spanische Malerei:** bedeutendste Sammlung in Deutschland, *Velazquez, El Greco, Murillo* (5 Gemälde mit Szenen aus dem Sevillaner Volksleben).

***Neue Pinakothek (Barerstraße 29, Eingang Theresienstraße). 1981 nach Plänen des Architekten *Alexander Freiherr von Branca* in einer beispielhaften Form neu erbaut (Vorgängerbau 1944 zerstört).
Architektonisch herausragend dabei die Lichtführung, die in außerordentlich geschickter Form das Tageslicht nutzt. Gezeigt werden einmalige Bestände der Kunst des 19. Jhs. aus ganz Europa. **Internationale Kunst um 1800:** *David, Goya, Gainsborough, Turner, Caspar David Friedrich, Lechen, Schinkel, Dillis, Kobell, Rottmann, Karl Stieler* (Porträt Goethes), *Josef Anton Koch, Nazarener (Overbeck, Olivier, Schadow).* **Spätromantiker:** *Moritz von Schwind* (Sagen- und Märchenbilder), *Waldmüller.* **Französische Avantgarde:** *Gericault, Delacroix, Corot, Millet, Courbet, Daumier.* **Deutsche Malerei des 19. Jhs.:** *Spitzweg, Adolf von Menzel, Kaulbach,* Entwürfe für Fresken, Historienmaler *Piloty.* **Malerei der Gründerzeit:** *Makart, Lenbach, Defregger, Hans von Marees,* die *„Deutschrömer" Böcklin, Feuerbach, Hans Thoma.* **Anfänge des deutschen Impressionismus:** *Leibl* und sein Kreis. **Frühe französische Impressionisten:** *Manet* (Frühstück im Atelier), *Cezanne, van Gogh, Gauguin.* **Deutsche Impressionisten** und internationale Vertreter des **Symbolismus und Jugendstils** am Ende des Rundgangs.

Staatsgalerie moderner Kunst (Haus der Kunst, Prinzregentenstraße 1). Gebäude 1933 bis 1937 während der Regierungszeit der Nationalsozialisten nach Entwürfen von **Paul Ludwig Troost erbaut, beispielhaft für den pseudo-klassizistischen Baustil der Nazizeit. 400 Gemälde und Skultpuren vom Beginn des 20. Jhs. bis zur Gegenwart, unter anderem: *Paul Klee, Franz Marc, Ernst Ludwig Kirchner, Max Beckmann* (Tryptichon „Die Versuchung"), *Lovis Corinth, Wilhelm Lehmbruck, Emil Nolde, August Macke,* italienische Kunst *(Boccioni, de Chirico, Marini, Burri),* Kubismus (umfangreichste Sammlung deutscher Museen, Schwerpunkt *George Braque /*

23 (oben): Rothenburg o.d.T. − Markusturm und Röderbrunnen
22 (vorhergehende Seite): Nürnberg − Dürerhaus

24 (oben): Miltenberg

25 (unten): Maidbronn — Riemenschneider-Altar

26 (oben): Würzburg – Festung Marienberg

27 (unten): Würzburg – Residenz

deutsche Kunst von 1961 bis 1979 *(Antes, Baselitz, Penck)*, abstrakten Expressionismus Amerikas *(Motherwell)*, Pop Art *(Warhol, Oldenburg, Segal)*, Minimal Art *(Franz Gertsch, Patti Smith)* und 14 Werke *Picassos* von 1903 bis 1965.

**Bayerisches Nationalmuseum (Prinzregentenstraße 3). Als Museum 1855 unter König Maximilian II. gegründet, heutiger Bau von 1894 bis 1899 (Architekt *Gabriel von Seidl*). Ausstellungsgut besteht aus kunstgeschichtlichen und volkskundlichen Sammlungen. Insgesamt mehr als 20 000 Ausstellungsstücke, die „europäische Kunst und Kunsthandwerk aus 9 Jahrhunderten" darstellen. In den Sälen 1 bis 47

Kunsthistorische Sammlungen: abendländische Kunst vom frühen Mittelalter bis zum Beginn des 20. Jhs., vor allem Plastiken und kunsthandwerkliche Exponate. Bedeutende Kunstwerke von *Hans Multscher, Erasmus Grasser, Michael Pacher, Tilman Riemenschneider, Hans Leinberger, Giovanni Bologna, Hubert Gerhard, Georg Petel, Johann Baptist Straub, Ignaz Günther, Franz Anton Bustelli*. Stuben der Spätgotik und der Renaissance. Im Obergeschoß **Kunstgewerbemuseum: Fachabteilungen für Porzellan (Nymphenburg) und Fayence, Gold- und Silberarbeiten, Plaketten, Glasgemälde, Hohlgläser, Miniaturen, Ölskizzen des 18. Jhs., Elfenbeinschnitzereien, Kostüme und Textilkunst, Intarsien, Kollektion von Uhren und wissenschaftlichen Instrumenten. Im Untergeschoß eine der umfangreichsten Sammlungen europäischer **Krippen** des 17. bis 19. Jhs. (Alpenraum, Neapel, Sizilien) und **volkskundliche Abteilung** mit Zeugnissen bäuerlicher Wohnkultur und Objekten des Volksglaubens in Europa.

Staatliche Antikensammlungen (Königsplatz 1, Gebäude wurde bereits unter „Profanbauten" beschrieben). Grundstock zur Sammlung legte König Ludwig I., der auf eine Sammlung aus dem 16. Jh. zurückgreifen konnte. Sehr bedeutende ***Vasensammlung** (attische Meisterwerke des 6. und 5. Jhs. v.Chr.), **Kleinplastiken** und **Geräte** in Terrakotta und Bronze (6. bis 4. Jh. v.Chr.), Sammlungen griechischen und etruskischen **Goldschmucks** (hervorragende Stücke aus etruskischen Werkstätten, 6. Jh. v.Chr.), klassischer griechischer **Schmuck** (Beispiele aus der Zeit Alexanders des Großen), Etruskische ***Bronzekunst** (reiche Sammlung, einer der Höhepunkte der Ausstellung).

Glyptothek (Königsplatz 3, Bauwerk bereits unter „Profanbauten" beschrieben). Eine der reichsten Sammlungen griechischer und römischer **Skulpturen in der Bundesrepublik. Vor allem römische Porträts von Kaisern und Privatleuten aus fünf Jahrhunderten, spätarchaische Skulpturen aus den Giebeln des Aphaia-Tempels auf Aegina, zwei originale Männerstatuen vom Schema des Kuros, Grabrelief der Mnesarete (eines der schönsten seiner Art). Originale der griechischen Klassik des 5. und 4. Jhs. v.Chr., bedeutende Werke des Hellenismus (Skulptur des barberinischen Faun, schlafender Satyr aus dem 3. Jh. v.Chr.).

Residenz (Residenzplatz, Bauwerk bereits unter „Profanbauten" beschrieben). Vier Museen: Residenzmuseum, Schatzkammer, Münzsammlung, Sammlung ägyptischer Kunst.

**Residenzmuseum. Ausstellungen umfassen die öffentlich zugänglichen Teile des Residenzbaues. Zu besichtigen sind Prunkräume der Renaissance, des Barock, des

Rokoko und des Klassizismus, höfische Wohnkultur (Ahnengalerie in den Gartensälen mit 121 Bildnissen des Hauses Wittelsbach), **Porzellansammlungen** (Meissen, Nymphenburg), ostasiatische Porzellane, antike Plastiken (im Antiquarium), **Schlachtensäle** mit Gemälden von *Kobell* und *Rottmann* und italienische Landschaften, **"Reiche Zimmer"** mit Miniaturenkabinett (130 Gemälde 16. bis 18. Jhs.), **Königsbau** mit Nibelungensälen und Monumentaldarstellung des Nibelungenliedes, **Reliquienkammer** (Reliquien des 16. bis 18. Jhs.), **Silberkammer** (3500 Stücke aus dem Tafelsilber des Hauses Wittelsbach, eine der bedeutendsten Silberkollektionen Europas). Glanzstück ist das *****Rokokotheater** von *François Cuvilliés d. Ä.*

****Staatliche Münzsammlung** (Eingang Residenzstraße 1). Eine der umfangreichsten Sammlungen Europas, im 16. Jh. begonnen, Münzen, Geldscheine und Naturgeld aus allen Ländern und allen Zeitepochen, geschnittene Gemmen, Kollektion repräsentativer Schaumedaillen (einzigartige Abteilung mit Medaillen von *Pisanello*). Außerdem die umfangreichste Präsenzbibliothek über Münzen und Geldscheine in der Bundesrepublik.

*****Schatzkammer** (Eingang Max-Josef-Platz 3). Schätze des bayerischen Königshauses, Sammlung 1565 unter Herzog Albrecht V. begonnen. Mehr als 1250 Ausstellungsstücke, unter anderem das **Gebetbuch** Kaiser Karls des Kahlen und die **Krone** der Kaiserin Kunigunde (10. Jh.). Besonders wertvoll an der St. Georgs-Statuette der reiche Edelsteinbesatz. Bedeutende Kirchenschätze (unter anderem aus der „Reichen Kapelle" von Maximilian I.). Höhepunkt der Sammlung die bayerischen **Herrschaftsinsignien** (Königskrone aus dem Jahre 1806). Außerdem Exponate der Steinschneidekunst Oberitaliens im 16. Jh. Interessant außerdem das **Reiseservice** der Kaiserin Maria Louise sowie exotische Stücke aus dem Orient und aus Mittelamerika.

****Staatliche Sammlung ägyptischer Kunst** (Eingang Hofgartenstraße 1 beim Obelisk). Schwerpunkte Grabstatuen und Reliefs aus dem Alten Reich, Königs- und Götterfiguren aus dem Mittleren Reich, Kunst um Nofretete und Echnaton (Porträt-Fragment einer Kolossalstatue), Zeugnisse der Ptolemäer- und Römerzeit, Goldschatz der Königin von Meroe (Sudan), illustrierte Totenbücher, Mumiensärge, koptische Prunkgewänder, ägyptische Statuen aus dem Palast des römischen Kaisers Hadrian.

*****Deutsches Museum** (Isarinsel, an der Ludwigsbrücke). Eines der meistbesuchten Museen Münchens, Anziehungspunkt für Touristen aus aller Welt. Gegründet 1903 vom Ingenieur Oskar von Miller, eröffnet 1925. 40 000 Quadratmeter Ausstellungsfläche mit 30 Abteilungen. Das größte technische Museum der Welt. Gezeigt werden Bodenschätze und ihre Gewinnung, Entwicklung der Naturwissenschaften, Technik bis zur Gegenwart (bis zur Weltraumfahrt). Viele Demonstrationsobjekte können von den Besuchern selbst bedient werden. Rundgang 16 Kilometer lang, zu sehen sind 65 000 verschiedene Ausstellungsstücke. Zum Museum gehört auch eine Bibliothek mit 660 000 Bänden.

Einige der wichtigsten Ausstellungsstücke: Nachbildungen von Bergwerken mit originalen Großmaschinen, das erste deutsche U-Boot im Original, Dampf- und Elektrolokomotiven, 50 historische Automobile (unter anderem der erste Benz-Motorwagen von 1886), Originalflugzeuge von Lilienthal und Wright, Flugzeugtypen U 52, Me 109, Prototyp eines Senkrechtstarters, rekonstruiertes Arbeitszimmer Galileis, Original-

apparate von Ohm, Ampére, Hertz und Röntgen, Demonstration von Blitzen und des Faradayschen Käfigs, Zeiss-Planetarium mit imposanter Kuppel.
Müncher Stadtmuseum (St. Jakobsplatz 1). Untergebracht im ehemaligen Zeughaus, dem einzigen noch erhaltenen spätgotischen Profanbau Münchens. Verschiedene Teilmuseen. Mittelpunkt der ständigen Ausstellung im **stadtgeschichtlichen Museum** die graphische Sammlung (über 200 000 Blätter zum alten München). Außerdem zehn der früher 16 berühmten *„Morisken-Tänzer" des Bildhauers *Erasmus Grasser* aus dem 15. Jh., eine Waffenhalle, 14 komplett eingerichtete Bürgerzimmer von der Renaissance bis zum Jugendstil. Nahezu einzigartig und nur von ähnlichen Museen in Dresden, Detroit, Lyon und Moskau übertroffen, das *Puppentheatermuseum mit 25 000 Theaterpuppen zwischen Volkskunst, Jahrmarkt und Theaterkunst aus sämtlichen Zeiten und Ländern (Schwerpunkt asiatischer Raum). Im *Musikinstrumentenmuseum (in dieser Art nur noch in Brüssel und New York zu finden) fernöstliche Gongs und europäische Harfen in einer einzigartigen Zusammenstellung. Im **Fotomuseum** Geschichte der fotografischen Techniken und der Fotografie als Dokument und Kunst. Im **Filmmuseum** Darstellung Münchens als Filmmetropole mit einer Sammlung historischer Filme und täglichen Vorführungen seltener Lichtspiele. Im **Deutschen Brauereimuseum** Technisches und Kulturgeschichtliches rund um Bier und Braukunst. Außerdem ständige Sonderausstellung mit kulturgeschichtlichen Themen.
Staatliche graphische Sammlung (Studiensaal Meiserstraße 10). Als Sammlung 1758 von Kurfürst Karl Theodor in Mannheim begründet, in München seit 1794. Mehr als 300 000 Blätter abendländischer Zeichenkunst und Druckgraphik vom 14. Jh. bis zur Gegenwart. Schwerpunkte: deutsche Einblattholzschnitte, Kupferstiche des 19. Jhs., Graphik der Dürerzeit, Zeichnungen der italienischen Renaissance, Zeichnungen und Radierungen *Rembrandts* und seiner niederländischen Zeitgenossen, deutsche Zeichnungen des 16. bis 20. Jhs., Graphik des deutschen Expressionismus, internationale Graphik der Gegenwart. Im **Studiensaal** können sich Besucher nach eigenem Wunsch Werke zum persönlichen Kennenlernen vorlegen lassen.
*Städtische Galerie im Lenbachhaus (Luisenstraße 33). Malerei von der Gotik bis zur Gegenwart, unter anderem Münchner Landschaftskunst. Untergebracht ist das Museum in der Villa des Münchner Malers *Franz von Lenbach* (1836 bis 1904). Gezeigt werden in seinen ehemaligen Räumen der Wohnstil seiner Epoche und wichtige Werke der Münchner Malerei seit dem Mittelalter. Reiche Bestände der **Landschaftsmalerei** des 19. Jhs. *(Dillis, Kobell, Rottmann, Spitzweg)*. Übergang zur **modernen Kunst** *(Wilhelm Leibl* und sein Kreis, *Slevogt, Corinth)*. **Jugendstil** *(Franz von Stuck)*. Sehr wertvoll die größte deutsche **Sammlung mit Werken von *Vassily Kandinsky* (Frühwerke bis zum Ausbruch des Ersten Weltkrieges). Gemälde der Künstlervereinigung **„Blauer Reiter"** *(Marc, Macke, Münter, Klee, Jawlensky)*. Wechselausstellung der Gegenwartskunst (Arbeiten von *Asger Jorn,* Mitgliedern der Gruppe „Spur", *Arnulf Rainer, Joseph Beuys*).
Schloß Nymphenburg (Nymphenburger Auffahrtsallee). Ehemalige Sommerresidenz der bayerischen Herrscher (Beschreibung siehe unter „Profanbauten"). Im Hauptschloß sind besondere Anziehungspunkte der steinerne **Saal** (zweigeschossig, mit Stukkaturen und Fresken), die Brüsseler **Tappisserien**, das Drechselkabinett Max Emanuels (gestaltet von *F. Cuvilliés d.Ä.*), die Veduten von kurfürstlichen

Schlössern und, als ein sehr wertvolles Ausstellungsobjekt, die **Schönheitengalerie** des Königs Ludwig I. (Sammlung von Porträts schöner Münchnerinnen, unter anderem Bildnis der Lola Montez, deretwegen der König 1848 auf seinen Thron verzichten mußte). Außerdem ein chinesisches **Lackkabinett**. Interessant auch das *Marstallmuseum mit der reichsten Sammlung von Prunkkarossen, Kutschen und Schlitten in Deutschland (unter anderem Königskutsche Ludwigs II. mit vergoldetem Schnitzwerk).

Deutsches Jagd- und Fischereimuseum (in der früheren Augustinerkirche, Neuhauserstraße 53). In ihrer Art die bedeutendste Sammlung in der Bundesrepublik Deutschland. Zahlreiche Waffensammlungen, Trophäensammlung, Darstellung der heimischen Tierwelt in 40 Großgeoramen in natürlicher Umgebung, Jagdprunkschlitten, Jagdbilder (unter anderem *Rubens*), Handzeichnungen, böhmische Gläser, Wolpertinger-Ausstellung (bayerisches Fabeltier). Eine der größten **Fischereisammlungen** Europas (alle Süßwasserfische und die größte Hakensammlung der Welt).

Schloß Schleißheim (siehe unter „Oberschleißheim").

Schloß Lustheim (siehe unter „Oberschleißheim").

*Prähistorische Staatssammlung (Lerchenfeldstraße 2). Begründet 1885, Dokumentation des Menschen im bayerischen Raum vom frühesten Auftreten über Römerzeit bis zum frühen Mittelalter. Bedeutende Funde der Jungsteinzeit. Grabhügel aus der Urnenfelderzeit. 600 Gefäße aus der Hallstadtzeit. Eine der ältesten **Großstelen** Europas aus der Eisenzeit. Vorchristliche Funde der keltischen Siedlung Manching. Reichhaltige Römerfunde. Heidnische und christliche Grabbeigaben der Alemannen, Bajuwaren und Franken. Beispiele früher Goldschmiedekunst.

*Staatliches Museum für Völkerkunde (Maximilianstraße 42). Gezeigt werden Kunst und Kultur außereuropäischer Völker. Ausgangspunkt war die Kuriositätensammlung bayerischer Herzöge und Kurfürsten. Das Museum umfaßt mehr als 300 000 Objekte. Bedeutende Asiatische Abteilung, Südamerikanische Abteilung, reiche Sammlung aus Afrika und Ozeanien und dem Kulturbereich der Eskimos. Außerdem verschiedene Wechselausstellungen.

Schack-Galerie (Prinzregentenstraße 9). Sammlung des Grafen Schack in der ehemaligen Preußischen Gesandtschaft in München, deutsche Malerei des 19. Jhs., in ihrer Art und Geschlossenheit einmalig. Höhepunkte sind *Böcklins* „Villa am Meer", *Feuerbachs* „Paolo und Francesca", *Lenbachs* „Hirtenknabe". Drei Hauptbereiche: Deutsche Frühromantik und ihre Nachfolger *(Dillis, Schnorr von Carolsfeld, Schwind, Spitzweg)*, Idealismus (unter anderem *Böcklin, Feuerbach, Marees, Lenbach*), Tendenzen der Nachromantik *(Bode, Morgenstern, Kraus)*. Sammlung seit dem 19. Jh. unverändert erhalten.

Die Neue Sammlung (Prinzregentenstraße 3). Angewandte Kunst in Bayern, eingerichtet 1925 als Moderne Kunstgewerbeabteilung des Bayerischen Nationalmuseums, 22 000 Objekte des **Kunsthandwerks** und **Industrial Design**. Auf diesem Gebiet bedeutendste Sammlung Mitteleuropas, einzigartig die Kollektion von **Plakaten**.

*Villa Stuck (Prinzregentenstraße 60). In der restaurierten Villa des Künstlers *Franz von Stuck* (1863 bis 1928), Gebäude Mischstil aus Historismus, Neoklassizismus und Jugendstil und damit baugeschichtlich interessant als Beispiel für die Architektur der Jahrhundertwende. Vom Künstler *Franz von Stuck* 40 Gemälde und 14 Plastiken. Im Vorgarten lanzenwerfende Amazone. Im Hauptbau werden wechselnde Ausstellungen mit Schwerpunkt der Kunst um die Jahrhundertwende gezeigt.

Siemens-Museum (Prannerstraße 10). München ist Sitz der Hauptverwaltung der weltbekannten Elektrofirma Siemens. Im Museum werden Entwicklungsgeschichte und Anwendungsbereiche der Elektrotechnik von den Anfängen bis zu Ausblicken in die Zukunft gezeigt. Viele Geräte der Elektrotechnik können die Besucher selbst bedienen. Wertvollste Stücke des Museums: einer der ersten elektrischen Telegrafen von 1847, Fernsehempfänger von 1936, Gleisbildstellwerk der Deutschen Bundesbahn, Bühnenbeleuchtungsanlage. Auch Exponate aus der Computertechnik der Elektromedizin und der aktuellen Nachrichtenübermittlung. Daneben ein Archiv mit Studienräumen.

BMW-Museum (Petuelring 130). In einer Halbkugel untergebracht, die in futuristischer Form neben dem ebenfalls ungewöhnlichen Bauwerk der BMW-Hauptverwaltung steht. Ab 1984 nach der Schau „Zeitsignale" neues Ausstellungsprogramm.

Mineralogische Staatssammlung (Theresienstraße 41, Eingang Barerstraße). Sammlung wurde um 1800 begründet, Teil der Naturwissenschaftlichen Sammlungen Bayerns. Auf 700 Quadratmetern 1000 Mineralstufen aus aller Welt, unter anderem eine **Riesenquarzstufe** aus Arkansas. Wichtige Ausstellungsbereiche: Edelsteinvitrinen, eine besonders schöne Smaragdstufe, Goldkristalle, Platin aus dem Ural, einer der seltenen Diamantkristalle im Muttergestein aus Südafrika, Minerale aus bayerischen Lagerstätten. Außerdem eine Lehrausstellung mit Darstellung physikalischer und chemischer Eigenschaften der Kristalle anhand von Modellen.

Staatssammlung für Paläontologie und historische Geologie (Richard-Wagner-Straße 10). Wissenschaftliches Dokumentationszentrum zur Erforschung des Lebens in früheren Erdzeitaltern, insbesondere der fossilen Tier- und Pflanzenwelt Bayerns. Ausstellungsstücke: vom Einzeller bis zum Dinosaurier. Besondere Höhepunkte: **Urelefantenskelett** aus der Tertiärzeit (10 Millionen Jahre alt), **Riesenschildkröte** aus Bayern, **Versteinerungen** in Solnhofener Plattenkalken, Skelette von Sauriern, von einem Höhlenbär, einem Säbelzahntiger, einem Riesenhirsch, einem Meereskrokodil, einem Riesenflugsaurier. Versteinerte Baumstämme, fossile Pflanzen aus Bayern, Ausstellung zur Erdgeschichte der Münchner Landschaft.

Staatssammlung für allgemeine und angewandte Geologie (Luisenstraße 37). Hier wird wissenschaftliche Forschung und Bildungsarbeit betrieben. Für die Öffentlichkeit zwei Dauerausstellungen: „Erdkruste im Wandel" und „Bodenschätze der Erde". In der ersten Ausstellung Aufbau der Erdkruste, Wirkungsweise geologischer Vorgänge und Stoffkreislauf der Erde. Die zweite Ausstellung zeigt die Entstehung und Verteilung magmatischer und sedimentärer Erzlagerstätten (unter anderem Erdöl, Kohle, Salz, Industrieminerale).

**Deutsches Theatermuseum (Galeriestraße 4a, Hofgartenarkaden). München ist seit jeher eine Stadt des Theaters. Theatermuseum von der Hofschauspielerin Klara Ziegler gestiftet, zentrale Dokumentationsstätte der Geschichte des Theaters (einzigartig in ihrer Art). Präsenzbibliothek mit 50 000 Autografen und 80 000 Bänden, Studiensammlung mit 1,9 Millionen Theaterfotos, Bühnenbild- und Kostümentwürfen, Requisiten und Memorabilia der bekanntesten Bühnenpersönlichkeiten, Zeugnisse des Theaters aller Epochen und Regionen. Außerdem Spezialsammlungen der Theaterarchitekten *Semper* und *Littmann* sowie der Bühnenbildnerfamilie *Quaglio*. Daneben ständige Sonderausstellung.

**Valentin-Musäum. Kleines „Gaudi-Museum" im Isartor (Tal), das originellste in der bayerischen Landeshauptstadt. Kuriositätenschau mit Bezug auf den Münchner Volkssänger und Schauspieler Karl Valentin. Aus dem Leben von Karl Valentin und der Schauspielerin Liesl Karlstadt zahlreiche Szenen. Karl Valentin war eine der hintergründigsten Figuren der Münchner Volkstheater-Szenerie und damit einer der Begründer der noch heute hier zahlreich vertretenen Kleinkunstbühnen. Ausgestellt werden Dokumente, Fotos und Originalstücke aus Valentins Gruselkeller und dazu in Wechselausstellungen Kuriositäten aus München und Bayern. Im zweiten Teil des Museums Erinnerungen an alte Münchner Stadtviertel und dort ansässige Volkssänger.

Burgmuseum Grünwald (in der Burg im Vorort Grünwald). Bau stammt aus dem 15. Jh., einziger in wesentlichen Teilen in seiner ursprünglichen Form erhaltener mittelalterlicher Burgsitz im Süden Münchens. **Zweigmuseum der Prähistorischen Staatssammlung** mit wechselnden archäologischen Ausstellungen. Aus der römischen Vergangenheit Meilensteine, Wagenteile, Kultgegenstände, eine komplett eingerichtete Küche, eine Warmluftheizung, ein Töpferofen, eine Auswahl von Ziegeln und Architekturteilen. Vom Burgturm aus ein schöner Ausblick auf das Isartal. Bei Drucklegung war das Museum geschlossen, Zeitpunkt der Wiedereröffnung unbekannt.

Haus der Kunst (Prinzregentenstraße). Neben der bereits beschriebenen „Staatsgalerie moderner Kunst" ständig wechselnde und international hochbedeutende Ausstellungen zu unterschiedlichen Themen. Getragen wird die Ausstellung von den Künstlervereinigungen „Neue Gruppe", „Secession" und „Neue Münchner Künstlergenossenschaft". Das laufende Ausstellungsprogramm kann dem Veranstaltungskalender der Stadt München entnommen werden (erhältlich im Fremdenverkehrsamt).

Privatgalerien. München ist, als eine der Kunstmetropolen Deutschlands, Heimat von rund 80 kleinen privaten Galerien. Über ihre Ausstellungen können aktuelle Informationen dem Monatsprogramm des Münchner Fremdenverkehrsamtes entnommen werden.

Münnerstadt *(8 100 Ew, Route By7)*

Mittelalterliches Städtchen, Stadtkern im fast vollständig erhaltenen Ring der Stadtmauer birgt (neben Würzburg) die wertvollsten kunsthistorischen Schätze in Unterfranken.

Der **Mauerring um die Altstadt** entstand um 1250. Das spätgotische **Rathaus** (15. Jh.) erhielt später Fachwerkschmuck (Marktplatz). Wertvollstes Bauwerk die **Stadtpfarrkirche St. Maria Magdalena** (entstand zwischen 12. und 17. Jh., Turm romanisch, übrige Teile außer Mittelschiff und nördlichem Seitenschiff gotisch). In der Kirche ungemein kostbare Kunstschätze, zum Beispiel die einzigen ****Gemälde** des Bildhauers *Veit Stoß* (Flügelbilder am Hochaltar von 1504), den (neu errichteten) ***Magdalenenaltar** mit Frühwerken von *Tilman Riemenschneider* (Holzplastiken von 1492)

und gotische **Glasfenster** im Chor. Das ehemals wertvollste Stück des Magdalenen-Hochaltars, die Hl. Magdalena im Schrein, ist als Original heute im Bayerischen Nationalmuseum München (in Münnerstadt nur Kopie). Weitere *Riemenschneiderarbeiten* in der Kirche die hölzerne **Kreuzigungsgruppe** (um 1500) und die **Anna Selbdritt**. Überlebensgroße **Ölberggruppe** in der Sunterkapelle aus dem Jahre 1428.
Recht hübsch die **Augustiner-Klosterkirche** mit Stukkaturen von *L.* und *M. Ebner* und Fresken von *J. Anwander* (alle 18. Jh.). Von den Stadttürmen die drei mächtigen **Tortürme** (Oberes Tor, Jörgentor, Dicker Turm) besonders erwähnenswert.
Weitere Kunstwerke aus dem Raum Münnerstadt **Henneberg-Museum** (früheres Deutschordensschloß, Renaissance, in seiner heutigen Form 16./17. Jh.). Sehenswert der zweigeschossige **Erker** (1621) und der **Treppenturm** mit Portal (1611).
Etwas außerhalb das frühere **Kloster Maria Bildhausen** (8 km nördlich) mit spätromanischem Torhaus und prunkvollem Treppenhaus (1760). Es wurde 1154 gegründet.

Neubeuern *(3200 Ew, Route By14)*

Eines der schönsten Dörfer im oberbayerischen Voralpenland. Nahe des Inn, wunderschöne alte Häuser am *Marktplatz, deren **Fassadenmalerei** mit zu den schönsen Zeugnissen dieser bayerischen Volkskunst zählt. Überragt vom **Schloß** mit seinem massigen romanischen Bergfried. In der **Barockkapelle** ausgezeichnete Stukkaturen und ein von *Johann Baptist Zimmermann* entworfener **Hochaltar**.

Neuburg an der Donau *(24 500 Ew, Route By5)*

Westlich von Ingolstadt am rechten Donauufer gelegene Stadt, teilt sich in ältere Oberstadt (aus der Keltenzeit, später „Residenz Pfalz Neuburg" ab 1505) und jüngere Unterstadt. Vermutlich im 3. Jh. v.Chr. ließen sich erstmals hier Siedler nieder, 540 auf dem Stadtberg bayerischer Herzogs- und späterer Königshof unter dem Namen „Nivenburcg" (vorübergehend residierte dort 1055 Kaiser Heinrich II. und nach ihm Kaiser Friedrich I.). 1505 bis 1831 Residenz des Fürstentums Pfalz-Neuburg.
Man betritt eine versponnen und in ihrer Beschaulichkeit mittelalterlich wirkende Welt, wenn man aus der Unterstadt durch eines der **Tore** in die alte **Oberstadt** kommt. Den von Linden umrahmten **Karlsplatz**, dessen Mittelpunkt der Marienbrunnen ist, umstehen würdevolle Bürgerhäuser und Herrschaftsgebäude. Die kleine alte Renaissancestadt strahlt bis heute den Glanz der damaligen Epoche aus. Obwohl die hier residierenden Fürsten mehr in Mannheim, Heidelberg oder Düsseldorf und an anderen Plätzen ihres Herrschaftsbereiches lebten, gaben sie doch der kleinen Renaissancestadt Neuburg ein stilreines und liebenswertes äußeres Gepräge.
Größtes und sehenswertestes Baudenkmal das *Schloß, welches Pfalzgraf Ottheinrich von Neuburg 1530–1555 errichten ließ, Baumeister *Hans Knotz*. Mitgewirkt haben soll auch *Paul Beheim* aus Nürnberg. Besonders stilreine Renaissance der tonnengewölbte **Torgang** mit seiner stukkierten Kassettendecke. In der Mitte zeigt diese das Bild des Bauherrn. **Hof** mit mehrgeschossigen Laubengängen (Renaissance). Die Sgraffitos an der Ostfassade zeigen Szenen aus dem Alten Testament. Im Inneren der **Schloßkapelle** (erbaut 1530–31) *Freskenausmalung der Emporenwände von *Hans Bocksberger d.Ä.* aus Salzburg (1543). Im Zentrum „Himmelfahrt Christi",

darum herum die Sakramente „Taufe" und „Abendmahl". Dieses Gemälde ist der erste Ausdruck der protestantischen Kirchenformen, denn anders als in der katholischen Glaubensdarstellung (nur ein Sakrament: Abendmahl) werden hier zwei Sakramente (Abendmahl und Taufe) dargestellt.

Im Schloß ab 1985 das **Museum** „Fürstentum Pfalz Neuburg" mit Schatzkammer, Handwerkerstuben und vor- und frühgeschichtlichen Funden von der Altsteinzeit bis zur Römerzeit. Außerdem religiöse Sakralkunst, von denen die *****Antependien** (seidengestickte Altartischverkleidungen) zu den herausragendsten Exponaten gehören (bis zur Museumseröffnung noch in der früheren Hofkirche).

Frühere **Hofkirche**, Renaissancebau in der oberen Altastadt (Karlsplatz) am Standort einer früheren benediktinischen Klosteranlage 1607—1617 als protestantischer Kirchenbau begonnen. Baumeister *Sigmund Doctor* und *Joseph Heinz, Gilg Vältin* aus Graubünden besorgte die Ausführung.

Der Bauherr Pfalzgraf Ottheinrich (der den Protestantismus in die Pfalz brachte) hatte diese Hofkirche als evangelisches Gegenstück zur jesuitischen St. Michaels-Kirche in München geplant, von der die Gegenreformation ausging. 1614 wurde mit Kurfürst Wolfgang Wilhelm allerdings ein Katholik Nachfolger des protestantischen Pfalzgrafen Ottheinrich.

Wertvollster Schmuck im Inneren der Kirche die 1616 bis 1620 entstandenen **Stukkaturen** (vermutlich von der italienischen Stukkateurfamilie *Castelli*). Großer Hochaltar vor dem Chor und zwei weitere Altäre von *Josef Anton Breitenauer* (Mitte des 18. Jhs.), ausgeschmückt mit Gemälden des Italieners *Zanetti*. Vor dem Chor die **Fürstengruft** (erbaut 1716) mit dem Herz Herzog Wolfgang Wilhelms (sein Leichnam ruht in der Andreaskirche in Düsseldorf).

Stadtpfarrkirche St. Peter (obere Altstadt), 1214 errichtet, Inneres romanisch-frühgotisch, später barockisiert. Im Inneren barocker Hochaltar und Kanzel von 1760 (mit **Plastiken** von *J.M. Fischer* aus Dillingen), Altarbild „Tod des Petrus". Baumeister des Kirchenneubaus auf alten Überresten (1641 bis 1646) *Johann Serro* aus Graubünden.

Im Ortsteil Bergen **Wallfahrtskirche Heiligkreuz** (frühere Benediktinerinnen-Klosterkirche). Ursprünglich aus dem 12. Jh. stammender Bau, Mitte des 18. Jhs. unter dem Baumeister *Giovanni Domenico Barbieri* zur Jesuitenkirche und Wallfahrtsziel umgestaltet (barockisiert), von *Johann Wolfgang Baumgarter* die strahlend wirkenden **Fresken**. Über dem Hochaltar die „Auffindung des Kreuzes". Sehr schön die **Schnitzereien** an Altar und Kanzel von *Johann Michael Fischer* aus Dillingen. Im Kontrast zum barocken, reich geschmückten Kircheninneren die schlichte, rein romanische **Krypta**, die man über Treppen am Eingang des Chores erreicht. Dreischiffige Halle mit kräftigen Säulen und Würfelkapitellen (12. Jh.).

Schloß Grünau, in den Donauauen gelegenes Jagdschloß des Pfalzgrafen Ottheinrich aus der Mitte des 16. Jhs. Ältester Teil ein dreigeschossiger Bau mit kräftigem viereckigem Turm und schönen Stufengiebeln. Im Inneren der spätgotischen Räume fröhliche **Renaissance-Malereien** (die sich der Jagd und der Liebe widmen) von *Jörg Breu* und *Hans Windberger*. Baumeister *Hans Knotz*, gewidmet wurde der Bau von Ottheinrich seiner Gemahlin Susanna.

Neuhaus/Inn *(3 000 Ew, Route By10)*
Kleine Stadt am Inn. Repräsentatives **Adelsschloß**, heutige Form vom 18. Jh., Baumeister *Johann Michael Fischer* (heute Mädcheninternat). Am gegenüberliegenden Ufer die österreichische Stadt Schärding (denkmalgeschützte **Innbrücke** mit barockem Zollhaus und Hochwassermarkierungen).
Von größerer Bedeutung als das Schloß im Ortsteil Vornbach früheres **Benediktinerkloster** mit ehemaliger **Klosterkirche** (heute Pfarrkirche Mariä Himmelfahrt). Schlichtes Bauwerk aus dem 17. Jh., aus dem 18. Jh. die lebendige, zweitürmige Fassade. Ausschmückung frühes Rokoko (1730) mit **Stukkaturen** und farbenfrohen **Fresken** (Stukkateur *Franz Josef Holzinger*, Fresken von *Innozenz A. Warathi* aus Burghausen). Letztere zeigen im Chor den „Sturz des Satan" sowie im Langhaus die „Zurückweisung Annas vom Opfergang", „Marias Geburt" und die „Überbringung der ungeborenen Maria" an ihre Eltern. Hervorragend die *Orgel von 1732 (Orgelbaumeister *Johann Ignaz Egedacher*), im Originalzustand erhalten. Hochaltar von 1730. Bilder in den Seitenkapellen u.a. „Muttergottes" von 1480. Südlich der Kirche die zweigeschossigen Klostergebäude, baugeschichtlich bedeutungslos.

Neumarkt/Oberpfalz *(31 200 Ew, Route By10)*
Eines der Zentren der westlichen Oberpfalz.
Stadtpfarrkirche St. Johannes mit seinem 75 Meter hohen Turm das weithin sichtbare Wahrzeichen der Stadt. Spätgotisch, erstes Drittel des 15. Jhs. Schön und reich gegliedert die **Portale**, Chor und Langhaus gehen ineinander über, Säulen und Gewölberippen in der ursprünglichen mittelalterlichen Farbgebung. Sechs Glocken, von denen die älteste aus dem Jahre 1349 stammt.
Hofkirche, 1418 unter Pfalzgraf Johann erbaut. In der Kirche das *Hochgrab des Pfalzgrafen Otto II. aus rotem Marmor, es gilt als eine der bedeutendsten Schöpfungen spätgotischer Plastik des 15. Jhs. **Pfalzgrafenschloß** (16. Jh.), im 19. Jh. zwei Flügel des Schlosses abgerissen, es verlor damit seine ursprüngliche Gestalt.
Barocke **Wallfahrtskirche Mariahilfberg**, oberhalb der Stadt, 1718 erbaut. Durch Laubwald führt ein Kreuzweg zur Kirche hinauf. Immer noch Ziel vieler Wallfahrer. Äußerlich schlicht, besticht sie im Inneren durch schöne und reiche **Stukkaturen** des Meisters *J. Bajerna*. Im Hochaltar **Gnadenbild** (Gottesmutter). Unterhalb der Kirche als Ensemble eine **Nachbildung der Jerusalemer Grabeskirche**, umgeben von mehreren Holzkapellen.

Neuschwanstein *(siehe Schwangau)*

Neustadt/Donau *(9 400 Ew, Route By11)*
Stadt am rechten Donauufer, östlich von Ingolstadt, entstanden im 13. Jh. Ihr Grundriß in Form eines ausgewogenen Vierecks ist typisch für gotische Stadtgründungen dieser Zeit. Den Mittelpunkt bildet ein groß angelegter Platz mit den wesentlichen öffentlichen Gebäuden, Kirche und Rathaus. Von den alten Gebäuden nicht

mehr viele erhalten, lediglich das hochgiebelige **Rathaus** aus dem 15. Jh. (schöne spätgotische Balkendecke) und die dreischiffige katholische **Pfarrkirche St. Laurentius** (Hallenkirche aus dem späten 15. Jhs.) haben einen gewissen historischen Wert. Die eigentlichen Sehenswürdigkeiten liegen in den zwei Vororten **Eining** und **Bad Gögging.**
In Eining **Reste eines römischen Kastells** aus dem 1. Jh. n.Chr. In seiner ursprünglichen Ausdehnung etwa 150 mal 125 Meter. In der Mitte des Kastells (Abusina) das Kommandantenhaus (Praetorium) mit anschließenden kleinen Räumen. Das Kohortenkastell war ein Teil des Donaulimes und fiel vermutlich im 5. Jh. dem Ansturm der Germanen zum Opfer.
Auch Ortsteil Bad Gögging war von den Römern besiedelt, die schon um 110 n.Chr. Gebrauch von der **Schwefelquelle** des heutigen Heilbades machten. Interessant die auf römischen Mauerresten erbaute **St. Andreas-Kirche**, beeindruckend an dem schlichten Quaderbau das reich verzierte **romanische Portal**. Die Bedeutung der Figuren konnte bislang nicht ergründet werden, gesichert lediglich Gott als Weltenrichter zwischen zwei Engelsfiguren im Tympanon.

Neu-Ulm *(46 500 Ew, Route By1)*

Eigentlich ein Ableger der gegenüberliegenden alten Reichsstadt Ulm im heutigen Baden-Württemberg. Die Donau trennt die beiden Orte.
*Stadtpfarrkirche St. Johann Baptist an der Augsburger Straße, zwischen 1857 und 1860 von *Georg Freiherr von Stengel* erbaut, 1922 bis 1927 von *Dominikus Böhm* verändert. Romanische und gotische Bauformen wurden in einer neuartigen Form miteinander kombiniert. *Freiherr von Stengel* fügte neuromanische Elemente ein und schuf einen einschiffigen Backstein-Rohbau mit eingezogenem Chor und Apsis. *Dominikus Böhm* löste sich beim Umbau der Kirche von konventionellen Bauformen und strebte einen völlig neuen, zeiteigenen Stil an. Er schuf damit eines der ersten modernen sakralen Bauwerke und erregte kaum weniger Aufsehen als nach dem Zweiten Weltkrieg *Le Corbusier* mit der Kapelle von Ronchamp. Von der alten Kirche ließ *Böhm* nur einige neuromanische Details am Chorgiebel über der Apsis und am Turm bestehen. Der Turm bekam ein flaches Pyramidendach. An das Langhaus wurden Seitenschiffe angegliedert, links neben dem Altarraum kam eine Wiederauferstehungskapelle hinzu. Ungewöhnlich die **Lichtführung**, zum Beispiel in der Taufkapelle (Lichteinfall von oben). Auch der Altarraum (lichtdurchflutet, hellster Raum der Kirche) symbolisiert die neue bauliche Gestaltungsrichtung.
Im Vorort **Reutti** evangelische **Kirche St. Margareta**, mit wertvollem spätgotischem ***Schnitzaltar** von 1500 aus der Werkstatt des *Jörg Syrlins d.Ä.*

Niederalteich *(1 500 Ew. Route By 11)*

Kleiner Ort am linken Donauufer zwischen Regensburg und Passau, Sitz einer Benediktinerabtei (gegründet im 8. Jh.).
*Benediktiner-Klosterkirche St. Mauritius, 1306 erbaut, Turmbau nach Einsturz des Vorgängerturms 1505 (von den dabei geplanten zwei Türmen nur der Südturm vollen-

det). Umfassender Umbau (Chor) 1726 durch den bekannten Baumeister *J. M. Fischer*. Inneres barock, Stukkaturen von *J. B.* und *S. D. d'Aglio,* Fresken von *W. A. Heindl* (1732), Hochaltar 1703 von *J. Schöpf.* Im Choruntergeschoß die Sakristei mit zarten Stukkaturen von *F. I. Holzinger* und Fresken von *Heindl.* Sehr hübsch die Schränke (von 1727) mit dem Godehardsstab (13. Jh.).

Nördlingen *(19 000 Ew, Route By5)*

Eine der bemerkenswertesten Städte Süddeutschlands, im sogenannten „Nördlinger Ries". Seit 1215 Freie Reichsstadt. Im Mittelalter geachteter Messehandelsplatz. ****Stadtbild** eines der besterhaltenen mittelalterlichen in Deutschland. Altstadt vom 3,5 km langen **Stadtmauerring** (erbaut 1327) mit 5 Toren und elf Türmen umschlossen. Stadtbefestigung kann vollständig begangen werden. Mittelpunkt der aus stattlichen Fachwerkbauten, behäbigen Bürgerhäusern und großartigen Kirchen bestehenden alten Stadt die ev. ****Pfarrkirche St. Georg** mit ihrem ungewöhnlich hohen **Turm**, dem „Daniel" (rund 90 m hoch). Eine der größten spätgotischen deutschen Hallenkirchen, zwischen 1427 und 1505 erbaut. Heutige Bedachung des Turmes (Kuppelhelm) kam 1537 nach Blitzschlag hinzu. Über 350 Stufen gelangt man auf den oberen Umgang (hervorragender Ausblick auf das gesamte Nördlinger Ries).

Die Entstehungsgeschichte des **„Ries"** ist erst vor kurzer Zeit erforscht worden. Die kreisrunde, 25 km Durchmesser umfassende Vertiefung entstand vermutlich vor rund 15 Millionen Jahren durch den Einschlag eines riesigen Meteoriten. Der Beweis wurde anhand von Gesteinsproben geführt, die als Schmelzprodukte nur durch ungeheuren Druck entstanden sein konnten und sonst nirgendwo auf der Erde in solcher Menge vorkommen. Das Gestein entspricht ähnlich entstandenen Mineralien auf dem Mond.

Im Mittelalter war der „Daniel" ständig mit zwei Wächtern besetzt, die nach Feuer oder Feinden Ausschau hielten. Zur Kontrolle, daß die Wächter wach waren, hatten sie alle Stunden „So, G'sell so" zu rufen. Diese Tradition wird für die Fremden auch heute noch gewahrt: An jedem Abend zwischen 22 und 24 Uhr klingt der alte Ruf alle halbe Stunde von der Turmspitze.

Im Inneren der durch sechs geschmückte Portale zugänglichen Kirche bedeutende Kunstwerke, so der barocke **Hochaltar** mit berühmter gotischer **Kreuzigungsgruppe**, gut erhaltenes, geschnitztes **Chorgestühl** und **Sakramentshäuschen** aus Sandstein.

Ein anderes, ansehnliches Baudenkmal, das im 14. Jh. errichtete ***Rathaus**. Mit seinen Türmen, Erkern und Stufengiebeln ein typisches Beispiel mittelalterlicher Bürgermacht und daraus resultierender Architektur. 1618 kam die Freitreppe hinzu (Renaissance), das Wandgemälde von *Hans Schäufelein* im Saal entstand 1515. Weitere Baudenkmäler der Stadt die von *Wenzel Parler* 1422 erbaute **St. Salvatorkirche**, der **Stadtsaal Klösterle** (1420), das **Tanzhaus** (1444), das **Münzhaus** (1418) und die **Schranne** (1602). Im Gerberviertel außerdem die eigenwillig geformten **Gerberhäuschen**.

Letzte Station, vor allem für geologisch Interessierte, das ***Stadtmuseum** im alten Spitalgebäude (1518). Hier in der Geologischen Abteilung ein eindrucksvolles Bild der Entstehung des Nördlinger Rieses (seit Jahren Treffpunkt von Wissenschaftlern aus aller Welt).

Nürnberg *(479 000 Ew, Route By8)*
Zweitgrößte Stadt Bayerns, an der Pegnitz gelegen.

Geschichte
Um 1040 als politisch-militärischer Stützpunkt durch Kaiser Heinrich III. gegründet. Um 1062 Reichmünzstätte, um 1110 Zollstätte, um 1200 Stadtrechte. Im „großen Freiheitsbrief" bestätigt Friedrich II. Nürnberg 1219 die Reichsunmittelbarkeit, steuerliche Selbstverwaltung und Zollfreiheiten. Zur Verwaltung des reichen Königsgutes setzen um 1190 die Staufer in Nürnberg die schwäbischen Zollern als Burggrafen ein. 1356 erläßt Kaiser Karl IV. in Nürnberg als staatliches Grundgesetz die „Goldene Bulle". Handel und Handwerk werden ab dieser Zeit zu bestimmenden Wirtschaftsfaktoren der Stadt, „Patrizier" führen das Regiment in der Verwaltung. Um 1400 wird der dritte, heute noch bestehende Befestigungsring um die Altstadt geschlossen. 1427 wird Nürnberg „für ewige Zeiten" zum Aufbewahrungsort der Reichskleinodien. 1525 Übertritt zur Reformation. Im Dreißigjährigen Krieg große Verluste und Zerstörungen, das „Nürnberger Friedensmahl" besiegelt 1650 das Ende des Krieges. Nach dem Einfall französischer Revolutionsheere werden die Reichskleinodien 1792 von Nürnberg nach Wien gebracht. 1806 Eingliederung in das Königreich Bayern (damals 25 000 Einwohner), 1835 Fahrt der ersten deutschen Eisenbahn zwischen Nürnberg und Fürth, 1852 Gründung des Germanischen Nationalmuseums, 1933 erklärt Adolf Hitler die Stadt zum Veranstaltungsort der „Reichsparteitage", 1945 wird Nürnberg bei Luftangriffen zu 90 Prozent (Altstadt) zerstört. 1945–49 „Nürnberger Prozesse" der alliierten Siegermächte gegen Repräsentanten des Hitlerreiches. 1966 Wiederaufbau der Altstadt größtenteils abgeschlossen.

Kunstgeschichte
Ihre größte Blütezeit in kunsthistorischem Sinne erlangt die Stadt im 14. und 15. Jh. durch den Reichtum der Handelsherren und Handwerker. Besonders Malerei und Bildhauerei blühen auf. Zeitlicher Höhepunkt sind die Jahrzehnte vor und nach 1500. Berühmte Künstlernamen aus dieser Zeit in Nürnberg sind *Veit Stoß* (Holzschnitzer, 1447–1533), *Adam Krafft* (Bildhauer, 1455–1508), *Peter Vischer* (Erzgießer, 1460–1507) und natürlich *Albrecht Dürer* (Maler, 1471–1528). Auch der Altarschnitzer *Michael Wolgemut* (gest. 1519), dessen Werke in vielen Gegenden Deutschlands stehen, gehört zu den berühmten Nürnberger Künstlern jener Zeit. Andere bekannte Namen aus der kulturgeschichtlichen Entwicklung Nürnbergs sind *Martin Behaim* (Erbauer des ersten Globus, 1459–1507), *Peter Henlein* (Erfinder der Taschenuhr, 1480–1542), *Hans Sachs* (Dichter und Meistersinger, 1494–1576), *Johann Pachelbel* (Organist und Komponist, 1653–1706). Siehe dazu auch Einleitungs-Kapitel „Kunstgeschichte/Renaissance".

Spezialitäten
Zwar gibt es in jeder Stadt irgendwelche Produkte, die als Spezialität nur hier zu haben sind, aber kaum solche wie die zwei Nürnberger Erzeugnisse, die von hier aus international bekannt wurden. Es sind die bekannten „Nürnberger Lebkuchen", die speziell in der Vorweihnachtszeit in alle Welt exportiert werden, und die „Nürnberger

Nürnberg

Rostbratwürstchen", die pro Stück kaum mehr als 25 Gramm wiegen und von Zinntellern dutzendweise mit Meerrettich und Kraut gegessen werden. Schon im 15. Jh. dürfte es sie in Nürnberg gegeben haben, ihre Würzrezepte sind Geheimnis der Nürnberger Metzger. Zu den Würstchen kann man auch „Hopfensalat" essen, den es kaum woanders gibt. Außerdem sei noch die „Stadtwurst" genannt, die man eigentlich nur in den Gaststätten Nürnbergs und Umgebung erhält. Es gibt sie in weißer oder roter (angeräucherter) Form, kalt mit Senf oder warm gesotten mit Kraut.

Sehenswürdigkeiten
**Burg. Ab dem 11. Jh. auf einem westlich gelegenen Sandsteinfelsen errichtet, die Stadt beherrschend. Ein gewaltiger Bau, bestehend aus Königs- und Burggrafenburg mit fünfeckigem Turm (einstiger Hauptturm), Kaiserburg (12.—16. Jh.) und Kaiserstallung (1494/95). Im einzelnen stehen noch folgende Gebäudereste: Fünfeckiger Turm, gegenüber die Burgamtmannswohnung (Wohnturm), Walpurgiskapelle — alles Teile der alten Königsburg. Von der 1140 errichteten Kaiserburg noch vorhanden das Untergeschoß des Heidenturmes, die Kaiserkapelle, der Palast. Die Vorburg wird vom gewaltigen Bergfried beherrscht, in der Mitte des Vorhofes der Tiefe Brunnen (12. Jh., Brunnenhaus von 1563). Von der Stadtverwaltung auf der Burg 1377 der Turm Luginsland errichtet, 1495 die Kaiserstallung (Baumeister *Hans Behaim d.Ä.*), 1545 die Basteien (mit Schwedenhof und Burggarten). Im Innern besichtigenswert die romanische Doppelkapelle, der Kaisersaal und der Rittersaal.

**Stadtmauer. Kaum eine andere deutsche Großstadt hatte bis 1945 einen so gut erhaltenen Befestigungsgürtel wie Nürnberg. Bei Luftangriffen wurde vieles zerstört, konnte aber inzwischen wieder restauriert werden. Rund 5 km lang, 7—8,5 m hoch, 1 m dick, gekrönt von einem überdeckten Wehrgang mit Schießscharten. Davor ein 15 m breiter Zwinger, davor die äußere Mauerlinie, zum Schluß der rund 20 m breite und bis zu 12 m tiefe Graben. Fünf Haupttore (ehemals), Laufertorturm (1556), Spittler-Torturm (1557), Neutorturm (1559). Türme etwa 40 m hoch und 18 m Durchmesser. Vorhandene Reste der inneren Stadtmauer der Laufer-Schlaf-Turm (13./14. Jh.), der Weiße Turm (13./14. Jh.), der Tiergärtner-Torturm (13./16. Jh.), der alte Stadtgraben (Grübelstraße, Peter-Vischer-Straße), der Schuldturm (Insel Schütt, 14. Jh.), Partie am Henkersteg mit Wasserturm (Pegnitzauslauf, 14. Jh.).

*St. Sebaldus-Kirche. Baubeginn um 1225, beendet 1379. Romanisch bis hochgotisch, imposanter Hallenchor (1379), Turmausbau Ende 15. Jh. **Brautportal** mit „Klugen und törichten Jungfrauen" und Statuen des Hl. Sebald und der Muttergottes (um 1320). Im Innern erzgegossenes **Taufbecken** mit den vier Evangelisten (um 1430), **Steinfiguren** im Langhaus (Stiftungen Nürnberger Patrizierfamilien, um 1310—50), Steinbildwerk „**Kreuztragung**" von *Adam Krafft* (1506), ****St. Sebaldusgrab** (Schutzheiliger von Alt-Nürnberg, Gebeine noch im 1397 gefertigten Sarg), errichtet 1508—19 (Messinggehäuse) von *Peter Vischer* und seinen Söhnen, ein kathedralhaftes Baldachin-Gehäuse von unvergleichlicher Handwerkskunst. Am Unterbau vier Flachreliefs mit Wunderdarstellung des Hl. Sebald, an den Schmalseiten kleine Standbilder des Heiligen und *Peter Vischers*, an den acht Pfeilern Apostelfiguren, dazu mythologische Figuren, Putten und Tiere. Am Hauptaltar die ****Kreuzigungsgruppe**, ein Meisterwerk von *Veit Stoß* (1507—20). Von ihm auch die ***Andreas-Statue** im Chorumgang (1507). Steinernes **Sakramentshäuschen** (um 1380), rechts

davon drei **Steinreliefs** von *Veit Stoß* (Abendmahl, Christus am Ölberg, Gefangennahme Christi, 1499), **Glasgemälde** im Ostchor (1379—88), z.T. nach Entwürfen von *Albrecht Dürer*.
*St.-Lorenz-Kirche. Gotisch, Baubeginn um 1270, fertiggestellt 1477, nach 1945 restauriert. Westportal mit Figurenschmuck (14. Jh.). Im Innern, im Chor hängend, ****Engelsgruß** von *Veit Stoß* (eines seiner Hauptwerke; Verkündigungsengel und Maria), auf dem Hauptaltar **Kruzifix** von *Veit Stoß*, links vom Hauptaltar ****Sakramentshäuschen** von *Adam Krafft* (1496) aus Sandstein, ein berühmtes Meisterwerk damaliger Steinplastik (zierliches Stabwerk mit Figuren, oben drei Bildwerke: Abschied Jesu, Abendmahl, Ölberg), ganz oben in drei Stockwerken „Dornenkrönung, Kreuzigung, Auferstehung". Im Chor bedeutende ****Glasmalereien** in den Fenstern (gehören zu den schönsten in Deutschland, 15./16. Jh.).
Frauenkirche. Älteste Hallenkirche Frankens, erbaut 1352—61, 1953 restauriert. Westlicher Vorbau reich mit **Bildwerken** geschmückt (Marien-Verherrlichung). Michaelschor über der **Vorhalle** (1508, von *Adam Krafft*) mit ****Kunstuhr „Männleinlaufen"** (1509 von *Jörg Heuß* — Uhrwerk — und *Sebastian Lindenast* — Kupferfiguren, täglich 12 Uhr in Betrieb). Die Uhr stellt Huldigung der sieben Kurfürsten vor Kaiser Karl IV. dar und erinnert an die „Goldene Bulle". Im Innern schöne **Bildwerke**, u.a. von *Adam Krafft* (2 Epitaphien) und ein Hauptwerk Nürnberger Tafelmalerei des 15. Jhs., der ****Tucher-Altar** (Ostwand nördliches Seitenschiff). Vor der Kirche hübscher ***Brunnen** (14. Jh., Originalteile im Germanischen Nationalmuseum).
*Altes Rathaus mit ***Lochgefängnissen.** Älteste Teile 1332—40 (Baumeister *Philipp Groß*). Im Keller die Lochgefängnisse (Gefangenenzellen, Folterkammer, Schmiede, Wohnung des Lochwirts), eine noch gut erhaltene Anlage eines mittelalterlichen Gefängnisses. Süd- und Ostfassade des Rathauses noch in der ursprünglichen Form (Spitzbogenfenster, Backsteingiebel).
**Albrecht-Dürer-Haus. Am Tiergärtnertor, erbaut 1450/60, noch vollständig erhaltenes Wohnhaus *Dürers* (1509—28), Fachwerkbau mit 5 Stockwerken, schöner Blick aus dem Haus auf Burg (im Innern historische Einrichtungsgegenstände des 19. Jhs., Dürer-Gedächtnisausstellung).
*Fembo-Haus (Stadtmuseum). Bedeutendstes und besterhaltenes Nürnberger Wohnhaus aus der Zeit um 1600, erbaut 1591—96 (Burgstraße 15). Verkörpert mit seinem Prunk den Stolz reicher Bürger. Malerischer **Galerien-Hof** (um 1600), im Innern barocke Stukkaturen (17.—18. Jh.), Ausstellung bürgerlicher Wohnkultur aus drei Jahrhunderten in 30 Räumen, außerdem 10 qm großes **Altstadtmodell** im 4. Obergeschoß.
Tucherschlößchen. Renaissance-Patrizierhaus in der Hirschelgasse 9 mit altem Inventar. Ehemals Sommersitz der Familie Tucher. Exponate (Möbel, Bilder, Tucherbuch) aus dem Privatbesitz der Familie Tucher.
Handwerkerhof. Am Königstor wiederaufgebaute mittelalterliche Handwerkergassen mit Souvenirgeschäften.
*Johannisfriedhof. Bestehend seit dem 13. Jh., sehr viele schöne **Grabsteine** des 16.—18. Jhs. (liegende Tafeln, weitgehend einheitlich aufgrund städtischer Vorschriften seit 1522). Grabmäler von *Albrecht Dürer* (Nr. 649), *Veit Stoß* (Nr. 268), *Anselm Feuerbach* (Nr. 715). Inmitten des Friedhofs die 1377—1446 erbaute **Johanniskirche** (Hauptaltar 1511—16, Sakramentshaus um 1380). Im Ostteil des Friedhofs die

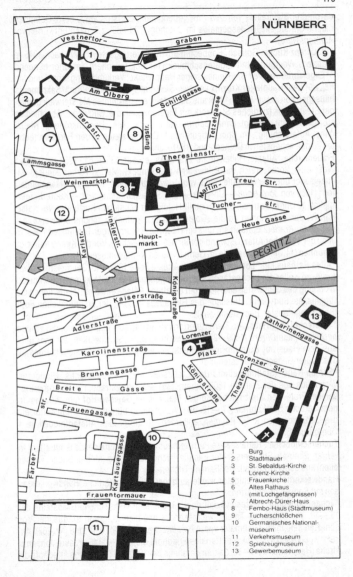

Holzschuher-Kapelle (spätgotischer Rundbau von 1515, **Sandsteinplastik** „Grablegung Christi" von *Adam Krafft* (1508).

*Rochusfriedhof. 1518 angelegt, ebenfalls mit schönen liegenden Grabsteinen des 16.—18. Jhs. Gräber des *Peter Vischer* (Nr. 90) und des Baumeisters *Hans Behaim* (Nr. 304). In der Mitte die **Rochuskapelle**, erbaut 1520 von *Paul Behaim*, mit guten Glasmalereien von *Veit Hirschvogel* (1521).

***Germanisches Nationalmuseum. Gegründet 1852 von Hans von Aufseß, **deutsches Zentralmuseum** für Geschichte und Kultur, größtes seiner Art in Deutschland. 80 Räume mit 30 000 qm Ausstellungsfläche. Exponate aus der Malerei, der Grafik, der Baukunst, der Glasmalerei, der Bildhauerei, des Kunsthandwerks, der Textilkunst und der Naturwissenschaften. Dazu eine **Spezialbibliothek** (mit 500 000 Bänden größte ihrer Art in Deutschland, kostenlose Benutzung). Besonders wertvolle Ausstellungsstücke u.a. ****Kruzifix** von *Veit Stoß* aus dem Heiliggeistspital, ***Marienfigur** von *Veit Stoß'* Wohnhaus, **„Nürnberger Madonna"** von 1515, ***Heiltumsschrein** der Reichsreliquien, ****Ostgotische Adlerfibel**, um 500, ****Echternacher Codex**, um 1020—30 entstandenes Evangeliar. Außerdem Werke von *Michael Wolgemut* (Dürer-Lehrer), *Hans Holbein*, *Albrecht Dürer*, *Hans Baldung Grien*, *Lukas Cranach*, *Albrecht Altdorfer*, *Veit Stoß*, *Tilman Riemenschneider*, *Adam Krafft*. Ein kulturgeschichtliches Dokument ersten Ranges der 1491/92 von *Martin Behaim* gefertigte *****Erdapfel** (älteste Darstellung der Erde in Kugelform — Globus — ohne das noch nicht entdeckte Amerika). Siehe dazu auch Kapitel „Kunstgeschichte/Vorgeschichte/Frühmittelalter".

Verkehrsmuseum. Eröffnet 1925 auf der Grundlage des 1899 gegründeten „Königlich Bayerischen Eisenbahn-Museums". Einziges seiner Art in der Bundesrepublik Deutschland mit Darstellungen der Entwicklung der **Eisenbahn und des **Postwesens**. Gezeigt werden u.a. eine einmalige Sammlung bayerischer Dampflokomotiven und die schnellste Dampflokomotive (Typ 05, 200 km/h schnell). Nur noch als originalgetreue Nachbildung der „Adler" (erste deutsche Lokomotive, die 1835 von Nürnberg nach Fürth fuhr). Reichhaltige Postsammlung, u.a. ein Block des „Schwarzen Einsers" (Bayern, 1849).

*Spielzeugmuseum. Gegründet 1971, dokumentiert die Verbindung Nürnbergs zur traditionell hier angesiedelten Spielzeugindustrie. Untergebracht in einem Renaissancebau, im Innern schönste erhaltene ****Rokoko-Stuckdecke** Nürnbergs (1740—50). Seit 600 Jahren Spielzeugherstellung in Nürnberg. Exponate aus Nürnberger und internationalen Spielzeugproduktionen aller Zeiten, Puppenstuben und Küchen aus dem 17. Jh., Zinnfiguren, mechanisches Spielzeug.

*Gewerbemuseum. Sammlung kunsthandwerklicher Erzeugnisse von der Antike bis zum 20. Jh., reichhaltige Glassammlung.

*Naturhistorisches Museum. Beachtliche Sammlung von Objekten der Völkerkunde und der Vorzeit, älteste Zeugnisse aus der Nürnberger Umgebung, Objekte aus Afrika, der Südsee, Ostsibirien und Zentralamerika, bedeutende präkolumbische Kollektion aus Costa Rica, bedeutende Melanesien-Sammlung (1000 Stücke).

Schloß Neunhof. 8 km vom Zentrum entfernt, Schloßbau des 15./16. Jhs., ehemaliger von Wassergräben umgebener Herrensitz. Exponate aus dem 17./18. Jh. der patrizischen Wohnkultur.

Oberaltaich *(siehe Bogen)*

Oberammergau *(4 800 Ew, Route By16)*
Die Entstehung des Ortes reicht bis ins 9. Jh., die Welfenzeit, zurück. Er war Stapelplatz an einer alten Römerstraße zwischen Venedig und Augsburg und bekam als solcher im 15. Jh. seine größte Bedeutung. Der Dreißigjährige Krieg brachte die Pest in die Gegend, ein Großteil der Bevölkerung fiel ihr zum Opfer. International bekannt wurde Oberammergau durch seine Passionsspiele, die seit 1634 in jedem vollen Zehnerjahr dort stattfinden. Berühmt ist auch die Oberammergauer Holzschnitzkunst, seit dem 15. Jh. Tradition.
Wie viele Orte in dieser Gegend, ist Oberammergau durch **reich bemalte Häuser** sehenswert ("Lüftlmalereien").
Katholische *Pfarrkirche St. Peter und Paul (Baumeister der Wessobrunner *Joseph Schmuzer*, kunsthistorisch sein bestes Bauwerk). Weihe 1749, 1979 außen restauriert. Durch die große **Innenkuppel** entsteht im Inneren der Eindruck eines Zentralbaus. Saal von flachen Seitennischen umgeben, interessant die doppelte Westempore. Recht zurückhaltend der Raum mit Stukkaturen ausgestattet, um so mehr wirken die **Gewölbefresken** des Malers *Matthäus Günther* (Petrus und Paulus sowie andere Kirchenväter; im Chor die Darstellung Maria als Rosenkranzkönigin). Interessant der **Rokokoaltar** von *Franz Xaver Schmädl* mit einem Bild des Malers *M. Günther*.

Oberndorf/Lech *(1 200 Ew, Route By1)*
Bereits 1127 als Sitz eines Adelsgeschlechtes urkundlich erwähnt, wurden Oberndorf und seine Nachbargemeinde im Verlauf des Dreißigjährigen Krieges schwer verwüstet.
Entsprechend neuerer Herkunft die sehenswerten Bauwerke des Ortes: Ehemaliges **Wasserschloß** der Fugger (1540), im Dreißigjährigen Krieg zerstört, heute als Restbauwerk die zweiflügelige Anlage aus dem 17. Jh. mit einer Kapelle (Rokokostuck, Altar).
Aus dem Rokoko Stukkaturen und Fresken in der **Pfarrkirche St. Nikolaus**, die im späten 16. Jh. errichtet (Chor und Turmunterbau) und im 18. Jh. erneuert wurde (Langhaus).
Wallfahrtskirche Herrgottsruh, ein hübscher kleiner Zentralbau des Baumeisters *Benedikt Oettl* aus Eichstätt (1718). Deckenfresken (Passion) vom Maler *Kuen* aus Weisenhorn, spätbarocker Hochaltar vom einheimischen Bildhauer *Johann Georg Bschorer*.
Zwei interessante Bauwerke in den Ortsteilen Eggelstetten und Flein: **Barock-Kirche St. Margaretha** in Eggelstetten (um 1400 erbaut, 1733 bis 1738 umgestaltet), Hochaltar klassizistisch, Seitenaltäre Rokoko.
In Flein die **St. Jakobus-Kapelle** (12. Jh., 1929 neu aufgebaut), Kirchenschlüssel bei der Familie Leichtler im Haus Nr. 2.

Oberschleißheim *(10 000 Ew, Route By12)*

Stadtrandsiedlung von München, hier wollte 1409—83 der bayerische Kurfürst Max Emanuel ein zweites Versailles errichten. Er ließ 1684 einen großen Park anlegen und errichtete zwei Bauwerke, von denen eines, das ****Neue Schloß**, zu den bekanntesten bayerischen Schloßbauten gehört (geplant vom italienischen Architekt *Enrico Zuccalli*) erbaut zu Beginn des 18. Jhs., siehe auch Kunstgeschichte, Barock). In seiner monumentalen Form mit den umliegenden Parkanlagen eine der schönsten Schöpfungen barocker Schloßarchitektur. Nahezu 170 Meter lang die Fassade des Mittelbaues. Im Inneren zahlreiche Dekorationen, Hauptwerke des deutschen Barock. Erwähnenswert vor allem das geschnitzte **Portal** von *Ignaz Günther* (1763), das **Gewölbefresko** der großzügigen Treppenanlage (von *C.D. Asam*), die **Fresken** und **Stukkaturen** im Festsaal (von *Johann Baptist Zimmermann*), das **Deckenfresko im Festsaal** (Kampf des Aeneas, vom Italiener *Jacopo Amigoni*, von ihm auch die Fresken im Viktoriensaal).

Aus der gleichen Zeit wie das Neue Schloß das kleinere Schlößchen ***Lustheim** (fertiggestellt 1684), das den Geschmack des italienischen Barock ausstrahlt (Baumeister ebenfalls *Zuccalli*). Kernstück der zweigeschossige **Saal** in der Mitte des Gebäudes mit Stukkaturen von *Manazzo* und Fresken von *Trubillo*. Ein großes Ölgemälde stellt Szenen aus dem Leben des Kurfürsten Max Emanuel dar (unter anderem als Jäger). Heute Filialmuseum des Bayerischen Nationalmuseums mit außerordentlich bemerkenswerter ****Meissner Porzellansammlung** 15 Säle, nahezu 2000 Exponate).

Oberstaufen *(6 500 Ew, Route By3)*

Kurort in den Allgäuer Alpen (Schrothkur). Diese nach dem Naturheilkundler Johann Schroth benannte Kur kommt nur in wenigen Orten zur Anwendung. Oberstaufen einziger staatlich anerkannter Schrothkurort Deutschlands.

Die wichtigsten historischen Sehenswürdigkeiten in der Umgebung. Im Ortsteil Thalkirchdorf/Knechtenhofen in einem rustikalen Holzhaus untergebrachtes **Bauernhausmuseum**, dörfliches Leben wird eindrucksvoll demonstriert.

Im 1,5 km entfernten Dörfchen Zell die **Dorfkirche St. Bartholomäus**, kleines gotisches Gotteshaus aus dem 14./15. Jh. **Wandmalereien** (aus der Erbauungszeit der Kirche) mit Szenen aus dem Leben der Maria, Sterben der Apostel, das Weltgericht (über dem Torbogen). **Schreinaltar** mit Muttergottesfigur, 1442 von *Johann Strigel* erbaut (Schlüssel zur Kirche im 1. Haus rechts, bei Burger erhältlich).

In Genhofen (2 km) die gedrungene gotische **Kirche St. Stephan** (vermutlich Anfang 14. Jh.). **Hauptaltar** (1523 von *Adam Schlanz*) mit Figuren der Muttergottes und der Heiligen Ulrich, Wendelin, Elegius und Sylvester. Ornamentale Fresken zeigen auch **heidnische Symbole** wie Sonnenkreuze und Drudenfüße. Von 1566 die eiserne **Sakristeitür** mit Hufeisen (ehemals wohl Votivgaben). Schlüssel zur Kapelle in der gegenüberliegenden Schmiedewerkstadt Lingg.

Oberzell, Kloster *(siehe Zell)*

Ochsenfurt *(11 500 Ew, Route By6)*
Kleinstadt in Unterfranken am Main.
Altstadt mit **Stadtbefestigung** aus dem 14. Jh. noch gut erhalten. Aus dem 17./18. Jh. die alte **Mainbrücke**. Spätgotisches, zweiflügeliges **Rathaus** (15. Jh.) mit hübschem Uhrtürmchen (Spielwerk von 1560). Die Fassade (Blick vom Marktplatz aus) gehört zu den schönsten ihrer Art in Franken.
Kaum weniger interessant die aus dem 13./14. Jh. stammende **Stadtpfarrkirche St. Andreas** (frühgotischer Turm 1288 errichtet). **Renaissance-Hochaltar** von 1612 mit einer von *Tilman Riemenschneider* **geschaffenen *Schnitzfigur** des „Heiligen Nikolaus".

Ortenburg *(6 300 Ew, Route By11)*
Marktgemeinde in Niederbayern, protestantische Bevölkerungsmehrheit **(evangelische Enklave im katholischen Umland)**. Einführung der Reformation durch Ortenburger Grafen 1563 (als Reichsfürst hierzu legitimiert, auch wenn Umland katholisch blieb).
Schloß (1968 restauriert). Die meisten Teile der Anlage 16. Jh. (strahlen Einfluß der Renaissance aus, die auch hierher ins bäuerliche Niederbayern vordrang). Größtes Prunkstück in der **Schloßkapelle** die ***Kassettendecke** von 1600. Einlegearbeiten ungewöhnlich schön und reichhaltig (wohl eine der schönsten Decken ihrer Art in der Bundesrepublik Deutschland). Eine weniger wertvolle Holzdecke im **Rittersaal** des Schlosses. **Evangelische Pfarrkirche** (14. Jh. restauriert). **Grabtumben** des Grafen Joachim und des Grafen Anton (beide vom Bildhauer *Hans Petzlia* aus Regensburg), Beispiele deutscher Renaissance.
Im 5 km entfernten Ortsteil Sammarei **Wallfahrtskirche Maria Himmelfahrt** (1629 bis 1631). Ausgelöst wurde die Wallfahrt durch eine große Feuersbrunst, die wunderbarerweise die Holzkapelle am Platz der heutigen Kirche verschonte und zur Anbetung der Kirche führte (Holzkapelle noch heute im Raum der Steinkirche im Chor erhalten). Zahlreiche **Votivtafeln**, hochaufragender **Hochaltar** (17. Jh., vermutlich *Jakob Bendel*) bis zum Dachstuhl nach oben strebender Rokoko-Altar in der Holzkapelle (1772).

Osterhofen-Altenmarkt *(11 000 Ew, Route By11)*
600 Jahre alte Herzogsstadt in der Donauebene. Der **Ortsteil Altenmarkt** einst Sitz eines Prämonstratenser-Klosters (im 8. Jh. von Herzog Odilo gegründet), später herzogliche und anschließend königliche Pfalz.
Schönstes Bauwerk von Altenmarkt die ehemalige Klosterkirche und heutige ***Pfarrkirche St. Margaretha**. Barocke Basilika, Bauleitung *Johann Michael Fischer*, beteiligt an der Errichtung die Brüder *C.D.* und *E.Q. Asam* (Innenausstattung, von *C.D. Asam* die Malereien, von seinem Bruder die Stukkaturen und Bildwerke). Bemerkenswerterweise hat die Kirche nur einen Turm, obwohl zwei geplant waren. **Stukkaturen** überaus reichhaltig. Szenen aus dem Leben des Heiligen Norbert (Begründer des Prämonstratenserordens) erzählt das große **Fresko** im Kirchengewölbe. Ein künstlerischer Höhepunkt im Inneren des Raumes der barocke ***Hochaltar** von *E.Q. Asam*

(dürfte einer der schönsten in Bayern sein). Sehenswerte Nebenaltäre und Chorgestühl.
Unweit des Klosters die **Frauenkapelle**, ein frühbarocker Kirchenbau (erste Hälfte 17. Jh.) mit **Fresken** von *Melchior Steidl* aus Tirol und **Gnadenbild** der Muttergottes im Hauptaltar.
Eine kleine romanische **Kirche** mit Apsis und spätbarockem Arkadengang im Stadtteil **Haardorf** (Wallfahrtskirche kürzlich umfassend renoviert). **Gnadenbild** (Kreuz) aus der zweiten Hälfte des 13. Jhs. am Hochaltar. Kirche aus Bruchstein im romanischen Stil erbaut (1259 bis 1262), 1712 barockisiert, Anfang des 20. Jhs. restauriert. Ungewöhnlich für Bayern die **halbkreisförmige Arkadenhalle** (1763 auf der Westseite des Kreuzberges angefügt). Im Stadtteil **Thundorf** eine interessante *Rokokokirche, eine der hübschesten und elegantesten Dorfkirchen Niederbayerns.

Ottobeuren *(7 000 Ew, Route By4)*

Kneippkurort im Tal der Günz mit zwei über die deutschen Grenzen hinaus bekannten Bauwerken: Abtei-Kirche (Päpstliche Basilika) und Benediktinerabtei.
Seit der Zeit Karls des Großen bis 1802 war Ottobeuren Reichsabtei. Einer der bedeutendsten Söhne des Ortes ist Pfarrer Sebastian Kneipp, Begründer der Kneippkur.
Das ****Benediktinerkloster** darf als eine der schönsten Klosteranlagen in Süddeutschland bezeichnet werden (siehe auch Kunstgeschichte, Barock). Die Klostergebäude entstanden in ihrer heutigen Form (nach zahlreichen Zerstörungen) in den Jahren 1711 bis 1722. Noch heute Sitz des Benediktinerordens.
Rundgang durch die Pforte im Nordwesten zur **Benediktuskapelle** (zweigeschossiger Zentralraum mit Hauptaltar, Mariä Tempelgang). An den Seiten zwei von *Dominikus Zimmermann* 1712 geschaffene, freistehende **Stuckaltäre**. Über den Aufgang und das **Treppenhaus** (Stuckstatuen von *A. Boss* in den Wandnischen) zum Obergeschoß (**Deckengemälde** „Geburt Christi" von *J. Amigoni* 1728 in der Mitte, an der Ostwand Kopien der Originalentwürfe zum Kirchenbau von den Baumeistern *S. Kramer, J. Effner* und *Johann Michael Fischer*). Weiter durch das Treppenhaus zum Vorplatz der **Abtei** (dieser Bau in der Mitte der Klostergebäude war Residenz und Wohnung der Reichsäbte). Hier die Kanzlei, Empfangs- und Repräsentationsräume sowie Kunstsammlungen mit spätgotischen Schnitzwerken. Rundgang durch **Kapitel-**, **Kaisersaal** (vergoldete Schnitzfiguren Habsburger Kaiser von *Anton Sturm*), **Bibliotheks-** (Empore auf 44 Stuckmarmorsäulen) und **Theatersaal**.
Dann weiter zur ****Klosterkirche** (eine der schönsten und größten Barockkirchen Deutschlands). Die zweitürmige Basilika ist ein Meisterwerk des Baumeisters *Johann Michael Fischer*. Seine Vorgänger als Kirchenbaumeister waren *Andrea Maini* (1731), *Dominikus Zimmermann* (1732) sowie *Simpert Kramer* (1736). 1737 Baubeginn der Kirche, 1766 zur Tausendjahrfeier der Klostergründung Weihe.
Die Klosterkirche ist vor allem ihrer Größe wegen bedeutend, kaum eine andere Kirche Süddeutschlands aus dieser Zeit ist so mächtig. Würdevoll und anmutig zugleich die Fassade, die sich zwischen beiden Türmen nach vorne wölbt und von einem geschwungenen Giebel gekrönt wird. **Rocaille-Stuck** von *J.M. Feichtmayr* im Innenraum, bunte und festliche **Fresken** von *Johann Jakob Zeiller*. Der **Altar** von *J.*

Christian und *J.M. Feichtmayr* (mit seinem Baldachin der Blickfang in der Kirche). **Chorgestühl** mit Reliefs aus Bibel und Benedictus-Legende, an der Rückwand zwei ***Orgeln** vom aus Ottobeuren stammenden *Karl Joseph Ripp* (1760), einem der berühmtesten Orgelbauer seiner Zeit.

Passau *(51 000 Ew, Route By10)*
Sehenswerte, historische Stadt am Zusammenfluß von Donau, Inn und Ilz, an der Ostgrenze Bayerns zu Österreich. Über die Donau Schiffsfahrten bis zum Schwarzen Meer möglich.

Geschichte
Bereits in der Latène-Zeit auf dem Altstadthügel zwischen Donau und Inn keltische Siedlung, um 80 n.Chr. römisches Kastell, Mitte des 5. Jhs. Klostergründung durch den Heiligen Severin. Bischofssitz seit 739, seit 939 Markt- und Zollrechte. Größte Bedeutung zwischen 1270 und 1803 als Haupt- und Residenzstadt des Fürstbistums Passau, nach der Säkularisation (1803) kurfürstlich-bayerisch. Zwei schwere Brände vernichteten 1662 und 1680 große Teiles des mittelalterlichen Stadtkerns.

Sehenswürdigkeiten
Zentrum der **Altstadt**, von Innbruck-Tor und Paulstor begrenzt, markanteste Plätze der **Domplatz** und der **Residenzplatz** beidseitig des ****Domes St. Stephan**. Auf alten Resten von Vorgängerkirchen wurde er im 17. Jh. neu erbaut, **Krypta** romanisch von 1261. 1980 Abschluß umfangreicher Renovierungsarbeiten. Planung und Ausführung des barocken Bauwerks durch *Giovanni Baptista Carlone* und *Paolo d'Aglio*. Die drei **Türme** der Kirche Wahrzeichen von Passau. In seiner Dimension (101 Meter lang, 48 Meter breit) eines der mächtigsten Kirchenbauwerke Süddeutschlands. Überdimensional groß auch die ***Orgel** des Domes (größte Kirchenorgel der Welt mit 17 300 Pfeifen und 231 Registern, erbaut 1924 bis 1928, 1972—1980 restauriert).
Äußeres und Inneres des Domes schönstes Barock, vor allem die **Westfassade**. Äußerlich spätgotischer **Chor** mit schönem Stabwerk. Die **Stukkaturen** im Inneren der Kirche von *(Carlone* und *d'Aglio)* erinnern lebhaft an italienische Barockkirchen, **Fresken** von *C. Tencalla* aus dem Tessin unterstützen diesen Eindruck. **Hochaltar** ungewöhnlich groß, 1953 von Josef Henselmann aufgestellt, stellt „Martyrium des Heiligen Stefan" dar. Älter die **Seitenaltäre** (auf der westlichen Seite den Heiligen Johannes und Paulus gewidmet) mit Altarbildern von *J.M. Rottmayr* aus dem Jahre 1793. Besonders hübsch die Kanzel (1722 vom Wiener *Johann Georg Series*). Interessant außerdem Reste des **Kreuzganges** (alte Grabsteine), **Ortenburg-Kapelle, Herrenkapelle, Trenbachkapelle** und **Lambergkapelle**.
Klosterkirche Heiligkreuz, früher zum ehemaligen Kloster Niedernburg in der Jesuitengasse gehörig. Kloster im 8. Jh. gegründet, war eines der geistigen Zentren der Stadt. Am Platz der Klosterkirche soll bereits in frühchristlicher Zeit eine Kirche bestanden haben. Heutiger Baubestand 11. Jh., im 17. Jh. Barockisierungen, im 19. Jh. Kirche reromanisiert. Bei Ausgrabungen zahlreiche Teile des frühesten Kirchenbau-

es gefunden (heute im **Chor** rekonstruiert zu sehen, 12. Jh.). **Kruzifix** von 1508 und **Figur der Äbtissin**, die ein Kirchenmodell vorzeigt (1420). Die Klostergebäude im wesentlichen barock, Ende des 17. Jhs.

Studienkirche St. Michael (Schustergasse), eine frühere Jesuitenkirche, 1677 errichtet, Baumeister vermutlich *Carlone*. Die doppeltürmige barocke Fassade der Kirche erhebt sich machtvoll über dem Ufer des Inns. Das Innere, obwohl architektonisch streng gegliedert, durch zahlreiche **Stukkaturen** lieblich anmutend. Orgel und Kanzel Beginn des 18. Jhs.

Weitere interessante Kirchenbauten die **Wallfahrtskirche Mariahilf** (Zugang über eine überdachte Wallfahrt-Stiege, hervorragender Ausblick über die gesamte Stadt), die aus karolingischer Zeit (Langhaus) stammende **St. Severins-Kirche**, der im 17. Jh. entstandene Bau von **St. Paul** (schöner Hochaltar) und die Kirche **St. Salvator** (romanische Krypta, Langhaus 14. Jh.).

Frühere **Bischöfliche Residenz** (Zengergasse), heute das Landgericht, 12. bis 17. Jh. Sehenswerte Portale, **Hauptportal** in der Zengergasse mit seinen Säulen außerordentlich machtvoll wirkend, Tor zur Kapelle (von *Balthasar Vecchio*) ebenfalls bemerkenswert. Im Inneren hübsche Stukkaturen und Fresken.

Neue Bischöfliche Residenz (am Residenzplatz) erbaut 1712 bis 1730, Baumeister unbekannt, Gesamtanlage außerordentlich repräsentativ, erinnert an Wiener Barock. Im Inneren das ***Stiegenhaus**, ein hervorragendes Beispiel des Rokoko (Fresken, Stukkaturen, Putten an den Treppenläufen).

Am **Domplatz** das **Denkmal** des Maximilian I. Joseph von 1824 und zahlreiche **Domherrenhöfe**.

***Stadttheater** (Innstraße), das frühere Opernhaus der Fürstbischöfe, 1683 nach Zerstörungen neu erbaut, im 18. Jh. nochmals verändert, seit 1783 finden hier Theateraufführungen statt. Kunstgeschichtlich ein gutes Beispiel des Frühklassizismus, besonders sehenswert das **Logenhaus** mit der Fürstenloge.

Am Rathausplatz das **Rathaus** (Ursprungsbau 14. Jh., spätgotisch, im 17. Jh. barockisiert). **Ratssaal** mit **Ausmalung** vom Ende des 19. Jhs. (Maler Ferdinand Wagner).

Feste Oberhaus auf einem Felsgrat zwischen Donau und Ilz, als bischöfliche Trutzburg 1219 errichtet, sollte die Fürstbischöfe vor der rebellierenden Bürgerschaft schützen. Am Äußeren Hof ein achteckiger **Pulverturm**, in der Mitte des Hofes barock ausgestattete **St. Georgs-Kapelle**. In der Feste heute ein **Museum** mit einer guten Gemäldegalerie und volkskundlichen Sammlungen und Bischöfliches Diözesanmuseum. Mit der Feste Oberhaus verbunden die **Feste Niederhaus** auf einer Uferspitze zwischen Donau und Ilz (14. Jh.), trutzig und bedrückend wirkend. An der äußersten Spitze der Anlage ein schlichter viereckiger Turm.

Die Fürstbischöfe hinterließen (neben den beiden Festungsburgen) auch zahlreiche Herrschaftsbauten, so das **Sommerschloß Freudenhain** (erbaut 1785 auf einer Anhöhe westlich der Feste Oberhaus, frühklassizistisch, englischer Park) und das im 17. Jh. entstandene **Sommerschloß Hacklberg** (barocker Rondellsaal mit üppigen Stukkaturen).

Im Ortsteil Korona der Zentralbau der 1640 errichteten **Wallfahrtskirche St. Korona**, ein seltenes Kunstwerk ist das ***Hochaltar-Blatt** mit der Darstellung des Martyriums der heiligen Korona (im Stil einer Ikone von einem unbekannten Meister geschaffen).

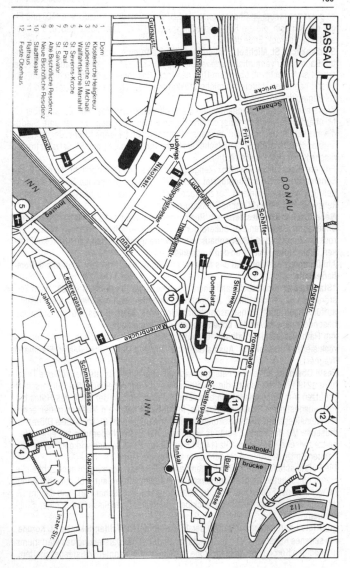

Peiting *(11 000 Ew, Route By3)*
Marktgemeinde zwischen Lech und Ammer in Oberbayern, gehört zu den ältesten Siedlungen dieser Region. Bei Ausgrabungen fand man ein keltisches Gräberfeld aus der Bronzezeit (ca. 1500 v.Chr.), eine römische Siedlung aus den Jahren 200 bis 400 n.Chr. sowie Reste der größten Alemannensiedlung ostwärts des Flusses Lech mit Reihengräberfeld aus der Zeit zwischen 600 und 900 n.Chr. Zwischen 1050 und 1180 war Peiting Stammburg der Welfen, die dort als bayerische Herzöge residierten.
Wallfahrtskirche „Maria unter der Egg", kleine barocke Kirche (17. bis 18. Jh.) mit Wessobrunner **Stukkaturen**. **Pfarrkirche St. Michael** mit Figuren von *F.X. Schmädl* am Hochaltar sowie Turm und Krypta aus dem 12. Jh. In der Ortsmitte **einer der schönsten Dorfteiche** Bayerns.

Pfarrkichen *(10 000 Ew, Route By12)*
Stadt an der Rott südwestlich von Passau, 899 erstmals urkundlich erwähnt. Älteste **Pferderennbahn** Bayerns (erbaut 1895), dort alljährlich zu Pfingsten Rennen.
Schön in der Stadt die Anlage des **Altstadtbereiches**, noch heute von einer teilweise erhaltenen **Mauer** aus dem 16. Jh. umgeben. Kernstück die breite Hauptstraße, die in den Marktplatz einmündet. Im Zentrum der Stadt die katholische **Stadtpfarrkirche St. Simon und Judas Thaddäus** (ehemals romanisch, um 1500 und 1972 umgebaut). Von den beiden Türmen nur noch ein schlanker, schöngegliederter Turm erhalten. Im Inneren der dreischiffigen Basilika (im wesentlichen neugotisch ausgestattet) nur das **Kruzifix** im Hochaltar aus dem späten 15. Jh., übrige Teile 19. Jh.
Altes Rathaus von 1787 mit schönen Stukkaturen und einer Gewölbehalle im Erdgeschoß. Im Obergeschoß das **Städtische Museum**.
Beim Bummel durch die Altstadt sollte man durch die **Lindner-** und die **Plinganserstraße** gehen. Hier zahlreiche Häuser im Stil der Inntal-Architektur (Laubengänge an der Hofseite). Sehenswert die Gasthäuser **„Münchner Hof"** in der Lindnerstraße 14 und **„Zum Plinganser"** in der Plinganserstraße mit ihren Arkadenhöfen.
Bedeutendste Sehenswürdigkeit die **Wallfahrtskirche auf dem Gartlberg** (1687 geweiht, Baumeister *Christoph Zuccalli*). 1687 aufgestelltes **Gnadenbild** der Schmerzhaften Madonna (Hochaltar). Im Inneren (Chor) unter italienischem Einfluß entstandener **Stuck** (von *Giovanni Battista Carlone*, der auch den Passauer Dom ausstattete). Von *Ehrgott Bernhard Bendel* die Stukkaturen im Langhaus (1713). **Fresken** von *Paul Vogl* und *Johann Eustachius Kendlbacher*, von *Carlone* der 1687 aufgestellte **Hochaltar** mit schönem Altarblatt von *Franz Ignaz Bendl*.

Polling *(2 500 Ew, Route By16)*
1010 gründete Kaiser Heinrich II. in Polling ein Augustiner-Chorherrenstift, das 1414 einem Brand zum Opfer fiel. 1420 Kloster wieder aufgebaut, neu renovierte **Kirche** gut erhalten (gelungene Mischung aus Gotik und Renaissance, Langhaus gotisch,

der schön durchgeformte Turm Renaissance von 1605, Turmkrone von 1822). Inneres der Kirche vorwiegend gotisch mit barocken Ausschmückungen. Von *Hans Krumper* die **Stukkaturen**.
Größte Sehenswürdigkeit das ***Tassilokreuz** im Hochaltar (Vorderseite mit Pferdehaut bespannt, darauf das Bild des Gekreuzigten). Das Christusbild auf dem Tassilokreuz dürfte aus der Zeit um 1225 stammen. **Hochaltar** (über zwei Stockwerke) von 1623, sein Schöpfer *B. Steindl*. Auch das **Tabernakel** auf dem Altar von großem kunsthistorischem Wert (Kaiserpaar Heinrich und Kunigunde). Reliefs von *J.B. Straub*. Die ***Thronende Muttergottes** (von *Hans Leinberger* aus Landshut), kunsthistorisch außerordentlich bedeutend. Stammt vom früheren Hochaltar der Kirche, den um das Jahr 1525 *Leinberger* schuf.
Von den **Klostergebäuden** in Polling einige zerstört, recht interessant aber der noch vorhandene **Bibliothekssaal** und das **Laienrefektorium**. Auf dem Friedhof eine kleine, in Zentralbauweise errichtete **Kapelle** aus dem Jahre 1631 (Heiligkreuzkapelle, 1979 restauriert). Neues Heimatmuseum im Laienrefektorium

Pommersfelden *(2 200 Ew, Route By8)*
Oberfränkischer Ort, in der Nähe liegt ****Schloß Weißenstein**, eines der besten deutschen Barockschlösser aus dem 18. Jh. Bauherr war der Würzburger Fürstbischof L.F. von Schönborn, Baumeister waren die *Brüder Dientzenhofer, M. von Welsch* und *Lukas von Hildebrand* aus Wien. Innenräume sehr repräsentativ. Ungewöhnlich der als Grotte gestaltete **Gartensaal** am Parkzugang. Ein prächtiger Teil des Schlosses die einer Wiener Kaiserstiege nachempfundene Form des **Treppenhauses**. Kostbare ****Gemäldegalerie** (Werke von *Cranach, Dürer, Breughel, Rembrandt, Rubens, Tizian* und anderen Meistern der Renaissance und des Barock). **Marstall** mit reicher Kutschen- und Schlittensammlung (seine **Scheinarchitektur** ist verblüffend, die Motive der Fresken ranken sich zumeist um die Pferde).

Pottenstein *(5 000 Ew, Route By9)*
Kleinstadt in der Fränkischen Schweiz. Überragt von der über 1000jährigen **Burg Pottenstein**, von der noch drei Gebäude aus der Zeit um 1070 erhalten sind (heute Museum).
Malerische Fachwerkhäuser, Mühlen und forellenreiche Bäche verschönern das **alte Ortsbild**. Im **Heimatmuseum** (Kurhaus) seltene geologische, prähistorische Funde. Bedeutendste Sehenswürdigkeit neben der Burg die ***Teufelshöhle**. Die großartige Tropfsteingrotte mit der wohl größten deutschen Höhlenpforte ist auf 1,5 km beleuchtet und kann begangen werden. Neben anderen vorzeitlichen Tierresten ist das vollständig erhaltene **Skelett eines Höhlenbären** zu sehen. Nicht minder interessant die hervorragenden Tropfsteingebilde. Neu eröffnet das „**Fränkische Schweiz-Museum**" im ehemaligen „Judenhof" im Ortsteil Tüchersfeld (kompletter Überblick über das frühere Leben der Region).

Prien am Chiemsee *(8 900 Ew, Route By13)*

Bedeutendster Ort am Chiemsee.

Ausgangspunkt der **Chiemsee-Schiffahrt** zu den Inseln Herrenchiemsee und Frauenchiemsee.

Interessantestes Bauwerk die katholische **Pfarrkirche Maria Himmelfahrt**, ein Rokokobau von 1732 (Äußeres barock). Auf romanischen und gotischen Vorgängerkirchen errichtet, Baumeister war *Johann Steinpeisz* aus Attel am Inn.

Interessant aus der Baugeschichte folgende Begebenheit: Beim Umbau im Jahre 1736 sollte auf einem neu errichteten Turm der aus dem Jahre 1708 stammende Turmhelm weiterverwendet werden. Also schob man den 37 Meter hohen spitzen Helm vom alten Turm mittels einer Baubrücke und hölzernen Rollen auf den neu errichteten Turm. Durch dieses für damalige Zeiten recht außergewöhnliche Verfahren konnte der vom Zimmermeister *Christian Raab* 1708 gestaltete Turmhelm bis heute erhalten bleiben.

Innenausstattung im wesentlichen vom Wessobrunner Stukkateur und Maler *Johann Baptist Zimmermann*. 20 Meter langes **Fresko** im Gewölbe des Langhauses, stellt die Seeschlacht bei Lepanto dar, bei der sich die christliche Kreuzfahrer-Flotte und türkische Schiffe einen Kampf lieferten. Die Türken verloren ihn.

Von *Zimmermann* ist auch die mit Stukkaturen geschmückte **Marmorkanzel** (1739). An den Außenwänden der Kirche zahlreiche **Epitaphien** aus Marmor, die Inhaber der Gerichtsbarkeit der Region darstellen.

Eine kleine Besonderheit bilden die Läden an der südlichen Seite der Pfarrkirche, die bereits im Jahre 1613 als „Lange Bänke" bekannt waren. Neben der Kirche die **Allerseelenkapelle** von 1500. Als spätgotische Anlage mit barocker Zwiebelkuppel für die Allerseelenbruderschaft errichtet, eine Vereinigung frommer Kaufleute in Prien (heute Taufkapelle, im Arkadenhof Priener Kriegerdenkmal).

Zweites bedeutendes Baudenkmal die **Kirche St. Jakobus in Urschalling**. Romanischer Bau (um 1200), von einem Zwiebelturm gekrönt, macht deshalb zunächst einen barocken Eindruck. Im Inneren *Freskenzyklen des 12. und 14. Jhs. Romanisch die Darstellung des Sündenfalls, allerdings sind von diesen Malereien nur wenige Teile freigelegt. Die Fresken (14. Jh.) erzählen in Form einer Bilderbibel zahlreiche Begebenheiten der biblischen Geschichte, zum Beispiel in der Apsis vom „ewigen Gottesreich mit dem Weltenrichter Christus". Im Altarraum die „Menschwerdung Christi", im Laienraum „Passion und Auferstehung des Heilands". Die Einheitlichkeit dieser kompletten Darstellung ist kunstgeschichtlich herausragend. Der Maler ist unbekannt.

Sehenswürdigkeiten ganz anderer Art: Der **Raddampfer „Ludwig Fessler"** von 1926 (einziger Raddampfer auf dem Chiemsee), verkehrt heute noch in der Hauptsaison zwischen Prien und den Inseln Herrenchiemsee und Frauenchiemsee). Außerdem die älteste **Schmalspurbahn** der Bundesrepublik Deutschland aus dem Jahre 1887.

Ausflüge zu wichtigen Sehenswürdigkeiten in der Umgebung: **Fraueninsel, Herrenchiemsee** (Beschreibung siehe Chiemsee).

Prunn *(siehe Riedenburg)*

Prien-Regensburg

Rabenden *(siehe Altenmarkt)*

Raitenhaslach *(siehe Burghausen)*

Randersacker *(3 500 Ew, Route By6)*
Einer der bekanntesten Weinbauorte Frankens vor den Toren von Würzburg. Altes **Stadtbild** (sehr anmutig, Altstadt steht unter Denkmalschutz). In Resten romanisch erhalten gebliebene **Pfarrkirche** (erbaut 12. Jh., romanischer Turm, Kanzel und Altäre barock). Hübscher alter **Pfarrhof** am Kirchplatz (1748) mit barocken Fensterumrahmungen. *****Gartenpavillon** des *Balthasar Neumann* (Würzburger Straße) aus dem Jahre 1743, den er für sich selbst erbaute. Ehemaliger **Domkapitelhof** (17. Jh.) mit dem Zehnthaus an der Nordseite.

Regensburg *(130 000 Ew, Route By10)*
Regierungssitz der Oberpfalz und mit weitem Abstand eine der geschichtsträchtigsten und sehenswertesten Städte Süddeutschlands. Durch ihre Lage an der Donau ein wichtiger Verkehrsknotenpunkt.

Geschichte:
Die Vergangenheit der Stadt reicht weit in die Kelten- und Römerzeit zurück. Im ersten Jahrhundert n.Chr. errichteten Römer in der Nähe einer schon bestehenden Keltensiedlung ein Lager (179 n.Chr. Römersiedlung namens „Castra regina"), wo der Oberbefehlshaber der römischen Provinz Raetien residierte. Später Residenz der bayerischen Herzöge vom Stamm der Agilolfinger. 788 Königsresidenz, nachdem Bayern in das Reich der Franken eingegliedert wurde. In den nächsten Jahrhunderten ein wichtiger Handelsknotenpunkt, durch eine ganze Reihe von Klöstern ein Zentrum süddeutschen kulturellen Lebens. 1245 Freie Reichsstadt (eine ganze Reihe von Reichsversammlungen fand hier später statt). Nach dem Dreißigjährigen Krieg der Tagungsort des „Immerwährenden Reichstags" (föderatives Bundesparlament), der allerdings dem Ort keine große Machtfülle mehr bescherte.

Kunstgeschichte:
Wohl die einzige deutsche Großstadt mit nahezu unzerstört erhalten gebliebenem, mittelalterlichem Stadtbild. Auch im Zweiten Weltkrieg keine Verwüstungen. Auf dem Gebiet der 110 Hektar großen Altstadt rund 1500 historische Gebäude, als Baudenkmäler zum Teil höchsten Kategorien zuzuordnen. In der Altstadt Häuser, Kirchen, Türme und Kreuzgänge zu einer sehenswerten Einheit zusammengewachsen, selbst Goethe schwärmte von der Stadt: „Regensburg liegt gar schön, die Lage mußte eine Stadt herlocken."
Romanischer Baustil ungewöhnlich stark vertreten. Ein wesentlicher romanischer Bau die Allerheiligenkapelle (um 1150 entstanden, ursprünglich zur Grabkapelle bestimmt).

Sehenswürdigkeiten:

Ein Hauptwerk der Gotik in Bayern der mächtige ****Dom** (Baubeginn 1250, 1525 beendet, Türme 1859 bis 1869). Ungewöhnlich stilrein. An der Westfassade dreieckige Vorhalle (Triangel) oberhalb der Treppe. Im Inneren der Kirche **Verkündigungsgruppe** an den Vierungspfeilern als besonders schönes Kunstwerk. Recht ungewöhnlich der **Ziehbrunnen** in einem sakralen Bauwerk. Der sehr bedeutende **Domschatz** von Regensburg heute im Dommuseum.

Steinerne Brücke (älteste Steinbrücke Deutschlands, 1135 bis 1146), **Altes Rathaus, erbaut 1360, mit **Reichssaal**, von 1663-1806 Sitz des „Immerwährenden Reichstags" (nach dem Dreißigjährigen Krieg föderatives Deutsches Bundesparlament), entstanden im 15. Jh., auf dem Sessel an der Stirnseite nahmen der Kaiser oder sein Stellvertreter Platz, während vor ihm auf den rotbezogenen Bänken die Kurfürsten saßen.

Ein schönes romanisches Bauwerk die zwischen 1150 und 1200 errichtete **Schottenkirche St. Jakob** (wurde von damals so genannten „Schotten" errichtet, die als Zuwanderer aus irischen Klöstern kamen). Reliefs am Portal der Kirche, welche auf italienische oder französische Einflüsse hindeuten, konnten in ihrer Bedeutung bis heute nicht restlos geklärt werden.

*St. Emmerams Kirche (am Ort eine bis in spätrömische Zeit zurückreichende Kirche, entstand im 8. Jh., über dem Grab des Wanderbischofs und Märtyrers St. Emmeram eine Basilika. Vermutlich enthält die wiederholt umgebaute und erweiterte Kirche noch Baubestandteile aus dieser Zeit), im Inneren 1730 von den Brüdern *Asam* im barocken Stil verändert, bietet einen ungewöhnlichen Kontrast zwischen romanischem Äußeren und barockem Inneren.

Italienischen Vorbildern nachempfunden die **Geschlechtertürme** der Stadt (von Regensburger Patriziern im 13. und 14. Jh. erbaut), sehenswert **Goldener Turm** (neun Geschosse). Unter den unzähligen schönen Wohnhäusern der Stadt besonders interessant das siebenstöckige ehemalige **Gasthaus „Goldenes Kreuz"**, das **Haus an der Heuport**, das **Goliathhaus** und die **Patrizierburg**, die **„Neue Waag"** (hier konferierte 1541 Philip Melanchthon mit Dr. Eck und suchte nach Verständigungsmöglichkeiten zwischen Reformation und Katholizismus).

*Porta Praetoria (Nordtor des früheren Römerkastells), das älteste Stadttor Deutschlands, 179 n. Chr..

Museum der Stadt Regensburg (in einem früheren Minoritenkloster, erbaut 1250 bis 1270), Ausstellungsstücke **Funde aus der Römerzeit, ein mittelalterliches **Astrolabium**, der größte bekannte **Minneteppich** aus dem 13. Jh., ein **Altarbild** des *Albrecht Altdorfer* und Teile guter alter Fresken.

Kepler-Gedächtnishaus (Keplerstraße). Der Astronom Johannes Kepler lebte längere Zeit in Regensburg und starb hier 1630, sein Sterbehaus wurde als Gedenkstätte eingerichtet. **Fürstliches Schloßmuseum** in der Residenz der Fürsten von Thurn und Taxis, mit Prunkeinrichtungen aus dem Besitztum dieses Fürstengeschlechtes (zum Teil früher in Brüssel oder Frankfurt gelagert). **Marstallmuseum**, in einer alten Reithalle Kutschen, Schlitten und Sänften.

Herzogshof (früher Teil der ältesten Herzogs- und Königspfalz der Stadt) mit romanischem **Saal** von 1200 (restauriert). Im Stadtteil Prüfening ein früheres **Benediktinerkloster**, dessen 1119 geweihte romanische **Abteikirche** bedeutende ***Wandmalerei-**

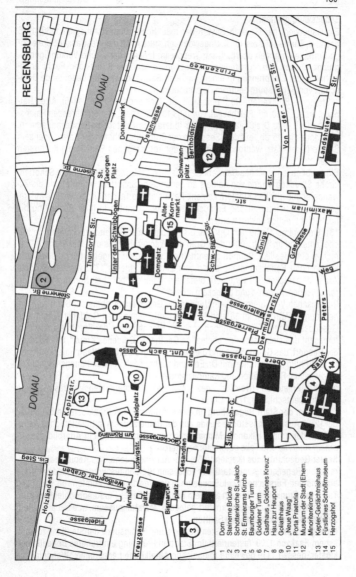

en des 12. Jhs. enthält. Selten der rein romanisch erhaltene, gewölbte Raum hinter einer Barockfassade.
Im Stadtteil Kartaus-Prüll **romanische Fresken** von höchstem Rang in der dortigen **Kirche**. Besonders bemerkenswert eine *Verkündigungsgruppe.

Bad Reichenhall *(18 000 Ew, Route By13)*

Bayerisches Staatsbad in einem windgeschützten und von Bergen umgebenen Talkessel an der Saalach, 844 erstmals urkundlich erwähnt. Durch Solequellen bekannt geworden, die schon in vorgeschichtlicher Zeit benutzt wurden. Bodenfunde belegen, daß bereits Kelten und Römer hier Salz gewonnen haben.
*Münster St. Zeno** aus dem 11. bis 12. Jh., als romanische Basilika mit 90 Metern Länge eine überaus große Kirche (aus der Romanik noch das marmorne Hauptportal erhalten). Im Inneren (nach einem großen Stadtbrand im frühen 16. Jh. erneuert) geschnitzte **Gruppe der Marienkrönung** (1520), **Chorgestühl** (gleiche Zeitperiode), aus rotem Marmor geformte **Kanzel** (1516) und (ebenfalls aus rotem Marmor bestehender) **Taufstein** mit Schnitzdeckel. In der Vorhalle **Marmortafeln** mit deutschen Texten von 1521 und 1526, die religiöse Themen behandeln. Im anschließenden Kloster der romanische ****Kreuzgang**, der zu den bemerkenswertesten Baudenkmälern seiner Art in Deutschland zählt (13. Jh.).
Weitere Bauwerke, die einen Besuch lohnen, sind die katholische **Pfarrkirche St. Nikolaus** (erbaut 1181, restauriert 1968) sowie die alte **Saline**. Ein Stadtbrand im Jahre 1834, bei dem Bad Reichenhall größtenteils zerstört wurde, zog die Saline stark in Mitleidenschaft. Der jetzige Bau geht auf die Jahre 1840-50 zurück.
Abschließend im Vorort Nonn ein Besuch der **Kirche St. Georg** (im Ursprung romanisch, dann spätgotisch umgebaut, um 1750 barockisiert) zu empfehlen. Aus dem Jahre 1513 stammen der **Hochaltar** von *Gordian Guckh* und eine Reihe weiterer Schnitzereien.

Reutti *(siehe Neu-Ulm)*

Riedenburg *(4 900 Ew, Route By11)*

Luftkurort im unteren Altmühltal mit **historischem Stadtkern**. **Burg Rosenburg**, ein Renaissancebau aus der Mitte des 16. Jhs. mit romanischem Bergfried. Anlage gut erhalten, heute **Bayerischer Landesjagdfalkenhof** (Flugvorführungen täglich 15.00 Uhr) mit heimat- und naturkundlichem Museum.
Im Ortsteil **Prunn** eine **Landadels-Burg**, malerisch auf einem Felsen über dem Altmühltal, größtenteils romanisch (vermutlich frühes 13. Jh., ehemals Sitz der Herren von Prunn). Der berühmte Maler Albrecht Dürer hielt 1507 das Bild der Burg in einer seiner Zeichnungen fest.
Eine ganz andersartige Sehenswürdigkeit bei der Familie Scholz (Mühlstraße 8) die
***größte Bergkristallgruppe der Welt** (3 × 2 × 1,8 Meter, 7,8 Tonnen schwer).

Rimpar *(750 Ew, Route By7)*
Unterfränkischer Ort, wenige Kilometer nördlich von Würzburg. Klassizistische **Pfarrkirche** (1850) mit ****Grabmal des Eberhard von Grumbach**, dem ersten bekannten Werk des *Tilman Riemenschneider* (1498). Sehr ansehnlich die Mitte des 14. Jhs. erbaute spätgotische **Burg** (während der Renaissance um 1600 erweitert) mit prächtigen Portalen. In der **Pfarrkirche** des Ortsteils Maidbronn ****Altarbild**, „Beweinung" von *Tilman Riemenschneider*.

Rinchnach *(2 872 Ew, Route By10)*
Ehemalige Benediktinerpropstei, deren Kirche (heute ***Pfarrkirche St. Johannes Baptist**) 1727 von *Johann Michael Fischer* auf den Resten der Vorgängerkirche erbaut wurde.
Kircheninneres mit **Stukkaturen** und **Fresken** reich geschmückt (Stukkateur *Franz Ignaz Holzinger* aus Niederaltaich, von *Wolfgang Andreas Heindl* die Fresken). Letztere stellen (im Langhaus) die „Kreuzesverherrlichung" und (in den anderen Räumen) „Themen aus dem Marienleben" dar. Hervorragend das barocke Chorgitter (1727 geschmiedet). Von den Klostergebäuden noch der spätgotische **Kreuzgang** und ein Teil des Propsteibaues erhalten.

Rohr/Niederbayern *(2 100 Ew, Route By11)*
Kleine niederbayerische Gemeinde südlich von Regensburg mit bedeutender ***Klosterkirche Mariä Himmelfahrt**. Außen schlicht, innen schönste Barockausstattung von *Egid Quirin Asam*. Erbaut ab 1717. Sehr hübscher barocker ***Hochaltar** von *Asam* in Form einer Bühne, auf der „Mariä Himmelfahrt" figürlich dargestellt wird. Stilistisch stark an italienisch schweres Barock erinnernd.

Roßtal *(7 900 Ew, Route By8)*
Kleine Gemeinde südwestlich von Nürnberg. Mehrere Bauwerke lohnen den Besuch. Das evangelische ***Pfarrhaus** ist einer der ältesten spätgotischen Fachwerkbauten Deutschlands (um 1410). Der monumentale Bau liegt im Friedhofskomplex. Kaum weniger interessant die ***frühromanische Krypta** aus dem 11. Jh. (fünfschiffige Hallenkrypta) unter der **St. Laurentiuskirche**, einer großen Hallenkirche aus verschiedenen Stilepochen (frühgotischer Chor, Turm 52 m hoch mit barockem Laternenhelm). Sehenswert ferner der **befestigte Kirchenhof** mit teilweise erhaltener Wehrmauer und Tortum von 1494, der **Marktplatz** mit Fachwerkhäusern im Stil des 18. Jhs., zwei alte Ziehbrunnenhäuser auf dem Marktplatz und (beim evangelischen Pfarrhaus) das ehemalige **Schloß** der markgräflichen ritterlichen Dienstmannen (1623) sowie das markgräfliche **Richterhaus** (1700) mit Lochgefängnissen im dazugehörigen Amtsknechtshaus.

Rothenburg ob der Tauber *(12 000 Ew, Route By6)*
Die neben Heidelberg international wohl bekannteste mittelalterliche Stadt Deutschlands („Romantische Straße").

Geschichte:

Gebiet schon zur Keltenzeit besiedelt. Seinen Namen bekam Rothenburg nach der um 1000 auf einer Bergnase errichteten „Roten Burg", die Stauferkaiser im 12. Jh. zur Reichsburg ausbauten (1356 durch ein Erdbeben zerstört). 1274 Freie Reichsstadt, errang damit führende Rolle in den süddeutschen Städtebünden. 1377 fand hier ein Reichstag statt. Nach Beginn des 15. Jhs. ging die Macht der Stadt zu Ende, im Bauernkrieg mußte sie (auf Seiten der aufständischen Bauern) eine schwere Niederlage hinnehmen. Den Dreißigjährigen Krieg überstand Rothenburg ohne Zerstörungen, nachdem Bürgermeister Nusch den legendären „Meistertrunk" tat (3 1/4 Liter Wein in einem Zuge). Daraufhin verschonte der Kaiserliche Marschall Tilly die protestantische Stadt.

An die Vergangenheit erinnern noch einige Volksschauspiele. Am Pfingstmontag ein historischer Festzug, Pfingsten und Mitte September der „Meistertrunk", mehrmals im Sommer der „Schäfertanz", Mitte September die „Reichsstadt-Tage".

Das ***Stadtbild Rothenburgs** innerhalb der im 14. Jh. erbauten, nahezu vollständig erhaltenen Stadtbefestigung ist als Ensemble außergewöhnlich sehenswert. *Rathaus 1576 (Renaissance) auf Resten abgebrannter Vorgängerbauten wiedererrichtet (barocker Laubengang von 1681). Am Markt das **Fleischhaus** (13. Jh., Verkaufsausstellung einheimischer Künstler), am Milchmarkt das **Büttelhaus** (1510, heute Stadtarchiv) und die *Ratstrinkstube. Die Kunstuhr (1683) am 1446 errichteten Gebäude zeigt den erwähnten Meistertrunk (täglich 11, 12, 13, 14, 15, 21 und 22 Uhr).

*Ev. St. Jakobskirche, gotische Hauptkirche der Stadt, zwischen 1300 und 1490 erbaut. Türme 55 bzw. 58 m hoch. Im Inneren **Heilig-Blut-Altar** von *Tilman Riemenschneider* (1504), ein Hochaltar von *Friedrich Herlin* (1466), im Chor Glasfenster aus dem 14. Jh., das Grabmal des bedeutenden Bürgermeisters Toppler (1408) und eine aus dem 14. Jh. stammende Sakramentsnische.

Unser Rundgang führt uns nun vorbei am Renaissancebau des früheren **Gymnasiums** (Kirchplatz, erbaut 1593), am **Weißen Turm** (12. Jh., Teil der ältesten Stadtmauer), am **Fränkischen Heimatmuseum** und zur **Oberen Schmiedgasse**. Hier stehen alte Patrizierhäuser. Besonders hübsch das 1596 errichtete **Baumeisterhaus** (Innenhof). Im **Haus „Zum Greifen"** wohnte einst Bürgermeister Toppler, im **„Roten Hahn"** Bürgermeister Nusch (Meistertrunk).

Durch die *Burggasse, die älteste der Stadt, weiter zur **Johanniskirche** (1410) und zum **St. Georgsbrunnen** am Marktplatz (1608 im Renaissancestil umgebaut). Vorbei am Fleischhaus (bereits erwähnt) und an den *Historien-Gewölben des Rathauses (Szenen aus dem Dreißigjährigen Krieg) zum früher bevorzugten Wohngebiet der reichen Patrizierfamilien, den **Herrnmarkt** (Herrngasse). Der Brunnen wurde 1615 aufgestellt.

Unser nächstes Ziel ist am Ende der Herrngasse die älteste Kirche der Stadt, die ev. *Franziskanerkirche (1285). Im Inneren gut erhaltene Grabdenkmäler, interessante Fresken und Altäre aus dem 14./15. Jh. Vorbei am **Burgtor** (1350) mit Figurentheater, Burggarten (hier stand die 1356 durch Erdbeben zerstörte Stauferburg), **Blasiuskapelle** (Wandmalereien aus dem 14. Jh.), *Mittelalterlichem Kriminalmuseum (einziges Rechtskundemuseum in Europa, u.a. Folterinstrumente und Rechtssymbolik) kommen wir schließlich zum *Reichsstadtmuseum. In den Räumen des 700 Jahre al-

ten Dominikanerinnenklosters (gut erhaltene alte Räume) eine reiche Sammlung Rothenburger Kunst, Kultur, Möbel, Geräte, Waffen, Hausrat etc.
Weiter entlang des äußeren Altstadtrings durch die Klingengasse zur eindrucksvollen **Klingenbastei** (1587), zur **Schäferkirche** (1493, Schießscharten und Geschützboden, Hochaltar von 1514), zum **Schrannenplatz** (Getreideschranne an der Südseite von 1588), durch die Galgengasse (sie führte zum 1810 abgetragenen Galgen) und zur *Stadtmauer (auf 2,5 km begehbar zwischen Klingenbastei und Kobolzeller Tor). Letzte Stationen auf dem Bummel durch Alt-Rothenburg das **Plönlein** (malerischer mittelalterlicher Platz), der **Siebersturm** (1385) und das *Kobolzeller Tor, eine der sehenswertesten Wehranlagen der Stadt (mit Zwinger, Kohlturm und Teufelskanzel) von 1360.
Im südlichen Zipfel der Altstadt das **Spitalviertel**. Es entstand im 16. Jh., die Spitalkirche im 14. Jh. Die **Reichsstadthalle** ist eine umgebaute „Zehntscheune" aus dem 17. Jh., die *Spitalbastei gilt als das mächtigste Festungswerk der Stadtmauer (17.Jh.).
Unser Weg führt uns zum Schluß in den ältesten Teil der Stadt, nach **Detwang** (um 960 als „Reichsdorf" gegründet). Hier gehört die romanische **Kirche** zu den Hauptsehenswürdigkeiten der Stadt (erbaut 1170), denn sie birgt den bekannten **Kreuzigungsaltar** von *Tilman Riemenschneider* aus dem Jahre 1510. Ein abschließender Blick auf das alte Rothenburg von der **Engelsburg-Höhe**. Von hier aus hat man den schönsten Ausblick auf das Taubertal.

Rott am Inn *(3 000 Ew, Route By14)*

Gemeinde am Hochufer des Inn, berühmt durch ihre ****Benediktiner-Abteikirche** (1759 bis 1763), ein barockes Meisterwerk höchster Qualität (siehe auch Kunstgeschichte, Barock). Bekannte Künstler wirkten an Bau und Ausgestaltung mit. Baumeister *Johann Michael Fischer*, **Stukkaturen** von *Franz Xaver Feichtmayr* und *Jakob Rauch*. *Matthäus Günther* schuf die **Fresken**, der bekannte Holzschnitzer *Ignaz Günther* entwarf die **Altäre**.
Die Kirche am Hochufer des Inn ist das vielleicht schönste Baudenkmal des *Johann Michael Fischer* und zugleich seine reifste Leistung. Ganz entfernt tendiert der Bau bereits zum Klassizismus.
Gewaltig im Inneren das große **Deckenfresko**, das die Verherrlichung des Benediktinerordens darstellt. Die verschiedenen Altäre, vor allem der **Hochaltar**, gehören mit Sicherheit zu den kostbarsten Schöpfungen *Ignaz Günthers* und seiner Werkstatt. Zahlreiche Figuren an den Altären fertigte *Günther* selbst. Bemerkenswert dabei die Gestalten des Kaiserpaares Heinrich II. und Kunigunde sowie die übrigen Figuren. *Günthers* engster Mitarbeiter war *Joseph Götsch*.
Einziger Rest an Kunstwerken aus der romanischen Vorgängerkirche das **Stiftergrab** des Pfalzgrafen Kuno und seines Sohnes (beide halten das Modell der romanischen Basilika in ihren Händen). Es befindet sich in der Vorhalle, *Franz Sickinger* aus Burghausen schuf das Marmorkunstwerk.

Rottenbuch *(1 700 Ew, Route By3)*

Kleiner Ort an der „Romantischen Straße", einst Sitz eines Augustiner Chorherrenstifts. **Kirche Mariä Geburt** als gotische Basilika auf romanischen Fundamenten im 15. Jh. erbaut, 1737 bis 1742 barockisiert. Planung des barocken Umbaues durch *Joseph Schmuzer*. Während der Zeit der Säkularisation (1803/1804) angrenzende Klostergebäude und Nebenkirchen zerstört, so daß vom ehemaligen Chorherrenstift nur noch die Kirche zu sehen ist. Von *Joseph* und *Franz Xaver Schmuzer* die Stukkaturen, Ausmalung durch *Matthäus Günther*. Die Gewölbemalereien wirken kraftvoll und festlich. Die **„Ankunft des Marienkindes"** auf dem **Hochaltar** von *F.X. Schmädl* (1747 bis 1750). Diese Darstellung der Geburt ist höchst selten, deshalb stellt der Hochaltar eine interessante Sehenswürdigkeit dar. Im letzten Altar an der Nordseite spätgotische **Muttergottesfigur** (Meister unbekannt, evtl. *Erasmus Grasser*, 1483).

Sammarei *(siehe Ortenburg)*

Sandizell *(siehe Schrobenhausen)*

Schäftlarn *(5 000 Ew, Route By16)*

Im Jahre 762 wurde hier ein Kloster gegründet; heutige Benediktinerklosteranlage allerdings aus dem 18. Jh.
Beherrschendes Bauwerk die ***Klosterkirche**. Eine Reihe bedeutender Künstler des 18. Jhs. wirkten am Bau und der Ausgestaltung mit. Unter anderem *François Cuvilliés d.Ä.*, der in München die Amalienburg und das Residenztheater erbaute. Ihm folgten *Johann Baptist Gunetzrhainer* und *Johann Michael Fischer*. Innendekoration im wesentlichen durch *Johann Baptist Zimmermann*. Von ihm die **Fresken**, die unter anderem die Errichtung des Klosters durch Bischof Otto und Herzog Leopold zeigen. Vom Bildhauer *Johann Baptist Straub* die **Altäre**.
Im Gegensatz zu anderen, mehr volkstümlicheren Kirchenbauwerken im oberbayerischen Voralpenland, ist die Klosterkirche von Schäftlarn höfischer. Hier ist der Einfluß der herrschaftlich orientierten Münchner Hofarchitekten spürbar (Bau wirkt kühler als andere Kirchen dieser Gegend).

Scheppach *(siehe Jettingen)*

Schleißheim *(siehe Oberschleißheim)*

Schliersee *(6 000 Ew, Route By15)*

Am Nordabhang der bayerischen Voralpen südlich von München, am Nordufer des gleichnamigen Sees.
Katholische **Pfarrkirche St. Sixtus**, von 1712 bis 1714, auf den Resten einer gotischen Kirche des 14. Jhs., Baumeister der einheimische Maurer *Jörg Zwerger*. Inter-

essant die spätgotischen **Stukkaturen** und **Schnitzereien** sowie das **Ölgemälde** über der Sakristei (1494). Von 1717 der aus Nußbaumholz gefertigte **Hochaltar** von *Blasius Zwink*. **Stukkaturen** von den *Gebrüdern Zimmermann* (spätbarocke Stilelemente, die bereits ins Rokoko hineinspielen).
St. Georgs-Kapelle (Weinbergkapelle), zwischen 1368 und 1387 errichtet, 1606 erneuert. Von 1624 der Altar.
Heimatmuseum in einem aus dem 15. Jh. stammenden Bauernhaus mitten im Ort. Gezeigt werden Hausgeräte, Gebrauchsgegenstände, Musikinstrumente, Gewänder und eine alte lederne Pestfahne. Auch die Küche mit offener Feuerstelle ist so erhalten, wie sie vor Jahrhunderten in Verwendung war.
Rathaus 1477 errichtet, 1920 zur heutigen Form umgebaut (**Bürgermeisterzimmer** mit kunstvoller Einrichtung, **Sitzungssaal** im ersten Stock mit geschnitzter Balkendecke, Ölbild über dem offenen Kamin im Erdgeschoß, welches das Rathaus in seiner 1477 entstandenen Urform als „Richterhaus" zeigt).
Burgruine Hohenwaldeck am Südende des Sees am Hang des Leitnerberges. Es wird angenommen, daß es eine Fliehburg war, die durch einen unterirdischen Gang sogar mit der Insel im See verbunden gewesen sein soll. Im Jahre 924 erstmals erwähnt, heute Ruine. Besonders schön die **Aussicht** von der Burg auf den See.

Schongau *(10 500 Ew, Route By3)*

Stadt auf einer Anhöhe über dem Lech im bayerischen Voralpenland, seit dem 14. Jh. als sogenannter „Stapelplatz" an der früheren Römerstraße Via Claudia Augusta zwischen Augsburg und Italien bekannt. Noch heute ist die Anlage der alten Stadt innerhalb der noch vollständig erhaltenen Stadtmauer erkennbar. Durchschnitten wird sie von einer breiten Marktstraße, die den Charakter eines Marktplatzes hat.
Stadtmauer mit Wehrgängen und Türmen, gotisches Ballenhaus (Wiederaufbau 1515) und zwei Barockkirchen bilden die wesentlichen Sehenswürdigkeiten des Ortes.
Pfarrkirche Mariä Himmelfahrt in ihrer jetzigen Form im 17. und 18. Jh. errichtet (Baumeister *F.X. Schmuzer*). Sehr schöne **Rocaille-Stukkaturen** aus dem 18. Jh. und **Fresken** (1741—61) vom Augsburger Maler *Matthäus Günther* (sie stellen im Chor die „Himmelskönigin" dar und im Langhaus die „Glorie der Maria" sowie die „Erwählung Esthers durch Ahasver").
Aus der gleichen Zeit der **Hochaltar** mit einer Darstellung der „Maria Himmelfahrt" (nach Entwürfen von *Ignaz Günther*, von *F.X. Schmädl* gestaltet).
Aus den Jahren 1690 bis 1693 (Umbau 1725) die **Heiligkreuz-Kapelle**. Etwas später (1720 bis 1725) entstand die **Spitalkirche Heiliggeist** im Komplex des Karmeliterklosters.
Das **Ballenhaus** ist trotz seiner schlichten Bauweise eines der schönsten Profangebäude Schongaus (es prägt mit seinem steilen Treppengiebel das Bild der Stadt). Im Inneren des Hauses ehemaliger **Ratssaal** mit geschnitzter Balkendecke.

Schrobenhausen *(14 600 Ew, Route By2)*

Stadt nordöstlich von Augsburg am Südrand des Donaumooses, bekannt für seine Spargelfelder. Im 8. Jh. erstmals urkundlich erwähnt.

Mittelalterliches Stadtbild größtenteils erhalten, Ringmauer mit wuchtigen Wehrtürmen.
Kath. Stadtpfarrkirche St. Jakob, Basilika von 1425—80 (spätgotisch), im Chor Wandmalereien von 1461, in der Vorhalle Gedenktafel des Herzogs Ludwig im Bart von Bayern-Ingolstadt (1414).
Wichtigste Sehenswürdigkeit des Ortes im Stadtteil **Sandizell** die ***Kath. Pfarrkirche St. Peter.** Erbaut 1736 nach Plänen von *J. B. Gunetzrhainer* durch *M. Pröpstl* und *M. Gießl* (Turm, 1759). Stukkaturen von *M. Hörmannstorffer*. Äußerlich schlicht mit originellem Turmhelm, Zentralbau. Im Inneren der meisterhafte ***Hochaltar** von *E. Q. Asam*, ein spätes Werk des berühmten Künstlers von 1747 (Barock).

Schwabach *(36 000 Ew, Route By 8)*

Mittelfränkische Stadt südlich von Nürnberg, 1117 urkundlich erstmals genannt. 1529 Beratung der evang. Reichsstände über „Schwabacher Artikel" (Grundlage der „Augsburger Konfession").
*Marktplatz mit behäbigen Fachwerkhäusern und Rathaus (1528) sowie „Schönem Brunnen" (1716, barock). Spätgotische **Stadtpfarrkirche St. Johannes u. St. Martin** (1496) mit **Flügelaltar** aus der Werkstatt *Michael Wolgemuts* (1508). ***Schnitzarbeiten** aus der Schule von *Veit Stoß*, ***Tafelbilder** von *Hans Baldung Grien* (Katharina und Barbara), schönes **Sakramentshäuschen** (1505).
Schwabach erhielt 1979 die „Europa-Nostra-Medaille", die höchste europäische Auszeichnung für Stadtsanierung und Denkmalschutz.

Schwangau *(3 500 Ew, Route By 3)*

Luftkurort zwischen Ammergebirge und Forggensee nahe der österreichischen Grenze bei Füssen, mit zwei der bedeutendsten Sehenswürdigkeiten Süddeutschlands, den Schlössern Hohenschwangau und Neuschwanstein.

Geschichte

Die Gegend dürfte bereits in der mittleren Steinzeit besiedelt worden sein. Nachgewiesen ist die Ansiedlung von Römern seit 200 n.Chr., die diesen Teil ihres Herrschaftsbereiches „Rätia" nannten. Ausgrabungen an der Talstation der Tegelbergbahn haben ein römisches Badehaus aus dem 2. Jh. n.Chr. zutage gefördert. Eine ganze Reihe von alemannischen Reihengräbern am Nordostrand von Schwangau lassen darauf schließen, daß bereits im 6. Jh. hier eine geschlossene Dorfsiedlung existierte. Später wurde die Geschichte des Ortes vom Haus der Edlen von Schwangau bestimmt, die als Lehensträger der Welfen und später der Staufer 600 Jahre lang über Schwangau herrschten. Aus dieser Zeit die Burgen Schwanstein, Frauenstein sowie Vorder- und Hinterschwangau. Von den Burgen Vorder- und Hinterschwangau, Frauenstein und Schwanstein ist in ihren Ursprungsformen nichts mehr vorhanden. Aus der Burg Schwanstein wurde das heutige Schloß Hohenschwangau (1832 bis 1836 durch Kronprinz Maximilian von Bayern errichtet). Sein Sohn, König Ludwig II. von Bayern, erbaute auf den Ruinen von Vorder- und Hinterschwangau das heutige Schloß Neuschwanstein (Baubeginn 1869). Dort wurde Ludwig der II. am 10. Juni 1886 entmündigt und seines Amtes enthoben.

***Schloß Neuschwanstein. Typisch für die Stilrichtung der Romantik im 19. Jh. Eingang zum Schloß durch die **Vorhalle** im 3. Stockwerk (trennt die früheren Wohngemächer des Königs vom Thronsaal). Wandgemälde, Szenen der Sigurt-Sage, der ältesten Fassung des Nibelungenliedes.

Thronsaal, ein großartig repräsentativer Hallenraum im byzantinischen Stil. Aus Carrara-Marmor gefertigte Stufen führen hinauf zur Apsis, auf der einst ein Thron stehen sollte (wurde nicht mehr aufgestellt, nachdem der König gestorben war). Typisch für den Repräsentationscharakter des Raumes der große Lüster in Form einer byzantinischen Krone im Thronsaal (kann 96 Kerzen tragen, 18 Zentner schwer, kann mit Hilfe einer Winde zum Wechseln der Kerzen heruntergelassen werden).

Söller, der Aussichtspunkt auf die Umgebung, Blick auf eines der schönsten Panoramen im Alpenland. Im Hintergrund die Tannheimer Berge und davor Alpsee (links) und Schwansee (rechts). Zwischen beiden Seen gut erkennbar das Schloß Hohenschwangau.

Speisezimmer, Gemälde stellen Szenen aus der Wartburg zur Zeit des Sängerkrieges im 13. Jh. dar (von *Ferdinand Piloty*).

Schlafzimmer macht die Prunksucht von Ludwig II. deutlich, im neugotischen Stil gestaltet.

Im Schlafzimmer auch die **Hauskapelle** (neugotisch).

Ankleideraum, als einziger der königlichen Wohnräume nicht mit einer Holzdecke, sondern mit Deckengemälden geschmückt, die den Eindruck einer sich nach oben hin öffnenden Laube vermitteln.

Vorbei am Wintergarten und durch eine künstlich angelegte Tropfsteinhöhle zum **Wohnzimmer**. Aufgeteilt in einen großen Salon und, von diesem durch Säulen getrennt, eine kleine Sitzecke („Schwanen"-Eck).

Arbeitszimmer, ein Raum im romanischen Stil, der Wartburg nachempfunden, über und über mit Holzarbeiten aus Eiche geschmückt.

Sängersaal, einer der größten und schönsten Räume im Schloß.

Schloßküche, noch heute in ihrer damaligen Form vollständig erhalten, überdeckt von wuchtigen Gewölben, die auf Säulen aus poliertem Granit ruhen.

Vom Schloß Neuschwanstein zu empfehlen eine Fahrt mit der Seilbahn auf den **Tegelberg**. Wunderschöner Blick auf die bayerischen Alpen, bei gutem Wetter sogar bis München und zur Zugspitze. Man kann zum Gipfel des Tegelberges auch zu Fuß gehen und kommt dann über die ***Marienbrücke**, die die Pöllatschlucht in 92 Metern Höhe überspannt (1866 erbaut, in technischer Hinsicht ein bemerkenswertes Bauwerk der damaligen Zeit).

***Schloß Hohenschwangau. In seiner heutigen Form entstanden auf Resten der Burg Schwanstein, die im 12. Jh. bestand. Daneben stand die Burg Frauenstein. Die beiden Burgen waren ein bekanntes Zentrum des deutschen Minnesanges. Einer der ersten Ritter von Schwangau, Hiltpolt, ist als Minnesänger im Heidelberger Liederbuch aufgeführt. Im 13. Jh. war der letzte Stauferkönig, Konradin, auf den beiden Burgen zu Gast. Nach dem Zerfall der beiden Burgen im 16. Jh. wurden sie 1832 bis 1837 von den bayerischen Königen Maximilian II. und seinem Sohn Ludwig II. wiederaufgebaut und zum heutigen Königsschloß Hohenschwangau zusammengefaßt.

Hohenschwangau ist ein bedeutendes Beispiel deutscher Romantik in der Architektur. Zahlreiche Künstler aus dieser Periode *(Moritz von Schwind, Dominik Quaglio)* wirkten an der Ausgestaltung mit. Auf Hohenschwangau war auch Richard Wagner zu Gast, der einen Großteil der auf Neuschwanstein bildlich dargestellten Legenden und Sagen als Vorlagen für seine Opern verwendete. König Ludwig II. verbrachte den größten Teil seiner Jugend auf Hohenschwangau.

Schloßkapelle (neugotisch) mit Rüstungen aus dem 16. Jh.

Billardzimmer mit wertvoller Sammlung von Orden, die der bayerischen Königsfamilie verliehen wurden.

Schwanrittersaal, der nächste Raum, früher Speisesaal, sein Einrichtungsstil dokumentiert deutlich die Romantik.

Durch das **Schyrenzimmer** (seinerzeit Ankleideraum der Königin Maria) zum **Schlafzimmer der Königin**. Türkisch gestaltet, erinnert an einen Besuch des damaligen Kronprinzen Maximilian in der Türkei im Jahre 1833.

Weiter zum **Wohnraum der Königin Maria**, dem sogenannten „Ortsgeschichtenzimmer". Wandmalereien mit Szenen aus der Geschichte der früheren Burg.

Das **Berchtazimmer** (Schreibzimmer der Königin Maria) auf dem Rundgang der nächste Raum. Die Wandmalereien zeigen Szenen aus dem Leben Karls des Großen.

Burgfrauenzimmer, Wohn- und Audienzzimmer der Königin. Die Bilder zeigen das Leben einer Burgfrau im Mittelalter.

Ein sehr festlicher Raum der **Heldensaal**. Auf den Gemälden des Raumes Darstellungen aus der Wilkina-Sage.

Hohenstaufenzimmer, zu Lebzeiten des Königs dessen Ankleideraum und Musikzimmer. Die Gemälde zeigen Szenen aus dem Leben des Hohenstaufen.

Weiter zum **Tassozimmer**, dessen Malereien Motive des italienischen Dichters *Torquato Tasso* darstellen.

Welfenzimmer, Wände mit Szenen aus der Vergangenheit des Welfengeschlechts geschmückt.

Das **Autharizimmer** verdankt seinen Namen der bayerischen Sage vom Langobardenkönig Authari, der um die Hand der bayerischen Prinzessin Theodelinde angehalten haben soll.

Der letzte Raum auf dem Rundgang das **Schreibzimmer** mit Wandgemälden aus dem Leben eines mittelalterlichen Ritters (Entwürfe von *Moritz von Schwind*).

Ausflüge von Schwangau

Der Besuch von Hohenschwangau endet nicht mit der Besichtigung der beiden Schlösser Hohenschwangau und Neuschwanstein, sondern sollte uns auch zur **Wallfahrtskirche St. Colomann** führen, die nahe dem Ort vor einem kleinen Feld steht. Ein prächtiger Bau von 1673, die Stukkaturen schuf der Wessobrunner *Johann Schmuzer*. Von ihm außerdem die Aufbauten des Altars mit Ausnahme der spätgotischen Schnitzfiguren, die um 1520 entstanden.

Zum Schluß empfiehlt sich ein Besuch der **römischen Ausgrabungen am Tegelberg** (nur von Mai bis Oktober möglich). Hier noch die Reste eines römischen Badehauses und bis zu 13,8 Meter hohe Mauerreste. Die vollständige Rekonstruktion des römischen Thermenhauses von Schwangau steht in der prähistorischen Staatssammlung in München.

Schweinfurt *(51 000 Ew, Route By6)*
Industriestadt am oberen Mittelmain, als „Suinvurde" im 8. Jh. erstmals genannt, 1254—1802 Freie Reichstadt.
Nach großen Zerstörungen im Zweiten Weltkrieg nur wenig alte Bausubstanz erhalten.
Sehenswert das renovierte **Rathaus** (1569—72, Renaissance, Giebel und Fensterrahmungen spätgotisch), die **St. Johanniskirche** (Martin-Luther-Platz, erbaut 12.—14. Jh., Übergangsstil Romanik zur Gotik, spätromanisches Portal, Taufstein von 1367, frühklassizistischer Hochaltar) mit Rückertzimmer, das dem 1788 in Schweinfurt geborenen Dichter Friedrich Rückert gewidmet ist.

Seehof *(siehe Memmelsdorf)*

Seeon *(1 400 Ew, Route By13)*
Durch sein 994 gegründetes Benediktinerkloster bekannt, das auf einer Insel im Seeoner See liegt und seit 1816 mit dem Ufer durch einen Damm verbunden ist.
Dreischiffige romanische **Basilika**, trotz eines gotischen Umbaus im 15. Jh. noch in ihrer ursprünglichen Form gut erkennbar. Im Kircheninneren ***Ausmalung der Netzgewölbe** (eines der bedeutendsten Kunstwerke dieser Art aus der zweiten Hälfte des 16. Jhs.). Im Chor Marienkrönung, Propheten, Erzengel und Evangelisten, im Langhaus Christi Himmelfahrt, an den Wänden des Hochschiffs Szenen aus dem Leben Christi und die Figuren der Kirchenstifter.
Das Kloster war im Mittelalter ein Zentrum der Buchmalerei, sogar Kaiser Heinrich II. ließ sich dort eine Handschrift anfertigen. Hochaltar von 1948, in seinem Schrein die **Nachbildung der Seeoner Muttergottes** (Original heute im Bayerischen Nationalmuseum in München). Südlich der Kirche **Kreuzgang** (spätgotisch).
Laiminger-Kapelle (14. Jh.), in der Sakristei eine stehende **Muttergottes** (14. Jh.). Im Obergeschoß **Chorgestühl** von 1641. Klostergebäude (17. und 18. Jh.) von keinem großen kunstgeschichtlichen Wert, lediglich Stukkaturen (17. Jh.) im **Refektorium** und die Stuckarbeiten in der **Nikolauskapelle** bemerkenswert (voll erblühtes Rokoko).
Mit der Klosterinsel durch einen Steg verbunden der Ortsteil Bräuhausen. Dort die katholische **Kirche St. Maria** (1536), rein spätgotisch. Im 18. Jh. Ziel einer Marienwallfahrt. Ihr Inneres hat viel von der Würde des 16. Jhs. verloren, Deckenmalereien und Altäre aus dem 18. Jh.

Sielenbach *(2 400 Ew, Route By2)*
Kleine Gemeinde zwischen München und Augsburg. Bedeutendstes Bauwerk die ***Wallfahrtskirche Maria Birnbaum**, erbaut 1668 durch den Baumeister *Konstantin Bader*. Hervorragende Stukkaturen von *M. Schmuzer* aus Wessobrunn. Beispielhafter frühbarocker Zentralbau.

Solnhofen *(1 600 Ew, Route By5)*
Kleiner Ort im Altmühltal. Bekannt durch die „Solnhofener Plattenkalke", die in Steinbrüchen des Ortes abgebaut werden (zahlreiche Versteinerungsfunde, unter anderem 1861 der Urvogel „Archaeopterryx"). *Sola-Basilika (Weihe 819, ältestes karolingisches Bauwerk Süddeutschlands, romanisches Seitenschiff mit Säulenreihe und Grabtumba des heiligen Sola aus dem Jahr 836). **Bürgermeister-Müller-Museum** (Bahnhofstr. 8) mit *Fossilienschau aus dem Solnhofener Kalk und Abteilungen Lithographie und Steinbruch. Diese Kalkformationen sind rund 150 Millionen Jahre alt, im Museum bekommt man einen Überblick über nahezu alle Funde, die dort gemacht wurden.

Sommerhausen *(1 500 Ew, Route By6)*
Kleines Weindorf am Main nahe Würzburg. Die beiden Tore (16. Jh.) schließen den Ort nach außen ab und machen den alten Stadtteil zu einer beschaulichen Oase. Viele gute **Weinlokale**. Im nördlichen Stadttor das kleinste deutsche Theater, das *Torturmtheater (52 Plätze).

Speinshart *(2 800 Ew, Route By9)*
Oberpfälzische Gemeinde mit einer berühmten *Barock-Klosterkirche. Erbaut ab 1691 durch *W. Dientzenhofer* als Wandpfeilerkirche, im Inneren feinste Stukkaturen von *C. D. Luchese* und Fresken von *B. Luchese* sowie schönes Chorgestühl (geschnitzte Wangen). Im Anschluß barocke Klosteranlagen um den Kreuzgang.

Staffelstein *(10 400 Ew, Route By8)*
Oberfränkische Stadt mit einem der schönsten *Rathäuser Frankens (17. Jh.). Reichverziertes Fachwerk, Satteldach mit Zwerchgiebel, Dachreiter und drei wertvolle Portale. In der näheren Umgebung (Richtung Lichtenfels) zwei wichtige Sehenswürdigkeiten:
*Kloster Banz. Frühere Benediktinerabtei gegenüber von Staffelberg und Vierzehnheiligen, erbaut ab 1698 von den Brüdern *J.L.* und *J. Dientzenhofer*. Barocker Monumentalbau, nach 1814 Sommerresidenz des Herzogs Wilhelm von Bayern. Klosterkirche erbaut 1710—19 von *J. Dientzenhofer*. Mächtige Doppelturmfassade, spätbarock. Ehrenhof nach Plänen von *Balthasar Neumann*. Inneres der Kirche prächtiges Barock, besonders schöner Hochaltar. Zur Besichtigung frei nur Kirche und Petrefaktenmuseum, Klostergebäude privat genutzt.
**Vierzehnheiligen. Wallfahrtskirche zwischen Lichtenfels und Staffelstein, erbaut 1743—72 von *Balthasar Neumann*, eine seiner schönsten Kirchen in Franken. Barock mit beginnenden klassizistischen Elementen (ruhig und machtvoll wirkender Außenbau), innen bestes Rokoko. Grottenähnlich überdachter *Gnadenaltar von *J.M. Küchel* im Zentrum der Kirche (Figuren der 14 Nothelfer von *J.M. Feichtmayr* und *J.G. Üblherr*).

Starnberg *(18 000 Ew, Route By16)*
Hauptort am Starnberger See, bis 1912 (Verleihung der Stadtrechte) ein kleines idyllisches Fischerdorf. Heute einer der Nobelorte im Alpenvorland südlich von München. Nach dem Zweiten Weltkrieg durch Zuzug wohlhabender Leute aus München zur heutigen Bedeutung gekommen. Ausgangspunkt für **Schiffs-Rundfahrten** auf dem Starnberger See.
Starnberger Schloß (jetzt Finanzamt), bereits 1244 erwähnt. Heutiger Bau aus dem 16. Jh. (mit späteren Umbauten und Renovierungen). Wuchtig beherrscht es die Landschaft von See und Stadt.
Pfarrkirche St. Josef von *Matthäus Gießl*, 1766 errichtet. Im Langhaus bedeutende **Deckenmalereien** (von *Christian Winck*) mit Darstellungen aus dem Leben der Heiligen Familie. Vom berühmten bayerischen Bildhauer *Ignaz Günther* der **Hochaltar**. Auch die **Kanzel** wird ihm zugeschrieben. Eine weitere, sehr bekannte Figur von *Ignaz Günther* im **Heimatmuseum** in der Possenhofener Straße 9 (**Figur der heiligen Magdalena** aus dem Jahre 1755).

Steingaden-Wies *(2 500 Ew, Route By3)*
Dorf in der hügeligen Landschaft zu Füßen des Ammergebirges.
1176 geweihte **Klosterkirche** (äußerlich rein romanisch, im Inneren im 15. und 18. Jh. gotisch, Vorhalle barock bis Rokoko verändert). Von großer Schönheit die **Stukkaturen** des Wessobrunner Künstlers *Franz Xaver Schmuzer* im Hochschiff von 1740. Vom Augsburger Maler *Johann Georg Bergmüller* 1741 bis 1751 die **Fresken**. Stellen verschiedene Legenden dar, unter anderem den Aufenthalt des Heiligen Norbert in Steingaden und weitere Stationen aus seinem Wirken. Fresko unter der Orgelempore zeigt Enthauptung Johannes des Täufers. Teile des **Kreuzganges** aus dem frühen 13. Jh., **Brunnenkapelle** aus dem 15. Jh. Ebenfalls aus dieser Zeit die **Johanneskapelle**, um das Jahr 1511 zur heutigen Form umgebaut.
International bekannt im Ortsteil Wies die ***Wieskirche** (Wallfahrtskirche, schönste und bedeutendste bayerische Rokokokirche, geweiht 1749, siehe auch Kunstgeschichte, Rokoko). Letztes wichtiges Werk des Baumeister *Dominikus Zimmermann*, der sich neben der Kirche ein Haus baute, in dem er 1766 starb.
Die Wieskirche liegt nahezu perfekt in die hügelige Landschaft eingebettet. Betritt sie der Besucher durch das schlichte Portal, tut sich vor ihm ein Festsaal auf, dessen Schmuck unübertroffen ist. Die Wände des ovalen Hauptraumes werden von Fenstern unterbrochen, die in Dreiergruppen zusammengefaßt sind. Zwischen ihnen schmiegen sich zwei anmutige Seitenaltäre in die Flucht der Wände. Auf 16 doppelpaarigen Pfeilern erhebt sich die glanzvolle Kuppel. Stuckmalerei und Architektur gehen ineinander über und bilden eine geradezu perfekte Harmonie.
Von *Johann Baptist Zimmermann*, dem Bruder des Baumeisters, die **Innenausstattung** der Kirche (Fresken in der Kuppel und im Chor). Das große Kuppelfresko stellt den „leeren Thron Gottes gegenüber der verschlossenen Paradiestür" dar. Auf einem Regenbogen erscheint Christus und verheißt der Menschheit an Stelle des Gerichts seine göttliche Gnade. Chorfresko mit Kreuz Christi. Außerordentlich beeindruckend die **Figuren der vier Kirchenväter** vor den mittleren Pfeilerpaaren (von

Anton Sturm aus Füssen im Allgäu). Auch der bekannte Bildschnitzer *Egid Verhelst* war an der Ausschmückung der Wieskirche beteiligt **(Skulpturarbeiten am Hochaltar)**. Dieser zweigeschossige Altar geht in die Wandgliederung über und wird von blauen Stuckpartien nach oben hin abgeschlossen. Oberhalb des Altars ein **Gemälde** von *Balthasar Augustin Albrecht* (Menschwerdung Christi).

Straubing *(43 000 Ew, Route By11)*

Stadt an der Donau mit schönen gotischen, barocken und klassizistischen Fassaden alter Patrizierhäuser und typischen Treppengiebeln. Ein Meisterstück mittelalterlicher Städtebaukunst die 1218 gegründete Neustadt von Straubing.

Geschichte

898 urkundlich erstmals genannt, seit 1029 Besitztum des Domkapitels von Augsburg. 1353 Residenz der Herzöge von Straubing-Holland, ab 1429 Besitz der Münchner Linie der Wittelsbacher. Ein geschichtlich bemerkenswertes Ereignis 1435 die Ermordung der Agnes Bernauer, Gemahlin Herzog Albrechts III., die bei Straubing in der Donau ertränkt wurde. Die Ehe mit der aus Augsburg stammenden Bürgerstochter Agnes Bernauer wurde vom Vater Albrechts III., Herzog Ernst von bayern, nie akzeptiert. In seinem Auftrag tötete man sie schließlich, um der „unstandesgemäßen Beziehung" ein Ende zu machen.
Der nördliche Teil der Neustadt fiel 1780 einem Stadtbrand zum Opfer, weitere Zerstörungen während des Zweiten Weltkrieges.
In Straubing wurde Ulrich Schmidl geboren (1510 bis 1581), der als einer der Mitbegründer von Buenos Aires gilt und erstmals Land und Leute Südamerikas beschrieb. Weitere bekannte Bürger der Stadt waren Jakob Sandner (geboren 1550), der zahlreiche bayerische Städte im Modell darstellte, Emanuel Schickaneder (1748 bis 1812, Verfasser des Textes zu Mozarts Zauberflöte) sowie Joseph von Fraunhofer (1787 bis 1826), einer der bekanntesten Physiker und Glasmacher seiner Zeit (begründete die Wellentheorie des Lichtes).

Sehenswürdigkeiten

Vom mittelalterlichen Stadtbild der **Stadtturm** (14. Jh.), die in der Nähe gelegene **Trinkstube** (15. Jh.) und zahlreiche hochgiebelige **Häuser am Ludwigsplatz** mit Barock-, Rokoko- und Klassizismusfassaden erhalten. Von der alten Stadtbefestigung noch das **Spitaltor**, Teile der Stadtmauer und der mächtige Pulverturm erkennbar. Hübsche Zierbauwerke in der Stadt die **Brunnen** aus dem 17. Jh. auf den Stadtplätzen und die 1709 von der Bürgerschaft gestiftete **Dreifaltigkeitssäule**.
Katholische **Pfarrkirche St. Peter** (Petersgasse), romanische Basilika aus dem 12. Jh., kürzlich in ihrer ursprünglichen Form restauriert (Türme 1886). Interessant die beiden **Kirchenportale** im Westen und Süden. Der Ritter am Westportal wehrt mit seinem Schwert einen Drachen ab, welcher einen Menschen verschlingt. Am Südportal bekämpfen sich zwei Monster, die das „Gute" und das „Böse" darstellen. Im Kircheninneren spätromanisches **Kruzifix** (1170), auf dem Hochaltar und im nördlichen Seitenschiff **Vesperbild** (Pieta) aus dem 14. Jh. Um die Kirche herum viele weitere Sehenswürdigkeiten, so der recht hübsche alte **Friedhof** (Schmiede-Grabkreuze

und Grabdenkmäler), die 1545 erbaute spätgotische **Liebfrauenkapelle** sowie die zum Gedenken an die getötete Agnes Bernauer errichtete **Bernauerkapelle** (Renaissance-Altar von 1615, Grabstein der Bernauerin aus Rotmarmor von 1436) und die **Totentanzkapelle** von 1486. Die Innenausstattung des kleinen Baus 1763 barockisiert, aus dieser Zeit auch die **Gemälde** des „Totentanzes" an den Langhauswänden von *Felix Hölzl*.

Katholische **Pfarrkirche St. Jakob** (Pfarrplatz), Baumeister (1432) *Hans Stethaimer*. Im Inneren der äußerlich rein spätgotischen Kirche überreich geschmückte **Rokoko-Kanzel** (1753) als Kontrastpunkt zum schlichten übrigen Bild des Bauwerks. In der **Mariahilf-Kapelle Wandmalereien** (15. Jh.), alte Fenster und ein von den *Gebrüdern Asam* geschaffener **Stuck-Marmoraltar** (1730). In der **Bartholomäus-Kapelle** das ***Grabmal** des Ratsherrn Kastenmayer (15. Jh.), eine der schönsten bildhauerischen Leistungen der damaligen Zeit.

Karmelitenkirche, 1378 vermutlich von *Hans Stethaimer* begonnen, Teil des 1367 gegründeten Karmelitenklosters (Albrechtsgasse). Ungewöhnlich prachtvoll der bis in die Wölbung hochreichende, meisterlich gefertigte **Hochaltar** von *Joseph Matthias Götz* (1742). Ein weiteres bedeutendes Kunstwerk die aus rotem Marmor gefertigte ***Tumba** des Herzogs Albrecht II. (gestorben 1397). Sie dokumentiert in hervorragender Weise den „Weichen Stil" des 14. Jhs. im Donauraum. Im Mönchschor **Marmorplatte** des Ratsherrn Kaspar Zeller (gest. 1491) vom bedeutenden Bildhauer *Meister Erhart*.

Ursulinenkirche (Burggasse), an der Planung und Gestaltung die *Brüder E.Q.* und *C.D. Asam* beteiligt. Vom ersteren der Grundriß, Ausschmückung des Inneren durch *C.D. Asam* (Rokoko, 1983 renoviert). Wertvoll der **Hochaltar** und die Fresken.

Wahrzeichen Straubings der **Stadtturm** in der Mitte der Stadtanlage. 68 Meter hoch, teilt den Stadtplatz in Ludwigs- und den Theresienplatz. Sein barocker Gegenpol die marmorne **Dreifaltigkeitssäule**. Sehr hübsch auch das **Schloß** (während der Herrschaft des selbständigen Herzogtums Straubing-Holland im 14. Jh. errichtet) am Ufer der Donau. Durch den Torturm in den Hof und zum Fürstenbau und zur hübschen **Schloßkapelle**. Im historischen Innenhof im Vierjahres-Turnus „Agnes-Bernauer-Festspiele" (350 Laienschauspieler), nächste Aufführung 29. 6.—22. 7. 84. Empfehlenswert ein **Rundgang** durch die teilweise noch recht hübsch erhaltenen **Straßen**, vorbei am Rathaus, durch die Spitalgasse, über Theresien- und Ludwigsplatz und durch die Fraunhoferstraße. Als Abschluß ein Besuch im **Stadtmuseum** (Fraunhoferstraße 9) mit bedeutendem ***Römerschatz**, der 1950 im Westen der Stadt unter einem großen Kupferkessel gefunden wurde (auf diesem Gelände im 2. Jh. der Gutshof eines römischen Generals). Einer der wertvollsten Schätze der Römersammlung eine **syrische Maske**, die bei Paraden getragen wurde. Sehenswert auch die frühgeschichtlichen Ausstellungen, weil bei Gräberfunden (1982/83) festgestellt werden konnte, daß in unmittelbarer Umgebung Straubings bereits ca. 430 n.Chr. die Bajuwaren siedelten. Grabbeigaben aus ca. 600 Gräbern lieferten den Beweis dafür.

Tegernsee *(4 900 Ew, Route By15)*

Kurort am Ufer des Tegernsee im bayerischen Voralpenland.
Sehr interessant die frühere **Benediktiner-Klosterkirche**, ****Türme** in Untergeschos-

sen noch von der romanischen Basilika des 11. Jhs. (ältestes aus dieser Zeit noch vorhandenes Turmpaar in Bayern). Nach 1680 barock umgestaltet.
Von der alten Kirche nur die Sakristei erhalten. Prachtvolle Fresken und massige **Stukkaturen** im Inneren der Kirche von *Johann Georg Asam* (Vater der beiden berühmten Künstler *Cosmas Damian* und *Egid Quirin Asam*). Vergoldete, 127 cm große, gotische **Kupfermonstranz** (1448).
Eine Sehenswürdigkeit ganz anderer Art das **Olaf-Gulbransson-Museum** (der norwegische Maler und Karikaturist wurde durch die satirische Zeitschrift „Simplizissimus" bekannt, er starb 1958 in Tegernsee). Im Museum zahlreiche Werke von ihm.

Thundorf *(siehe Osterhofen)*

Thurnau *(4 300 Ew, Route By9)*
Marktgemeinde in den Ausläufern der Fränkischen Schweiz, bekannt für seine Töpfereien (Töpfermuseum in der 1552 erbauten alten Lateinschule).
St. Laurentiuskirche, spätgotischer Chor, Langhaus Barock um 1700. Im Inneren hübsche Stukkaturen von *B. Quardi* aus Lugano. Prunkstück der Kirche der doppelgeschossige *Herrenstand an der Westseite des Kirchenschiffes, 1706 vom Bayreuther Hofbildhauer *Elias Räntz* errichtet. Er schuf auch den Altar. Die Kirche ist durch einen Bogengang mit dem derzeit in Renovierung befindlichen **Schloß Giech** verbunden, das im 16.—19. Jahrhundert aus einer Burg des 12. Jh. hervorging (derzeit von der Universität Bayreuth genutzt).

Tirschenreuth *(9 500 Ew, Route By9)*
Kreisstadt in der Oberpfalz nahe der Grenze zur CSSR. Im Norden der Stadt verläuft die Wasserscheide zwischen Nordsee und Schwarzem Meer. Anfang des 19. Jhs. wurden Kaolinvorkommen (Grundstoff für Porzellan) entdeckt und eine noch heute bestehende Porzellanindustrie entstand.
Stadtpfarrkirche (spätgotischer Bau aus dem 13./14. Jh.), *Flügelaltar, ein hervorragendes Schnitzwerk der Spätgotik von *Hans von Amberg*. Von ihm auch das **Holzrelief** der „Heimsuchung Mariä" links an der Wand. Im Süden **Wallfahrtskapelle der Schmerzhaften Muttergottes** (von *Philipp Muttone* aus Waldsassen mit Stukkaturen ausgeschmückt). Auf dem mit getriebenen Gold- und Silberarbeiten reich geschmückten **Altar** das Gnadenbild (Ziel der Wallfahrt). Links und rechts vom Altar zwei **Schreine** mit stehenden, in Stoff und Filigran gefaßten *Skeletten der Märtyrer Silvan und Urban aus den Katakomben Roms.
Rathaus (Renaissance-Fassade) von 1583. Von der Stadtbefestigung nur noch der **Klettnerturm** (1330, schöner Ausblick aus der Wachstube) erhalten. Ein Kuriosum die auf einer Wiese stehende, früher über einen Teich führende **Steinbrücke** (1750) in der Nähe des Fischhofs (heute Amtsgericht, Rokokokapelle). **Friedhofmauer** im Anschluß an die Ölbergkapelle mit **14 Kreuzen** (Darstellung des Leidensweges Christi).
Museum für Teichwirtschaft und Fischerei, als Spezialmuseum für Teichwirtschaft einmalig in Deutschland.

Tittmoning *(4 900 Ew, Route By13)*

Auf keltischen Siedlungsresten stand hier vom 1. bis 3. Jh. ein römischer Gutshof; im 8. Jh. wurde der Ort erstmals urkundlich genannt. Ein Stadtbrand vernichtete 1751 den größten Teil der Stadt, der Wiederaufbau erfolgte in der sogenannten **Innstadtbauweise** (gerade Giebelfronten mit dahinter verborgen liegenden Grabendächern).

Altes Ortsbild der Kleinstadt an der Salzach bis heute erhalten. Altstadtbauten gruppieren sich um den für diese Region typischen großen *Stadtplatz (zweitgrößter in Bayern, in seinem Grundriß 13. Jh.). Fassaden zumeist 17. bis 19. Jh. (Barock).

Bemerkenswerte Bauwerke das **Rathaus** (Fassade 1681, Büsten römischer Kaiser), das **Khuenburghaus** (romanische Gewölbe im Keller), das **Wägnerhaus** (schöne Barockfassade) sowie am Stadtplatz der **Florianibrunnen** (Trogeinfassung 1660, Figur 1706), die **Mariensäule** (1758), die **Nepumukstatue** (1717) und der **Storchenbrunnen** (Renaissance, um 1600).

Stiftskirche St. Laurentius (Baubeginn 1410), eine spätgotische Strebepfeilerkirche mit angebauten Seitenkapellen (1571 und 1815 umgebaut). An der äußeren Kirchenmauer interessante **Grabdenkmäler** aus dem 16.–18. Jh.

Kirche Allerheiligen, die frühere Augustiner-Eremitenkirche (Barockbau von 1681/83, restauriert 1980/83). **Hochaltarbild** mit Allerheiligen-Darstellung vom Salzburger Maler *Christoph Lederwasch*.

Burg (Baubeginn 13. Jh.), wehrhafte Schloßanlage, bis zum 19. Jh. mehrfach umgebaut. Rhombenförmiger Innenhof (heute Heimatmuseum). In der **Schloßkapelle** ein schöner **Marmoraltar** mit Altarblatt „Engelsturz und Heiliger Michael" von *Johann Michael Rottmayr* (Rubens nachempfunden).

Wallfahrtskirche Maria Ponlach westlich hinter dem Schloß, 1717 auf Resten von Vorgängerbauten errichtet. Im Inneren vor allem die hölzernen Altäre interessant. Von *Thaddäus Baldauf* aus Salzburg der 1718 aufgestellte **Hochaltar**, die beiden Seitenaltäre 1751 von *J.G. Itzlfeldner* aus Tittmoning.

Bad Tölz *(13 000 Ew, Route By15)*

Kurort (Jodquellen) im oberen Isartal, südlich von München. Im 13. Jh. entstand eine Burg, später bildeten Flößerei und Holzhandel Grundlagen für den Wohlstand der Bürger. **Altertümliches Ortsbild** um die Marktstraße.

Katholische **Stadtpfarrkirche Mariä Himmelfahrt** in ihrer heutigen Form von 1612 (Turm von 1877). Einige Baubestände älter, zum Beispiel das Netzgewölbe im Chor (wahrscheinlich Ende des 15. Jhs.). Schöne gemalte **Scheiben** in den Seitenschiffen (um 1560).

Franziskanerkirche mit Schreiner- und Bildhauerarbeiten örtlicher Meister. Von *Simon Stadler* die Altäre, von *Josef Anton Fröhlich* die Bildhauereien.

Wallfahrtskirche Mariahilf auf dem Mühlfeld (1737), mit Stukkaturen und **Chorfresko** des Augsburger Künstlers *Matthäus Günther*.

Kalvarienberg auf einem Höhenzug nördlich der Stadt. Ursprung der Anlage war ein Gelöbnis Tölzer Zimmerleute (im Mittelalter war Bad Tölz für seine Kunsttischlereien bekannt), zu Ehren der Muttergottes eine Kapelle zu bauen. Die **15 Stationen** des

Kapellenweges enden auf dem Kalvarienhügel, den ein kupfernes Kruzifix von *Martin Hammerl* aus dem Jahr 1722 schmückt.
Heimatmuseum mit **Flößerstube** aus dem 17. Jh. zeigt eine der Haupterwerbszweige in Bad Tölz.

Tuntenhausen *(1 500 Ew, Route By14)*

Kleines Dorf im oberbayerischen Voralpenland mit zwei der schönsten Kirchenbauten der Region.
*Katholische Wallfahrtskirche Maria Himmelfahrt, auf Resten einer Vorgängerkirche 1630 neu erbaut, die beiden Türme noch aus der Zeit um 1530, Kuppeln um 1890 hinzugefügt. Der Doppelturm, aus einem gemeinsamen Untergeschoß emporwachsend, in seiner Art selten (Wahrzeichen des Ortes). Vorhalle spätgotisch, **Stukkaturen** im Inneren aus der Zeit um 1630 (erinnern in ihrem Stil an ähnliche Arbeiten im Schloß Schleißheim und in der Münchner Residenz). **Hochaltar** Renaissance, birgt ein **Gnadenbild** der „Thronenden Muttergottes" des Rosenheimer Bildschnitzers *Kuenz* (1534).
Im Ortsteil Beyharting die frühere *Stiftskirche des ehemaligen Augustiner-Chorherrenstifts, um 1130 geweiht (Chor), 1670 umgebaut. Hervorragende **Stukkaturen** von *Johann Baptist Zimmermann* aus dem Jahre 1735. Älter der **Hochaltar** (um 1675) mit einem Gemälde des *Antonio Triva* (von ihm auch die übrigen Altargemälde in der Kirche). 1670 entstand die **Kanzel**, 1630 das **Chorgestühl** und 1670 das in seinem Formenreichtum nahezu einzigartige *Chorgitter. **Fresken** von *Jakob Wersching* (Bilder zeigen Judith, den Kirchenvater Augustin, Salome und Johannes auf Patmos).

Unterzell, Kloster *(siehe Zell)*

Urschalling *(siehe Prien)*

Veitshöchheim *(9 400 Ew, Route By7)*

Einstiger Sommersitz der Würzburger Fürstbischöfe, heute Garnissonsstadt. Beherrschendes Bauwerk das von *Balthasar Neumann* Mitte des 18. Jhs. erweiterte, einstige *Lustschloß der Bischöfe. Kern der Anlage von 1680—82, ihr Stil reiches Barock. Von *Neumann* die beiden seitlichen Pavillons und das großartige Treppenhaus. *Rokoko-Park (Hofgarten, 1763), einer der wenigen gut erhaltenen deutschen Gärten im französischen Stil. Zwei chinesische Pavillons, Grottenhaus, Musenberg mit Pegasus über dem Parnaß sowie zahlreiche Fontänen und Pavillons.

Vierzehnheiligen *(siehe Staffelstein)*

Vilshofen *15 000 Ew, Route By11)*
Niederbayerische Stadt im Mündungswinkel der Flüsse Donau und Vils, als „Vilusa" 776 erstmals urkundlich erwähnt. In Vilshofen nahm eine Salz-Handelsstraße nach Böhmen ihren Ausgangspunkt. Altstadt Ende des 18. Jhs. durch einen Großbrand weitgehend zerstört, nur noch wenige Bauten aus der Zeit davor erhalten.
*Stadtturm aus dem Mittelalter zu seiner heutigen Form Mitte des 17. Jhs. umgebaut (ein Glanzstück der Renaissance, Baumeister *Bartholomee Viscardi*). Die **Heiligenfiguren** in den Nischen des Turmes vom Bildhauer *Andreas Gezzinger* aus Hallein (1677).
Katholische **Pfarrkirche St. Johannes der Täufer**, Ursprünge 13. bis 14. Jh., Seitenkapellen 16. Jh. errichtet, 1672 unter Leitung des Baumeisters *Zuccalli* aus Graubünden erbauter **Turm**. Im Inneren der spätbarocken Kirche schöne **Kanzel, Stuckfigurengruppe** des heiligen Nepumuk, **Hochaltar** mit einer „Vision des heiligen Nikolaus" und Plastiken von *J.M. Götz*, Seitenaltäre mit spätbarocken Gemälden.
Äußerlich spätgotische **Friedhofskirche St. Barbara** (Kapuzinerstraße, erbaut 1483). **Rokoko-Stuckaltar** von 1750. An der Straße nach Osterhofen (Kapuzinerstraße 78) die **Wallfahrtskirche Maria Hilf**, ein Zentralbau von 1692 (Schlüssel bei J. Paul nebenan). Vom italienischen Stukkateur *Giovanni Battista Carlone* die hübschen **Stukkaturen**. Das der Marienverherrlichung gewidmete **Fresko** in der Kuppel ein Werk von *G.A. Mazza*. Im **Hochaltar** (von *Andrea Solari* aus Oberitalien) eine Kopie des Mariahilfbildes aus Passau (1656).
An der Straße „Bürg", am Kirchplatz und am Stadtplatz zahlreiche **schöne alte Häuser**. Ebenso in der Jahn-Allee, der Fischerzeile, der Donaugasse und der Kapuzinerstraße.

Volkach *(8 000 Ew, Route By6)*
Fränkischer Weinort an der Mainschleife östlich von Würzburg.
Sehr schön das mittelalterliche **Stadtbild** mit hohen Tortürmen an den Einfahrten. Besonders malerisch der **Marktplatz** mit **Marienbrunnen** und **Rathaus** (1544) mit seinem hübschen Erker. Stattliche spätgotische **Stadtpfarrkirche** (15./16. Jh.), „**Schelfenhaus**" (imposantester Barockbau Volkachs, erbaut 1720), viele andere **Fachwerk-Bürgerhäuser** aus dem 16.—18. Jh., die **Wallfahrtskirche „Maria im Weingarten"** mit der ****Rosenkranz-Madonna** von *Tilman Riemenschneider* (von 1524, eine seiner kostbarsten Schnitzarbeiten). Im Ortsteil Gaibach kath. **Pfarrkirche** von Balthasar Neumann (1745) mit viergeschossigem Turm (16. Jh.) und großer Kuppel.
Außerdem „***Schloß**" von *J. L. Dientzenhofer*, ehemals Renaissance, später Barock, dann Klassizismus. Im Park „Konstitutionssäule" (1828) zum Gedenken an die erste bayerische Verfassung (von 1818).

Waldsassen *(8 500 Ew, Route By9)*
Kleinstadt an der Grenze zur CSSR. **Klosteranlagen** (nach 1681 erbaut, Baumeister *Georg* und *Christoph Dientzenhofer*). Sehenswert die barocke **Klosterkirche** (Basilika mit Deutschlands größter ***Kirchen- und Klostergruft**). Reich mit Stukkaturen von *Giovanni Battista Carlone* ausgeschmückt. Mächtiger **Hochaltar** mit einer aus weis-

sem Marmor gehauenen Verkündigungsgruppe (von *Karl Stilp*), schön geschnitztes **Chorgestühl** (von *Martin Hirsch*).
Im Kloster *****Bibliothek** (hervorragendes Beispiel barocker Schnitzkunst). Zehn lebensgroße **Holzfiguren** von *Karl Stilp* tragen die schmale, den größten Teil des Saales umlaufende Galerie. Stukkaturen von *Jacob Appiani* und *F.P. Marazzi* um 1700.
Im Ortsteil **Kappel** barocke *****Dreifaltigkeitskirche**, Baumeister *G. Dientzenhofer*. Der Rundbau drückt in seiner architektonisch und ausstattungsmäßig erkennbaren Dreiteilung die namengebende Dreifaltigkeit aus, dadurch ein höchst origineller Kirchenbau.

Walhalla *(siehe Donaustauf)*

Wasserburg am Inn *(10 700 Ew, Route By13)*
Stadt am Inn, in ihrer landschaftlichen Lage eine der schönsten oberbayerischen Städte. Liegt in einer Innschleife, die die Stadt nahezu vollständig umfaßt. *****Stadtbild** weitgehend mittelalterlich.
Baugeschichtlich stark italienisch geprägt (Laubengänge und gewölbte Erdgeschosse). Innschiffahrt und Salzhandel bestimmten im Mittelalter die wirtschaftliche Macht des Ortes.
Bedeutendstes Bauwerk die *****Stadtpfarrkirche St. Jakob** am Stiftsplatz (ältester Bau ab 1255). Der Baumeister *Hans Stethaimer* aus Burghausen baute die Kirche Anfang des 15. Jhs. zu ihrer heutigen Form um (Wölbung des Langhauses). Einige Jahre später wurde der Chor neu aufgebaut (Baumeister *Stephan Krumenauer*, er errichtete auch den Unterteil des Turmes, dessen Oberteil 1478 von *Wolfgang Wieser* vollendet wurde). Barocke Ausstattung im 19. Jh. neugotisch verändert. Barock noch die Kanzel von *Martin* und *Michael Zürn* (1638). Grabplatte aus rotem Marmor für Hans Baumgartner in der Chorkapelle (um 1500 vom Wasserburger Bildschnitzer *Wolfgang Leb* geschaffen). In der Nähe der Kirche die frühere **Friedhofskapelle** als interessantes Bauwerk. Hier fanden in zwei übereinanderliegenden Geschossen getrennte Kapellen Platz, Baumeister war (1503) *Wolfgang Wieser*. Nur die untere Kapelle wird heute noch kirchlich genutzt, die obere befindet sich derzeit in Restaurierung.
Ein weiteres bedeutendes Bauwerk die **Frauenkirche am Marienplatz** (14. Jh., 1753 barockisiert). Bemerkenswert der Hochaltar mit einer Madonna von 1420.
*****Rathaus** als Hochgiebelbau 1459 von *Jörg Tünzel* erbaut. Viele der alten Räumlichkeiten sind erhalten, so zum Beispiel die **Kornschranne** im Erdgeschoß und die Ratsstube mit 1564 eingebauter, geschnitzter Balkendecke. Auf Wandgemälden wird hier das Weltgericht und das salomonische Urteil dargestellt, der gußeiserne Ofen entstand 1731. Sehenswert auch der große **Rathaussaal.**
Weiterer Höhepunkt auf dem Rundgang das ******Heimatmuseum** in der Herrengasse mit einer unglaublichen Vielfalt an Gerätschaften, Möbeln, Textilien und Verkehrsmitteln. Das von 1588 stammende **Spinett** ist eines der wenigen Musikinstrumente seiner Art, das noch bespielbar ist (Gegenbeispiele nur noch in den vatikanischen

Sammlungen). Auch der **Postschlitten** ist ein seltenes Stück, nicht einmal das Deutsche Museum in München verfügt über ein ähnliches Exemplar. Andere Sehenwürdigkeiten im Museum die geschnitzte **Altargruppe** „Mutter Anna Selbdritt" von *David Zürn* (1640), der **Rokokoofen** und zahlreiche alte **Wachsmodeln** (Wachszieherei war eines der wichtigsten Handwerke in Wasserburg).
Interessant auch das **„Erste Imaginäre Museum Deutschlands"** in den Gebäuden des früheren Heiliggeistspitals an der Innbrücke (erbaut 1341). In Form von Repliken (Nachbildungen) wurden hervorragende Werke alter und neuer Malerei zusammengetragen. Sie umfassen alle Epochen der abendländischen Malerei (vom romanischen Fresko aus St. Pierre le Jeune in Straßburg über Renaissance-Miniaturen, Bilder von *Spitzweg*, *Monet* und *Picasso* bis hin zu *Hundertwasser*). Die Repliken sind in Originalfarben auf den gleichen Farbträgern aufgebracht wie die Originale. Insgesamt 400 weltberühmte Bilder werden gezeigt.
Oberhalb der Stadt die **Burg**. Ihr jetziger Bau entstand 1531 unter Herzog Wilhelm IV. Hohe Stufengiebel markieren das Äußere. Neben dem Schloß der 1526 erbaute **Getreidekasten** und die 1465 von *Jörg Tünzel* errichtete **Schloßkapelle St. Aegidien**.

Weiden/Oberpfalz *(43 000 Ew, Route By9)*

An der Naab im Oberpfälzer Wald, *Stadtbild noch weitgehend von Renaissance und Barock geprägt. Heute bedeutende Porzellanindustrie (Seltmann). Zu den Sehenswürdigkeiten gehören das **Rathaus** (1545, umgebaut 1917 und 1980), Steilgiebel und achteckiger Turm), die aus dem 15. Jh. stammende **Pfarrkirche St. Michael** (gotische Halle von 1400, 1760 barockisiert, hübsche Renaissanceorgel), zahlreiche schmucke **Bürgerhäuser** (Altes Schulhaus von 1566, jetzt Kulturzentrum) sowie Reste der mittelalterlichen **Stadtbefestigung**.

Weihenlinden *(siehe Bruckmühl)*

Weilheim/Oberbayern *(17 000 Ew, Route By16)*

Noch heute mittelalterlich wirkender Ort. Interessant der nahezu **quadratische Grundriß der *Altstadt** mit rechtwinklig verlaufenden Straßen und einer in der Mitte liegenden Kirche. Von der Stadtbefestigung noch einige Mauern und der Graben erhalten.
Ein bemerkenswertes Baudenkmal die katholische **Pfarrkirche Mariä Himmelfahrt** von 1631 (Baumeister *Bartholomäus Steinle*). Sie ist mit Barockschmuck aus der Wessobrunner Schule ausgestattet. Fresko des „Heiligen Michael" von 1628. Aus dem 14. Jh. Gabelkruzifix in der Ostkapelle. *Franz Xaver Schmädl* schuf 1765 die St. Michaelsfigur.
Friedhofskirche St. Salvator, aus der Mitte des 15. Jhs., 1581 durch den Turm ergänzt. Im Innenraum schöne **Fresken** von *Elias Greither* vom Ende des 16. Jhs. und **Schreinaltar** aus dem 16. Jh.
Zu empfehlen ein Rundgang durch die Gassen der Altstadt. **Altes Rathaus** von 1788,

heute **Städtisches Museum**. Kunsthistorisch bedeutendstes Bildwerk im Museum der ****„Schmerzensmann"** von *Hans Leinberger* (1480 bis 1536, aus Landshut). Die Figur bildet einen der Höhepunkte süddeutscher Plastik der Spätgotik und war ursprünglich Mittelfigur des Altares der 1805 abgetragenen Pollinger Pfarrkirche auf dem Gelände des heutigen Friedhofs. Die Plastik wirkt still und verhalten. Bekleidet ist der Heiland mit einem Spottmantel, der den Oberkörper freiläßt, um die Wundmale zu zeigen. Das Kunstwerk steht gleichrangig neben den Werken des Nürnbergers *Veit Stoß* und den Schnitzereien des *Tilman Riemenschneider* aus Würzburg.

Herz der Stadt ist der **Marienplatz** mit altem Rathaus und Stadtpfarrkirche Mariä Himmelfahrt. Seinen Namen erhielt der Platz durch die **Mariensäule** (1698 von *Ignaz Degler*) in seiner Mitte (1856 restauriert). Recht hübsch der 1791 entstandene **Stadtbrunnen**.

Weißenburg/Bayern *(18 000 Ew, Route By5)*

Gut erhaltene, mittelalterliche Stadt in der Fränkischen Alb.
Malerische **Altstadt** innerhalb der alten **Stadtbefestigung, Ellinger Tor** (15. Jh.), **Rathaus** (1476, Filialengiebel), Römermuseum, große römische Thermen. Ev. **Pfarrkirche St. Andreas** (Chor und Langhaus 14. Jh., gotisch), schöne Altäre aus dem 15. Jh., daneben zweigeschossige Michaelskapelle. Frühere **Karmeliterkirche** mit **Fresko** von 1390 an der nördlichen Chorwand (erbaut 14. Jh., barocke Ausstattung). Über der Stadt **Festung Wülzburg** (16. Jh.), ein altes **Benediktinerkloster** (bis 1540).

Weißenstein, Schloß *(siehe Pommersfelden)*

Weltenburg *(siehe Kelheim)*

Wemding *(5 200 Ew, Route By5)*

Mittelalterlicher Wallfahrtsort im Nördlinger Ries. Sehenswerte **alte Bürgerhäuser** mit Barock- und Renaissancegiebeln. Inmitten von ihnen das **Renaissance-Rathaus** von 1552 mit Giebeltürmchen und Arkaden. Wichtigstes Bauwerk die ***Wallfahrtskirche Maria Brünnlein** (Barockbau von 1748—52, Baumeister der Deutschorden-Baudirektor *Franz Joseph Roth* aus Ellingen). Ziel der Wallfahrt in der Kirche (Weihe 1781) das Gnadenbild der „Lieben Frau von Wemding", auf dem einzigen Brunnen- und Quellenaltar der Welt. Innenausstattung bestes Barock bis Rokoko, von *Johann Baptist Zimmermann* und seinem Sohn *Michael Zimmermann* die 32 **Deckengemälde**. Ein berühmter Sohn der Stadt ist der Magdeburger Theologe Dr. Johannes Scheyring (1454 in Wemding geboren). Nach neuesten Erkenntnissen soll er derjenige sein, den *Lukas Cranach* 1529 malte (Bild heute im Königlichen Museum Brüssel) und der damit auf den deutschen 1000-DM-Banknoten abgebildet ist.

Werneck *(10 000 Ew, Route By7)*

Hier steht eines der schönsten Werke des berühmten Barockbaumeisters *Balthasar Neumann*, das ehemalige ****Schloß** der Fürstbischöfe von Würzburg. Malerisch auf einer Anhöhe liegender Barockbau, drei Flügel um einen großen Ehrenhof, überragt von zwei Türmen. Heute Krankenhaus. Restauriert die ***Schloßkapelle** mit ihren prachtvollen Stuckarbeiten. Garten 1860 zu einem englischen **Landschaftspark** umgestaltet.

Wessobrunn *(1 700 Ew, Route By2)*

Im Jahre 753 wurde das Benediktinerkloster gegründet. Um 800 „Wessobrunner Gebet", eines der ältesten Zeugnisse deutscher Sprache. Wurde 1857 in einem Findlingsblock unter der Dorflinde eingemeißelt, Originalfassung in der Bayerischen Staatsbibliothek in München.
Heute noch erhaltene Teile des Klosters zum Teil aus dem 13. Jh. (Lettner, heute im Münchner Nationalmuseum) mehrheitlich aber aus der Zeit zwischen dem 15. bis 18. Jh.
Im 17. und 18. Jh. durch seine Stukkatur-Schule weit über Bayerns Grenzen hinaus bekannt. Stukkateure und Baumeister, die in ganz Süddeutschland große Kunstwerke schufen, wurden hier ausgebildet. Zu ihnen gehören *F.X. Schmuzer*, *J.B. Zimmermann* und *F.X. Feichtmayr*, die auch in Wessobrunn zahlreiche Beispiele ihrer künstlerischen Tätigkeit hinterließen.
Die Säkularisation (1803) zog die Zerstörung der meisten Bauten in der ehemaligen Benediktinerabtei nach sich, nur der **Glockenturm der Klosterkirche** (13. Jh., im Volksmund „der graue Herzog") blieb erhalten. Gleich daneben die **Pfarrkirche St. Johannes** von *F.X. Schmuzer* zwischen 1757 und 1758 erbaut und mit reichen **Stukkaturen** geschmückt. **Fresken** von *J. Bader* (1758, Stationen aus dem Leben Johannes dem Täufer) sehr eindrucksvoll. Bemerkenswert das ***Kruzifix**, das vom ehemaligen Kreuzaltar der Klosterkirche stammt. Es gehört zu den schönsten spätromanischen Holzschnitzereien Süddeutschlands und bezaubert durch eine ungewöhnliche Formenvielfalt.
Vom Kloster nur das dreigiebelige Gebäude des **Fürstenbaues** (errichtet 1680) erhalten. Äußerlich schlicht, im Inneren außerordentlich prächtige Ausstattung. Prunkvoll ornamiertes **Treppenhaus** (Stukkaturen, Türen unter prächtigen Giebeln). Im **Tassilosaal** Deckengemälde, das um 1700 entstand und Jagdszenen darstellt. Geschnitzter **Gnadenstuhl** im Saal (vor der Kapelle, zwischen 1615 und 1620).

Weyarn *(2 100 Ew, Route By15)*

Schön die frühere Stiftskirche und jetzige **Pfarrkirche St. Peter und Paul**. Ihr heutiges Aussehen erhielt sie 1687 im Barock. Baumeister *Lorenzo Sciasca* aus Graubünden. Älter als das Kirchengebäude der Turm (vermutlich erste Hälfte des 16. Jhs.). 1729 schmückte *Johann Baptist Zimmermann* die Kirche aus, später kamen ***Schnitzereien** von *Ignaz Günther* hinzu.

Dem Wirken des heiligen Augustin sind die **Gewölbefresken** gewidmet. 1693 entstand der kraftvoll wirkende **Hochaltar**, dessen Bild (Heiliger Petrus) von *P.J.B. Untersteiner* stammt. Die schönsten Kunstwerke sind die Schnitzereien von *Ignaz Günther*, vor allem das Tabernakel des Hochaltars aus dem Jahre 1763, die Muttergottesfigur und die zwei Pieta-Figurengruppen.

Wies, Kirche *(siehe Steingaden)*

Bad Windsheim *(12 500 Ew, Route By6)*
Heilbad im Aischtal westlich von Nürnberg.
Ort mit bedeutenden historischen Bauwerken. Graben der ehemaligen Stadtbefestigung umschließt **Altstadt** mit zahlreichen Fachwerkhäusern (16./17. Jh.) und Barockbauten.
Ev. **Stadtpfarrkirche St. Kilian** ursprünglich gotisch, 1730 barockisiert. Hübsche Stukkaturen, Altäre, Kanzel und Gestühl (von *Johann Friedrich Maucher*) in gutem Barock. **Spitalkirche Heilig Geist**, gotischer Bau des 14. Jhs. mit gut erhaltenen **Holzfiguren** (15. Jh.) und vier Grabdenkmälern (16. Jh.). **Kirche St. Maria am See** (frühes 15. Jh.) besitzt mit der Kopie des **Zwölfbotenaltars* von *Tilman Riemenschneider* (Original Kurpfälz. Museum Heidelberg) ein bedeutendes Kunstwerk. Altar, Stukkaturen und Kanzel von 1725.
Besterhaltener Profanbau das ***Rathaus**, ein palastartiger Barockbau nach Plänen des Baumeisters *Gabriel de Gabrieli* (1717, neu errichtet 1732). Mit geschweiftem Giebel, kleinen Türmen und Büstennischen über den Fenstern typisch barocke Formenvielfalt. **Stadtbibliothek** im ehemaligen Augustinerkloster (Klosterplatz), 1559 gegründet, mit großem und wertvollem Bestand (6000 Bücher) an historischen Bänden (nicht öffentlich, nur wissenschaftlich genutzt). Unter anderem 115 mittelalterliche Handschriften und 110 Drucke bis 1500.
Ein ganz andersartiges Museum das **Fränkische Freilandmuseum** (Südring). Hier wurden zahlreiche, typisch fränkische Bauernhäuser des 14. bis 19. Jhs. zusammengefaßt (z.T. im alten Stil eingerichtet). Interessant auch das **Vorgeschichtsmuseum** (Dr.-Martin-Luther-Platz), eine Zweigausstellung der Prähistorischen Staatssammlung München.

Bad Wörishofen *(13 600 Ew, Route By2)*
Erstes und größtes Kneippheilbad der Welt, Wirkungsstätte des Pfarrers Sebastian Kneipp.
Katholische **Pfarrkirche St. Justina**, eine frühere Kapuzinerklosterkirche, Ursprung 1570, um 1700 nach Wessobrunner Vorbild barockisiert, spätgotischer Chor um 1520. Stukkaturen um 1702. **Klosterkirche**, Baumeister *Franz Beer*, Stukkaturen um 1722 von *Dominikus Zimmermann*, Fresken von seinem Bruder *Johann Baptist*.
*Falknerei im Zillertal, eine der größten und schönsten ihrer Art in der Welt.

St. Wolfgang *(3 000 Ew, Route By13)*
Kleines Dorf im Voralpenland. Hübsche alte ***Backsteingotik-Kirche**, vielleicht eine

der schönsten in Bayern (1484 erbaut). Besonders eindrucksvoll im Inneren der barocke **Hochaltar** von 1675. Sein Schöpfer ist nicht bekannt.

Wolframs-Eschenbach *(2 000 Ew, Route By5)*
Mittelalterliche Kleinstadt. Bedeutende historische Bauwerke. Vollständig erhaltene *Stadtbefestigung (14./15. Jh.) mit Zwinger und Graben, *Liebfrauenmünster, eine der ältesten Hallenkirchen Deutschlands (13. Jh., gute Altäre, Grabstätte Wolframs von Eschenbach, Dichter des „Parzifal", gestorben 1220), **Deutschordensschloß** von 1623 (Renaissance), **Ordensvogtei** (1430) und **Pfründehaus** (1300, Fachwerkbau).

Wülzburg *(siehe Weißenburg)*

Würzburg *(130 000 Ew, Route By6)*
Hauptstadt des bayerischen Unterfranken, eine der kunsthistorisch bedeutendsten Städte Süddeutschlands.

Geschichte
Um 1000 v.Chr. auf der linken Mainseite (heute Marienberg) keltische Fliehburg. Später besetzten fränkische Siedler die Gegend und errichteten 650 n.Chr. einen Herzogsitz. Um diese Zeit waren die Franken an diesem Platz noch keine Christen. Erst der Heilige Kilian, ein Mönch irisch-schottischer Abstammung, begann um diese Zeit mit der Christianisierung. Der Missionar bekehrte zwar den Herzog, mußte aber vor der Herzogin kapitulieren. 689 ließ sie Kilian und seine Gefährten enthaupten.
742 gründete der Heilige Bonifatius das Bistum Würzburg, 788 wird in Gegenwart Kaiser Karls des Großen am Platz des heutigen Neumünsters der erste Dom geweiht. Tod Walthers von der Vogelweide um 1230, Grabdenkmal im „Lusamgarten", das Wirken *Tilman Riemenschneiders* (gest. 1531), erste kulturelle Glanzzeit der Stadt unter Fürstbischof Julius Echter von Mespelbrunn (1573—1617), die Gründung der Universität (1582) und die Blütezeit unter den Fürstbischöfen von Schönborn im 17. und 18. Jh. Um 1700 kommt *Balthasar Neumann*, später Deutschlands berühmtester Barockbaumeister, in die Stadt und wirkt dort bis zu seinem Tod im Jahre 1753. im Zuge der Säkularisation endet 1802 die jahrhundertealte Herrschaft der Fürstbischöfe, die Stadt wird bayerisch, viele Kirchenschätze werden geplündert.

Kunstgeschichte
Eine der frühesten deutschen Stadtgründungen. Entsprechend noch eine ganze Reihe romanischer Hinterlassenschaften. Eigentliche kulturelle Blütezeit der Bischofsstadt in der zweiten Hälfte des 15. Jhs. unter Fürstbischof von Scherenberg (1400—1495), dessen Grabmal als Werk *Tilman Riemenschneiders* im Dom zu sehen ist. Dieser wohl bedeutendste gotische Bildhauer kam 1483 nach Würzburg, wurde 1504 Stadtrat und 1521 Bürgermeister der Stadt. Während der Bauernkriege stellte sich Riemenschneider 1525 auf die Seite der aufständischen Bauern, wurde gefangengenommen und gefoltert. Er starb am 7. Juli 1531 in Würzburg.
Einen weiteren kulturellen, architektonischen Höhepunkt unter den Fürstbischöfen

von Schönborn, zwischen 1642 und Mitte des 18. Jhs. In dieser Zeit des Barock wirkten *Balthasar Neumann*, der Venezianer *Giovanni Battista Tiepolo*, der Stukkateur *Antonio Bossi* und viele bedeutende europäische Künstler in Würzburg.

Wichtigste Sehenswürdigkeiten

Wer wenig Zeit hat, sollte sich (2—4stündiger Rundgang) folgende Baudenkmäler und Kunstwerke anschauen.

**Haus zum Falken. Früheres Gasthaus an der Nordseite des Oberen Marktes, mit 1751 dekorierter Fassade eines der schönsten Rokokohäuser Deutschlands. Hier auch das städtische Fremdenverkehrsamt, wo man weitere Informationen über Würzburg erhält.

**Marienkapelle. Eine der schönsten Hallenkirchen Frankens, zweite Hälfte 14. Jh., besonders anmutig der Turm mit durchbrochenem Helm (1856/57). Der Bau beherrscht den Marktplatz. Torbogenfelder der drei Portale (Marktportal mit Kopien von *Riemenschneiders* „Adam und Eva", Originale im Mainfränkischen Museum), prächtige Grabmäler (an der Westwand das von Konrad von Schaumberg, von *Riemenschneider*).

*Bürgerspital. Erbaut 1319, an der Kreuzung Semmelstraße/Theaterstraße. Arkadenbau im Hof 1718 errichtet, im Straßengiebel Glocken- und Figurenspiel (11, 13, 15, 17 Uhr, Kreuzbergwallfahrt, Frankenapostel, trinkender Kellermeister). Einer der gemütlichsten Weinkeller der Stadt. Sehenswerte Skulpturen, in der Kirche gotische Sandstein-Madonna (nördlicher Seitenaltar, 1400) und eine Hl. Barbara aus der Riemenschneider-Schule (linke Wandnische).

**Juliusspital. 1576 von Fürstbischof Julius Echter von Mespelbrunn gestiftet, 1699 zur jetzigen Form umgebaut, Straßenfront 1790 von *J.Ph. Geigel*. Innenhof mit barockem Fürstenbau (1700 von *Petrini*). Eines der besten frühbarocken Bauwerke Frankens, im Erdgeschoß original eingerichtete Rokoko-Apotheke. Barockbrunnen (1706 von *J. Auwera*), Gartenpavillon (1710 von *Greising*). Ebenfalls eine hübsche Weinstube.

**Stift Haug. Stiftskirche mit Kuppel von *Petrini* und großartiger Doppelturmfassade. Erstes Barockbauwerk in Franken nach dem Dreißigjährigen Krieg (17. Jh.). Hauptwerk von *Antonio Petrini*. Hochaltarbild von *Tintoretto* (1585).

Alter Kranen. Wahrzeichen von Würzburg am Westende der Juliuspromenade, erbaut 1773 von *Franz Ignaz Neumann*. Früher Krananlage zum Beladen der Schiffe.

***Festung Marienberg. Sichtbar vom Mainufer aus. Zwischen 13. und 18. Jh. als Zitadelle Sitz der Fürstbischöfe, unter Julius Echter im Stil der Renaissance umgebaut. **Marienkapelle** in der Festung uralte Pfalzkapelle (geweiht 706), älteste deutsche Rundkirche. Scherenbergtor (spätes 15. Jh.). Im barocken Zeughaus und in der Echterbastei **Mainfränkisches Museum** mit außerordentlich wertvollen Kunstwerken (**Riemenschneider-Sammlung**). Im Fürstenbau Riemenschneider-Gefängnis (Randersackerer Turm).

*Alte Mainbrücke. Zu erreichen über Domstraße oder Mainufer. Nach 1474 erbaute gotische Brücke an der Stelle eines Vorgängerbaus von 1133, eines der Wahrzeichen. Auf den Brückenmauern **zwölf Heiligenfiguren** aus Sandstein (18. Jh., im 19. Jh. kopiert, nach 1945 erneuert).

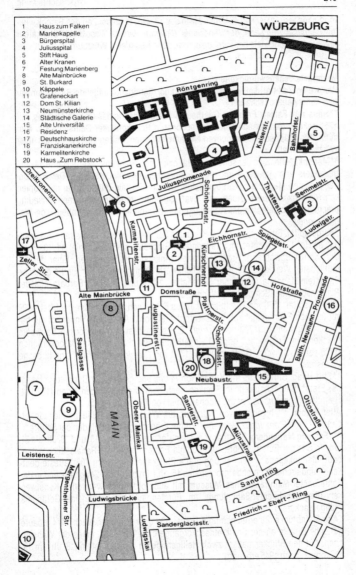

St. Burkard. Sichtbar von der alten Mainbrücke aus, unterhalb der Marienburg. Romanische Basilika (1042) und Krypta, gotisches Querschiff und Chor (15. Jh.). Barockaltäre aus der *Auwera*-Werkstatt (1730), Madonnenbüste von *Riemenschneider* (Tragefigur für Prozessionen).

Käppele. Wallfahrtskirche von *Balthasar Neumann* (1750) als Anbau an 100 Jahre ältere Gnadenkapelle. Sichtbar von der alten Mainbrücke aus, auf dem Nikolausberg südlich der Festung Marienberg. Rokokobau mit hübschen Zwiebeltürmen, doppelläufige Treppen und Terrassen mit Pavillonkapellen. Zentralbau mit Mittelkuppel, Stukkaturen von *Feichtmayr*, Fresken von *Matth. Günther* aus Augsburg. Klassizistischer Hochaltar (1799 von *Georg Winterstein*). Votivbilder im Kreuzgang (19./20. Jh.). Herrlicher Ausblick von der Terrasse auf die Stadt. Sehr interessanter **Stationsweg mit 14 Kapellen, Figuren von *Peter Wagner* (1775), größte deutsche Anlage dieser Art.

Grafeneckart. Ältester Teil des Rathauses, ehemaliger Geschlechterturm aus dem Mittelalter. Untergeschosse romanisch (um 1200), Turm von 1453. Renaissanceerker an der Südwestecke (1544), Barockportal von 1695. Im ersten Geschoß der Wenzelsaal (13. Jh.) mit romanischen Kapitellen und Wappenfriesen. Anschließend der Rote Bau (1660).

Dom St. Kilian. Romanischer Bau (1040—1188) mit angesetzter barocker Schönbornkapelle. (Grabstätte der Fürstbischöfe von Schönborn, erbaut 1736 von *Balthasar Neumann*). Viertgrößte romanische Kirche Deutschlands. Gotischer Kreuzgang (15. Jh.) mit vielen Grabmälern. Im Inneren zahlreiche Arbeiten von *Tilman Riemenschneider*: Grabmal des Fürstbischofs von Scherenberg, Grabmal des Fürstbischofs von Bibra, Sandsteinstatuen Christus Salvator, St. Andreas und St. Petrus (rechte Chorwand), Maria mit Kind (rechter Vierungspfeiler am Chor), Sandsteinfigur Johannes Evangelist, Grabstein der Brüder Schodt von Schottenstein (Kreuzgang). **Bronzetaufbecken von *Meister Eckehart* aus Worms (1279), einziger deutscher Bronzeguß aus dieser Zeit. Renaissancekanzel von *M. Kern* (1609). Krypta als Grablege der Bischöfe von Würzburg. Größtes deutsches **Geläut** mit elf Glocken (nach 1945, mit alter Lobdeburg-Glocke von 1275). Monumentale **Orgel** (7000 Pfeifen) von 1969. Abguß des Riemenschneider-Grabsteins an der nördlichen Langhausseite (Original im Museum in der Festung).

*Neumünsterkirche. Ehemals romanische Basilika (11. Jh.), 1247 Turmanbau und Umbau, Kuppel und Fassade von 1716, Rokoko-Zwiebelhaube. Im Inneren **Stukkaturen** von *Dominikus Zimmermann* sowie **Fresken** von *Johann Baptist Zimmermann* und *Nikolaus Gottfried Stuber* (Kuppel). **Sandstein-Madonna** von *Tilman Riemenschneider* (über rechtem Seitenaltar im Kuppelraum), in der Vorhalle Riemenschneider-Grabmal des Gelehrten Trithemius. Zwei Krypten (Kreuzgruft unter dem Hochchor, 11./13. Jh., Figurengruppe Anna Selbdritt von 1417, Kiliansgruft unter dem Kuppelraum). Im Lusamgarten **Grabdenkmal des Minnesängers Walther von der Vogelweide** (gestorben 1230). Schöner romanischer **Kreuzgang** (1170/80).

*Städtische Galerie. Sammlung fränkischer Kunst des 19./20. Jhs., u.a. Werke von *Leibl, Slevogt, Liebermann, Lenbach* und *Kirchner* (Hofstraße).

Conti-Hof. Renaissancebau von 1609, ausgezeichneter Erker, Barockportal am Haupteingang, Renaissanceportal am Seiteneingang. Heute Bischofspalais (Herrnstraße).

Alte Universität. Erbaut Ende des 16. Jhs., Juliusstil. Baumeister *Wolf Behringer*. Der „Juliusstil" ist eine Mischung von Formen der Spätgotik und der Renaissance. Sehr hübscher Innenhof mit Arkaden und Neubaukirche. Sie ist eine bemerkenswerte Schöpfung der deutschen Renaissance, die ansonsten nur wenige stilreine Bauwerke hervorbrachte. Turm 1696 von *Petrini* (gutes Barock).

***Residenz. Hauptsehenswürdigkeit Würzburgs (siehe auch Kunstgeschichte, Barock), bis 1744 von *Balthasar Neumann, Max. v. Welsch* und *T.L. von Hildebrandt* als schönster barocker Schloßbau Deutschlands errichtet. Um sie intensiv zu besichtigen, sollte man sich einer Führung anschließen. Hauptsehenswürdigkeiten: Im Gartensaal **Fresko „Göttermahl"** von *J. Zick* (1750). Großes **Treppenhaus** (größtes in Deutschland aus dieser Zeit) mit dem **größten Gemälde der Welt** von *Tiepolo* (vier Erdteile — ohne Australien, das man noch nicht kannte — und Gestirne, Bild B. Neumanns auf einer Kanone an der Südseite). **Weißer Saal** mit Rokoko-Stuck von *A. Bossi* (1744). **Kaisersaal** mit Fresken von *Tiepolo* (Würzburger Geschichte, u.a. Hochzeit von Kaiser Friedrich Barbarossa mit Beatrix von Burgund) und Stukkaturen von *Bossi*. **Paradezimmer** mit frühklassizistischen Möbeln (u.a. Empirebett für Napoleon), Werken venezianischer Malerei und *Tiepolo*-Gemälden „Rinaldo und Armida". **Hofkirche**, über dem Hochaltar Fresko „Kiliansmarter". **Hofgarten als Landschaftsgarten mit hervorragenden schmiedeeisernen Toren von** *J.G.* und *G.A. Goegg.*

Weitere Sehenswürdigkeiten:
Deutschhauskirche — frühgotischer Bau von 1296 mit spätromanischem Turm (Zeller Straße).
Franziskanerkirche — älteste Franziskanerniederlassung Deutschlands, frühgotisch, nach Zerstörungen von 1945 wiederaufgebaut, Renaissance-Grabmäler, Pieta von *Tilman Riemenschneider*, schöner Kreuzgang (Franziskanergasse).
Karmelitenkirche — erste Barockkirche Würzburgs (1662), Baumeister *Petrini* (Sanderstraße).
Haus „Zum Rebstock" — erbaut 1663, Rokokostuck, gegenüber restaurierte „Greising-Häuser" (barocke Bürgerhäuser, Neubaustraße).

Zell am Main *(3 300 Ew, Route By7)*

Kleine Ortschaft nahe Würzburg.
Ehemaliges ***Prämonstratenserkloster Oberzell**, um 1130 gegründet. Besonders hübsch die dreischiffige **Kreuzbasilika** mit ihrer Barockfassade. Die eigentlichen Klostergebäude erbaute Mitte des 18. Jhs. *Balthasar Neumann*. Überaus reich mit Stuck verziertes **Treppenhaus** im Abteiflügel (1760).
Im Ortsteil Unterzell früheres, 1613 erbautes **Prämonstratenserinnenkloster** mit **Klosterkirche** (frühes Barock, spätromanischer Turm).

Ziemetshausen *(3 100 Ew, Route By4)*

Kleiner Marktflecken in Mittelschwaben.
Kirche St. Peter und Paul (1292 erbaut, 1686 bis 1690 barockisiert). Von der früheren

romanischen Bauform kaum noch etwas vorhanden, jetzige Kirchenhalle vom bekannten Baumeister *Johann Schmuzer* errichtet. Im Inneren der Kirche schöne **Stukkaturen** der Wessobrunner Schule (Formen stilistisch Barock bis Rokoko). Wesentlich jünger die **Fresken** an der Decke der Kirche (um 1875). 1765 erbaute *Tassilo Zoepf* den **Hochaltar**. Sehr schön der **St. Anna Altar** (1697) mit Figuren vom Holzschnitzer *Lorenz Luidl*.
Wallfahrtskirche zu den Sieben Schmerzen Mariä (spätes Barock) 1673 errichtet und 1754 umgebaut. Seit 1560 Wallfahrten zu einem Vesperbild in einer kleinen Feldkapelle am Platz der heutigen Wallfahrtskirche, die unter der Bauleitung von *Simpert Kramer* als Zentralbau entstand. Leider wurde das Innere 1868 bis 1869 im neuromanischen Stil umgestaltet und später, 1962 bis 1965, noch einmal verändert, so daß die Ausstattung der Kirche in keiner Weise stilrein ist. Recht hübsche **Stukkaturen** von *Tassilo Zoepf* und **Fresken** von *Balthasar Riepp*. Figurengruppe im Hochaltar aus dem 17. Jh.

Örtliche Informationsstellen

Die Abkürzungen bedeuten:
BA = Bürgermeisteramt
FVA = Fremdenverkehrsamt
KV = Kurverwaltung
SV = Stadtverwaltung
VB = Verkehrsbüro
VV = Verkehrsverein

Die „Örtlichen Informationsstellen" stehen Ihnen für alle Auskünfte über einen Ort zur Verfügung. Speziell die Öffnungszeiten der Sehenswürdigkeiten können Sie dort erfahren. Ein kurzer Anruf genügt und Sie wissen, ob und wann eine Kirche, ein Museum etc. zugänglich ist.
Sind es spezielle Touristik-Organisationen (FVA, KV, VB, VV), dann können Sie dort auch Hotelreservierungen veranlassen, Restauranttips einholen, Theaterkarten bestellen oder Stadtpläne, Prospekte, Literatur etc. erwerben.
In den übrigen Informationsstellen (BA, SV) werden Sie derartige Dienstleistungen allerdings nicht erwarten können, da es sich nur um allgemeine Ortsverwaltungen handelt, die auf speziellen Touristikservice nur selten eingestellt sind.
Öffnungszeiten: Spezielle Touristikstellen (FVA, KV, VB, VV) sind meist während der üblichen deutschen Ladenschlußzeiten zu erreichen (Mo-Fr 9—12/14—18 Uhr, Sa 9—12 Uhr), in seltenen Fällen auch zu anderen Zeiten (z.B. sonn- und feiertags, abends). Die übrigen Stellen (BA, SV) erreichen Sie meist Mo-Do 8—12/13—15 Uhr, Fr 8—12 Uhr.

Abenberg
SV, Stillaplatz 1, 8549 Abenberg, Tel. 0 91 78-7 11
Aldersbach
BA, 8359 Aldersbach, Tel. 0 85 43-8 13
Altdorf
SV, Ober-Markt 2, 8503 Altdorf/b. Nürnberg, Tel. 0 91 87-22 24
Altenmarkt
BA, Hauptstr. 21, 8226 Altenmarkt, Tel. 0 86 21-20 91
Altenstadt
(Siehe Schongau)
Altötting
VV, Kapellplatz 2a, 8262 Altötting, Tel. 0 86 71-80 68
Amberg/Opf.
SV, Marktplatz 11, 8450 Amberg/Opf., Tel. 0 96 21-1 01

Amerang
BA, Wasserburgerstr. 11, 8201 Amerang, Tel. 0 80 75-2 30
Amorbach
FVA, Rathaus, 8762 Amorbach, Tel. 0 93 73-7 78
Andechs
BA, Andechserstr. 16, 8138 Andechs, Tel. 0 81 52-30 51
Anger
BA, 8233 Anger, Tel. 0 86 56-6 66
Ansbach
FVA, Postfach 1741, 8800 Ansbach, Tel. 09 81-5 12 43/47
Aschaffenburg
FVA, Postfach 63, 8750 Aschaffenburg, Tel. 0 60 21-3 02 30
Aschau
KV, Kampenwandstr. 37, 8213 Aschau, Tel. 0 80 52-3 92
Aufhausen
Jakob Besenreiter, Tassilostr. 13, 8401 Aufhausen, Tel. 0 94 54-232
Augsburg
VV, Bahnhofstr. 7, 8900 Augsburg, Tel. 08 21-3 60 24
Babenhausen
BA, 8943 Babenhausen, Tel. 0 83 33-80 16
Bamberg
FVA, Hauptwachstr. 16, 8600 Bamberg, Tel. 09 51-2 64 01
Bayreuth
VV, Luitpoldplatz 9, 8580 Bayreuth, Tel. 09 21-2 20 11
Beilngries
Touristik-Verband, Hauptstr. 14, 8432 Beilngries, Tel. 0 84 61-84 35
Benediktbeuern
FVA, Prälatenstr. 5, 8174 Benediktbeuern, Tel. 0 88 57-2 48
Berching
VV, 8434 Berching, Tel. 0 84 62-12 60/23 23/3 20
Berchtesgaden
KV, Postfach 2240, 8240 Berchtesgaden, Tel. 0 86 52-50 11
Bogen
VV, Stadtplatz 39, 8443 Bogen, Tel. 0 94 22-28 27
Bruckmühl
VV, Ginshamerstr. 5, 8206 Bruckmühl, Tel. 0 80 62-13 06
Burghausen
FVA, Stadtplatz 112/114, 8263 Burghausen, Tel. 0 86 77-24 35/20 51
Burglengenfeld
SV, Postfach 1130, 8412 Burglengenfeld, Tel. 0 94 71-13 42
Buttenheim
BA, 8602 Buttenheim, Tel. 0 95 45-3 10
Buxheim
BA, Kirchplatz 2, 8941 Buxheim, Tel. 0 83 31-7 10 28
Cadolzburg
BA, Pisendelplatz 1, 8501 Cadolzburg, Tel. 0 91 03-10 01

Castell
keine Informationsstelle
Chiemsee
(siehe Prien)
Coburg
FVA, Herrngasse 4, 8630 Coburg, Tel. 0 95 61-9 50 71
Dachau
SV, Konrad-Adenauerstr. 4—6, 8060 Dachau, Tel. 0 81 31-7 52 19
Deggendorf
FVA, Postfach 1920, 8360 Deggendorf, Tel. 09 91-3 80/1 69
Dettelbach
FVA, Bohnmühlgasse, 8716 Dettelbach, Tel. 0 93 24-8 08
Dießen/Ammersee
FVA, Mühlstr. 4, 8918 Dießen, Tel. 0 88 07-2 44
Dietramszell
BA, 8157 Dietramszell, Tel. 0 80 27-8 67
Dillingen
FVA, Rathaus/Königstr. 37/38, 8880 Dillingen, Tel. 0 90 71-13 01
Dinkelsbühl
FVA, Marktplatz, 8804 Dinkelsbühl, Tel. 0 98 51-30 13
Donaustauf
VV, Maxstr. 11, 8405 Donaustauf, Tel. 0 94 03-18 60
Donauwörth
SV, Rathausgasse 1, 8850 Donauwörth, Tel. 09 06-50 21
Ebersberg
SV, Marienplatz 1, 8017 Ebersberg, Tel. 0 80 92-2 20 25/26
Ebrach
BA, Bauernhofstr. 2, 8602 Ebrach, Tel. 0 95 53-3 63
Eichstätt
FVA, Domplatz 18, 8078 Eichstätt, Tel. 0 84 21-79 77
Ellingen
SV, Rathaus, 8836 Ellingen, Tel. 0 91 41-40 59
Erding
FVA, Landshuterstr. 1, 8058 Erding, Tel. 0 81 22-16 05
Erftal-Bürgstadt
VV, Streckfuß 31, 8768 Erftal, Tel. 0 93 71-83 22
Erlangen
VV, Rathausplatz 1, 8520 Erlangen, Tel. 0 91 31-2 50 74
Ettal
BA, 8107 Ettal, Tel. 0 88 22-5 34
Feuchtwangen
VB, Marktplatz 1, 8805 Feuchtwangen, Tel. 0 98 52-8 43
Fischbachau
FVA, Kirchplatz 10, 8165 Fischbachau, Tel. 0 80 28-23 70
Forchheim
FVA, Rathaus, 8550 Forchheim, Tel. 0 91 91-8 43 38

Freising
SV, Rathaus, 8050 Freising, Tel. 0 81 61-5 40
Freystadt
SV, Marktplatz 1, 8431 Freystadt, Tel. 0 91 79-50 17
Friedberg
SV, Marienplatz 1, 8904 Friedberg, Tel. 08 21-6 00 21
Fürstenfeldbruck
SV, Rathaus, 8080 Fürstenfeldbruck, Tel. 0 81 41-2 81
Fürstenzell
VV, Von-Lambergstr. 5, 8399 Fürstenzell, Tel. 0 85 02-86 70
Füssen
KV, Postfach 1165, 8958 Füssen, Tel. 0 83 62-70 77/78
Furth im Wald
VB, Schloßplatz 1, 8492 Furth, Tel. 0 99 73-19 13
Garmisch-Partenkirchen
KV, Postfach 149, 8100 Garmisch, Tel. 0 88 21-5 30 93
Gerolzhofen
FVA, Brunnengasse 5, 8723 Gerolzhofen, Tel. 0 93 82-2 61
Gmund/Tegernsee
FVA, Münchnerstr. 139, 8184 Gmund, Tel. 0 80 22-72 54
Gößweinstein
FVA, 8551 Gößweinstein, Tel. 0 92 42-4 56
Greding
VV, Rathaus, 8547 Greding, Tel. 0 84 63-2 33
Gundelfingen
BA, Kirchplatz 7, 8883 Gundelfingen, Tel. 0 90 73-20 41
Grünwald
BA, Rathausstr. 3, 8022 Grünwald, Tel. 0 89-64 10 21
Günzburg
VB, Schloßplatz 1, 8870 Günzburg, Tel. 0 82 21.90 31 11
Gunzenhausen
FVA, Brunnenstr. 1, 8820 Gunzenhausen, Tel. 0 98 31-6 10
Haimhausen
BA, Hauptstr. 15, 8048 Haimhausen, Tel. 0 81 33-62 32/4 19
Harburg
SV, Schloßstraße 1, 8856 Harburg, Tel. 0 90 03-10 11
Haßfurt
SV, Marktplatz 1, 8728 Haßfurt, Tel. 0 95 21-50 41
Heiligenstadt/Ofr.
BA, 8551 Heiligenstadt/Ofr., Tel. 0 91 98-7 21
Heilsbronn
SV, Kammereckerplatz 1, 8802 Heilsbronn, Tel. 0 98 72-4 23
Hersbruck
FVA, Lohweg 29, 8562 Hersbruck, Tel. 0 91 51-47 55
Höchstädt/Donau
SV, Marktplatz 7, 8884 Höchstädt, Tel. 0 90 74-10 61

Hof
SV, Klosterstr. 1, 8670 Hof, Tel. 0 92 81-81 51
Hohenpeißenberg
FVA, Blumenstr. 2, 8126 Hohenpeißenberg, Tel. 0 88 05-10 25
Inchenhofen
keine Informationsstelle
Ingolstadt
FVA, Hallstr. 5, 8070 Ingolstadt, Tel. 08 41-30 54 15/17
Iphofen
SV, Rathaus, 8715 Iphofen, Tel. 0 93 23-30 95
Jettingen-Scheppach
BA, Hauptstr. 55, 8876 Jettingen, Tel. 0 82 25-8 51
Kaisheim
BA, 8851 Kaisheim, Tel. 0 90 09-5 85/6
Kastl
VV, Martin-Weiß-Str. 24, 8455 Kastl, Tel. 0 96 25-2 79/3 29
Kaufbeuren
SV, Rosental 2, 8950 Kaufbeuren, Tel. 0 83 41-7 31
Kelheim
SV, Rathaus, 8420 Kelheim, Tel. 0 94 41-30 12
Kempten
FVA, Rathausplatz 22, 8950 Kempten, Tel. 08 31-2 52 52 37
Kirchheim/Schwaben
BA, 8949 Kirchheim/Schwaben, Tel. 0 82 66-6 11
Kitzingen
VV, Kaiserstr. 13/15, 8710 Kitzingen, Tel. 0 93 21-2 02 04
Klosterlechfeld
BA, von-Imhof-Str. 6, 8933 Untermeitingen, Tel. 0 82 32-20 43
Kronach
FVA, Marktplatz 5, 8640 Kronach, Tel. 0 92 61-9 72 30
Kulmbach
FVA, Rathaus, 8650 Kulbach, Tel. 0 92 21-80 21
Landsberg/Lech
SV, Hauptplatz 1, 8910 Landsberg, Tel. 0 81 91-12 81
Landshut
VV, Altstadt 79, 8300 Landshut, Tel. 08 71-2 30 31
Langenzenn
BA, Rathaus, 8506 Langenzenn, Tel. 0 91 01-87 64
Lauf/Pegnitz
SV, Postfach 44, 8560 Lauf/Pegnitz, Tel. 0 91 23-20 61
Laufen/Salzach
SV, Landratsstr. 8, 8229 Laufen, Tel. 0 86 82-70 44
Lauingen/Donau
SV, Rathaus, 8882 Lauingen, Tel. 0 90 72-40 91
Leuchtenberg
BA, 8481 Leuchtenberg/Opf., Tel. 0 96 59-2 42

Lindau
FVA, Ludwigstraße 68, 8990 Lindau, Tel. 0 83 82-50 22
Ludwigstadt-Lauenstein
SV, 8642 Ludwigsstadt, Tel. 0 92 63-2 51
Memmelsdorf-Seehof
BA, 8602 Memmelsdorf, Tel. 09 51-4 30 31
Memmingen
FVA, Ulmerstr. 9, 8940 Memmingen, Tel. 0 83 31-85 03 38
Mespelbrunn
BA, 8751 Mespelbrunn, Tel. 0 60 92-2 21
Metten
BA, Postfach 1146, 8354 Metten, Tel. 09 91-50 45/98 45
Miltenberg
VB, Rathaus, 8760 Miltenberg, Tel. 0 93 71-6 72 72
Mindelheim
SV, Maximilianstr. 26, 8948 Mindelheim, Tel. 0 82 61-40 41
Mittenwald
KV, Dammkarstr. 3, 8102 Mittenwald, Tel. 0 88 23-10 51
Moosburg
SV, Stadtplatz 13, 8052 Moosburg, Tel. 0 87 61-40 11/15
Mühldorf
FVA, Stadtplatz 21, 8260 Mühldorf, Tel. 0 86 31-61 20
München
FVA, Postfach, 8000 München, Tel. 0 89-2 39 11
Münnerstadt
FVA, Postfach 129, 8732 Münnerstadt, Tel. 0 97 33-90 31
Neubeuern
FVA, 8201 Neubeuern, Tel. 0 80 35-21 65
Neuburg/Donau
FVA, Amalienstr. 54, 8858 Neuburg, Tel. 0 84 31-5 51
Neuhaus/Inn
FVA, Klosterstr. 1, 8399 Neuhaus, Tel. 0 85 03-3 31
Neumarkt/Oberpfalz
SV, Rathaus, 8430 Neumarkt, Tel. 0 91 81-50 21
Neustadt/Donau
SV, Postfach 1260, 8425 Neustadt, Tel. 0 94 45-72 16
Neu Ulm
SV, Rathaus, 7910 Neu Ulm, Tel. 07 31-7 05 01
Niederaltaich
BA, 8351 Niederaltaich, Tel. 0 99 01-4 55
Nördlingen
FVA, Marktplatz 15, 8860 Nördlingen, Tel. 0 90 81-43 80
Nürnberg
VV, Eilgutstr. 5, 8500 Nürnberg, Tel. 09 11-2 33 60
Oberammergau
VB, Schnitzlergasse 6—8, 8103 Oberammergau, Tel. 0 88 22-49 21

Oberndorf/Lech
BA, 8851 Oberndorf/Lech, Tel. 0 90 02-20 99
Oberschleißheim
BA, Rathaus, 8042 Oberschleißheim, Tel. 0 89-3 15 16 07
Oberstaufen
KV, Postfach 10, 8974 Oberstaufen, Tel. 0 83 86-4 66
Ochsenfurt
SV, Hauptstraße 42, 8703 Ochsenfurt, Tel. 0 93 31-30 05
Ortenburg
FVA, Marktplatz 11, 8359 Ortenburg, Tel. 0 85 42-73 21/6 08
Osterhofen
FVA, Postfach 140, 8353 Osterhofen, Tel. 0 99 32-10 61/63
Ottobeuren
KV, 8942 Ottobeuren, Tel. 0 83 32-3 30
Passau
VV, Nibelungenhalle, 8390 Passau, Tel. 08 51-5 14 08
Peiting
VV, Hauptplatz 1, 8922 Peiting, Tel. 0 88 61-65 35
Pfarrkirchen
SV, 8340 Pfarrkirchen, Tel. 0 85 61-64 22
Polling
BA, Kirchplatz 11, 8121 Polling, Tel. 08 81-10 01
Pommersfelden
BA, 8602 Pommersfelden, Tel. 0 95 48-10 26
Pottenstein
VB, Postfach, 8573 Pottenstein, Tel. 0 92 43-2 17
Prien/Chiemsee
KV, Haus des Gastes, 8210 Prien, Tel. 0 80 51-30 31
Randersacker
BA, Maingasse 9, 8701 Randersacker, Tel. 09 31-70 82 82
Regensburg
VV, Altes Rathaus, 8400 Regensburg, Tel. 09 41-5 07/21 40
Reichenhall, Bad
KV, Postfach 380, 8230 Bad Reichenhall, Tel. 0 86 51-6 10 16
Riedenburg
FVA, Postfach 28, 8422 Riedenburg, Tel. 0 94 42-8 18
Rimpar
BA, Postfach 161, 8709 Rimpar, Tel. 0 93 65-12 18
Rinchnach
FVA, 8371 Rinchnach, Tel. 0 99 21-25 01
Rohr/Ndb.
BA, 8428 Rohr/Ndb., Tel. 0 87 83-2 02
Roßtal
BA, Marktplatz 1, 8501 Roßtal, Tel. 0 91 27-80 01
Rothenburg o.d.T.
FVA, Rathaus, 8803 Rothenburg, Tel. 0 98 61-20 38

Rott am Inn
BA, Münchnerstr. 9, 8093 Rott, Tel. 0 80 39-10 77/78
Rottenbuch
VV, Rathaus, 8121 Rottenbuch, Tel. 0 88 67-14 64/12 16
Schäftlarn
BA, 8021 Schäftlarn, Tel. 0 81 78-40 71
Schliersee
KV, Postfach 146, 8162 Schliersee, Tel. 0 80 26-47 56/47 92
Schongau
VV, Am Postamt, 8920 Schongau, Tel. 0 88 61-72 16
Schrobenhausen
SV, 8898 Schrobenhausen, Tel. 0 82 52-9 01
Schwabach
VV, Königsplatz 1, 8540 Schwabach, Tel. 0 91 22-86 03 76
Schwangau
FVA, Rathaus, 8959 Schwangau, Tel. 0 83 62-8 10 51
Schweinfurt
SV, Postfach 4440, 8720 Schweinfurt, Tel. 0 97 21-5 13 59
Sielenbach
BA, 8891 Sielenbach, Tel. 0 82 58-2 02
Seeon
FVA, Weinbergstr. 6, 8221 Seeon, Tel. 0 86 24-21 55
Solnhofen
BA, Bahnhofstr. 8, 8831 Solnhofen, Tel. 0 91 45-4 77
Sommerhausen
BA, Rathaus, 8701 Sommerhausen, Tel. 0 93 33-2 16
Speinshart
BA, 8481 Speinshart, Tel. 0 96 45-12 80
Staffelstein
FVA, Bambergerstr. 25, 8623 Staffelstein, Tel. 0 95 73-2 00
Starnberg
FVV Fünfseenland, Kirchplatz 3, 8130 Starnberg, Tel. 0 81 51-1 59 11
Steingaden-Wies
FVA, Krankenhausstr. 1, 8924 Steingaden, Tel. 0 88 62-2 00
Straubing
FVA, Rathaus, 8440 Straubing, Tel. 0 94 21-1 63 07
Tegernsee
KV, Rathaus, 8180 Tegernsee, Tel. 0 80 22-39 85
Thurnau
BA, Rathausplatz 2, 8656 Thurnau, Tel. 0 92 28-6 36
Tirschenreuth
SV, Postfach 1220, 8593 Tirschenreuth, Tel. 0 96 31-29 61
Tittmoning
SV, Stadtplatz 1, 8261 Tittmoning, Tel. 0 86 83-9 11
Tölz, Bad
KV, Ludwigstr. 11, 8170 Bad Tölz, Tel. 0 80 41-4 14 95

Tuntenhausen
BA, Pfarrer-Lampl-Str. 5, 8201 Tuntenhausen, Tel. 0 80 67-10 55
Veitshöchheim
BA, Postfach 46, 8707 Veitshöchheim, Tel. 09 31-9 10 51
Vilshofen
FVA, Stadtplatz 29, 8358 Vilshofen, Tel. 0 85 41-80 22
Volkach
FVA, Rathaus, 8712 Volkach, Tel. 0 93 81-5 71
Waldsassen
FVA, Kirchplatz 2, 8595 Waldsassen, Tel. 0 96 32-18 11/18 14
Wasserburg/Inn
FVA, Rathaus, 8090 Wasserburg, Tel. 0 80 71-30 61
Weiden/Opf
FVA, Altes Rathaus, 8480 Weiden, Tel. 09 61-8 14 11
Weilheim/Oberbayern
SV, Rathaus, 8120 Weilheim, Tel. 08 81-68 20
Weißenburg/Bayern
SV, Friedr.-Ebertstr. 1, 8832 Weißenburg, Tel. 0 91 41-20 31
Wemding
FVA, Haus des Gastes, 8853 Wemding, Tel. 0 90 92-80 01/02
Werneck
BA, Würzburger Str. 2, 8722 Werneck, Tel. 0 97 22-20 27
Wertheim
FVA, Rathausgasse 10, 6980 Wertheim, Tel. 0 93 42-3 01/2 30
Wessobrunn
BA, Zöpfstr. 1, 8121 Wessobrunn, Tel. 0 80 09-3 13
Weyarn
BA, 8153 Weyarn, Tel. 0 80 20-2 21
Windsheim, Bad
KV, 8532 Windsheim, Tel. 0 98 41-20 04/05
Wörishofen, Bad
KV, Postfach 1443, 8939 Bad Wörishofen, Tel. 0 82 47-50 01
Wolfgang, Sankt
BA, Postfach 24, 8251 Sankt Wolfgang, Tel. 0 80 85-2 32
Wolframs-Eschenbach
FVA, Rathaus, 8802 Wolframs-Eschenbach, Tel. 0 98 75-2 65
Würzburg
FVA, Haus zum Falken am Markt, 8700 Würzburg, Tel. 09 31-3 73 35/3 74 36
Zell am Main
BA, 8702 Zell am Main, Tel. 09 31-4 69 12/13
Ziemetshausen
BA, 8907 Ziemetshausen, Tel. 0 82 84-2 31

Ortsregister

(in Klammern steht die jeweilige Routennummer, die Doppelzahl gibt die Routenseiten an, kursive Zahl steht für Ortsbeschreibung)

Abenberg (By 8) 58/59, *79*
Aldersbach (By 11) 64/65, *79*
Altdorf (By 9) 60/61, *79*
Altenmarkt (By 13) 68/69, *79*
Altenmarkt bei Osterhofen 64/65,
  siehe Osterhofen *79*
Altenstadt (By 3) 48/49, *80*
Altötting (By 12) 66/67, *80*
Altomünster (By 2) 45/47, *81*
Amberg (By 9) 38, 60/61, *81*
Amerang (By 13) 68/69, *82*
Amorbach (By 7) 56/57, *82*
Andechs (By 16) 46/47, *82*
Anger (By 13) 68/69, *83*
Ansbach (By 5) 38, 52/53 *83*
Aschaffenburg (By 6) 15, 38, 54/55, *84*
Aschau (By 13) 68/69, *85*
Aufhausen (By 11) 64/65, *86*
Augsburg (By 2) 16, 38, 46/47, *86ff*

Babenhausen (By 4) 50/51, *90*
Bamberg (By 8) 13, 14, 38, 58/59, *91ff*
Banz, Kloster 58/59
  siehe Staffelstein *200*
Baumburg 68/69
  siehe Altenmarkt *79*
Bayreuth (By 9) 38, 60/61, *95*
Beilngries (By 10) 62/63, *96*
Benediktbeuren (By 15) 72/73, *96*
Berching (By 10) 62/63, *98*
Berchtesgaden (By 13) 68/69, *98*
Bergen 52/53
  siehe Neuburg/Donau *167*
Beyharting 70/71
  siehe Tuntenhausen *206*
Bogen (By 11) 64/65, *99*
Bruckmühl (By 14) 70/71, *100*
Bürgstadt 56/57
  siehe Erftal *114*
Burghausen (By 12) 66/67, *100*
Burglengenfeld (By 10) 62/63, *101*
Burgwindheim 54/55
  siehe Ebrach *111*

Buttenheim (By 8) 58/59, *102*
Buxheim (By 4) 50/51, *102*

Cadolzburg (By 8) 58/59, *102*
Castell (By 6) 54/55, *102*
Chiemsee (By 13) 68/69, *103*
Coburg (By 9) 38, 60/61, *103*

Dachau (By 12) 66/67, *106*
Deggendorf (By 11) 64/65, *107*
Dettelbach (By 6) 54/55, *107*
Dießen/Ammersee (By 2) 46/47, *107*
Dietramszell (By 15) 72/73, *108*
Dillingen (By 1) 44/45, *108*
Dinkelsbühl (By 5) 52/53, *109*
Donaustauf (By 10) 19, 62/63, *109*
Donauwörth (By 1) 44/45, *109*

Ebersberg (By 14) 70/71, *110*
Ebrach (By 6) 54/55, *111*
Eggelstetten 44/45
  siehe Oberndorf *177*
Eichstätt (By 5) 52/53, *111*
Eining 64/65
  siehe Neustadt/Donau *169*
Ellingen (By 5) 52/53, *114*
Erding (By 14) 70/71, *114*
Erftal-Bürgstadt (By 7) 56/57, *114*
Erlangen (By 8) 38, 58/59, *115*
Ettal (By 8) 58/59, *115*

Feuchtwangen (By 5) 52/53, *116*
Felin 44/45
  siehe Oberndorf *177*
Fischbachau (By 15) 72/73, *116*
Forchheim (By 8) 58/59, *117*
Frauenchiemsee 68/69
  siehe Chiemsee *103*
Freising (By 12) 66/67, *117*
Freystadt (By 10) 62/63, *118*
Friedberg (By 2) 46/47, *118*
Fürstenfeldbruck (By 12) 66/67, *119*
Fürstenzell (By 11) 64/65, *119*

Füssen (By 3) 48/49, *120*
Furth im Wald (By 10) 62/63, *120*

Gaibach 54/55
  siehe Volkach *207*
Garmisch-Partenkirchen (By 15) 72/73, *121*
Geiselgasteig 74/75
  siehe Grünwald *123*
Gerolzhofen (By 6) 54/55, *122*
Gmund am Tegernsee (By 15) 72/73, *123*
Gögging, Bad 64/65
  siehe Neustadt/Donau *169*
Gößweinstein (By 9) 60/61, *123*
Greding (By 10) 62/63, *123*
Grünwald bei München (By 16) 74/75, *123*
Günzburg (By 1) 44/45, *124*
Gundelfingen (By 1) 44/45, *124*
Gunzenhausen (By 5) 52/53, *124*

Haardorf 64/65
  siehe Osterhofen *179*
Haimhausen (By 12) 66/67, *125*
Harburg (By 5) 52/53, *125*
Haßfurt (By 8) 58/59, *125*
Heiligenstadt (By 9) 60/61, *125*
Heilsbronn (By 8) 58/59, *126*
Herrenchiemsee 68/68
  siehe Chiemsee *103*
Hersbruck (By 9) 60/61, *126*
Höchstädt/Donau (By 1) 44/45, *126*
Höglwörth 68/69
  siehe Anger *83*
Hof (By 9) 38, 60/61, *127*
Hohenaschau 68/69
  siehe Aschau *85*
Hohenpeißenberg (By 2) 46/47, *127*
Hohenschwangau 48/49
  siehe Schwangau *196*

Inchenhofen (By 2) 46/47, *127*
Ingolstadt (By 11) 38, 64/65, *127*
Iphofen (By 6) 54/55, *128*
Irsee (By 2) 46/47, *128*

Jettingen-Scheppach (By 1) 44/45, *130*

Kaisheim (By 5) 52/53, *130*
Kappel 60/61
  siehe Waldsassen *207*
Kastl (By 9) 60/61, *130*
Kaufbeuren (By 2) 38, 46/47, *130*
Kelheim (By 11) 64/65, *131*
Kempten (By 3) 38, 48/49, *132*
Kirchheim (By 2) 46/47, *133*
Kitzingen (By 6) 54/55, *134*
Klosterlechfeld (By 2) 46/47, *134*
Kronach (By 9) 60/61, *134*
Kulmbach (By 9) 60/61, *135*

Landsberg/Lech (By 2) 46/47, *136*
Landshut (By 11) 38, 64/65, *136*
Langenzenn (By 8) 58/59, *138*
Lauenstein 60/61
  siehe Ludwigsstadt *141*
Lauf/Pegnitz (By 8) 58/59, *138*
Laufen/Salzach (By 13) 68/69, *139*
Lauingen/Donau (By 1) 44/45, *139*
Leitheim, Schloß 52/53
  siehe Kaisheim *130*
Leuchtenberg (By 9) 60/61, *140*
Lindau (By 3) 48/49, *140*
Linderhof, Schloß 58/59
  siehe Ettal *115*
Ludwigsstadt (By 9) 60/61, *141*
Lustheim, Schloß 17, 66/67
  siehe Oberschleißheim *178*

Maidbronn 56/57
  siehe Rimpar *191*
Maria Birnbaum 46/47
  siehe Sielenbach *199*
Memmelsdorf-Seehof (By 8) 58/59, *141*
Memmingen (By 4) 38, 50/51, *141*
Mespelbrunn (By 6) 54/55, *142*
Metten (By 11) 64/65, *142*
Miltenberg (By 7) 56/57, *142*
Mindelheim (By 2) 46747, *143*
Mittenwald (By 15) 72/73, *142*
Moosburg (By 12) 66/67, *144*
Mühldorf/Inn (By 12) 66/67, *144*
München (By 12/By 16) 15, 16, 17, 19, 24, 29, 66/67, 74/75, *145ff*
Münnerstadt (By 7)56/57, *166*

Neubeuern (By 14) 70/71, *167*
Neuburg/Donau (By 5) 52/53, *167*
Neuhaus/Inn (By 10) 62/63, *169*
Neumarkt/Opf. (By 10) 62/63, *169*

Neuschwanstein 48/49
  siehe Schwangau *179*
Neustadt/Donau (By 11) 64/65, *169*
Neu-Ulm (By 1) 44/45, *170*
Niederalteich (By 11) 64/65, *170*
Nördlingen (By 5) 52/53, *171*
Nürnberg (By 8) 11, 12, 15, 38, 58/59, *172ff*

Oberaltaich 64/65
  siehe Bogen *99*
Oberammergau (By 16) 74/75, *177*
Oberndorf/Lech (By 1) 44/45, *177*
Oberschleißheim (By 12) 17, 66/67, *178*
Oberstaufen (By 3) 48/49, *178*
Oberzell, Kloster 56/57
  siehe Zell *217*
Ochsenfurt (By 6) 54/55, *179*
Ortenburg (By 11) 64/65, *179*
Osterhofen-Altenmarkt (By 11) 64/65, *179*
Ottobeuren (By 4) 50/51, *180*

Passau (By 10) 38, 62/63, *181*
Peiting (By 3) 48/49, *184*
Pfarrkirchen (By 12) 66/67, *184*
Polling (By 16) 74/75, *184*
Pommersfelden (By 8) 58/59, *185*
Pottenstein (By 9) 60/61, *185*
Prien am Chiemsee (By 13) 68/69, *186*
Prunn 64/65
  siehe Riedenburg *190*

Rabenden 68/69
  siehe Altenmarkt *79*
Raitenhaslach 66/67
  siehe Burghausen *100*
Randersacker (By 6) 54/55, *187*
Regensburg (By 10) 38, 62/63, *187*
Reichenhall, Bad (By 13) 68/69, *190*
Reutti 44/45
  siehe Neu-Ulm *170*
Riedenburg (By 11) 64/65, *190*
Rimpar (By 7) 56/57, *191*
Rinchnach (By 10) 62/63, *191*
Rohr/Ndb. (By 11) 16, 64/65, *191*
Roßtal (By 8) 58/59, *191*
Rothenburg o. d. T. (By 6) 15, 54/55, *191*
Rott am Inn (By 14) 17, 70/71, *193*
Rottenbuch (By 3) 48/49, *193*

Sammarei 64/65
  siehe Ortenburg *179*
Sandizell 46/47
  siehe Schrobenhausen *195*
Schäftlarn (By 16) 74/75, *194*
Scheppach 44/45
  siehe Jettingen *130*
Schleißheim 66/67
  siehe Oberschleißheim *178*
Schliersee (By 15) 72/73, *194*
Schongau (By 3) 48/49, *195*
Schrobenhausen (By 2) 46/47, *195*
Schwabach (By 8) 38, 58/59, *196*
Schwangau (By3) 48/49, *196ff*
Schweinfurt (By 6) 38, 54/55, *199*
Seehof (By 8) 58/59
  siehe Memmelsdorf *141*
Seeon (By 13) 68/69, *199*
Sielenbach (By 2) 46/47, *199*
Solnhofen (By 5) 52/53, *200*
Sommerhausen (By 6) 54/56, *200*
Speinshart (By 9) 60/61, *200*
Staffelstein (By 8) 58/59, *200*
Starnberg (By 16) 74/75, *201*
Steingaden-Wies (By 3) 48/49, *201*
Straubing (By 11) 38, 64/65, *201*

Tegernsee (By 15) 72/73, *203*
Thundorf 64/65
  siehe Osterhofen *179*
Thurnau (By 9) 60/61, *204*
Tirschenreuth (By 9) 60/61, *204*
Tittmoning (By 13) 68/69, *205*
Tölz, Bad (By 15) 72/73, *205*
Tuntenhausen (By 14) 70/71, *206*

Unterzell, Kloster 56/57
  siehe Zell *217*
Urschalling 68/69
  siehe Prien *186*

Veitshöchheim (By 7) 56/57, *206*
Vierzehnheiligen 58/59
  siehe Staffelstein *200*
Vilshofen (By 11) 64/65, *207*
Volkach (By 6) 54/55, *207*

Waldsassen (By 9) 60/61, *207*
Walhalla 19, 62/63
  siehe Donaustauf *109*

Wasserburg/Inn (By 13) 68/69, *208*
Weiden/Opf. (By 9) 38, 60/61, *209*
Weihenlinden 70/71
 siehe Bruckmühl *100*
Weilheim/Obb. (By 16) 74/75, *209*
Weißenburg/Bayern (By 5) 52/53, *210*
Weißenstein, Schloß 58/59
 siehe Pommersfelden *185*
Weltenburg, Kloster 64/65
 siehe Kelheim *16, 131*
Wemding (By 5) 52/53, *210*
Werneck (By 7) 56/57, *211*
Wessobrunn (By 2) 46/47, *211*

Weyarn (By 15) 72/73, *211*
Wieskirche 18, 48/49
 siehe Steingaden *201*
Windsheim, Bad (By 6) 54/55, *212*
Wörishofen, Bad (By 2) 46/47, *212*
Wolfgang, Sankt (By 13) 68/69, *212*
Wolframs-Eschenbach (By 5) 52/53, *312*
Wülzburg 52/53
 siehe Weißenburg *210*
Würzburg (By 6) 17, 38, 54/55, *213ff*

Zell am Main (By 7) 56/57, *217*
Ziemetshausen (By 4) 50/51, *217*

Rosendorfers eigenwillige und kenntnisreiche Liebeserklärung an einen Volksstamm.

160 Seiten mit zahlreichen Zeichnungen von Johannes Behler (JOB). Leinen.